로맨스 이니그마

로맨스의 형성과 사랑 관행의 변화

로맨스 이니그마

박형신 · 정수남 지음

The Enigma of Romantic Love

The Formations of Romance and the Changes of Love Practices

한울
아카데미

이 책은 2015년 대한민국 교육부와 한국학중앙연구원(한국학진흥사업단)의 한국학총서 사업의 지원을 받아 수행된 연구임(AKS-2015-KSS-1230007).

차 례

제2부 포스트 로맨스의 현상학: 현실 분석

통상 사랑이란 대중가요 노랫말이나 TV 혹은 영화 속 러브스토리에서 보듯 세속적인 욕구나 권력관계에서 벗어난 두 연인만의 매혹적인 이끌림, 열정적인 헌신과 인내를 공유하는 경험으로 이해된다. 이는 전적으로 개인의 주관적이고 내면적인 경험이라는 점에서 세속과 분리된 나만의 유토피아로 여겨진다. 누구에게도 방해받지 않는 너와 나 오직 단 둘만으로 충만한 세계 말이다. 그런데 지금의 우리는 연애 포기, 결혼 포기, 비혼 증가, 이혼율 증가 등 우리가 아는 러브스토리와 정반대되는 현실과 마주하고 있다. 짝짓기에 대한 근원적인 회의를 갖는 것도 모자라 극단적인 고립과 은둔의 삶을 자발적으로 추구하는 사람들도 증가하는 추세이다. 이들은 외로움과 친숙해지는 삶에 점점 익숙해져 간다.

그래서인지 근래 TV 채널을 돌리다 보면 싱글족의 삶을 판타지로 그려내는 프로그램이 있는가 하면, 인연을 맺어주거나 결혼까지 성사시키려는 짝짓기 프로그램들이 하루가 다르게 진화하고 있다. 반면 또 다른 채널에서는 이혼을 했거나 이혼 위기에 놓인 부부들의 속내를 샅샅이 파헤치면서 위기를 진단하고 해법을 제시하는 치료요법 프로그램들도 대중의 시선을 사로잡는다. 그런가 하면 뉴스에서는 연애를 하기에도 버거운 청년들의 우울한 실상이 보도되곤 한다.

이러한 침울한 친밀성 풍경은 사랑에 대한 우리의 관념을 매우 혼란스럽게 한다. 그렇지만 한 가지 분명한 사실이 존재한다. 어떤 프로그램에서이든 간에 모든 사람은 사랑을 열렬히 추종하고 열망하며 타인의 사랑을 부러워한다는 것이다. 사람들은 어떠한 제도적 구속하에서라도 혹은 고통을 감내하고서라도 누군가에게 매력을 느끼며, 또 그/그녀와 사랑을 나누면서 일상적인 행복을 누리고 싶어 한다. 신을 포기할 수 없는 신도처럼 우리 인간에게 사랑은 그것이 비록 판타지 혹은 이데올로기라 하더라도 누구에게도 포기될 수 없는 것이다. 사랑의 종말이라는 것은 인간의 존재론적 종말과도 같은 말이다.

사랑에 대한 이와 같은 상상과 관념은 인간 역사에서 그리 오래되지 않았다. 이러한 관념이 대중적으로 확산된 시기는 그보다 훨씬 짧은 2~3세기 정도밖에 되지 않았다. 한국사회로 눈을 돌리면 대략 한 세기에 지나지 않을 정도로 짧다. 요컨대, 혼인의 역사는 길지만 정작 사랑의 역사는 짧다. 여기서 우리가 말하는 사랑은 서구의 근대화 과정에서 출현한 낭만적 사랑의 관념과 관행을 의미한다.

낭만적 사랑은 인간 내면의 본유적인 관념이나 감정이 자연스럽게 발현된 결과가 아니라 다양한 사회적 힘이 경합하는 과정에서 출현한 사회역사적 산물이다. 낭만적 사랑은 봉건적 신분제의 몰락, 근대국가와 자본주의적 시장체제의 출현, 새로운 계급구조의 등장, 개인주의적 이념의 확산, 핵가족의 등장과 같은 사회 전반의 거시적·미시적 변화와 얽히면서 태동했다. 다시 말해, 낭만적 사랑은 다양한 사회제도적 힘이 결합된 결과로 등장했으며, 그러한 이유로 한 개인이 어떤 사회적 관계와 상황적 맥락에 놓여 있느냐에 따라 사랑 경험은 매우 다를 수밖에 없다. 따라서 그간 사랑의 사회학은 사랑을 개인의 심리내적 과정이 아닌 개인이 처한 다양한 사회적 관계 및 구조와의 연관성 속에서 이해하는 데 온갖 노력을 경주해 왔다.

이처럼 사랑에는 개인의 순수한 주관적 감정세계로 환원될 수 없는 사회적 차원의 온갖 속성이 농축되어 있다. 하지만 사회가 사랑을 결정하지는 않는다. 아니 결정할 수 없다. 왜냐하면 사랑이 자유, 즐거움, 행복, 기쁨, 흥분을 경험하게 해주기도 하지만 갈등, 고통, 상처, 슬픔, 때로는 죽음까지도 불러오는 야누스의 얼굴을 가지고 있다는 데서 알 수 있듯이, 사랑도 자체 내에 자신을 작동시키는 메커니즘을 가지고 있기 때문이다. 따라서 우리는 사회구조와 사랑이라는 감정 간의 상호관계에도 주목할 필요가 있다. 다시 말해 사랑에 대한 사회학적 연구는 사랑의 감정동학이 어떻게 사회동학과 관련하여 출현하고 표출되는지, 그리고 그러한 감정동학과 사회동학이 함께 사랑을 어떻게 틀 짓는지 역시 연구할 필요가 있다. 이 책이 특히 추구하는 것이 바로 사랑의 이러한 측면, 즉 사랑의 감정사회학이다.

우리는 처음에는 우리 시대에 들어 "사랑이 왜 점점 더 고달파지는지", 좀 더 풀어서 말하지면, 사랑이 왜 더 이려워지고 복잡해지기나 정반대로 한없이 가벼워지는지, 그리고 누군가에게는 불가능한 것으로 여겨지고 또 다른 누군가에게는 아예 부정당하기까지 하는지를 탐구하는 것으로 이 책을 준비하기 시작했다. 연구를 진행하는 과정에서 우리는 현재의 사랑 현상을 분석하기 위해 그 역사적 토대와 변화과정을 살펴보지 않을 수 없었고, 따라서 이 책의 내용은 한국인들이 근대사회로의 이행과정에서 낭만적 사랑을 어떻게 수행해 왔는지를 역사적으로 보여주는 것과, 오늘날 확산되고 있는 포스트-로맨스, 비혼, 사이버연애, 로맨스의 상품화 현상 속에서 낭만적 사랑의 운명은 어떻게 될 것인지를 탐구하는 것으로 점차 구체화되었다.

이 작업을 수행하기 위해 우리는 서론에서 사랑을 현실주의적 사랑과 낭만적 사랑이라는 이분화 형태로 나누었다. 하지만 이 구분은 논리적인 이상형으로 활용되었을 뿐이고, 현실에서는 두 가지 유형의 사랑이 서로 중첩되면서 사랑을 쾌락과 고통의 이중주 속에 몰아넣는다. 우리는 우리 사회의 역사적 변화가 낭만적 사랑과 현실주의적 사랑이라는 두 가지 축의 무게중심을 어떻게 변화시키고 그러한 무게중심의 변화는 다시 우리 사회의 현재 로맨스 지형을 어떻게 틀 짓고 있는지를 우리의 분석에 녹여넣고자 했다(이 책을 출간하는 지금 그러한 시도가 그저 우리의 바람에 그치고 만 것은 아닌가 하는 생각이 우리의 머리를 짓누르고 있지만 말이다).

이러한 맥락에서 제1부 "로맨스 관행의 구조변동"에서는 해방 전후를 기점으로 한국인들의 사랑 관행을 역사적으로 추적하면서 그 변화 과정을 다룬다. 우리는 이 부분에서는 이론적·논리적으로 엄밀하게 분석하기보다는 사랑 관행의 거시적인 변화상을 스케치하는 데 초점을 두었다. 그렇지만 여기서도 역사적 감정사회학의 관점이 투영되어 있다. 다시 말하면, 일상시에 기반을 두고 감정구조의 변화에 따라 대중의 사랑 관행이 어떻게 변화해 왔는지를 포착해 보고자 했다.

제2부 "포스트 로맨스의 현상학"에서는 오늘날 로맨스 관행을 둘러싸고 새로 주목받고 있는 테마와 주요 쟁점을 다루었다. 우리는 여러 쟁점 중에서도 '첫사랑'에 대한 향수를 통해 낭만적 사랑을 성찰하는 한편, 비혼(주의)의 확산에 내포된 역설과 온라인데이팅앱을 활용한 새로운 친밀성의 구조를 분석하는 데 초점을 두었다. 우리가 여기서 '포스트 로맨스'라는 표현을 사용한 것은 세기말을 기점으로 이전까지 대중적으로 공유되었던 낭만적 사랑의 관념에서 균열이 일어난 동시에 현실에서도 이전과는 다른 구조와 표상을 드러내 오고 있기 때문이다. 그럼에도 불구하고 우리가 이를 탈(脫)로맨스로 표기하지 않고 굳이

포스트 로맨스라는 표현을 사용하는 까닭은 우리의 눈에는 그러한 변화가 낭만적 사랑과의 단절이나 작별로 보이기보다는 새로운 낭만적 유토피아를 건설하려는 움직임으로 이해될 필요가 있어 보이기 때문이다. 우리는 결론에서는 이 새로운 낭만적 유토피아가 갖는 의미를 사회학적 상상력을 통해 적극적으로 탐색해 보고자 했다.

우리는 이 책을 집필하는 과정에서 문헌 자료에 주로 의존했다. 원래는 연령별 심층 인터뷰를 과정을 통해 낭만적 사랑과 현실주의적 사랑을 대비시키며 사랑 감정의 변화 모습을 그려내고 싶었지만, 코로나 상황이 닥치면서 우리의 게으름과 거기에 덮친 바쁜 일정 때문에 미루어두었던 심층 인터뷰를 포기할 수밖에 없었다. 그리하여 다양한 세대의 인터뷰를 통해 사랑과 결혼의 역사적 과정을 재구성하고자 했던 제1부는 신문기사와 잡지 기사에 전적으로 의존하여 기술하는 것으로 축소되었다. 하지만 다행스럽게도 우리는 이 자료들을 통해 성, 사랑, 연애, 결혼에 대한 심층적이고 내밀한 수준까지는 아니더라도 일반 대중의 관념과 행동양식을 얼마간 포착하고 추론해 낼 수 있었다. 또한 낭만적 사랑을 다룬 대중영화도 부분적으로 활용했다. 이 로맨스 영화들은 비록 픽션임에도 불구하고 당대 대중의 욕망과 감성을 반영하고 있을 뿐만 아니라 지배 담론이 투영되어 있다는 점에서 사랑에 대한 대중의 습속과 관행을 파악하는 데 큰 도움을 주었다. 큰 비중을 차지하지는 않지만 영화와 같은 맥락에서 노래 가사나 소설도 자료로 활용되었다. 사실 대중가요는 곧 러브스토리라고 해도 과언이 아닐 정도로 사랑에 대한 관념, 감정, 정서를 내포하고 있다는 점에서 가장 좋은 자료임에 틀림없다. 다만 저작권 문제 때문에 분석자료로 충분히 활용하지는 못했다. 이 책의 마지막 장만이 유일하게 연구대상자들과의 심층 인터뷰를 통해 수집된 자료에 기초하여 분석되었다.

우리 둘은 이 책을 함께 그리고 따로 써왔다. 물론 이 책을 구상하고 연구를 진행하는 과정에서 우리는 우리의 생각을 무던히 합치고 또 덜어내면서 책의 구체적인 모습을 만들어왔지만, 결국 집필 과정에서는 각자가 가진 이론적·방법론적 장점 및 관심에 의거하여 따로 집필할 수밖에 없었다. 박형신은 이 책의 서론, 제5장, 결론의 집필을 책임졌다. 제1부와 제4장, 제6장은 정수남의 책임하에 집필되었다. 그리고 정수남이 집필한 부분에는 이전에 발표하거나 출간했던 논문들이 포함되어 있다. 모두 연구가 진행되는 과정에서 발표되고 출간된 글들이다. 제4장 "굿바이 투 로맨스: 안녕, 첫사랑"은 「'첫사랑'의 후기근대적 운명과 노스탤지어에의 '차가운' 열정」이라는 제목으로 ≪정신문화연구≫(제39권 1호)에, 그리고 제6장 "로맨틱 서바이벌"은 「탈사회적 로맨스와 친밀한 시지프스: 플랫폼 짝짓기의 논리와 역설」이라는 제목으로 ≪사회와 이론≫(통권 제41집)에 발표되었다. 또한 이 두 편의 논문은 각각 『향수 속의 한국 사회』(한울아카데미, 2017)와 『탈사회의 사회학』(한울아카데미, 2022)에도 수록되어 있다. 이 책에 재수록하는 과정에서 내용 중 일부를 수정하고 보완했다. 이번 책에 전면게재하도록 허락해 준 학회와 출판사에 이 자리를 빌려 감사의 뜻을 전한다.

이 책이 나오기까지 많은 분에게 빚을 졌다. 이 책은 한국학중앙연구원 한국학진흥사업단이 주관하는 한국학총서 사업의 2015년 과제의 하나로 선정된 "해방 이후 '한국적인 것'의 역사적 형성"이라는 대(大)과제의 일부로 수행되었다. 이 과제의 책임을 맡아주고 예상치 못하게 길어진 작업이 최종 마무리될 때까지 많은 격려와 지지를 보내주신 김경일 선생님께 진심으로 감사드린다. 과제가 진행되는 도중 퇴임하신 선생님은 우리가 무모하게 '거시적' 감정사회학을 제창하고 나섰던 때부터 제도권 밖에 있는 우리에게 연구의 기반을 마련해 주기 위해 부단히 노력해 주셨다. 이 책 역시 선생님의 그러한 배려가 있었기에 가능했다. 이 대과제를 함께 수행하면서 지적 대화는 물론 인격적인 교감도 마다하지 않았던 김홍중, 김인수, 이영진 선생님께도 감사를 전한다. 이분들의 독려와 응원은 이 책의 마지막 작업에 이를 때까지 계속되었다. 오랜 시간 동안 감정사회학 연구를 함께해 오면서 모든 면에서 우리에게 본보기가 되어주신 김왕배 선생님과 하홍규 선생님께 특별한 존경과 감사를 전한다. 우리는 이 분들과의 만남 속에서 감정사회학 연구를 꾸준히 이어갈 수 있는 에너지를 분출받는다. 고려대학교 명예교수이신 김문조 선생님은 이 책의 제6장을 작업할 때 연구지원은 물론 놀라운 비평까지 보내주셨다. 퇴임 이후에도 학자로서의 열정을 계속 이어가는 선생님의 모습을 보면 경이로울 뿐이다. 이 책의 초고를 검토하면서 건설적인 비평과 함께 자신의 아이디어까지 선뜻 내보인 권오헌 선생님께도 각별한 마음을 전하지 않을 수 없다.

자신의 내밀한 경험을 솔직하고 덤덤하게 털어놓아 준 인터뷰 응답자들에게도 특별히 감사를 전해야 할 것 같다. 지금쯤이면 그들이 바라는 진정한 사랑을 찾았기를 기대해 본다. 몇 차례에 걸친 중간평가 때마다 귀중한 논평과 조언을 보내주신 익명의 심사위원들께도 감사를 전한다. 그나마도 그분들이 아니었다면 이 책은 지금의 형태를 갖추지 못했을 것이다. 출판까지 긴 시간이 걸렸음에도 과제관리에 애써주신 한국학중앙연구원 연구행정실 정유순 선생님과 한국학진흥사업단 김도형 선생님께도 감사드린다. 턱밑까지 차오른 마감 기한을 앞둔 필자들의 요청에 초인적인 능력을 발휘해 준 한울아카데미 신순남 팀장님과 윤순현 부장님, 그리고 편집부 여러분께 미안함과 함께 감사의 마음을 전한다. 일일이 거론하기 힘들 정도로 빚진 분들이 많지만 김덕영 선생님을 비롯하여 이 책이 나오기까지 필자들의 연구에 든든한 후원자이자 버팀목이 되어준 직장 동료 선생님들, 선후배, 동료 연구자들에게도 감사를 드린다. 이들 모두와 사랑으로 묶이지 않았다면 이 작업은 불가능했을 것이다. 무엇보다 가족들의 인내와 헌신은 사랑 그 자체였다.

2024년
꽃샘추위가 봄을 시샘하는 날에
박형신·정수남

서론

사랑의 사회학

벌써 오래 전 일이 되었지만, 실제로는 우리가 이 연구를 막 시작하고 나서 얼마 되지 않아 〈태양의 후예〉라는 멜로드라마가 시청자들을 텔레비전 앞으로 끌어모은 적이 있었다. 이 드라마는 전쟁터와 병원이라는 서로 다른 극한 상황―즉, 하나는 사람을 죽이고 하나는 사람을 살리는―에서 특전사 장교와 의사가 나누는 사랑을 핵심 테마로 하고 있다. 이 드라마가 두려운 상황이 상대방에 대한 사랑의 감정을 더욱 촉발한다는 심리학적 연구(Dutton and Aron, 1974)를 염두에 두고 상황을 설정한 것인지는 모르겠지만, 파병부대의 야전병원을 연인들의 주 무대로 설정하여 보는 이들의 사랑의 감각을 더욱 자극했다. 게다가 「You Are My Everything」을 비롯한 수많은 삽입곡은 그 드라마에 낭만적 사랑의 감정을 겹겹이 입혔다. 이 드라마에 심취했던 당시 현직 대통령은 그 밑에 깔린 정부 비판―아마도 자신을 겨냥했을 수도 있는―의 복선을 미처 파악하지 못했는지 아니면 그 사랑의 이미지가 더 강렬해서인지는 모르겠지만, 그 드라마에 극찬을 아끼지 않았다.

〈태양의 후예〉는 30%를 웃도는 시청률로 엄청난 성공을 거두었고, 그해 드라마와 관련된 상들을 휩쓸었다. 이 드라마는 국내에서는 케이블 TV를 통해 거듭 방송되면서(현재도 재방송되고 있다) 재시청자들을 만들어냈고, 해외 32개국에 방영권이 판매되었으며, 심지어는 북한 주민들도 이 드라마를 몰래 시청하고 있다는 보도가 나오기도 했다. 다음 해에 드라마의 두 주인공은 실제로 결혼에 이르렀지만, 성격 차이를 이유로 이혼했다. 이후 여주인공이 결혼반지를 다시 낀 것으로 보이는 사진 한 장이 인터넷에 등장하자 애청자들은 그 사진을 퍼뜨림으로써 그 두 사람이 다시 결합했으면 하는 바람을 간접적으로 드러내기도 했다.

사랑과 결혼: 유토피아 놀이

〈태양의 후예〉가 일으킨 현상은 사랑에 관한 논의에서 여러 단서를 엿볼 수 있게 해준다. 첫째는 사랑은 현실 '안'에 환상의 세계를 만들어 낸다는 것이다. 이와 관련된 말이, 사랑과 관련한 진부한 표현 중의 하나로, '사랑은 사람을 눈멀게 한다'라는 것이다. 사랑이 왜 이러한 효과를 만들어내는지에 대해서는 신경학적 연구가 이루어지기도 했고, 혹자는 사랑에 빠지면 비합리적인 판단을 하게 된다는 것에 대한 경고로 이 은유를 사용하기도 했다. 하지만 이는 은유일 뿐 결코 사랑하는 이는 눈을 멀지 않는다. 단지 하나만을 바라보기 때문에 자신을 둘러싼 주변이 눈에 들어오지 않을 뿐이고, 그리하여 잠시 다른 것들을 망각할 뿐이다.

누군가는 〈태양의 후예〉의 무대, 즉 피비린내 나는 전쟁터에서의 사랑 나누기를 동물적으로 바라보고 그런 설정이 비현실적이라고 비판하고 나설지도 모른다. 그러나 그렇게 이야기하는 사람도 그 사랑의 이야기에 빠진다. 왜냐하면 눈앞의 고통스러운 현실은 그 현실을 망각하게 만들 또 다른 무엇인가를 요구하기 때문이다. 그중 하나가 바로 사랑이다. 연인들이 자신들을 바라보는 수많은 시선에도 아랑곳하지 않고 열정적으로 포옹하고 키스할 수 있는 것은 사랑이 망각의 작용을 함으로써 공개된 장소에서도 그들만의 '고립된 섬'을 만들어주기 때문이다. 짧은 망각의 순간이 지난 다음에 느끼는 창피함과 어색함은 그 다음의 문제이다. 그렇기에 사랑은 제정신으로는 하지 못한다고 말해지기도 한다. 그러나 타인들의 시선이 뇌리에서 사라지는 순간 환상이 다시 온 머리를 채우고, 그곳에 다른 어느 것도 자리할 공간을 남기지 않는다. 연인들의 머릿속에 낭만적 유토피아가 건설된다.

유토피아는 하나의 환상이다. 유토피아는 현실에는 존재하지 않는다는 것을 특징으로 한다. 따라서 합리적 사고에 지배당하는 사람들에게 그리던 이상 세계는 사람들을 현혹하는 유령일 뿐이다. 따라서 그들은 항상 현실을 직시할 것을 요구한다. 그러나 세상에는 항상 유토피아가 존재한다. 왜냐하면 유토피아는 항상 현실 세계의 반면이기 때문이다. 현실의 불안과 고통이 유토피아를 요구한다. 그런데 사랑의 유토피아는 단지 환상이 아니라는 데 그 특징이 있다. 사랑의 유토피아는 단지 '상상'일 뿐인 것이 아니라 현실의 '경험'에 의존한다. 그리고 그 현실 안에 유토피아를 그린다. 만약 낭만적 유토피아가 현실 내에 있지 않다면, 사랑의 고통은 존재하지 않을 것이다. 왜냐하면 환상의 세계에는 고통이 존재하지 않기 때문이다. 사랑의 유토피아는 자신이 연인과 경험한 황홀함과 행복의 순간을 현실에서 끝없이 이어가고자 하는 노력 속에 존재한다. 그러나 감정의 특징은 항상 반대감정과 공존한다는 데 있다. 감정을 결과가 아니라 과정으로 볼 때, 행복의 반대는 불행이 아니라 계속해서 행복하지 않을 수도 있다는 불안감이다. 그래서 사랑의 반대감정은 현실에서 그러한 불안감을 이겨내야 하는 고통이다. 따라서 현실 안에 설계하는 사랑의 유토피아에는 항상 고통이 존재한다.

이 같은 사랑의 양가감정은 또 다른 유토피아, 즉 결혼의 유토피아를 생산한다. 연인들은 결혼을 통해 '따로 있음'의 불안감을 제거하고 영원한 사랑을 만인 앞에 서약함으로써 행복한 결혼을 상상한다. 따라서 사랑은 결혼을 통해 완성되는 것으로 상정된다. 앞서 예로 든 드라마의 경우에는 남녀 주인공이 실제로 결혼함으로써 시청자들 마음속의 열망을 현실에서 실현시켜 주었다. 언론 매체는 각계에서 쏟아진 축하의 물결을 대대적으로 보도했고, 그들의 결혼을 시기심에 가득한 시선으로 바라보는 사람도 있었지만 시기와 질투는 자신이 그러한 꿈을 실현시키지 못한 데 대한 부러움의 표현이지 결혼 유토피아를 거부하는 것은 아니었다.

그러나 사랑의 유토피아가 현실의 행복했던 순간에 근거한 감정적 상상의 세계라면, 결혼의 유토피아는 현실의 고통에 근거한다. 이 두 가지 유토피아는 상보적이면서도 모순적이다. 그리고 현실에서 두 유토피아는 충돌한다. 즉, 현실에서 가정생활을 이끄는 두 노동, 즉 경제적 삶을 꾸리기 위한 '생계 노동'과 로맨스를 유지하기 위한 '사랑 노동'은 서로 다른 궤도로 달린다. 근대 세계에서는 전자의 노동은 '따로 하기'를, 후자의 노동은 '함께하기'를 요구한다. 전자는 이성적 퍼스낼리티를 요구하고, 후자는 감성적 퍼스낼리티를 요구한다. 전자는 피로를 생산하고 따라서 안식을 필요로 한다면, 후자는 안식을 위해 피로를 생산한다. 결혼생활은 항상 이 두 가지 긴장을 포함한다. 그리고 결혼생활에서는 두 긴장 사이의 균형 잡기가 요구된다. 왜냐하면 두 긴장은 '감정적 부조화'를 유발할 수 있기 때문이다. 참을 수 없는 감정적 부조화는 결혼의 파기, 즉 이혼을 낳는다.

드라마라는 가상의 세계에서 연기를 통해 아름다운 로맨스를 경험했던 두 남녀조차도 현실에서는 로맨스가 해피엔딩으로 이어지지 못했다. 어쩌면 너무나도 완벽했던 드라마가 현실과 유토피아 간의 간극을 너무 크게 키웠기 때문일지도 모른다. 어쨌거나 그들은 공식적으로는 많은 사람이 진부하다고 생각하는 이유, 즉 성격 차이로 결별했다. 누군가는 결혼 이전에 성격 차이를 몰랐느냐고 다그칠 수도 있고, 사랑하는 사람들이 그 정도도 참지 못하느냐고 비난할 수도 있다. 하지만 성격 차이는 결혼과 이혼의 결정에서 사소한 것이 아니라 매우 중요한 이유이다. 어떤 커플은 서로 달라서 좋아한다고 말하고 어떤 커플은 서로 같아서 좋아한다고 말한다. 그러나 사실은 그렇지 않다. 낭만적 사랑의 관점에서 보자면, 그들이 결혼한 것은 서로 같거나 달라서가 아니라 서로 사랑한다고 믿었기 때문이다. 즉, 성격 차이는 망각되었던 것이다.

그러나 결혼생활을 지배하는 두 긴장은 두 사람이 충돌할 때마다 자신의 성격을 드러내게 하고, 그 성격 차이는 감정충돌로 이어지며, 상대방에 의해 상대방의 성격에 재차 각인된다. 그리고 일정한 선을 넘었을 때 서로는 상대방이 달라졌다고 생각한다. 그리고 그다음에는 자신이 사람을 잘못 보았다고 추론하고, 이전에 내렸던 (결혼) 결정을 철회한다. 이처럼 이혼 역시 결혼의 유토피아에 내재하는 모순에서 연원한다. 그리고 인간들은 이 과정을 통과하며 겪는 괴로움을 익히 알면서도 이 같은 유토피아 놀이에 빠진다. 그리고 자신에게만이 아니라 다른 사람에게도 그렇게 하라고 강요한다. 유토피아들이 우리에게 함께 놀자고 장난을 거는 것도 아닌데 말이다.

사랑의 역사는 짧다: 낭만적 사랑의 서구적 기원

〈태양의 후예〉가 사랑의 논의에 시사하는 둘째 단서는, 사람들은 인류가 지금까지 서로 사랑하기 때문에 결혼해 왔고 연인은 다 결혼한다고 생각한다는 것이다. 다시 말해 사람들은 낭만적 사랑을 인류 역사에서 지속되어 온 감정으로 여기고 사랑과 결혼을 일치시키는 경향이 있다. 그러나 사랑의 역사는 인류의 역사에 비해 아주 짧다. 우리는 텔레비전 방송에서 리포터가 백년해로한 노부부에게 "할머니는 할아버지를 얼마나 사랑해서 결혼하셨어요?"라고 질문한 뒤 "얼굴도 못 보고 결혼했다"라는 답변이 돌아오면 의아해하는 표정을 짓는 것을 종종 볼 수 있다.

사랑과 결혼의 관계가 설정된 것은 서구에서도 근대적 현상이라고 할 수 있다. 그렇지만 사랑의 관념이 근대사회에서 이르러서야 탄생한 것은 아니다. 하지만 전근대사회에서는 결혼에 본질적으로 사랑이 존재하지 않았기 때문에 사랑은 부정(不貞)과 관련하여 표현되었다(버킷, 2017: 61). 당시에는 결혼의 목적이 생식, 즉 노동력을 재생산하고 가문의 대를 잇는 것이었기 때문이다. 그리고 결혼이 만들어낸 사랑은 배우자들만의 낭만적 사랑이 아닌 자식에 대한 사랑, 좀 더 넓게는 가족에 대한 사랑이었다.

하지만 전근대사회에서도 남녀 간의 사랑은 존재했다. 그러나 이 사랑은 이른바 '열정적 사랑'으로 지칭되는 것으로, 세상 어느 곳에서도 이 열정적 사랑은 결혼의 필요조건 또는 충분조건으로 생각된 적이 없으며, 오히려 대부분의 문화에서 결혼의 골칫거리로 여겨져 왔다(기든스, 1999: 82). 기든스에 따르면, 열정적 사랑,

> 즉 아무르 파시옹(amour passion)은 사랑과 성적 애착 사이의 일반적인 연관을 표현한다. 열정적 사랑은 틀에 박한 일상생활과는 구별될 뿐만 아니라 실제로 그것과 갈등하기도 하는 어떤 급박함으로 특징지어진다. 타자와의 감정적인 연루가 너무나도 강렬히 스며들어서 그 사람 또는 그 두 사람으로 하여금 자기의 통상적 책무를 무시하게 만드는 것이다. 열정적 사랑은 가히 종교적이라고 할 만큼 진지한 열의를 불러일으키는 속성을 가지고 있다. 세상의 모든 것들이 갑자기 새로워지고, 그리고 아마 거의 동시에 자기의 이익이나 관심사는 포착할 수 없게 된다. 열정적 사랑에 빠진 사람의 관심은 자신이 사랑하는 대상에 너무도 강력히 묶여 있다. 열정적 사랑은 카리스마의 경우와 유사하게 인간관계라는 면에서 특히 파괴적이다. 그것은 개인들을 현세로부터 뽑아 올려, 희생뿐 아니라 극단적 선택마저도 기꺼이 받아들이게끔 만든다. 그러므로 열정적 사랑이란, 사회적 질서와 의무라는 관점에서 볼 때, 위험한 것이다. (기든스, 1999: 82)

사실 열정적 사랑은 인간의 본능에 가까운 가장 보편적인 사랑 형태라고 할 수 있다. 따라서 열정적 사랑은 인간의 역사와 함께 등장했으며 인간의 여러 사랑 관행이나 형식은 바로 열정적 사랑으로부터 기인했다고 볼 수 있다. 하지만 우리가 주목하는 낭만적 사랑은 그 흔적이 남아 있기에 일부 중첩되는 부분도 있지만 분석적으로는 열정적 사랑과 분명히 구분되는 사랑 형식이다. 이 두 사랑의 가장 큰 차이점은 사랑 관행의 역사적 변화를 통해 뚜렷하게 나타난다.

서구의 역사에서 로맨스 혹은 낭만적 사랑의 기원은 궁정사회의 출현과 밀접하게 관련되어 있다. 유럽의 궁정사회는 중세 봉건제적 신분질서가 붕괴하고 그에 따라 중앙집권화된 절대주의적 국가체계가 등장하는 과정에서 등장했다. 궁정사회 내부에는 독자적인 질서메커니즘이 작동했다. 엘리아스에 따르면, 궁정사회에서는 감정의 자기통제, 수치심, 에티켓 등 자기규제적인 행동규칙이 강조되었고, 이성관계도 이전의 기사사회와 달리 엄격한 규제를 받았다(엘리아스, 2003). 그런데 궁정사회에서는 이중적인 삶이 펼쳐지기도 했다. 궁정에 사는 귀족 부부는 서로 다른 각자의 사교 영역을 갖고 있었다. 사교활동에서도 은밀하고 사적인 친밀감을 교류하는 공간(주로 여성)과 외교나 공적인 업무를 논의하는 사교 공간이 따로 존재했다. 전자에 해당하는 궁정사회 내 '사교용 아파트'는 집주인, 즉 부인의 좁은 사교활동을 위한 곳이었다. 그들은 여기서 방문객을 맞이하면서 친교 생활을 이어갔다. 그곳은 의전행사보다 안락함을 지향하는 공간으로, 내밀하고 지나친 예법으로 구속되지 않은 사교활동―18세기 이후로는 살롱 활동으로 불리었다―이 행해지는 공간이었다(엘리아스, 2003: 128~131).

이러한 살롱은 궁정연애의 온상이었다. 여기서 궁정연애는 기사도적인 사랑을 의미한다. 궁정연애는 남자가 귀부인을 섬기는 형태로 행해졌다. 하지만 당시 결혼은 사업적인 이해관계나 권력을 유지하기 위한 공적인 동맹의 성격이 강했기 때문에 그러한 연애는 합법성과는 거리가 먼 '부정한' 행위였다. 이러한 성적 자유는 귀족 여성들에게서 나타날 수밖에 없었는데, 여성이 자신의 독자적인 성적 쾌락을 추구하기 위해서는 재생산의 요구와 일상적 노동으로부터 충분히 해방되어야 했기 때문이다. 이처럼 연애는 오직 특정 시대에 특정 장소의 귀족계층 여성들에게만 가능했다(기든스, 1999: 83).

이러한 궁정연애, 즉 진심에서 우러나오는 또는 진정한 사랑의 전통은 18세기보다 훨씬 이전부터 형성되었다. 이 관념은 12세기에 트루바두르(troubadour)로 알려진 일군의 가인과 시인, 즉 유럽 귀족의 궁정 간을 오가던, 특히 궁정의 귀부인들에게 자신들의 노래를 들려주던 방랑 예능인 악단이 창조한 것이었다(버킷, 2017: 58; 좀바르트, 1997: 74도 보라). 이들 트루바두르의 사랑 노래는 종종 자신보다 사회적 신분이 훨씬 높은, 그리하여 다가갈 수 없는 여성을 찬미하고 갈망하는 것의 기쁨과 고통에 관한 것이었다. 그러나 이러한 특별한 이성애적 사랑의 표현에서 여성은 애모의 대상이 될 수는 있었으나 이 사랑에 반응할 수는 없었다. 왜냐하면 남성의 부정한 구애에 굴복하는 여성은 사회적으로 비난받았으며, 심지어는 추방당했기 때문이다. 이는 또한 트루바두르의 노래에서는 여성이 구애자의 연정어린 구애에도 불구하고 여전히 순결하고 정숙해야 하는 것으로 인식되었다는 것을 의미한다(버킷, 2017: 61).

트루바두르의 사랑 노래는 에로틱한 사상을 지적 형식으로 창조한 데다, 윤리적 내용을 풍부하게 담고 있었기 때문에 여성에 대한 자연스러운 사랑을 자유롭게 이야기할 수 있었다. 하위징아에 따르면, "궁정연애에서 사랑은 윤리적·미학적 완성이 화려하게 꽃 피어나는 들판이 되었다. 궁정연애에서 고상한 연인은 그들의 사랑에 의해 덕스럽고 순수한 존재가 되었다. 서정시에서 정신적 요소는 점점 더 우위를 점하다가 마침내 사랑의 효과는 경건한 통찰과 신앙심의 상태에 도달하게 된다"(하위징아, 2012: 221~222). 이처럼 남녀 간의 사랑은 이상화된 내용이 담긴 새로운 형식으로 변모했다. 트루바두르의 서정시나 노래에 담긴 사랑의 의미에 대해 하위징아는 다음과 같이 말한다.

사랑의 경우, 아름다움 그 자체를 향유한다는 세속적 축복을 완전히 포기하지 않고서도, 어떤 현실감과 목적의식을 획득하는 듯했다. 이 경우, 고상한 형식으로부터 아름다운 삶을 창조한다거나, 높은 신분을 강조할 필요가 없었다. 여기에는 가장 심오한 아름다움, 가장 높은 축복 그 자체가 남아 있었고 거기에 색채와 형식만 부여하면 되었다. 모든 아름다운 대상, 모든 꽃, 모든 소리가 사랑의 생생한 형식을 구축하는 데 기여할 수 있었다. 사랑을 양식화하려는 노력은 헛된 놀이 이상의 것이었다. 열정의 힘은 후기 중세인들에게 이런 것을 요구했다. 즉, 사랑의 삶을 고상한 규칙을 갖춘 아름다운 놀이로 바꾸라고 요구한 것이다. 사람이 투박한 야만주의로 빠져들지 않으려면, 정서를 고정된 형식 안에 가두어두는 것이 필요했다.(하위징아, 2012: 223~224)

이처럼 사랑은 신분, 양식, 규칙을 뛰어넘는 '아름다움' 그 자체를 위한 놀이이자 삶이었다. 좀바르트에 따르면, '연가(戀歌)'의 시대에 트루바두르의 노래를 통해서 사유롭고 세속적인 사랑의 소리가 울려 나왔으며, 이전과 근본적으로 다른 사랑에 대한 견해가 사람들 사이에서 퍼져나갔다. 이 연가들은 전부 허구적이고 가식적이었으며, 과장된 기교로 채워졌다. 하지만 바로 그런 점에서 연가들은 근대적인 사랑의 자연스러운 최초의 시작이었다(좀바르트, 1997: 74~75). 그리고 이는 사랑이 열정적이고 충동적인 것에서 로맨스를 지닌 새로운 형태로 등장했음을 의미했다.

트루바두르의 사랑 노래는 여성의 순결함과 정숙함을 내포하고 있음에도 불구하고 궁정사회에서 여성의 지위를 향상시키는 데 혁명적인 역할을 했다. 이 노래들은 귀부인의 자질과 아름다움을 찬미함으로써 그들을 다가갈 수 없는 존재로 드높였다. 그리하여 여성은 순수하고 순결한 대상으로 찬양되었으며, 여성을 대하는 트루바두르의 태도는 신에 대한 숭배, 헌신, 희생과 같은 종교적 감정에 가까웠다(버킷, 2017: 61, 63). 패터슨에 따르면, 트루바두르는 궁정연애를 진정한 또는 진심에서 우러나온 사랑으로, 즉 돈이나 세속적인 부, 사회적 지위를 추구하는 욕망에 의해 타락한 사랑이 아니라 지조, 배려, 진실성, 분별력과 같은 궁중의 덕목에 기초한 것으로 여겼다(Paterson, 1999: 33). 트루바두르의 노래에서는 궁중 매너의 덕목과 세련된 품행이 극찬되고 있으며, 구애행위를 하는 구혼자의 감성이 표현되어 있다(버킷, 2017: 65). 이러한 종교적 속성을 지닌 낭만적 사랑의 관념은 18세기 후반에 이르러 절정에 달한다.

기든스에 따르면, 낭만적 사랑은 기독교적 도덕 윤리와 열정적 사랑의 요소가 합쳐진 이상화된 사랑 형태이다. 낭만적 사랑에서는 열정적 사랑의 성적 애착이나 에로틱한 강박충동은 배제되거나 억압된다. 그리고 그 자리에 기독교의 도덕적 가치들과 밀접히 관련된 이상주의가 들어선다. 다시 말해 신을 알기 위해서 신에게 헌신하고 이 과정을 통해 자신에 대한 앎이 성취된다는 기독교적 관념이 사랑하는 남녀 사이의 신비적 합일의 일부를 이루었다(기든스, 1999: 84). 요컨대, 낭만적 사랑은 궁정연애에서 발전한 것으로, 연정(戀情)에 대한 종교적 가르침이 순수한 세속적 맥락으로 이식되며 확장된 것이었다.

앞서 지적했듯이, 궁정사회는 궁정생활인들에게 독특한 매너와 덕목을 요구하는 공간이었다. 그런 만큼 성적인 행동은 물론 직접적인 이성관계도 많은 제약을 받았다. 귀족은 에로티시즘에서 나오는 무질서를 다스리기 위해 문학, 패션, 예의범절이라는 세 가지 수단을 만들어냈다. 이 세 가지는 사랑의 생활에 규범적인 영향력을 미치는 한편, 하나의 아름다운 환상을 창조했다. 이러한 수단들 덕분에 사람들은 자신이 아름다운 생활을 한다고 상상할 수 있었다. 상류계급 사이에서도 인생이 아주 이례적일 정도로 투박할 때가 많았지만, 그런 상황에서도 귀족들은 그러한 수단들로 인해 자신의 생활이 우아하다는 환상을 품을 수 있었다(하위징아, 2012: 224~225).

이러한 제약은 여전히 순결함이나 정숙함을 요구받는 궁정의 부인들로 하여금 트루바두르의 사랑 노래에 더욱 끌리게 만들었으며, 사랑을 종교적 차원으로 이상화하는 데 영향을 미쳤다. 성에 대한 억압은 오히려 사랑을 이상화하고 사랑 그 자체를 찬미하도록 만들었다. 사랑을 이상화하는 과정은 궁정사회가 지닌 독특한 자기통제 문화와 친화력을 가지고 있다. 억압된 성적 충동은 이상화된 형태의 낭만적 사랑으로 변형되어 귀족 부인들이 누리는 특권적인 문화 안으로 들어섰다.

한편 엘리아스의 따르면, 궁정사회에서 성에 대한 수치심과 혐오감이 강화되었고, 성적 행동의 억제가 사회 전반으로 점차 확산되었다. 문명화 과정에서 성은 점차 사회생활의 무대 뒤로 물러나고, 마침내 "사회 속의 사회"인 핵가족 속으로 수감되었다. 이성관계에도 특정한 의식(儀式)이 요구되었다(엘리아스, 1996: 351, 352). 이러한 변화는 서구 결혼제도가 근대적 전환을 맞이하는 계기로도 작용했다. 핵가족제도는 성적 충동과 열정적 사랑에 대한 제약을 수반했으며, 일부일처제를 통한 본능규제가 중세보다 더 엄격해져 남녀 모두에게 구속력 있는 형태의 제도로 확립되었다. 이전까지만 하더라도 남녀 간의 사회적 세력관계에 따라 때로는 남자의 혼외정사가, 때로는 여자의 혼외정사가 당연시되었지만, 이제 남성의 혼외정사도 사회적으로 배척당하거나 아니면 적어도 비밀리에 행해졌다(엘리아스, 1996: 355).

19세기에 들어서면 본능억제는 사회 전반을 아우르는 하나의 도덕 형식으로 정당화된다(엘리아스, 1996: 369). 자기통제 과정은 모든 남녀와 사회계층 전반으로 확산되었고, 이러한 자기통제 과정은 근대국가의 질서 메커니즘을 보장해 줄 '국민'과 자본주의 체계를 지탱해 줄 '노동자'를 양산해야 하는 과제를 해결하는 심리적 활로를 열어주었다. 이 과제를 부여받은 사회적 기본 단위가 바로 가족이었다. 아리에스에 따르면, 근대적 형태의 가족은 14세기부터 시작되었는데, "가족은 사회의 세포, 국가의 기반, 군주권의 토대"가 되었다(아리에스, 2003: 562~563).

성 본능은 서서히 공적인 사회생활로부터 더욱더 배제되었으며, 이에 관한 담론도 극도로 자제되었다. 사회생활의 구조에 의해, 즉 일반적으로는 사회제도적 압력에 의해, 그리고 특수하게는 특정한 사회적 집행기관인 가족에 의해 개인은 자기통제의 습관을 어렸을 때부터 체화하기 시작했다. 그리하여 사회적 금지와 명령은 개인의 자아의 일부, 즉 엄격하게 통제된 초자아가 되었다. 성 본능도 다른 본능처럼 남녀 모두에게서 사회적으로 허용된 결혼에 집중되었다. 혼외관계는 이전과 달리 사회의 여론에 의해 사회에서 추방되었다. 이러한 규정을 위반하거나 부추기는 모든 것은 비밀에 부쳐야만 할 영역에 속했다. 사람들은 이 영역을 거론조차 해서는 안 되며, 만약 거론하는 사람이 있다면 그는 자신의 체면과 사회적 지위가 손상되는 것을 감수해야만 했다. 핵가족이 이렇게 남성이나 여성 모두에게 성을 비롯한 은밀한 용무들을 처리할 수 있는 유일한 합법적 영지가 되었듯이, 핵가족은 나중에 사회적으로 요청되는 본능 습관과 행동 양식을 독점적으로 청소년에게 가르치는 1차 기관이 되었다(엘리아스, 1996: 361~362).

이렇게 형성된 근대적 핵가족제도는 여전히 남성에 의한 가부장제적 권력에 의해 지탱되었지만, 이전에 비해 여성의 지위와 권력이 향상되는 계기로 작용했다. 하지만 여성의 자유와 권한이 실현될 수 있는 공간은 가족으로 한정되었다. 그리고 그 한정된 공간에서 여성은 이상적인 사랑을 꿈꿀 수 있었다. 낭만적 사랑에서 사랑은 결혼으로 귀착되었고, 가정 내에서 사랑을 키워가는 일은 여성의 과업이 되었다. 낭만적 사랑에 있어서도 여성의 가정 내 종속을 기반으로 가정과 외부세계 간 분리가 수반되었던 것이다. 그러나 한편으로는 이를 통해 가정 내에서 여성의 권력이 강화되기도 했다. 그리하여 여성은 낭만적 사랑의 이상과 모성이 융합되는 데 힘입어 친밀성의 새로운 영역을 발전시킬 수 있었다(정진농, 2009: 213). 낭만적 사랑은 "새로운 자유이며 감정에 근거해서 삶을 재질서화하는 과정이다. 감정이 남녀 간의 사랑으로 이어지고 연애라는 관계를 생성하며 결혼의 행복을 지속적으로 유지할 수 있게 한다. 따라서 낭만적 사랑에 의해서 정서적 개인주의라는 새로운 주체성의 원리가 확립되며, '낭만적 연애-결혼-가정'이라는 새로운 라이프스타일이 창안된다"(김동식, 2001: 148).

이러한 낭만적 사랑의 질서가 출현한 데에는 사회문화적 변화들이 얽혀 있는데, 그중 가장 핵심적인 요인은 중앙집권적 국가권력과 신흥 시민계급의 출현이었다. 나시 말해 서구의 경우 중세사회의 붕괴와 절대주의적 궁정사회의 출현은 낭만적 사랑이 등장하기 위한 사회정치적 조건으로 작용했다. 그리고 부르주아 시민계층의 부상으로 자본주의적 경제질서가 등장하게 된 것 또한 낭만적 사랑의 출현을 촉진시켰다. 이러한 사회적 조건들은 사회분화와 함께 개인주의를 태동시켰으며, 개인주의는 기존의 신분질서에 반하는 문화적 관념으로서의 '자아'를 발견하는 것이자 개인과 사회 그리고 개인과 개인 간의 관계를 재정립하는 새로운 에토스로 등장했다.

라트가 주장하듯이, 개인성이 중세에서 르네상스로 넘어가는 과도기에 출현했지만, 개인이 사회적인 결정력을 획득한 것은 화폐 경제와 정신노동의 등장, 시민계층의 세력 확대를 통해서이다. 또한 봉건대가족으로부터 해방된 시민 가족 구성원, 특히 여성은 다른 활동에 참여할 기회를 얻었다. 그중 하나가 독서였는데, 당시 주요 독서층으로 부상한 시민계급 여성들은 독서를 통해 자아를 찾고 감동과 재미를 얻고자 했다. 그중에서도 연애소설은 특히 각광을 받았다(라트, 1999: 166).

이는 18세기에 로맨스 소설이 폭발적으로 증가하는 데에도 기여했다. 기사도적인 궁정연애가 남성들에게서 낭만적 사랑을 관념적으로 표현한 것이었다면, 여성들에게서 낭만적 사랑의 관념을 폭발시킨 것은 18세기 로맨스 소설이었다. 이 소설이 창조한 낭만적 사랑의 신화 속에서 "사랑은 지위와 부에 무심하게 할 뿐만 아니라, 궁극적으로 가난을 풍요로, 배고픔을 포만으로, 결핍을 과잉으로, …… 추함을 놀라운 아름다움으로, 가난한 양치기를 왕으로, 개구리를 왕자로 변형시킨다"(일루즈, 2014: 422). 트루바두르의 사랑 노래가 신분적 속박에 갇힌 채 여성(귀부인)을 이상화시켰다면, 이제 로맨스 소설은 사랑을 통해 환상의 세계에서 사회적 구별을 넘어서는 짝 찾기의 가능성을 펼쳐나갔다.

스톤에 따르면, 1780년대 이후로 낭만적 사랑이 유산계급들 사이에서 남부끄럽지 않은 결혼 동기가 되었고, 이에 관한 주제를 다룬 소설들이 폭발적으로 증가했다(Stone, 1977: 284). 18세기 후반에 출간된 소설 중에는 낭만적 사랑을 다룬 소설이 압도적으로 많았다. 로맨스 소설은 정사 기법의 무언의 교사와 같은 역할을 했으며, 여성의 마음을 타락시켜 젊은 여성이 부모의 말을 듣지 않고 가출하도록 부추긴다는 이유로 당시 대중으로부터 도덕적 반감을 일으키기도 했다(캠벨, 2010: 59).

그럼에도 불구하고 18세기에 접어들자 사랑에 대한 태도가 크게 변했으며, 사랑은 최신 유행이 되었고, 어엿한 결혼 동기로 자리 잡았다. 그 이전만 하더라도 남녀가 사랑에 빠졌다는 이유만으로 결혼이 허락되지 않았으며, 친인척이나 친구들도 반대하는 경우가 많았다. 그러나 18세기 이후 낭만적 관념은 감정의 지위로 격상되었으며, 사랑만이 배우자를 선택하는 데 있어서 최고의 고려사항이 되었다(캠벨, 2010: 60).

18세기 말부터 19세기까지 유럽에서는 정략결혼의 형태를 벗어나 친족에 대한 전통적 의무와 과거에 결혼이 주던 이익을 포기하고 부부 간의 애정과 같은 관계에서 얻을 수 있는 이득을 선택하게 되었다. 구체제의 붕괴 이후 사회 개혁의 주도층으로 부상한 시민계급은 '한 사람의 상대를 향한 불멸의 정열'을 불태우는 '낭만적 사랑'의 주체가 되었다(푹스, 1999: 171). 아리에스 또한 이러한 현상에 주목하면서 18세기부터 전통적으로 대립했던 애정의 두 형태, 즉 '혼인 외적 애정'과 '혼인 내적 애정'이 하나로 통일되기 시작했다고 주장했다(아리에스, 1996: 154, 155~156).

이러한 낭만적 사랑은 낭만주의 사조와 기본적인 속성을 함께하고 있다. 귀논은 낭만주의 정신의 특징을 첫째, 근대주의의 출현으로 상실된 합일과 일체성의 의식을 회복하려는 시도이고, 둘째, 진정한 '진리'는 합리적 사고와 과학적 방법에 의해 발견되는 것이 아니라 가장 깊고 가장 강력한 자신의 감정 속으로 완전히 침잠해 들어감으로써 발견된다는 확신이며, 셋째, 모든 경험에서 볼 때 자아가 실재의 모든 것 중에 가장 고귀하며 가장 총괄적이라고 보는 것이라고 주장한다(귀논, 2005: 75). 이러한 규정적 특성에서도 알 수 있듯이, 빅토리아시대에 사랑은 자기 인식과 정신 계발이라는 목적을 이루기 위한 하나의 수단이었다.

하지만 20세기가 다가오면서 낭만적 테마들은 중요한 변화를 겪었다. 사랑은 하나의 가치 그 자체로만 제시되는 것이 아니라, 이제 점차 개인주의적이고 사적인 측면에서 정의되는 행복 추구의 중요한 동기로 제시되었다. 그 이전에는 사랑이 도덕주의적·멜로드라마적으로 재현되었던 것과 대조적으로, 19세기에 극장에서 처음 선보였던, 그리고 20세기 초에 그것을 발전시켜 영화와 잡지에서 재현된 사랑은 개인적 행복 또는 자기 긍정과 등치되었다(일루즈, 2014: 64).

그러나 이러한 낭만적 사랑의 관념이 사회 전반에 확대되었다고 보기는 어렵다. 왜냐하면 이러한 관념을 습득하는 데에는 적어도 문자해독 능력이 필수적이었기 때문이다(Lantz, 1982: 362). 또한 루만(Luhmann, 1986: 8~9)의 지적대로, 대부분의 사람에게서 낭만적 사랑은 감상이기보다는 하나의 상징적 부호였다고 할 수 있다. 이러한 낭만적 사랑을 현실에서 실천한 것은 노동계급이었다. 자신을 보호하던 공동체와 가족으로부터 분리되어 낯선 도시에 홀로 놓인 노동계급의 남녀에게는 자신들의 불안과 공포를 이겨낼 또 다른 안식처가 필요했고(Shorter, 1975, 실스비, 1985), 그들에게 짐짓한 이끌림은 그들을 짝짓기는 동기가 되기에 충분했다. 이처럼 사랑을 위한 결혼은 산업혁명이 시작되고 나서야 겨우 존재하기 시작했으며, 따라서 산업혁명의 발명품이었다(벡·벡-게른샤임, 1999: 296). 중간계급에게 낭만적 사랑이 관념으로서의 신을 대신하고 있었다면, 노동계급에게서 사랑은 신 자체였다. 즉, 낭만적 사랑은 그들의 고통을 잊게 하는 유일한 해독제였다.

그러나 노동계급의 이러한 사랑은 사회적으로는 하나의 공인된 결혼의 동기이기보다 여전히 하나의 일탈이었다. 그리고 그들의 짝짓기는 낭만적 유토피아에 들어가는 문이기보다 경제적 현실로부터의 도피였다. 그들의 감정적 결합은 동시에 경제적 보충을 위한 실용적인 것이기도 했다. 그리고 경제적 사정으로 결혼이 아닌 동거부터 시작하는 이들의 선택은 비도덕적인 것으로 인식되었다. 반면 사랑 문학 속에서 첫눈에 반한 여성의 열정적인 사랑은 거의 항상 죽음으로 끝을 맺는다. 즉, 그것은 희극이 아니라 비극이다. 이는 낭만적 사랑이 여전히 사회적으로는 받아들여지지 않고 있음을 소설적으로 표현한 것이었다. 따라서 낭만적 사랑은 사회적으로 위험한 것이었고, 연애소설은 "여성의 마음을 타락시키는" 불온한 것이었다(Taylor, 1943: 65). 이렇듯 19세기에 이르기까지 사랑은 여전히 도덕에 갇혀 있었다.

사랑을 개인적 행복이나 자기 긍정과 등치시키고 사랑과 결혼을 결합시켜 부부간의 행복을 진정한 행복으로 여겨 결혼생활을 '해피엔딩'으로 보는 이상을 제시한 것은 20세기의 영화였다(일루즈, 2014: 66). 영화라는 시각적 매체는 낭만적 사랑의 환상적 이미지를 관객에게 더욱 강렬하게 각인시키는 것일 뿐만 아니라 모든 계급이 쉽게 접근할 수 있는 것이기도 했다. 게다가 사적 공간을 확보하고 있지 못한 노동계급에게 어두운 극장은 로맨스의 공간을 제공하는 곳이기도 했다. 하지만 노동계급과 달리 중간계급과 상층계급은 처음에는 영화관을 오락의 형태로 채택하지 않았다. 그들은 영화관을 도덕에 대한 위협으로 간주했기 때문이다. 중간계급 도덕의 충실한 감시인들은 이를테면 영화관을 규제함으로써 영화를 통제하려고까지 했다(일루즈, 2014: 115).

이처럼 낭만적 사랑은 20세기 초반까지도 현실에서는 하나의 사회적 금기였다. 그렇다고 해서 그 이전에 현실에서 낭만적 사랑이 존재하지 않았다는 것은 아니다. 영국의 경우 18세기 이전에도 열정에 따라 결혼한 사례가 발견된다(살스비, 1985). 하지만 낭만적 사랑이 현실에서 하나의 관행으로 자리 잡은 것은 20세기에 들어서였다. 그렇다면 무엇이 이 금기를 돌파하게 했는가?

사랑, 모든 것을 삼키다: 위반의 쾌락과 로맨스 자본주의

〈태양의 후예〉가 기록한 높은 시청률은 앞의 질문에 대한 답변의 단서를 제공한다. 로맨스는 앞서 언급한 소설과 영화뿐만 아니라 드라마와 노래, 광고 등 모든 대중문화 영역에서 가장 높은 비중을 차지하는 테마이다. 각 분야에서 로맨스가 차지하는 비중을 계산하는 것은 무의미하며, 실제로 로맨스는 이들 영역에서 성공의 보증수표로 간주된다. 그렇다면 사람들은 왜 금기에 열광하는가? 이 시점에서 우리가 개념 규정 없이 사용해 온 낭만적 사랑의 의미에 대해 살펴볼 필요가 있다. 스톤은 『영국에서의 가족, 섹스, 결혼: 1500~1800』에서 낭만적 사랑의 기본 요소를 다음과 같이 요약한다.

> 모든 수준에서 완전하게 결합할 수 있는 사람은 세상에 단 한 사람만 존재한다. 그 사람의 퍼스낼리티를 너무나도 이상화시키기에, 인간 본성의 통상적인 결함과 어리석음은 시야에서 사라진다. 사랑은 종종 천둥 번개와 같은 것으로 첫눈에 불꽃이 튄다. 사랑은 다른 모든 고려사항, 특히 물질적 고려사항을 무시하게 할 정도로 세상에서 가장 중요한 것이다. 그리고 마지막으로, 사랑이 낳는 행위가 다른 사람들에게는 지나치고 불합리하게 보일 수 있다고 하더라도, 개인적 감정을 거리낌 없이 표현하는 것은 칭찬받을 만한 일이다.(Stone, 1977: 282)

스톤에 따르면, 격렬하고 열정적인 형태의 낭만적 사랑은 문명과 이성의 성장 속에서 나타난 소설적 탈선이다(살스비, 1985: 32). 이 소설 속의 사랑은 자주 족내혼의 규칙에 반하거나 그 규칙 바깥에서 이루어진 배우자 선택을 지지한다는 점에서, 당시의 결혼 관행을 위반하는 것이었다. 따라서 당연히 로맨스 소설은 불온한 것이었으며, 정숙한 사람들이 로맨스 소설에 접근하는 것을 막아야 했다. 그럼에도 불구하고 당시에 여성이 로맨스 소설의 탐닉자가 되었던 것은 당시의 결혼관행이 여성에게 주는 속박과 그 속박을 상상 속에서 벗어나고 싶은 충동 때문이었다(살스비, 1985: 111).

이러한 맥락에서 볼 때, 로미오와 줄리엣의 사랑이 명성을 얻은 것은 그들의 사랑이 강렬했기 때문이 아니라 그들이 가족의 반대에 용감하게 맞서 집단의 강압적인 족내혼 규칙에 저항함으로써 개인의 열정의 우위와 정당함을 확인시켜 주었기 때문이다(일루즈, 2014: 10n). 이렇듯 낭만적 사랑은 레비스트로스(Lévi-Strauss, 1949)가 말하는 '여성교환'으로서의 호혜성에 입각한 결혼제도와 젤딘(Zeldin, 1973)이 말하는 집안 간의 '공정한 거래'로서의 결혼제도를 위협한다. 따라서 낭만적 사랑은 전근대 유럽을 포함한 대부분의 사회에서 법적·도덕적 질서를 위협하는 '전복적 힘'으로 인식되었다(일루즈, 2014: 29).

그렇다면 이러한 위반으로서의 낭만적 사랑은 어떻게 사회적 금기를 넘어 당시 여성들의 마음을 지배하게 되었을까? 역설적이게도 낭만적 사랑이 사회적으로 금기시되었다는 사실이 이를 설명해 준다. 금기는 달리 말해 욕망의 통제를 의미한다. 하지만 욕망은 통제될 뿐 사라지지 않는다. 특히 로맨스 소설은 여성에게 금지된 욕망을 자극하고, 그러한 금지는 욕망을 상상과 몽상 속에서 위반함으로써 쾌락을 경험하게 한다. 다시 말해 캠벨이 말하는 '자기환상적 쾌락주의'를 만들어낸다. 욕망과 금지의 상호작용 속에서 환상과 몽상이 만들어낸 로맨스의 유토피아는 강력한 사회적 장벽 내에서 자신의 관념을 거듭 재생산하고 강화한다. 그리하여 하나의 관념으로서의 낭만적 사랑은 성스러운 것의 지위를 확보한다.

이렇듯 낭만적 유토피아는 '상상의 제도화(institutionalization of imagination)'의 결과이다. 다시 말해 낭만적 사랑은 소설, 광고, 영화를 통해 문화적 환상으로 부호화되고, 그것들을 통해 하나의 이야기, 하나의 사건, 하나의 감정으로서의 사랑이 상상된다. 그리고 이 과정은 상상적 갈망상태를 사랑의 영원한 조건으로 만든다. 하나의 감정이자 문화적 인지로서의 사랑은 점차 갈망의 대상, 즉 상상에 의해 상상 속에서 만들어진 대상을 포함하게 되고, 현실에서 소비되고자 하는 대상이 된다. 그리하여 상상적인 것과 실재하는 것은 분리할 수 없는 것이 되고 만다((Illouz, 2012: 198~199).

일루즈는 자본주의의 발흥에 선행했던 낭만적 사랑은 자본주의의 경제적 행위양식과 대비되는 하나의 문화적 행위양식으로, 자본주의를 전도한다고 주장한다(일루즈, 2014: 18~19). 우선, 이윤축적을 목적으로 하는 상품의 생산과 교환의 체계로서의 자본주의에서, 교환의 두 당사자는 노골적으로 자기이익과 상호 간의 경제적 이익에 기초하여 서로 결합하며, 거래는 대차대조표의 '맨 밑줄'에 자신들의 결과를 계산함으로써 정당화된다. 반면 낭만적 사랑은 두 개인이 "자발적으로 그리고 공감적으로 성애적 관계를 실현하는 능력"에 의해 서로 결합하는 것을 특징으로 한다(Shorter, 1977: 23). 둘째, 시장에서는 거래 파트너가 궁극적으로 교체될 수 있으며 그 관계가 경제적 환경에 따라 변하지만, 낭만적 유토피아에서 우리가 사랑하고 하나가 되었다고 느끼는 사람은 유일하고 대체할 수 없다. 셋째, 낭만적 사랑은 합리적이기보다는 비합리적이고, 이윤지향적이기보다는 이유가 없고, 공리주의적이기보다는 유기적이고, 공적이기보다는 사적이다.

일루즈에 따르면, 이러한 낭만적 사랑은 "사회적·경제적 이해관계에 대한 감상의 우위, 이익에 대한 이유 없음의 우위, 축적이 유발한 궁핍에 대한 풍요의 우위를 주장한다. 사랑은 사심 없는 증여에 의해 지배되는 인간관계의 우위성을 공언하면서, 개인의 영혼과 육체의 융합을 찬양할 뿐 아니라 대안적 사회질서의 가능성 또한 열어놓는다. 따라서 사랑은 위반의 아우라(aura of transgression)를 투사하며, 더 나은 세상을 약속하는 동시에 요구한다"(일루즈, 2014: 31). 즉, 낭만적 유토피아는 상품화와 이윤 추구, 계산 합리성이 지배하는 자본주의 질서를 위반하고 전도한다.

프레더릭 제임슨(Frederic Jameson, 1981: 110)의 지적대로, "로맨스는 잃어버린 에덴동산의 일부 조건을 회복하기 위한 방식으로, 일상생활의 변화를 겨냥하는 소망을 충족시키고자 하는 욕구 또는 유토피아적 환상"이다. 자본주의에서 이 에덴동산은 생산관계가 기적적으로 일소되는 것처럼 보이는 곳이다. 로맨스의 환상이 특히 강력한 까닭은 그것이 생산 영역을 특징짓던 모든 것―일, 노고, 수익, 이기심, 돈―을 일소하기 때문이다(일루즈, 2014: 249). 이제 로맨스의 영역은 자본주의의 해방구가 된다. 옛날에는 사랑이 사회적 관습의 압력 때문에 무너지거나 불타올랐다면, 이제 사람들은 사랑하는 관계가 적대적인 세계로부터 자신의 몸을 숨겨줄 수 있다고 믿고 있다(벡·벡-게른샤임, 1999: 329).

하지만 로맨스와 자본주의는 서로 대립되는 행위논리에도 불구하고 자본주의 시장경제에서 하나로 결합한다. 왜냐하면 자본주의는 마르크스의 통찰대로 '인격이 없는' 자본에 의해 이윤이 창출되는 곳이라면 어디라도 침투하기 때문이다. 그리하여 만들어지는 것이 바로 '로맨스 자본주의'이다. 일루즈는 이 과정을 '상품의 낭만화(romanticization of commodity)'와 '로맨스의 상품화(commodification of romance)'로 설명한다(일루즈, 2014: 57). 자본주의 사회에서 상품은 광고와 영화의 이미지를 통해 낭만적 아우라가 입혀지고, 이 상품화된 로맨스는 대중 시장을 통해 소비되면서 로맨스의 관행들을 형성한다. 이 로맨스 자본주의에서 개인들은 로맨스화된 물신을 소비하며 낭만적 유토피아의 시민이 된다.

이렇듯 역설적이게도 낭만적 사랑은 자본주의를 전복하는 힘을 가짐에도 불구하고 자본주의에 의해 확산된다. 그리고 낭만적 유토피아는 자본주의적 삶의 해방구이면서도 자본주의에 속박된다. 이제 다시 낭만적 사랑은 고달픈 삶의 경제적 고통을 잊게 하면서도 그 고통을 다시 환기시킨다. 그리하여 낭만적 유토피아는 누구에게는 항상 갈망의 세계이지만, 누구에게는 또 다른 피하고 싶은 세계이기도 하다. 그러나 자본주의는 다시 고통스러울지언정 낭만적 유토피아를 꿈꾸게 한다. 그리하여 사람들은 다시 〈태양의 후예〉를 시청하러 텔레비전 앞으로 모여든다.

사회학자들, 사랑에 주목하다: 낭만적 사랑의 사회동학

사회학에서 사랑에 주목한 사람은 의외로 순수 이론가로 인식되는 니클라스 루만이었다. 루만은 그답게 사랑에 의미론적으로 접근한다. 루만에 따르면, 사랑은 진리, 화폐, 권력처럼 상징적으로 일반화된 소통매체의 하나이다.

> 사랑이라는 매체는 그 자체로 감정이 아니라 오히려 하나의 소통 부호이다. 사람들은 그 규칙에 따라 감정을 표현하고 형성하고 흉내 내고, 그 감정을 부정하고 다른 사람에게 귀속시키고, 그러한 소통을 하는 것이 가져

올 수 있는 모든 결과에 대처할 준비를 할 수 있다.(Luhmann, 1986: 20)

루만은 자신의 책『열정으로서의 사랑』에서 앞서 언급한 사랑의 노래와 로맨스의 소설들이 만들어낸 사랑의 부호를 분석해 낸다. 노래와 소설 속에 그려진 이 사랑의 부호들은 비정상적인 것만이 아니라 실제로 정상적으로도 있을 수 있을 법한 것이다(Luhmann, 1986: 9).

그렇다면 사회학자로서 루만이 사랑에 대해 갖는 관심은 무엇인가? 그가 주목한 것은 소통 매체로서의 사랑이 행위 및 사회구조와 갖는 관계이다. 먼저, 루만은 사랑의 의미론을 통해 소통 매체와 사회구조의 관계를 이해하고자 한다. 왜냐하면 루만이 지적하듯이, 사랑을 이상화하고 신비화하는 문학적 묘사들은 단지 자의적인 것이 아니라 각각의 사회와 그 사회 내의 변화 추세에 대한 반응이기 때문이다. 즉, 사랑에 대한 문학적 묘사들은 사랑의 실제 상황을 그대로 재현하는 것이 아니라 당시 사회가 지닌 인지된 문제를 해결하는 것이다(Luhmann, 1986: 20).

둘째, 루만은 사랑은 하나의 감정이 아니라 하나의 상징적인 소통 매체라고 주장하지만, 그러한 사랑의 부호들은 감정과 무관하지 않다. 루만에 따르면, 사랑의 부호는 사랑에 상응하는 감정이 형성되도록 고무한다. 즉, 이 사랑의 부호들은 사랑을 학습시키고 사랑의 징후를 해석하고 작은 징표를 통해 심대한 감정을 전달할 수 있게 해준다. 루만이 "많은 사람은 사랑에 대해 들어보지 않았다면 결코 사랑에 빠지지 않았을 것"이라는 라 로슈푸코의 말을 직접 언급하면서 시사하듯이 (Luhmann, 1986: 9), 사랑 노래와 로맨스 소설에서 생성된 사랑이라는 관념은 하나의 교환매체를 넘어 근대세계에서 하나의 사회적 행위의 동인으로 작동했다. 매체로서의 사랑은 근대인에게 낭만적 사랑의 의미를 부여하는 또는 낭만적 사랑을 거부하는 틀을 제공하는 것이었다.

루만의 논리를 따르면, 근대사회에서 실천되고 있는 낭만적 사랑의 관행은 그간 가능하지 않을 것 같았던 일이 가능해졌다는 것을 의미한다. 다시 말해 위반으로서의 사랑이 하나의 사회적 관행이 된 것이다. 그러나 다른 한편에서는 이러한 낭만적 사랑의 쇠퇴를 안타까워하는 수많은 철학적 저술이 쏟아졌고, 그래서인지 사랑의 고통을 극복하는 기술을 다룬 수많은 치료요법적 저술도 등장해 왔다. 그 후 사회학자들의 노력은 바로 이 두 과정을 동시에 포착하는 것에 바쳐졌다고 해도 과언이 아니다. 이 두 과정은 일루즈의 표현으로는 "사랑의 주술화" 와 "탈주술화"로 집약할 수 있다.

근대 시기는 이성의 이름으로 우리의 삶에서 마법과 신비로움과 성스러움을 걷어내버렸다. 막스 베버는 이 과정을 '탈주술화(disenchantment)'라고 정확하게 표현했다. 종교가 사망한 이후 근대세계는 "보다 고귀한 원칙과 가치에 대한 헌신이 없는, 신성한 것에 대한 열정과 황홀감이 없는, 성인과 같은 영웅적 행위가 없는, 신성한 계명의 확실성과 질서정연함이 없는, 그리고 무엇보다도 우리를 위로하고 세상을 아름답게 해주는 상상이 없는 삶을 살아가는" 세계이다(Illouz, 2012: 8). 이러한 상황에서 사회학자들은 낭만적 사랑이 이제 성스러움의 자리를 대신하여 새로운 종교의 자리를 차지했다고 진단해 왔다.

이처럼 낭만적 사랑을 하나의 종교로 바라보는 관점은 벡 부부와 기든스, 일루즈 모두에게서 나타난다. 그중에서도 이를 보다 직접적으로 다루고 있는 사람이 벡 부부이다. 그들이 볼 때, 근대 사회에서 사랑을 고귀하고 신성한 것으로 여기게 된 것은 단지 우리가 우리에게 도취되어 있기 때문만이 아니라, 국가, 법률, 교회가 강요하던 낡은 속박과 제약에서 벗어난 사회에서, 그렇기에 과거와 같은 정치적·경제적 확실성과 도덕적 지침을 잃은 시대에 사랑은 일상의 고통에서 빠져나와 일상성에 새로운 아우라를 줄 수 있는 것이 되었기 때문이다. 그들에 따르면 연인들은 사랑을 통해 온갖 적대적인 현실과 도덕률을 극복하면서 두 사람의 사랑을 증명한다.

> 사랑은 자기 자신을 찾는 것이자 진실로 나와 네가 접촉해 몸을 나누고 생각을 나누며 뒤에 아무것도 감추지 않고 서로 만나 고백하고 용서받으며 과거와 현재를 이해하고 확인하며 후원하려는 갈망이다. 또 가정에 대한 갈망이자 현대 생활이 낳는 의심과 불안에 대항할 수 있는 신뢰에 대한 갈구이기도 하다. 아무것도 확실하거나 안전하지 않다면, 심지어 오염된 세계에서 숨 쉬는 것조차 위험하다면, 사랑이 모든 것을 해결해 줄 수 있으리라는 잘못된 꿈을 꾸게 되는 것이다.(벡·벡-게른샤임, 1999: 301)

벡 부부에 따를 때, 사랑은 불확실한 위험사회에서 연인들에게 하나의 유토피아이자 종교이다.

> 사랑은 하나의 유토피아이다. 그러나 위로부터 또는 문화적 전통이나 설교로부터 만들어지거나 설계되는 유토피아가 아니라 아래로부터 성적 충동의 힘과 지속성으로부터, 그리고 개인의 깊은 소망으로부터 자라나는 유토피아이다. 이러한 의미에서 사랑은 외적 의미와 전통에 방해받지 않는 종교이다. 그 가치가 연인들이 서로에게 깊이 이끌리고 주관적으로 서로 헌신하는 데 있는, 그리고 아무도 신도가 될 필요는 없으며 따라서 개종할 필요가 없는 종교 말이다.(벡·벡-게른샤임, 1999: 303)

벡 부부에 따를 때, 사랑은 일종의 반란으로, 다시 말하면 우리를 둘러싸고 있는 막연하고 이해할 수 없는 존재에 저항할 수 있는 힘과 접촉하는 방식의 하나로, 사랑하는 사람들은 지금 여기서 구원을 구하고 있는 것이다(벡·벡-게른샤임, 1999: 306, 302).

> 사랑은 개인화의 위험에 저항할 수 있는 이데올로기이기도 하다. 이는 사랑이 다름을 강조하지만 모든 외로운 사람들에게 함께함을 약속해 주기 때문이다. 사랑은 낡아빠진 지위상징이나 돈이나 법률적 고려에 의지하는 것이 아니라 오직 진실하고 직접적인 느낌에, 이 느낌이 타당하다는 신념에, 그리고 이 느낌이 향해 있는 사람에게 의지한다.(벡·벡-게른샤임, 1999: 311)

이렇듯 벡 부부가 보기에 사랑은 이제 하나의 감정이 아니라 근대의 신념이다. 막스 베버가 『프로테스탄스 윤리와 자본주의 정신』에서 칼뱅주의의 금욕주의가 가치합리적 행위의 동인이 되었다고 했듯이, 근대사회에서 사랑은 단지 하나의 감정적 행위를 넘어 가치합리적 행위의 동인이 되었다. 사랑이라는 이 강력한 힘은 그 자체의 고유의 법칙에 따라 사람들의 기대, 불안, 행동 패턴 속에 자신의 메시지를 새겨 넣고, 사람들이 결혼하고 이혼하고 재혼하도록 이끌고 있다(벡·벡-게른샤임, 1999: 297).

막스 베버는 이를 예견하기라도 한 듯이, 사랑 또는 에로틱한 삶 일반을 경제, 법, 정치에서 발생하는 공적인 합리화 과정으로부터 유예된 사적인 것으로 보았으며, 심지어 '에로틱한 영역'만이 과도한 합리화의 부정적 결과들로부터 근대 인간을 구원할 수 있다고 주장하기까지 했다(Weber, 1958; 일루즈, 2014: 323). 하지만 일루즈는 감정자본주의 시대에 사랑 역시 합리화되었다고 주장한다.

일루즈에 따르면, 하나의 제도화된 문화적 힘인 합리성은 감정적 삶을 내부로부터 재구조화해 오며, 감정을 이해하고 협상하는 기본적인 문화적 각본을 변화시켜 왔다. 그리하여 사랑이라는 감정에는 두 가지의 문화적 구조가 작동하고 있다. 하나가 에로틱한 자기포기와 감정적 융합이라는 강력한 판타지에 기초하는 사랑이라면, 다른 하나는 감정적 자기규제와 최적의 선택이라는 합리적 모델에 기초한 사랑이다. 일루즈는 이 합리적 행동모델이 역사적으로 열정과 에로티시즘을 경험해 온 문화적 자원을 훼손하면서 낭만적 욕망의 구조를 크게 변화시켜 왔다고 주장한다(Illouz, 2012: 159).

일루즈는 사랑이 낭만적 믿음을 산출하는 힘을 상실한 것은 과학, 정치, 기술이라는 세 영역에서 그러한 신념을 합리화하여 사랑을 탈주술화했기 때문이라고 분석한다(Illouz, 2012: 162). 먼저 일루즈에 따르면, 과학적 설명모델—심리학적, 생물학적, 진화론적—은 추상적이며, 통렬하고 생생한 경험의 범주들과 무관하게 존재하는 경향이 있다. 이러한 설명방식은 감정을 하나의 부수현상으로, 즉 주체가 인식하지도 느끼지도 않는 선험적 원인의 단순한 결과로 환원한다. 그리하여 사랑은 이제 말로 표현할 수 없고 유일무이하고 유사 신비적인 경험이자 사심 없는 감정이 아니라 심리적·진화적·생물학적 법칙에 의해 결정되는 하나의 반응으로, 설명과 통제를 필요로 하는 하나의 현상으로 전락한다(Illouz, 2012: 168). 이러한 사랑 이해의 틀은 사랑을 성찰적(reflexive)이고 디플레이션적(deflationary)이게 만든다. 즉, 행위자들은 자신들의 사랑의 동기가 되는 근본 메커니즘에 주목하게 되고, 이로 인해 사랑은 특정 개인의 구체적인 특정한 욕망을 넘어서는 또는 그 욕망의 밑에서 작동하는 보편적인 심리학적 내지 화학적 힘의 결과가 되고 만다. 그리하여 낭만적 욕망은 자신만의 신화적 내용을 결여하게 된다

(Illouz, 2012: 168).

　일루즈는 사랑의 탈주술화에 기여한 둘째 요인으로 우리 정치의 도덕적 어휘를 지배하는 것이자 이성애적 관계가 협상되는 조건을 변화시켜 온 평등·합의·호혜성의 규범, 즉 계약주의(contractualism)를 들고 있다(Illouz, 2012: 170). 일루즈는 특히 이것이 '제2의 물결' 페미니즘에 책임이 있다고 파악한다. 일루즈에 따르면, 페미니즘은 평등과 대칭성이라는 문화적/정치적 범주를 젠더관계를 규제하는 새로운 방식으로 설정함으로써, 욕구를 갖는 개인을 추상적 권력구조의 담지자일 뿐인 존재로 만들어버린다. 그리고 이처럼 친밀한 관계를 평가하는 새로운 양식으로 등가성의 범주를 끌어들이는 것은 감정을 평가하고 측정하고 비교할 수 있는 것으로 재개념화한다(Illouz, 2012: 172, 173, 175). 그 결과 이러한 평등과 공정이라는 정치적 이상이 사랑이라는 에로틱하고 낭만적인 경험을 점점 더 체계적인 행동규칙과 추상적 범주하에 포섭시켜 버렸다. 일루즈는 기든스가 이러한 계약적 관계를 '순수한 관계(pure relationship)'라고 표현하지만 그것은 친밀한 유대의 힙티와글 반영할 뿐이고 욕망의 본성 자체를 변형시키는 것일 뿐이라고 비판한다(Illouz, 2012: 177).

　일루즈는 사랑의 합리화 과정에 기여한 셋째 요인으로 인터넷에 구현되어 있는 선택기술의 강화를 들고 있다. 일루즈는 『차가운 친밀성』에서도 이에 대해 규명한 바 있다. 일루즈에 따르면, 인터넷의 특징은 잠재적 파트너 시장을 실제로 가시화한다는 것이다. 현실세계에서 파트너 시장은 가상세계이다. 즉, 파트너 시장은 단지 전제될 뿐 결코 볼 수 없는 시장, 곧 잠재적 시장이다. 반면 인터넷에서 시장은 가상시장이 아니라 현실시장이다. 왜냐하면 인터넷 이용자들이 잠재적 파트너 시장을 실제로 가시화할 수 있기 때문이다(Illouz, 2007: 87).

이러한 인터넷상에서의 파트너 선택은 앞서 언급한 주술화된 사랑과는 근본적인 단절을 보여준다. 첫째, 낭만적 사랑이 자발성의 이데올로기를 특징으로 한다면, 인터넷은 합리화된 파트너 선택 양식을 요구한다. 둘째, 전통적인 낭만적 사랑이 보통 신체적 몸의 현존에 의해 제공되는 성적 매력과 긴밀하게 관련되어 있다면, 인터넷은 육체로부터 분리된 텍스트 상호작용에 기초한다. 그 결과 인터넷에서는 신체적 매력보다 합리적 검색이 우선한다. 셋째, 낭만적 사랑이 무사무욕을 전제로 한다면, 인터넷 테크놀로지는 낭만적 상호작용의 도구화를 증가시킨다. 넷째, 전통적 사랑이 비합리적이라면, 즉 상대방에 대한 인지적 또는 경험적 지식을 필요로 하지 않는다면, 인터넷에서는 상대방에 대한 인지적 지식이 감정에 선행한다. 마지막으로, 낭만적 사랑의 관념이 사랑하는 사람의 유일무이함, 즉 배타성의 관념을 동반한다면, 인터넷은 선택할 파트너의 풍부함과 교체가능성의 관념에 의해 지배된다. 이처럼 인터넷 데이트는 낭만적 만남의 영역에 풍요의 경제, 끝없는 신뢰, 효율성, 합리화, 표적 선택, 표준화에 기초하는 대량소비의 원리를 도입한다(Illouz, 2007: 90).

일루즈에 따르면, 과학, 평등과 공평함의 관념, 짝 선택기술의 발전은 성적 관계를 자기성찰적인 정밀조사의 대상으로 만들고 공식적이고 예측 가능한 절차를 통해 통제해야 하는 것으로 바꾸어놓음으로써 그간 에로티시즘과 사랑이 토대했던 의미체계를 훼손했고, 짝 찾기는 경제적 합리성에 의해 지배되는 하나의 시장이 되었다. 일루즈에 따르면, 이러한 상황은 한편에서는 사랑의 의미가 지닌 기호와 상징을 해체시켜 사랑의 영역을 극도의 불확실성이 지배하는 영역으로 만들었고, 다른 한편에서는 이러한 불확실성을 극복하고자 하는 전략을 통해, 즉 다른 사람들을 등급매기고 자신의 욕구와 선호를 물화함으로써 불평등을 재생산하고 정당화했다.

이 책의 관심: 낭만적 사랑과 현실주의적 사랑의 감정동학

에바 일루즈는 자신의 책 『낭만적 유토피아 소비하기』에서 흥미로운 실험을 했다. 그녀는 낭만적 사랑과 동일하다고 할 수는 없지만 사랑의 예찬에서 항상 미화되는 첫눈에 반한 사랑과 정혼에 관한 이야기와 이른바 현실주의적 사랑에 관한 이야기를 자신의 인터뷰 응답자들에게 들려주고, 그 사랑에 대해 평가해 줄 것을 요청했다. 인터뷰의 응답자들은 첫눈에 반한 사랑에 대해서는 소설이나 영화에 가까운 가장 위험한 사랑으로 본 반면, 현실주의적 사랑에 대해서는 열정과 이성의 결합으로 긍정적으로 바라보는 경향을 드러냈다. 하지만 그들이 꿈꾸는 사랑이라는 측면에서 응답을 요구했을 때, 응답자들은 첫눈에 반한 사랑에 대해서는 가장 열정적이고 끝내주는 로맨스라고 답변한 반면, 현실주의적 사랑에 대해서는 로맨스가 없는 차갑고 계산적이고 합리적인 것이라고 부정적으로 평가했다. 이는 낭만적 사랑이 현실에서 처한 역설적인 상황을 보여준다.

필자 중 한 사람 역시 동일한 실험을 강의실에서 몇 번 실시한 바 있다. 그 결과는 일루즈가 발견한 것과 다르지 않았다. 그러나 필자가 학생들의 사랑 이야기를 현실주의적 사랑이라고 평했을 때, 그들은 당혹감을 느끼는 것을 넘어 화를 내기까지 했다. 왜 자신의 (현실주의적) 사랑이 사랑이 아니냐는 것이었다. 그들의 반응 속에는 자신의 사랑 역시 고귀하고 숭고하다는 생각이 깔려 있었다. 사실 사랑만큼 주관적이고 개인적인 것이 없고 사랑은 그 어떤 표준화도 거부하는 것이기에

학생들의 불만 또한 타당하다고 할 수 있다. 그러나 미국의 심리학자 너새니얼 브랜든(Nathaniel Branden)은 이른바 현실주의적 사랑은 사랑이 아니라고 단언하기도 한다.

> 어떤 커플이 열정적이고 강렬한 애착을 깊게 느끼지 않는다면, 나는 그 관계를 사랑이라고 부르지 않을 것이다. 정신적으로 어느 정도 결속해 있지 않다면, 가치관과 인생관이 깊은 차원에서 일치하지 않는다면, 영혼의 단짝이라는 느낌이 없다면, 나는 그 관계를 사랑이라고 부르지 않을 것이다. 정서적으로 서로 의지하지 않는 관계, 서로 성적 매력을 강하게 느끼지 않는 관계도 사랑이 아니다. 서로 존경하는 마음이 없는 관계도 사랑이라고 할 수 없다. 예를 들어 서로 경멸하면서도 강한 성적 매력을 느끼는 관계는 사랑이 아니다.(브랜든, 2019: 18)

지금까지 논의한 바와 같이, 개념적으로 볼 때 엄격한 의미에서의 사랑은 낭만적 사랑이며 현실주의적 사랑은 사랑이 아니라고도 할 수 있다. 하지만 다른 한편으로는 낭만적 사랑은 관념상의 허구적 사랑이지, 현실에서의 사랑이 아니라고 할 수도 있다. 이러한 사랑의 긴장관계는 로맨스라는 환상이 현실에서 실천되는 과정에서 나타나는 사랑의 모순이 초래하는 결과이다. 그리고 이른바 현실주의적 사랑이라는 개념은 현실에서 이루어지는 실제의 사랑을 묘사하기 위해 만들어진 하나의 파생적인 개념이다.

그러나 현실주의적 사랑은 사랑이 타락한 것이 아니라 사랑의 모순이 현현된 것일 뿐이다. 근대세계에서 사랑은 사생활의 신이며(벡·벡-게른샤임, 1999: 41), 그 사랑은 내세가 아니라 현세에서 실현되어야 한다. 낭만적 사랑의 유토피아의 각본에 따르면, 사랑은 항상 현실에서의 결혼으로 완성된다. 즉, 결혼을 통해 두 연인의 왕국을 건설함으로써 완결된다. 그러나 앞서 논의했듯이 사랑의 유토피아와 결혼의 유토피아는 항상 긴장관계에 있다. 이 긴장을 개인들이 각기 주관적으로 풀어나가는 과정이 현실주의적 사랑을 낳는다. 그리고 앞서 묘사한 사랑의 주술화와 탈주술화 과정은 현실에서의 사랑의 과정을 더욱 복잡하고 정교하게 만든다.

지금까지 사회학자들이 논의해 온 사랑의 사회학은 이 과정을 탐구해 온 것이라고 해도 과언이 아니다. 그러나 사랑에 대한 기존의 사회학적 연구는, 앞서 살펴보았듯이, 사랑의 사회동학을 검토하는 것이었다. 다시 말해 사랑이라는 감정을 단순히 감정이 아니라 하나의 사회적 현상으로 포착해 내고자 했다. 필자들 역시 감정이 사회적 현상이라는 점을 부인하지 않는다. 하지만 사랑이 감정이 아니라고 할 수는 없다. 그리고 사랑이 사회적 현상인 이유 중 하나는 사랑이 하나의 단일 감정이 아닌 복합 감정이기 때문이다. 벡 부부의 지적대로, 사랑은 "쾌락, 신뢰, 애정이며, 이와 동시에 분명히 그와 정반대의 것, 즉 권태, 분노, 습관, 배신, 외로움, 위협, 절망, 그리고 쓴 웃음이기도 하다"(벡·벡-게른샤임, 1999: 42). 좀 더 구체적으로 설명하면, 사랑하는 사람은 실제로 질투, 자포자기, 절망을 자극하는 바로 그 이미지들로 인해 괴로워할 수도 있다. 이 경우에 사랑하는 사람이 다른 사람에 대해 느끼는 사랑은 그를 기쁘게 하기보다 슬프게 하는 경향이 있고, 따라서 어떠한 기쁨도 이제 나에게는 고통일 뿐이다(버킷, 2009: 300). 따라서 사랑에 대한 사회학적 연구는 사랑이라는 복합 감정이 어떻게 사회동학과 관련하여 출현하고 표출되며, 사랑을 틀 짓는지를 연구할 필요가 있다. 이 책이 주목하는 것이 바로 이것, 즉 사랑의 감정동학이다.

우리는 한국사회에서 이루어지는 낭만적 사랑의 감정동학을 연구하기 위해 이 낭만적 사랑과 현실주의적 사랑의 틀에 의지한다. 왜냐하면 이 책의 목적은 낭만적 사랑을 이상화하거나 그 사랑의 타락을 슬퍼하는 것이 아니라 현실에서 이루어지는 사랑의 실천과정을 감정사회학적 관점에서 역사적으로 고찰하는 것이기 때문이다. 이를 위해 필요한 것이 낭만적 사랑과 현실주의적 사랑의 이상형을 구축하는 것이다. 그리고 이에 대한 유용한 전거를 제공하는 것이 바로 에바 일루즈의 논의이다.

에바 일루즈는 지금까지 사랑을 이상화한 논의에 기초하여 낭만적 사랑의 이상형이 지닌 기본 요소들을 다음과 같이 요약한다(Illouz, 2012: 159~160).

- 사랑의 대상은 신성하다.
- 사랑은 정당화하거나 설명할 수 없다.
- 사랑의 경험이 연인의 경험적 현실을 압도한다.
- 주술화된 사랑에서는 사랑의 주체와 대상이 구분되지 않는다.
- 사랑의 대상은 유일무이하며 비교불가능하다.
- 사랑하는 사람은 사리추구를 다른 사람을 사랑하는 기준으로 삼지 않는다.

이러한 낭만적 사랑의 이상형은 사랑 대상의 철저한 유일무이함, 사랑 대상의 대체불가능성과 비교불가능성, 계산과 합리적 지식에 감정을 예속시킬 수 없음, 사랑하는 사람을 위한 자신의 전적인 포기, 상대방을 위한 자기파괴와 자기희생을 특징으로 한다(Illouz, 2012: 161). 하지만 이 개인적이고 주관적인 사랑은 사회 속에서는 결혼을 통해 승인받아야 한다. 따라서 사랑하는 사람들은 사랑의 유토피아와 결혼의 유

표 1 | 낭만적 사랑과 현실주의적 사랑

		낭만적 사랑	현실주의적 사랑
감정 구조	주축 감정	열정, 환희	냉정
	감정적 사유 양식	운명론적, 이유 없음	도구적, 타산적
	상대의 속성	절대적, 유일무이함	상대적, 대체가능
감정 동학	추동력	격정적 힘으로서의 사랑	노동으로서의 사랑
	속도	빠름	느림
	시간	현재 만족	미래 기획
	지향성	타인	자기
	연인의 감정상태	충만함(황홀감, 행복감)	결핍감
감정의 사회적 관계	사회적 제약	위반	제도 재생산
	성 충동과의 관계	초월적, 간접적, 파생적	직접적, 집착적
	결혼과의 관계	사랑의 결과	사랑의 목적
	관계 단절 양식	죽음(사별)	헤어짐(이별)

도피아 간의 긴장 속에서 끊임없이 선택을 강요받는다. 실혼이라는 현실의 삶은 자신의 짝 선택이 옳은 것이었음을 검증하는 것이기에 당연히 신중하고 합리적인 선택을 요구하고, 그리하여 개인들에게 현실주의적 사랑을 강요한다. 현실주의적 사랑은 엄격히 따지면 사랑보다는 결혼에 방점이 찍히는 짝 찾기의 과정이다. 그렇기에 현실에서의 사랑은 낭만적 사랑과 현실주의적 사랑 사이에서 곡예 하듯 줄타기를 한다. 이 책은 한국사회에서 일어나는 이러한 사랑의 줄타기에 대한 감정사회학적 분석을 시도한다. 이 책을 관통하고 있는 분석틀, 즉 낭만적 사랑과 현실주의적 사랑의 이상형을 도식적으로 요약하면 〈표 1〉과 같다.

이 두 이상형을 좀 더 구체적으로 설명하면, 첫째, 낭만적 사랑은 결혼과 사랑이 아닌 열정과 사랑을 감정적으로 동일시하고 그러한 사랑을 신성화한다. 이러한 열정은 '첫눈에 반한 사랑'의 경우에서와 같이 '충동적'인 것, 비합리적인 것으로 비난받기도 하지만, 사랑의 주체에게서는 '운명적'인 것으로 받아들여진다. 그렇기에 자신의 상대는 유일무이하고 절대적인 존재로서 대체 불가능한 존재로 인식된다. 그리고 그러한 무모하기조차 한 사랑은 순수하다는 점에서 긍정되고 미학화된다. 반면 현실주의적 사랑은 사랑이라는 '뜨거움' 아래에 자리하는 냉정이라는 차가움에 의해 끊임없이 조율된다. 왜냐하면 현실주의적 사랑을 관통하는 것은 열정보다 이해관계이기 때문이다. 열정적 관계조차도 타산적 계산에 의해 '생산'된다. 따라서 현실주의적 사랑은 항상 마치 자본주의적 거래처럼 "두 당사자의 노골적인 자기 이익과 상호 간의 경제적 이익에 기초하여 서로 결합하며, 대차대조표의 '맨 밑줄'에 자신들의 결과를 계산함으로써 정당화된다"(일루즈, 2014: 19).

둘째, 낭만적 사랑과 현실주의적 사랑은 사랑을 움직이는 힘에서도 다른 것으로 개념화된다. 흔히 '불꽃', '사닥', '마법' 등으로 은유되는 낭만적 사랑은 강렬함과 불가항력성을 지니는 것으로 특징지어진다. 즉, 낭만적 사랑은 자신의 통제력을 벗어나 있는 자율적인 힘으로 인식되고, 도취감과 같은 그 자체의 감정적 성격이 다른 무엇보다 우위성을 부여받는다. 그렇기 때문에 낭만적 사랑은 그 결과에 대한 합리적 고려보다 현재의 '감정적 합리성'에 그 기반을 두고 있다. 열정적 사랑의 불같은 성격이 지닌 시간적 급속함은 타산의 여지를 주지 않는다. 반면 현실주의적 사랑에서는 '노력'이 마법적 불꽃을 대신하고, 헌신이 열정이라는 압도적 힘을 대신하고, 상대성이 사랑의 절대성을 대신하고, 의식적 모니터링이 자발적 분출을 대신한다(일루즈, 2014: 19). 따라서 사랑은 개인의 냉철하고 계산된 기획에 따라 통제 가능한 것이 되며, 사랑의 성패의 책임은 개인적인 것이 된다. 이때 사랑의 과정은 끝없는 자기 기준의 충족을 추구하는 것이며, 따라서 계산과 함께 '연기된 만족' 속에서 사랑의 감정은 충만함을 느끼기보다는 결핍감과 공허감을 벗어나지 못한다. 이러한 감정이 바로 자신에게 만족감을 줄 수 있는 새로운 상대를 찾아 나서게 만들기도 한다. 또 다른 측면에서 살펴보면, 이러한 새로운 상대 찾기는 사랑 주체의 지향성에서 기인하는 것이기도 하다. 낭만적 사랑이 이유 없이 남에게 베푸는 타자지향성을 기반으로 한다면, 현실주의적 사랑은 자신의 욕구 충족에 우위를 부여하는 자기지향성을 기본 축으로 하는 경향이 있기 때문이다.

셋째, 이러한 낭만적 사랑의 이상형은 '위반'의 성격을 띠고 있다. 앞서 살펴보았듯이, 낭만적 사랑은 자주 족내혼의 규칙에 반하거나 그 규칙 바깥에서 이루어진 배우자 선택을 지지한다는 점에서, 당시의 결혼 관행을 위반하는 것이었다. 하지만 낭만적 사랑 그 자체는 앞서 언급한 트루바두르의 경우에서도 알 수 있듯이, 불꽃 같은 '에로스적 사랑'은 기반으로 하면서도 종교적인 '이기애적 사랑'을 지향하는 것이었고, 결혼제도 밖에서 남성의 숭고한 사랑 양식이 탄생한 것이었다. 그러나 인간의 성적 욕망과 불가분의 관계에 있는 사랑의 감정은 근대에 들어 '연애'라는 새로운 짝 찾기 관행을 만들어냈고, 사랑과 결혼을 결합시키는 근대적 결혼제도를 성립시키며 '사랑'에 방점을 두는 낭만적 사랑과 '결혼'에 방점을 두는 현실주의적 사랑이라는 새로운 분석적 구분을 만들어냈다. 그리고 앞서 언급한 낭만적 사랑의 감정구조와 감정동학은 연인의 죽음으로 관계를 끝맺는 아름다운 영원한 사랑으로 이상화되고, 현실주의적 사랑은 끝없이 사랑의 대상을 찾아 헤매는 단절적이고 고통스러운 과정으로 관념화된다.

하지만 이러한 낭만적 사랑의 관념은, 거듭 지적하지만, 하나의 유토피아이다. 유토피아는 현실에서 그대로 실현될 수 없는 상상의 영역이다. 낭만적 사랑 역시 트루바두르와 로맨스 소설 속에서 창출되는 하나의 환상이지만, 그 사랑이 고취한 감정적 상징, 은유, 스토리들은 현실영역 속에서 개인의 욕망을 고취하며 개인으로 하여금 자신이 처한 사회적 환경 속에서 유토피아의 꿈을 실현하기 위해 노력하게 한다. 따라서 현실주의적 사랑은 기존의 연구에서처럼 사랑이 '탈낭만화' 또는 '비낭만화'되는 과정이 아니라 행위자들의 꿈이 실현되는 과정이다. 마르크스의 말을 빌려 표현하면, 연인들은 자신들의 제약하에서 꿈을 현실화하고자 하는 것이다.

이 책은 한국사회에서 낭만적 유토피아가 어떤 경로와 어떤 모습으로 도입되었는지, 그리고 한국사회의 구조적 변화 속에서 어떤 모습으로 실현되어 왔고 또 구현되고 있는지를 역사적으로 검토하는 것을 목적으로 한다. 하지만 이 책은 다른 사랑의 저작과는 다른 분석적 특징을 지닌다. 첫째, 이 책은 기존의 사회학적 분석과 달리 사회와 사랑의 관계에서 사랑이라는 감정에 더 초점을 맞춘다. 사랑이라는 감정 역시 사회적 현상이라는 점을 부정하지는 않지만, 사랑 감정이 사회적으로 형성되는 과정을 포착하기보다 사회 속에서 하나의 복합 감정으로서의 사랑을 구성하는 감정적 요소들을 포착하고, 그 요소들이 사랑이라는 더 큰 감정에서 작동하는 방식 및 그 요소들과 사회 간의 역동적인 상호작용을 감정동학이라는 맥락에서 파악한다.

둘째, 대부분의 사랑에 관한 사회학적 저작들이 사랑과 결혼을 단일 메커니즘으로 바라본다면, 이 책은 사랑과 결혼을 서로 다른 논리에서 작동하는 사회적 행위의 동인으로 파악하고 이 둘 간의 모순을 통해 사랑의 실천 관행들이 변화해 온 과정을 추적한다. 하지만 논의의 초점은 결혼보다 사랑에 맞춘다. 왜냐하면 이 책은 사랑의 감정사회학을 통해, 즉 사회 속에서 사랑을 구성하는 복합적인 감정적 요소를 통해 다양한 사회적 현상의 변화를 추적하려 하기 때문이다. 이러한 점에서 이 책은 사랑 자체에만 초점을 맞추는 사랑의 미시사회학이 아닌 사랑의 거시사회학을 지향한다.

셋째, 지금까지의 사랑에 대한 논의는 주로 여성에 초점을 맞추었거나, 한 단계 더 진전한다고 하더라도 남녀 간의 사랑의 차이에 주목해 왔다. 하지만 사랑은 특정한 성의 전유물이 아니며, 사랑에는 항상 그 짝이 존재한다. 사랑은 언제나 관계적이다. 그리고 감정이 특정한 성별로 차이가 나는 것이 아니라 젠더별 사회적 제약에 따라 달리 표출된다는 것은 이미 사회학적으로 상식적인 사실이다. 따라서 우리는 사회적 제약과 그로 인한 감정적 고통을 부각시키는 경우를 제외하고는 사랑이 양성에 동일하게 작동하는 감정이라는 것에 근거하여 논의를 진전시킨다.

제1부

로맨스 관행의 구조변동

역사적 서술

제1장

낭만적 디스토피아 벗어나기

'자유부인'과 젊은 '영자'의 고뇌

로맨스와 근대국가

오늘날 한국사회에서 성, 사랑, 연애, 결혼, 이혼, 비혼 등 이른바 친밀성 세계는 근대 이후로 파국과 생성을 반복해 오면서 '소리 없는 전쟁' 혹은 '조용한 혁명'을 거쳐왔다. 이 과정은 개인의 내밀한 욕망과 사회문화적 조건들 간의 변증법적인 긴장 속에서 갈등, 고통, 슬픔, 쾌락, 환희, 희열, 때로는 희생과 죽음까지도 불러왔다. 유교적 규범과 신분제적 질서가 친밀성의 조직 원리였던 조선시대에서마저도 열정적 사랑이 남긴 흔적으로 인해, 비록 그 결말이 비극적으로 끝났을지라도, 유교적인 가부장제적 친밀성 구조에 균열이 발생했다는 사실은 부인하기 어렵다(서지영, 2011: 61, 69).

하지만 친밀성의 본격적인 근대적 경험, 즉 당사자의 주관적 의사와 신분을 뛰어넘은 자유로운 짝짓기에 준거한 연애와 혼인은 20세기 초 서구의 '낭만적 사랑' 개념이 일본을 거쳐 한국사회에 수입된 이후 본격적으로 확산되었다(권보드래, 2003: 92~96; 남영호, 2015: 137). 당시 낭만적 사랑의 관념에 대해 춘원 이광수는 1917년 ≪학지광≫ 제12호에 쓴 글에서 "연애야말로 혼인의 근본 조건이외다. 혼인 없는 연애는 상상할 수 있으나 연애 없는 혼인은 상상할 수 없는 것이외다. …… 연애의 근거는 남녀 상호의 개성의 이해와 존경과, 따라서 상호 간에 일어나는 열렬한 인력적(引力的) 애정에 있다 하오"라고 주장했다. 이처럼 이광수는 연애와 결혼에 관해 "인간의 삶에서 연애가 중요하며, 연애-결혼-가정이라는 생활양식을 추구하고, 가정은 부부의 사랑과 자녀에 대한 인격적 관계에 입각한 친밀성의 공간이어야 함은 물론 사랑과 결혼은 영혼과 육체의 결합"이라는 점을 강조했다(김동식, 2001: 149).

식민지 조선에서 연애 담론과 관행은 "전통과 근대의 시간적 간극, 동양과 서양의 문화적 경계, 제국 일본과 식민지 조선의 정치·경제적 위계를 통과한 사회·역사적 산물"(서지영, 2011: 134)이라는 점에서 당시 정치적 상황, 근대적 국가권력과 시장체제의 출현, 사회진화론, 우생학 및 문명화 담론 등과 복합적으로 얽혀 있었다(고미숙, 2001: 91; 남영호, 2015: 138). 특히 사회진화론과 우생학의 확산 속에서 새로운 남녀관계란 건장한 남녀의 결합을 의미했으며, 이는 근대국가의 기틀이 되는 건강한 가정 형성으로 이어졌다(송혜경, 2010; 가토 슈이치, 2013). 식민지 조선에서도 연애는 남녀가 동등한 새로운 짝짓기 유형으로 유입되었으나, 사회 전반적으로는 근대적 국민국가 수립을 위한 국민 개조운동의 일환으로 받아들여졌다(김지영, 2004: 49; 남영호, 2015: 141~142).

이렇게 근대적 국민국가와 각성한 개인의 동시 산출이라는 계몽의 기획을 완수하기 위해서는 매개항으로 '가정'이라는 범주가 요청되었다. 계몽의 기획은 가정이라는 사회적 지점을 통해 인간의 생체 에너지를 정상 규범적으로 배치함으로써 스스로의 정당성을 입증해야 했다(김동식, 2001: 136). '순결하고 신성한 연애'는 조선에서 서구적 근대를 모델로 한 문명개화론과 주권독립에 바탕을 둔 국민국가 설립과정에서 새로운 사랑 형식으로 적극적인 지지를 받았다. 연애결혼을 통해 구성되는 가족은 민족의 번영을 위해 기능하기 때문에 순결하고 신성한 연애의 확산은 공적인 의제로 수용되었다(서지영, 2011: 135~136).

식민지 시기에 여성 잡지에 드러난 자기서사를 분석한 한 연구에 따르면, 성·사랑·결혼에 관한 서사는 크게 봉건적 결혼제도를 비판하면서 자유연애를 옹호하는 이야기, 자유연애의 실패에 따른 후회와 자책 이야기, 현모양처를 지지하는 이야기로 구분된다. 1920년대 신여성들이 추구했던 자유연애 사랑, 즉 봉건적인 가족제도의 혁신을 목표로 했던 자유연애 사상은 1930년대를 기점으로 점차 체제 순응적인 현모양처 이데올로기로 대체되어 갔다(이정희, 2003). 일제 말기 강화되기 시작한 현모양처 이데올로기는 연애에 관한 여성의 자기서사를 후회와 자책 일변도로 바꾸어놓았다. 반면 자유연애는 일종의 성적 방종으로 그려졌다(김경일, 2012: 44~51).

1930년대 이후 식민지 조선에서는 자유연애가 사회적으로 용인되는 분위기였음에도 불구하고 자유연애로 인해 부부 중심의 결혼제도가 위협을 받는다는 인식이 강하게 작용했다. 자유연애라는 진보적인 측면이 결혼제도와 만나면서 보수화되는 역설적인 상황이 펼쳐졌다(김동식, 2001: 165). 연애를 하더라도 결혼과 별개로 진행되어서는 안 되는 것이었다. ≪동아일보≫에 기고한 김일준은 "(진실한) 연애는 반드시 결혼을 전제로 해야 할 것이며 또한 연애와 결혼에는 암연(黯然)한 계선(界線)이 있어야 한다. 끝까지 결백한 연애여야 한"다고 주장함으로써 "연애는 결혼을 전제할 필요가 없다"는 당시 '여류문화인들'의 주장에 대해 부정적인 태도를 취했다. 그는 "연애는 결혼에 비하면 윤리적인 요소가 희박"하기 때문에 결혼을 전제하지 않은 연애는 사회적 물의를 일으킬 수 있다는 논리를 내세웠다. 따라서 결혼을 전제하지 않은 연애는 '비윤리적이고 결백하지 않은' 행태였다(≪동아일보≫, 1947.5.11). 연애는 허용되더라도 결혼을 전제로 할 때만 가능하다는 인식이었다. 이와 같이 연애와 결혼이 국가 형성과 건강한 가정 확립을 위한 수단적 의미로 받아들여졌던 시기에 당사자의 내밀하고 주관적인 감정과 자신들만의 자율적이고 독자적인 짝짓기는 도덕적 정당성을 확보하지 못했고, 이러한 채로 1945년 해방을 맞이했다.

자유연애를 둘러싼 도덕투쟁

해방 이후에도 자유연애 혹은 자유결혼이 일반적이지는 않았지만 친밀성의 기존 구조에 조금씩 균열이 발생했다. 자유연애가 근대적 개인주의에 기반한 사랑 관행이라는 점에서 기존의 가부장제적이면서 국가주의적인 친밀성 구조는 새로운 짝짓기 관행과 충돌하기 시작했다. 이 균열은 견고했던 남성지배적 감정구조가 해체된다는 것을 의미했으며, 남녀평등 및 개인주의에 바탕을 둔 새로운 감정구조가 출현한다는 것을 의미하기도 했다. 남성지배적 감정구조는 여성을 수동적인 감정적 자아로 위치시켰다면, 남녀평등 및 개인주의는 남녀 모두를 수평적인 위치에서 자신의 주관적 감정을 우선시하도록 만들었다. 자유연애의 감정적 토대인 낭만적 사랑은 자신과 타인을 특정 계급의 일원이 아니라 유일한 개인으로 인식해야 한다는 점에서(슐트, 2008: 23) 개인의 주관적 감정은 낭만적 사랑 관행의 선험적인 형식이다.

사회적 차원에서 미군정기의 미국 대중문화 유입, 개인주의 관념과 소비문화의 확산 등은 가부장제 질서와 국가주의에 속박되어 있던 친밀성의 구조에 커다란 변화를 불러왔다. 국가정책적 차원에서도 남녀평등권을 실현하기 위한 다양한 여성 정책이 수립되었다. 이러한 변화가 대중화되기까지 많은 시간이 필요했지만, 가령 부녀국 설치, 공창제 폐지, 여성참정권 보장, 교육정책 개선 등 여권 신장을 위한 기본적인 논의들이 전개되면서 친밀성 영역에서 여성의 위상이 조금씩 향상되었다. 다만 교육 내용의 상당 부분이 육아, 가사, 생활환경 개선, 여성의 경제활동 및 노동조건, 사회교화 등 계몽 활동에 국한되었다는 한계를 지녔다(이배용, 1996: 161~167). 그럼에도 불구하고 단순한 계몽을 넘어 여성들이 근대적 주체로서의 입지를 세울 수 있는 계기를 마련했다는 사실은 부인할 수 없다.

 이러한 변화는 자유연애나 낭만적 사랑을 상상하고 실행할 수 있는 '낭만적 유토피아'의 경험을 예고했다. 일루즈에 따르면, 사랑은 "유토피아를 경험할 수 있는 특권의 장소"이며, "낭만적 사랑의 한가운데 자리하고 있는 유토피아에 대한 갈망은 성스러운 것의 경험과 강한 친화성을 가지고 있다"(일루즈, 2014: 28). 이어서 일루즈는 낭만적 사랑을 위반하는 것으로서의 유토피아에 대해 설명하면서 낭만적 사랑은 "집단의 요구를 넘어서는 그리고 종종 그러한 요구에 반하는 개인 주권에 대한 갈망과 유토피아적인 개인 주권 모델을 상징적 표상의 수준에서 표현"해 왔으며, "결혼제도에 의해 규범적으로 보호되던 사회적 재생산 전략과 대립하는 것으로 인식되어 왔다. 낭만적 사랑은 무사무욕, 비합리성, 부에 대한 무관심 같은 가치를 상징했다"(일루즈, 2014: 30~31). 자유연애나 자유결혼은 이러한 낭만적 유토피아에 대한 상상을 기반으로 기존 관습이나 규범을 위반하는 근대적인 감정 경험이 되었다.

낭만적 사랑의 관념이 일부 교양층 여성이나 고학력층 여성에게서 먼저 나타났다는 점에서, 경제적 기반, 가족배경, 학력 등은 낭만적 유토피아에 대한 상상의 범주와 실현 가능성 여부를 결정하는 데서 큰 비중을 차지했다. 그렇다고 이 과정이 순조롭게 진행된 것은 아니었다. 자유연애와 자유결혼에 대한 선망이 현실세계에서 곧바로 낭만적 유토피아의 실현으로 이어졌는가에 대해서는 회의적일 수밖에 없다. 당시 여론조사를 보면 여성들은 '돈이 많고, 시부모가 없고, 분가해서' 사는 것을 이상적으로 여겼고, 배우자의 자격으로 사장, 중역, 기업가 등을 선호했으며, 미국 유학파나 대졸자, 그리고 중산계급 이상의 결혼 상대자를 원하는 등 자신보다 신분적 우위를 차지하고 있는 배우자를 선망했다. 특히 자기결정권과 자기실현의 기회를 박탈당한 여성들에게 결혼은 자신의 운명을 좌우할 정도로 큰 비중을 차지하는 일이었기 때문에 배우자의 외적 조건은 무시할 수 없는 문제였다. 한 예로 「남성을 말하는 여성의 좌담회/여성을 말하는 남성의 좌담회」(1949)에서는 이상적인 이성상이 논의되었는데, 여기서 다룬 쟁점 가운데 하나는 남녀 간의 우정과 연애는 별개라는 것이었고, 다른 쟁점 하나는 남녀 간의 연애나 결혼에서는 경제력이 매우 중요하다는 것이었다(이정희, 2005: 154~155). 여성들은 경제적 활동에 제약이 많고 법적 지위도 취약한 상태였으므로 안정적인 배우자와의 결혼을 통해 지위 상승, 경제적 안정, 생활의 자율성을 도모할 수밖에 없었다. 그러나 이마저도 학력수준이 높고 중산층 이상인 여성에게나 가능한 일이었을 뿐, 하층계급 여성에게는 요원한 이야기였다.

또한 여성의 섹슈얼리티는 가부장제적 이데올로기와 규범으로부터 강하게 속박을 받았다. 국가주의 또한 여성의 섹슈얼리티를 재생산하기 위한 도구적 의미로 국한시켰다. 여성들은 정조관을 여전히 강요받았으며, 자유연애에 대한 부정적인 시선을 견뎌내야 했고 때로는 그에 따른 고통도 감내해야 했다. 축첩제도가 온전히 존재하고 있었고 이혼할 경우 남성보다 훨씬 불리한 위치에 있었기 때문에 여성에게 이혼은 큰 심리적 상처와 궁핍으로 이어질 가능성이 높았다. 형식적·법적으로 남녀평등권, 여성의 독립적 지위 등이 강조되었지만, 현실에서 여성의 존재론적 위치는 가정주부, 어머니, 아내로 수렴되었다. 게다가 이러한 현모양처마저도 "새 국가건설의 초석이며, 사회참여와 아울러 국가 건설노동에의 참여"를 충족시켰을 때나 인정받았다(이배용, 1996: 182). 한 일간지는 "여성의 위치"라는 기사에서 "여성도 남성과 같이 가정생활이나 사회생활에서 똑같은 책임을 져야 한다"라면서 "남성의 노리갯감이라는 노예적 근성을 버리고 …… 여성은 가정에 있어 남성을 오히려 리드하고 충실한 자녀의 교육과 취사, 침선을 천직으로 삼아 가정의 질서를 유지하고 건설적인 정신으로 매진"하여 "국가의 반석이 될 것"을 촉구했다(≪부인신보≫, 1947.5.22).

이처럼 친밀성 내부는 국가주의적 습속과 연결되어 자아감정이 들어설 여지가 없었다. 젊은 세대마저도 자유로운 연애를 옹호했지만 실제로는 "구김살 없는 정당한 교제만이 청년을 청년으로서의 야심과 정력을 기우려[기울여_필자] 국가건설에 개인적인 반석을 튼튼히 할 수 있는 것"으로 이해했다(≪경향신문≫, 1950.2.26). 연애는 자신의 주관적 자아감정과는 거리가 먼 집단적 혹은 국가적 수준에서 건전한 청춘 남녀를 만드는 데 필요한 지렛대로 받아들여졌다. 간혹 연애지상주의자들에게 연애는 "다른 무엇과도 도저히 타협도 양보도 할 수 없는 "절대적""인 것이었지만(≪동아일보≫, 1949.1.22) 말이다.

연애를 둘러싸고서는 여러 상충되는 담론도 뒤따랐다. ≪경향신문≫

1949년 3월 6일자 기사에는 연애와 결혼 간의 관계성을 따지는 내용이 소개되었다. 먼저 연애와 결혼의 분리론이다. 이것은 "새 세대에게 연애관은 중요한 감정"이라고 전제하면서 연애와 결혼을 분리해야만 한다는 입장이다. 분리론은 "연애는 연애로 끝나야 하기 때문에 연애결혼은 완전한 연애라고는 볼 수 없다"는 시각하에 연애는 "이해타산을 떠난 맑은 속에서" 성립되어야 하고 연애를 한층 더 존중하기 위해서라도 결혼으로 이어지지 않아야 한다는 논리를 펼친다. 나아가 연애는 결혼과 분리되어 "(결혼에 의해 더럽혀질 수 없는) 가장 귀중한 보물이라 비밀상자 속에 둬야" 한다고 주장한다. 반면 결혼은 "집안에서 정하는 대로 맞선을 보고 약혼을 한 다음 결혼에까지 이르는 것이 제일 행복한 가정을 꾸릴 수 있다"라고 결론을 내린다.

다음은 연애와 결혼의 통합론이다. 이것은 "연애만으로는 너무 감정에 치우치기 때문에 연애하며 맹목적으로 정열을 쏟는다든가 또한 취미로 삼는다든가 허영에서 나오는 연애, 육체연애 등 이러한 명목하에서 남용하는 짓은 연애 자체로 볼 때 큰 모욕인 동시에 죄악이 아닐 수 없다"는 입장이다. 따라서 "서로가 어느 정도 교제를 할 의향이 있을 때에는 반드시 부모님들에게 상의해 본 다음 허락이 있을 때 비로소 공명정대하게 교제를 시작하는 동시에 후에 후회가 없도록 냉정히 상대방을 깊이 관찰해 갖고 결혼의 단계로" 들어서는 것이 가장 이상적이고 이지적인 태도라고 주장한다.

이러한 두 가지 입장은 외견상 상반된 견해처럼 보이지만 연애를 '순수함', '순백함', '순결함',' 맹목적', '정열'로 받아들인다는 점에서는 공통된 이해를 갖고 있다. 다시 말해, 연애는 결혼과 상관없는 '귀중한 보물'이자 더럽혀져서는 안 되는 '신성한 것'이다. 이러한 연애의 신성화는 친밀성 영역이 사회적 삶에서 점차 독립적인 위상과 의미체계를 갖게 되었으며 나아가 연애감정이라는 새로운 감정적 경험이 출현했음을 의미한다. 즉, 물질적 이해관계나 기존 관습에서 벗어난 맹목적이고 탈세속적인 짝짓기 관행이 대중적 습속의 형태를 갖추기 시작했음을 의미하는 것이다. 주목할 만한 것은 연애 관행의 발생론적 감정, 예를 들어 희생, 무사심, 충성, 헌신, 열정, 에로틱한 사랑과 같은 이타적인 감정은 근대산업자본주의적 삶에서 요구되는 이기적이고 속물적인 감정이나 국민국가 프로젝트에서 요구되는 집단주의적 감정과 배치된다는 점이다.

연애의 신성화는 새로운 감정구조를 낳았으며, 이 감정구조는 낭만적 유토피아를 상상할 수 있는 능력을 가져다주었다. 연애의 신성화 혹은 신비화 과정은 자아감정의 발견과 함께 이루어졌다. 자아감정은 삶의 방향을 주관적 의지에 따라 설정하도록 이끄는 동인이면서 집단적 규범체계를 허물어뜨릴 수 있는 기폭제이다. 자아감정을 근간으로 하는 연인관계는 자신들만의 완결되고 충만한 세계를 구축할 수 있다. 이 세계에서는 감정적 상호작용이 형식적 규범이나 의례적 규칙에 선행한다. 일루즈는 이를 '감정 진정성 체제'라는 개념으로 규정한다. 여기서 진정성이란 "당사자가 자신의 감정이 무엇인지 안다는 것, 그런 감정으로 실제 관계의 초석을 놓도록 행동한다는 것"을 의미하며, 따라서 감정 진정성이란 "자신의 감정을 솔직하게 고백하고 (다른 사람의 감정까지) 이 감정을 기초로 결정을 내린다는 것을 전제하는 것"이라고 주장한다(일루즈, 2013: 66).

다만 이러한 감정적 분위기가 도래하는 상황이 우려스러웠는지, 다음 한 신문 기사는 "외국영화의 「러부씬」을 보면서 눈물을 졸졸 흘리는 아가씨들의 반응"을 보고 침통함을 느낀다는 반응까지 보였다.

우리 실생활과는 전연 거리가 먼 「로맨스」 같은 것에 도취하기에는 우리
의 현실은 너무나 엄숙하여 …… 한 편이라도 이 민족의 작품을 그리고
이 민족의 현실을 똑바로 응시하는 버릇을 기르자.(≪경향신문≫, 1949.
10.25)

이처럼 자아감정 혹은 감정 진정성 체제는 친밀성 장에 뿌리내릴 수
있는 가능성을 보였음에도 불구하고 현재까지는 확고한 '자본'으로 확
립되지 못했다. 또한 이어서 논의될 한국전쟁과 그 이후의 국가 주도
의 경제환원적 근대화로 인해 그 가능성이 상당 기간 유예되었다. 그
럼에도 이 과정은 이중적으로 진행되었다. 한편에서는 친밀성의 구조
가 기형적으로 전개되었지만 다른 한편에서는 자아감정이 두드러지게
표출되는 과정이 펼쳐졌다. 이 이중의 과정은 오늘날 한국사회의 친밀
성 장을 직조해 온 변증법적 구조이자 현재 한국사회가 친밀성의 구조
적 위기에 직면한 원인이기도 하다.

폐허 위에 핀 로맨스 한 송이[1]

1950년에 발발한 한국전쟁은 사회 전반을 폐허로 만들었을 뿐만 아
니라 친밀성 구조에도 커다란 상처를 남겼다. 전쟁의 여파로 여성들은
자발적으로든 강제적으로든 생계부양을 위한 노동에 뛰어들어야 했
다. 공식 통계에 따르면 1955년 미망인은 49만 2,591명에서 1960년 54
만 9,694명으로 증가했을 정도로 전쟁으로 인한 가족해체가 극에 달했

---

[1] 이 부분은 정수남, 「여성의 일상적 삶과 젠더정체성의 변화」, 장미혜 외, 『한국 여성·가
족·사회변화 70년』(한국학중앙연구원출판부, 2017)의 내용 일부를 대폭 축소·수정한 것
이다.

으며(보건사회부, 1964: 191), 전쟁미망인이 된 많은 여성은 가족생계부터 자녀양육까지 홀로 고된 삶의 무게를 견뎌내야 했다(나성은, 2015; 안태윤, 2011: 함인희, 2006: 83).

전쟁 이전까지는 여성의 경제활동 대부분이 농업에 국한되었다면 전쟁 이후로는 제조업과 서비스업 분야로 활동범위가 확대되었다(이임하, 2003: 253~255). 하지만 대부분의 여성은 농업노동, 행상, 잡화상, 삯바느질, 식모, 단순서비스업 등과 같은 단순노동에 종사했으며, 이와 더불어 가장 역할과 자녀양육을 책임져야 하는 모성도 강하게 요구받았다(이임하, 2003, 2006). 당시 ≪여원≫이라는 잡지의 1957년 8월호에서는 해방 이후부터 한국전쟁 당시까지 여성들이 진출한 직업과 일의 종류를 "여류정치가, 여비서, 레지스타걸, 여대생, 자유부인, 여성운동가, 댄서, 여류법조인, 영화배우, 스포츠위멘, 사창, 스튜어디스, 디자이너, 양공주, 타이피스트, 여군, 여자경찰관" 등으로 열거했다(김연숙, 2003). 소수에 불과했을 몇몇 전문직을 제외하면 단순서비스직이, 때로는 불행하게도 유흥분야나 성매매 업종이 여성들의 주요 경제활동 영역이었디(윤정란, 2007).

전쟁에 직접 참여하지는 않았지만 일부 여성은 후방에서 병사들의 안위, 위문, 위로와 관련된 여러 일도 수행했다. 병사를 위한 위안활동에는 성(性)을 포함한 오락과 유흥에 동원되는 일도 포함되었다. 국가는 미국과 한국의 군인들을 위한 '위안'이라는 미명하에 여성의 성을 동원하여 안보와 외화벌이의 도구로 활용했으며, 여성을 '위안형 주체'로 젠더화했다(이임하, 2004: 109~110). 이러한 과정은 여성을 국가와 남성을 위해 희생하는 주체이자 위기 시에 언제든 동원될 수 있는 성적 도구로 만들었다. 이러한 상황은 여성에 대해 국가를 위해서는 병사의 '위안부'이고, 가정을 위해서는 남편의 '가정부인'이라는 틀로 바라보는 왜곡된 젠더의식을 강화하는 데 일조했다(박정미, 2011).

전쟁으로 인한 폐허 속에도 자유연애가 외견상 대중적으로 확산되는 듯 보였지만, 실상 연애는 결혼생활의 신성함과 가부장제 이데올로기를 공고하게 하는 한에서 인정되었고, 국가 재건 프로젝트에 동원되는 한에서만 용인되는 분위기였다(남영호, 2015: 142~143). 그럼에도 당시의 대중잡지, 대표적으로 ≪여원≫, ≪명랑≫, ≪사상계≫ 등은 비윤리적인 남녀관계, 스캔들, 성적 유머, 연애 에피소드 등을 소개함으로써 전통적인 결혼생활이나 가부장제 질서에 균열을 가하는 내용을 다루었으며, 성이나 사랑과 관련해 다양한 논의가 이루어졌다(김지영, 2012: 183~184). 이를 뒷받침하는 하나의 사례로, 강수악은 결혼이란 "한 남자와 한 여자가 그들의 인생으로의 행복을 추구하기 위하여 서로의 인격과 인격을 사랑으로 결합시키는 사적인 행위이기 때문에 여기에는 두 당사자 이외의 제삼자가 참견할 수 없는 것이라고 생각"한다면서 정략결혼이나 중매결혼을 비판했다. 이어서 그는 다음과 같이 말한다.

> 결혼기를 앞둔 이 시절의 남녀들은 막연히 (꼭 어떤 목적이 있어서가 아니라) 서로 이성을 그리워합니다. 더욱이 '꿈과 공상의 세계'로 '현실세계'를 정복하려는 정열과 용기에 끓는 시절이니만치 일단 상대할 이성을 발견하면 그것을 천사로 만들고 영웅으로 만들어 그 꿈속에 자신을 도취시킴으로 상대자에 대한 바른 인식과 이해를 가지도록 냉철하여지지 않는 것도 사실입니다. (강수악, 1955: 15~16)

그런데 이 인용문은 남녀 간의 사랑이 당사자의 자유로운 판단과 선택에 입각해야 하고 그럼으로써 상대방을 서로 이상화시킨다고 하면서도 바로 그런 이유로 냉철함을 상실하여 현실적 상황을 망각할 수 있다는 역설적인 상황을 드러내준다는 점에서 흥미롭다. 특히 눈여겨볼 만한 부분은, 여기서 연애는 현실세계의 논리를 위반하는 쾌락, 정열, 그리고 용기로 이해되며, 상대방을 천사와 영웅으로 만드는 상상력의 발판으로 여겨진다는 점이다.

하지만 일반 대중에게 연애는 결혼과의 연장선에서 용인되는 경우가 대부분이었고, 연애만을 위한 연애, 맹목적인 열정적 사랑은 일탈적 행위 혹은 공개적으로 드러낼 수 없는 부끄러운 일로 치부되곤 했다. 사적이고 내밀한 감정을 표출하는 행위는 윤리와 순결함에 대한 모독으로 여기는 풍조가 지배적이었다. 연애의 유희와 연애를 위한 향락이 청춘들에게 많은 비극을 가져다준다는 비판적인 분위기도 강하게 존재했다. 1950년대 중반에 청춘남녀를 대상으로 연애와 결혼관을 묻는 한 여론조사를 보면 이러한 경향성을 짐작해 볼 수 있다. 여고생들을 대상으로 한 이 조사에 따르면, 대부분 결혼 상대자의 경제능력을 중요시했으며(74.7%), 연애의 필요성은 지지하면서도 '연애는 결혼을 전제로 해야 한다'는 의견이 74명, '연애와 결혼은 분리되어야 한다'는 의견이 44명으로, 연애는 아직 독립된 범주로 인식되지 않았다(≪경향신문≫, 1955.2.8).[2] 대학생을 대상으로 한 조사에서도 상당수가 연애결혼을 지지할 것처럼 예측되었지만 실제로는 부모의 의사를 따르는 중매결혼에 더 많은 지지를 보냈다. 그뿐만 아니라 이들은 성 해방을 "말할 것도 없이 옳지 못한 일"로 여겼다. 그럼에도 이 조사에서는 대학생들이 낭만적 사랑 혹은 연애에 점점 더 큰 관심과 매력을 갖고 있

---

2 이 조사는 이화여고 재학생 및 졸업생(19세 학생 120명, 20세 174명)을 대상으로 한 것으로, 결혼 및 배우자의 직장 선호도를 묻는 질문에 대해서는 희망하는 직장으로 은행의 비중이 제일 높았고, 결혼시기에 대해서는 본인은 25세, 배우자는 30세 정도였으며, 배우자의 직업에 대해서는 사업가, 정치가, 외교가, 은행가, 교수 및 교육가 순으로 선호했다. 또한 대체로 대학 졸업 이상의 학력을 원했다.

다는 사실 또한 드러났다(≪경향신문≫, 1955.7.24, 4면).

로맨스, 국가 재건의 토대

한국전쟁 이후 사회적 혼란이 가중된 상황에서 친밀성은 사회질서 확립과 국가 재건의 미시적인 토대로 작용했다. 연애와 결혼을 '민족 혹은 국가 발전'의 도구로 인식하는 담론은 1950년대 후반으로 갈수록 더욱 강화되었다. 송종례는 "일남일녀의 결합으로서 한 가정을 이룩함은 즉 국가조직의 단위일 것이니 결혼은 진실한 인생의 첫 걸음"이며 결혼의 의의는 "성실한 결혼관과 신분에 상응하는 배우자 선택에서 평화로운 가정을 유지케 하며 나아가서는 국가 장래와 건실한 민족발전에 공헌"함에 있다고 주장했다. 그런 점에서 "외래문화의 소화불량증으로 인한 가정제도의 파멸상은 제삼자의 정확한 비판을 무시하는 맹목적인 자유연애결혼에서 초래되는 불행"이라고 보았다(≪동아일보≫, 1957.4.9, 4면). 특히 전쟁미망인을 향한 부정적인 시선은 이러한 담론을 더욱 강화하는 데 일조했다. 전쟁미망인들이 '문란한 성거래', '일시적인 유희', '윤락', '퇴폐' 등 부도덕한 길로 쉽게 빠져든다는 인식이 대중적으로 널리 퍼져 있었기 때문이다.[3] 이럴수록 성과 연애는 '국가와 민족발전'을 위한 도덕 감옥에 갇힐 수밖에 없었다.

이와 관련하여 한 여고 교사가 쓴 글은 연애와 국가주의 간의 관계를 엿볼 수 있게 해준다. 이 글에 따르면, 연애는 "도덕이나 정조와 같

---

3 여성계 내부에서도 전쟁미망인들의 섹슈얼리티 문제를 부정적으로 바라보는 시선을 경계하면서 이들의 절박한 생계문제를 주요 원인으로 꼽기도 했다. 그렇지만 대부분의 전쟁미망인은 "도덕을 필요로 하지 않을 만큼 도덕적인 여성들"이며, "고난을 참고 견디어나가는 여성들"일 뿐만 아니라 "하늘 같이 믿고 사랑하던 사람들이 다시 돌아오기를 기다리고 있"는 여성이라고 주장하기도 했다(≪경향신문≫, 1953.11.2).

은 미덕이고 순결한 마음을 가진 이들만이 이룰 수 있는 거룩한 기품"인데, 동란 이후 연애는 "방종한 사상과 생활을 연상케 하는 무질서하고 부도덕한" 것으로 되고 있다는 것이다. 여기서 연애는 이웃, 민족, 사회, 국가를 위한 숭고한 사랑과 동일시된다. 따라서 '부정한 연애'는 무도덕하며 사회적 혼란을 야기하는 위험요소이다(≪경향신문≫, 1953. 10.27). 자유연애에 대한 이 같은 부정적인 인식은 연애와 결혼 간의 관계를 불가분의 관계로 이끌었다. 많은 성인남녀는 "연애와 결혼을 분리해서 생각한다는 것은 죄악"이라고 여겼으며, 설령 "결혼은 당사자의 문제이니 원칙적으로 자유의사에 의한 결합"이라고 하더라도 "연애에서 성립된 결혼"이 되어야 한다고 생각했다(≪경향신문≫, 1958.3.10, 4면). 즉, "연애의 종착지는 결혼이어야만 했다"(박소정, 2017: 57).

이처럼 연애는 국가주의 및 순결 담론과 결합되면서 여성을 돌봄노동, 이른바 모성 수행의 역할에 집중하도록 내몰았다(김은경, 2011; 김현주, 2007: 390; 윤택림, 2001). 모성 수행은 여성에게 가정과 국가에 헌신하고 희생을 바치는 '헌모앙서'를 요구하면서 성적 사기결성권에 많은 제약을 가했다. 결혼과 가족은 사회 안정에 이바지하는 방향으로 이상화될 필요가 있었고 부부 간의 헌신은 사회적 의무로까지 강조되었다. 이로써 성적 자율성과 내밀한 욕망의 표상인 연애는 집단주의적 관념 안에서 절제나 훈련을 요구하는 계몽담론에 의해 '탈선' 혹은 일탈로 가치 폄하되었다(김미현, 2001: 170~172).

그러나 1950~1960년대의 연애담론이 국가 재건을 위한 동원 이데올로기로만 수용되지는 않았다. 국가주의적 억압이 내밀한 친밀성 장을 완전히 장악해 들어가지는 못했던 것이다. 수면 아래에서 강렬하게 꿈틀거렸던 낭만적 사랑의 관념과 '감정 진정성 체제'는 낭만적 유토피아를 향한 열망을 날로 높여갔다. 이러한 열망은 기존 연애담론에 균열을 가하기 시작했으며, 순수한 사랑과 해방적 섹슈얼리티를 추구하는 친밀성의 새로운 좌표로 등장했다(남영호, 2015: 144). 그리고 이러한 균열은 낭만적 유토피아를 상상하는 것, 즉 '환상'을 통해 가능했다. 환상은 실재를 은폐하는 효과도 있지만 정반대로 현실의 부조리를 비틀거나 균열을 내는 문화적 실천이자 그러한 실천의 효과로도 작동한다. 사랑은 타자와의 관계를 현실세계와 분리된 환상의 공간으로 새롭게 설정함으로써 모든 관계를 재조직하는 의미체계이자 관계를 설립하는 힘으로 작동한다. 여기서 설립적 힘은 사회적 삶의 질서를 확립하는 권력이자 때론 폭력의 형태로 나타난다. 하지만 사랑은 타자에 대한 존중과 인정을 전제한 설립적 권력이라는 점에서 비폭력적으로 질서를 확립하는 힘이다. 낭만적 유토피아는 이 힘이 만들어낸 환상이다.

1950년대의 여성 잡지에 실린 러브스토리들은 젊은이들에게 낭만적 사랑에 대한 환상을 심어주었다. ≪여원≫은 미국 스타들의 사생활이나 인생 역전 이야기에 많은 지면을 할애했다. 그중에서도 스타들의 이색적인 사랑과 결혼 이야기는 독자들에게 사랑에 대한 새로운 상상과 환상을 심어주기에 충분했다. 여기에는 연인이 여러 역경과 난관을 극복하고 둘만의 사랑을 완성해 나가는 전형적인 낭만서사, 즉 러브스토리가 주요 에피소드로 소개되었다. 이는 스타들의 화려하지만 단란한 스위트홈에 대한 이상을 충족시키고 이를 동경하게 만드는 효과를 자아냈다.

스위트홈 표상은 성실한 가장으로서의 남성과 사랑스러운 내조자로서의 여성이라는 성별화된 역할을 만들어냄으로써 낭만적 사랑과 결혼에 대한 '환상'을 구체화했다. 낭만적 사랑에서 출발한 당시의 부부들은 미국 영화처럼 살지는 못하더라도 최소한 부부관계 내에서 평등한 젠더 질서를 구축하며 '스위트홈'을 실현하는 것처럼 '가정'을 꾸려 갔다(이선미, 2009: 494~495). 여성들은 미국 여배우의 외양이나 영화 속 주인공과 같은 삶을 선망했고, 1950년대부터 1960년대 초반 명동을 중심으로 서구 여배우들을 모방하면서 대중적 소비문화를 경험해 나갔다(김미선, 2012). 이러한 자유연애와 소비의 주체로서의 여성성은 정절 이데올로기나 근검절약하는 가정주부와 같은 여성성이 지배적이었던 당시의 시대적 분위기를 고려할 때 전위적으로 비춰졌으며, 때론 일탈에 가까운 문화충격으로 다가오기도 했다(강소연, 2006).

이상에서 논의한 바와 같이 국가 재건의 담론에 갇힌 낭만적 사랑, 자유연애, 사랑은 개인의 내밀한 욕망과 열정적 감정을 억누른 채 가정, 민족, 사회, 국가라는 집합주의적 이념의 토대로 동원되었다. 한편 개인의 자율적이고 주관적인 감정에 의존하는 연애는 낯설고 심지어 사회적 혼란을 초래하는 부도덕하고 방종한 행위로도 인식되었다. 특히 여성에게 덧씌워진 모성 및 현모양처 담론은 낭만적 유토피아에 기형적으로 대응하도록 만들었다. 이러한 상황은 1950년대를 상징하는 영화 〈자유부인〉(1956년)과 〈지옥화〉(1958년)에서 잘 재현되었다. 두 영화 모두 가부장제와 국가주의적 남성성에 대응하는 여성의 저항과 주체적 욕망을 다루면서도 궁극적으로는 그것의 좌절을 담아낸다는 점에서 여성 주체의 한계를 그려내고 있다. 그러나 이미 한국사회의 내부에는 가부장제적이면서도 남성지배적인 친밀성 구조를 깨뜨릴 수 있는 파열음이 울려 퍼지고 있었다(황혜진, 2007).

"연애는 기분, 결혼은 계산"

현실주의적 사랑의 내적 모순

1960~1970년대의 산업화는 농촌지역의 여성들을 대거 대도시로 빨아들였다. 특히 서울로 몰려든 빈농 출신의 어리고 젊은 여성들 중 상당수는 저임금 일자리나 식모 같은 주변화된 노동을 맴돌았으며(김정화, 2002), 일부 여성은 자신의 성을 상품화함으로써 생계를 유지하기도 했다. 1960년 28.4%에서 1970년 37.6%로 여성의 경제활동 참가율이 급속하게 증가했지만, 상당수가 가족생계를 위해 서울로 올라온 20대 이하의 미성년 여성이었다(윤종주, 1967: 13). 게다가 이런 여성들은 노동현장에서 정당한 대우를 받지도 못했다. 근대화 프로젝트는 노동자를 근대적인 개별 노동자가 아닌 '생산성 있는 민족주의적 집합체'의 하나의 부속물로 설정했으며, 유교적 부권주의를 적극 활용하면서 여성적 노동을 '보상을 바라지 않는 헌신'으로 담론화했다(김현미, 2000).

산업화 시기에는 여성의 노동력이 값싸게 취급되었다. 이럴수록 경제적 독립은 지체되었고, 결혼을 하더라도 여성이 활용할 수 있는 자원은 매우 제한적이었다. 불안정하고 열악한 사회경제적 위치와 불평등한 성적 지위는 여성들에게 결혼을 둘러싼 혼란을 더욱 가중시켰다. 특히 1970년대 '여공'이라 불리던 여성 노동자들에게 결혼은 사회적 압박과 자신의 비참한 삶으로부터 벗어나기 위한 객체화된 욕망이었다. 20대 후반까지 미혼인 여성들은 사회적으로 '떨거지'로 간주되거나 직장 내 남성들에게 수치와 모욕을 받으면서 삶을 건뎌냈다. 이들은 결혼하지 못한 여성이라는 사회적 수모, 멸시, 모욕을 피하기 위해 또는 자신의 비참한 삶으로부터 도피하기 위해 결혼이라는 길을 택했다(전순옥, 2004: 189~190).

열악하고 불안정한 경제적 상황에 처한 남녀 모두에게 연애는 쉽지 않았지만, 그럼에도 불구하고 대도시를 근거로 경제활동이 활발해지고 소비문화가 확산되면서 친밀성의 구조에 커다란 변화가 일어났다. 특히 중산층 기반의 대학생을 중심으로 연애와 결혼에 대한 태도가 빠르게 변해갔다. 가장 두드러진 변화 중 하나는 연애문화가 확산되고 연애결혼 비중이 높아짐에 따라 배우자 선택에 있어서 개인의 자율적이고 주관적인 판단이 전면에 등장했다는 점이다. 전통적인 짝짓기 과정에서 배제되었던 자기결정과 자기선택의 비중이 높아지면서 짝짓기를 둘러싼 기존의 문화적 관행은 퇴행의 길을 걷게 되었다.

이러한 친밀성의 구조적 변화는 자율성과 불확실성이라는 문화적 동력에 의해 추동되었다. 자율성과 불확실성은 결혼문화에서 가장 첨예하게 드러났다. 과거 중매결혼에서는 크게 고려되지 않았던 개인 내적인 측면, 예컨대 성격, 감정적 헌신, 취향, 외모, 성적 매력 등이 배우자 선택과정에서 필히 고려해야 할 항목으로 떠올랐다. 이 항목들은 개인의 자아감정에 전적으로 의존한다는 점에서 자율성의 논리를 따르는 동시에 하나의 기준으로 측정할 수 없는 통약 불가능한 내면적 요소라는 점에서 서로에 대한 불확실성의 논리도 가중시킨다. 이처럼 개인의 주관적인 판단과 취향에 근간을 둔 짝짓기 문화가 확산되어 갔지만 이 과정이 순탄치만은 않았다. 연애와 결혼을 둘러싼 감정적 혼란과 불확실성은 점점 더 심화되었으며, 특히 이로부터 발생하는 내적 갈등과 고통은 남성에 비해 여성에게 더욱 크게 다가왔다.

대학을 졸업한 한 여성이 쓴 신문 기고문에는 이러한 고민이 깊이 묻어 있다. 이 여성은 대학원 진학을 바라지만 이로 인해 '남자를 고르는 범위가 좁아질까' 봐 고민한다. "여자가 대학원을 졸업하면 그 상대의 남자는 그 이상, 적어도 석사나 박사학위를 받았어야 하겠으니 대학을 졸업한 남자보다는 그 수가 영 적을 게 아니냐'라는 논리이다. 하지만 더 큰 고민은 진정으로 "'사랑해지는' 사람도 없으니" 결혼이 쉽지 않을 것 같다는 것이다. "중매도 좋고 연애도 좋고 여하간 남편으로 삼고 싶을 만큼 '사랑해지는' 사람만 있다면" 결혼하고 싶다고 한다. 그런데 이 여성이 꿈꾸는 미래는 결혼 전까지 "심심치 않을 정도로 자기취미를 살려서 꽃꽂이, 붓글씨, 실내장식을 위한 그림 공부를 하러 다니고 비둘기 같은 부부의 '새댁'이 되기 위한 마음의 준비를 하"면서 "내 귀중한 그 사람과 함께 서로의 성격과 취미와 생각하는 것들을 이해하고 조그만 일에서부터 서로 돕고 양보하고 참으로 살 줄 아는 부부가되어 남보다 나은 가정을 꾸미고 행복해지"는 것이다. 이러한 꿈이야말로 "정(情)스럽고 여자다운 생각"이라며 글을 끝맺는다(≪경향신문≫, 1963.2.7, 3면).

이 여성의 고민 속에는 현실적인 차원과 내면적·감정적 차원이 뒤얽혀 있다. 세속적인 삶의 인정과 위신도 중요하지만 '진정한 사랑'과 같은 순수한 감정도 고려할 대상이다. 한편으로 이 여성에게는 남자의 학력이 자신보다 높아야 한다거나 본인의 학력과 상관없이 결혼을 위해서라면 가정주부로서의 함양을 쌓겠다는 젠더위계적이고 가부장제적인 습속이 내면화되어 있다. 다른 한편 진정으로 '사랑해지는' 사람을 갈망하는 자아감정 또한 드러낸다. 이러한 고민은 자신만의 고유한 감정적 경험이다. 하지만 이 고학력의 여성은 세속적인 것과 성스러운 것 사이에서 충돌하는 가치들을 행복한 가정을 꾸미는 방향으로 통합시켜 나감으로써 낭만적 사랑의 여정을 가정에서 끝맺음하고자 한다.

물질적 안정과 '진정한 사랑'은 서로 화해 불가능한 가치영역이다. 경제적 안정이 이해관계(interest)를 따른다면 진정한 사랑은 '이해관계

없음', 무사심, 무조건성의 논리를 따른다. 그렇기 때문에 이 두 가치의 충돌을 최소화하거나 통합시키기 위해서는 전략적 합리성을 전면에 내세울 수밖에 없다. 앞의 사례에서 알 수 있듯이 이 여성은 물질적 자원과 사회적 지위가 전제된 상태에서 진정한 사랑 혹은 연애나 결혼을 고려한다. 이는 낭만적 사랑이 물화되는 과정임을 뜻한다. 앞 장에서 언급했듯이 현실주의적 사랑은 결혼이 그 사랑의 목적이라면 낭만적 사랑은 결혼이 그 사랑의 결과이다. 이렇게 볼 때 물화된 사랑은 결혼이라는 목적을 달성하기 위한 전략이나 다름없다.

그러나 서로 대립하는 이 두 가치영역은 연애와 결혼을 둘러싸고 더 큰 욕망을 부추겼다. 짝짓기 과정에서 이전까지 경험하지 못했던 결핍이 생겨난 것이다. 물질적인 것 혹은 외적 조건으로 환원될 수 없는 논리, 다시 말해 자신의 내면세계에서 흐르는 충동과 욕동의 명령은 낭만적 사랑을 향한 한층 더 강화된 결핍을 가져왔다. 그 결핍은 '연애감정'으로 나타났다. 연애감정은 당사자 둘만의 신체적·인격적 매력을 공유할 때 느끼는 호감, 흥분, 맹목적 헌신, 절박함, 절실함과 같은 감정 경험이다. 연애라는 형식의 상호작용은 당사자들만의 고유한 감정적 경험, 즉 공통감정을 발현한다. 이러한 감정적 경험을 통해 연인들은 하나됨, 동질감, 일체감을 경험하게 되는데, 달리 말해 이는 '자아의 확장'(Aron and Tomlinson, 2019: 3~4)이기도 하다. 자아의 확장은 개인적 차원이 아니라 상호 관계성을 전제로 할 때 가능해진다. 미드의 '일반화된 타자' 개념은 공통감정을 지닌 자아의 또 다른 표현이다. 연애감정은 타자와 자아 사이에 공통의 의미체계를 만들어주면서 주관과 객관을 뛰어넘는 자아를 만들어낸다.

이러한 공통감정은 직전까지 당사자들을 얽어맸던 여러 사회문화적 속박들을 깨뜨리거나 문화적 경계들을 재설정하게 만든다. 이런 점에서 연애감정은 연인들을 제약했던 기존 관행이나 규범들을 완전히 다른 방식으로 전환하거나 해체하기도 한다. 그리고 이전에는 경험하지 못했던 전혀 다른 세계를 창출해 낸다. 이러한 경험은 빅터 터너의 리미널리티 혹은 커뮤니타스적 순간과 유사하다(터너, 2018: 57~59). 또한 뒤르켐적인 의미에서 볼 때 공통감정은 '사회적 사실'에 부합한다. 사회적 사실은 "고정되었든 아니든 개인에게 외부적인 구속을 행사할 수 있는 모든 행위양식"으로서 "기존의 사회 전반에 걸쳐 일반적이며, 동시에 자신의 개별적인 표현과 무관하게 스스로 존재하는 모든 행위양식"이다(뒤르켐, 2001: 65). 나아가 공통감정으로서의 연애감정은 연인 각각의 행위를 제약하고 특정한 방향으로 관계성을 유도하는 에토스이다. 연인들은 자신의 주관적·내면적 감정을 토대로 관계를 형성할 뿐만 아니라 이 감정을 지속적으로 유지하기 위한 기나긴 의례 과정을 창출한다. 하지만 로맨스 의례는 탈세속적인 방식으로, 즉 순수한 종교적 의례처럼 행해지지 않는다. 일루즈가 주목한 낭만적 사랑이 지닌 자본주의의 모순이 발생하는 지점도 바로 여기이다.

로맨스 의례가 소비자본주의와 결합되는 지점에서 새로운 갈등과 고민이 발생한다. 점차 연애와 결혼은 현실주의적 사랑과 낭만주의적 사랑이 첨예하게 충돌하는 전장(戰場)이 되어갔다. 이와 관련한 커플들의 고민을 엿볼 수 있는 신문 기사 하나를 주목해 보자. 이 기사는 중매결혼이 상대방의 물적 조건(가정환경, 건강, 학벌, 재산규모, 혈족관계, 외모 등)을 엄격하게 따지는 사회적 분위기가 형성되면서 자칫 '사랑의 감정'을 느껴보지 못하고 결혼하는 커플들이 있을까 하는 우려를 드러낸다. 여성 쪽에서는 배우자로 신분과 수입이 보장된 의사, 판검사 등을 선호했다면, 남성 쪽에서는 혼수로 '열쇠 3개', 아파트, 병원, 승용차 등을 마련해 와야 한다는 내용이다. "옛날에는 숟가락 두 짝 놓

그림 1-1 | 상대방의 물적 조건을 따지는 모습

자료: ≪동아일보≫, 1977.12.16.

고 신혼살림"을 했다면 요즘 젊은 남녀들은 "모든 것을 다 갖춘 배우
자"를 원한다는 것이다. 이러한 세태를 걱정스럽게 바라보는 한 전문
가는 중매결혼을 하더라도 일정 기간 연애감정을 느낄 수 있는 시간을
보내라면서 "3개월가량의 여유를 두고 천천히 사귀며 사랑의 감정이
우러난 뒤에 결혼하는 것이 바람직하다"라고 조언한다(≪동아일보≫,
1984.10.6, 10면). 결혼의 이러한 전략적 합리성은 중산층 이상의 계층
에서 먼저 두드러지게 나타났지만 이후 소비자본주의 문화의 확산과
함께 대중화되었다고 볼 수 있다. 그리고 이를 위한 전제조건으로 연
애결혼이 대중화된 것은 당연한 일일지도 모른다.

친밀성의 거대한 분기

1980년대는 중매결혼과 연애결혼의 빈도가 역전되는 시기였다. 도
시 저소득층의 혼인양태를 연구한 박숙자에 따르면, 1960년대부터

1970년대까지는 배우자 선택에서 중매혼과 소개혼 비율이 높았지만 1980년대 이후로는 연애혼이 꾸준히 증가했다. 배우자 결정에 있어서도 1960년대까지 부모의 의견이 상당한 비중을 차지했다면, 1980년대 이후로는 본인의 주관적 의사가 차지하는 비중이 압도적으로 높아졌다. 여기서 주목할 부분은 배우자를 선택하는 기준이다. 1960년대까지는 '성격'을 가장 중요한 요건으로 여겼다면(그다음으로 건강과 애정 순), 그 이후로는 '애정'이 차지하는 비중이 점차 높아지면서 1980년대 후반에 이르러서는 성격 못지않게 애정이 배우자 선택에서 중요한 항목이 되었다(박숙자, 1991: 83~85). 배우자를 선택할 때 애정이 차지하는 비중이 높아졌다는 것은 당사자 간의 성적 매력을 포함한 내밀한 감정적 소통이 중요해졌음을 의미한다. 그리고 애정 비중의 상승은 연애결혼 비중이 높아지는 흐름과 궤를 같이한다. 상대방의 애정을 확인하는 과정에서는 일정한 시간과 의례가 수반될 수밖에 없기 때문에 연애가 불가피하다. 비로소 연애는 상대의 객관적인 조건은 물론 성격과 속내까지 파악하는 과정이 되었고, 내밀한 감정적 소통의 가능성을 끊임없이 확인하는 의례가 되었다.

연애결혼 비율이 높아짐과 동시에 커플들은 새로운 문제에 직면하게 되었다. 젊은 남녀는 자기 스스로 배우자 선택, 결혼관, 결혼생활 등에 관한 정보를 습득하고 이 과정 전체를 통제해야 하는 새로운 주체화 과정에 들어서게 된 것이다. 연애와 결혼은 당사자 간의 정보전(戰) 혹은 눈치게임, 내면 파악 등을 수행하는 개별화된 전략적 의례로 전환되었다. 그리고 이 의례는 미리 결정된 사안, 즉 결혼이 전제된 의례가 아니라는 점에서 개인의 자유로운 판단에 의존하면서도 언제든 깨질 수 있다는 불확실성을 배태하고 있다. 이럴수록 연애와 결혼 간의 필연적 연관성은 희미해졌고, '연애를 위한 연애'의 시대가 예고되었다. 베버적 의미에서, 연애와 결혼은 서로 다른 가치영역으로 분화되어 갔다. 연애와 결혼은 제각기 다른 가치를 지닌 수행성, 의례, 그리고 감정구조에 의해 재구성되었다. 그리고 이는 친밀성 장이 독립성과 자율성의 논리로 구축되는 과정이자 '개인법칙'(짐멜, 2014)의 논리가 침투하는 과정이기도 했다.

이러한 불확실성과 가치분화는 친밀성의 이중적 과정을 촉발했다. 이중적 과정은 바로 전문화와 시장화로 일축할 수 있다. 젊은 남녀들은 점차 전문가들이 쏟아내는 연애 및 결혼 담론과 이를 유통시키는 대중매체를 통해 짝짓기의 새로운 문법을 익혀나갔다. 그리고 시장은 데이트, 연애, 결혼을 위한 소비상품들로 넘쳐났으며, 국내외 로맨스 영화는 신문 광고면에 연일 등장했다. 대중잡지에는 연인들을 위한 이벤트나 여행에 관한 기사, 선물 광고 등이 잇따랐다.

1980년대에 들어서자 일반인을 겨냥한 연애 및 결혼에 관한 전문 교양 강좌가 소개되었고 연애와 관련한 내용을 다루는 대중잡지와 서적이 급증했다. 특히 YMCA나 여성단체는 결혼강좌 프로그램을 기획하고 운영하기 시작했다. 대표적인 프로그램 몇 개만 나열해 보면, 「동반자시대의 바른 결혼관」, 「결혼과 가족관계」, 「이상적 배우자란 있는가」, 「사랑과 결혼」, 「누구와 결혼할 것인가」, 「결혼까지 무엇이 문제인가」, 「결혼을 위한 충분한 성숙」 등이 있다. 이들 프로그램을 언급하면서 한 전문가는 좋은 배우자를 "어쩐지 같이 있고만 싶고", "칫솔을 같이 써도 불쾌하지 않을" 사람으로 정의하면서 부부만의 순수한 교감을 강조했다(≪동아일보≫, 1984.10.22, 6면). 이러한 프로그램들은 짝짓기를 주관주의적으로 전회한 산물이었다. 배우자 선택을 포함하여 결혼생활 전반에 관련된 문화적 관행은 예전처럼 전통적 지식이나 집단규범에 의존하지 않고 자신의 주관적 판단과 자아감정에 준거하여 재구성되었다. 문자 그대로 집안 어른들 중심의 문화적 관행은 더 이상 실질적인 권위를 발휘하지 못하고 친밀성 장의 주변으로 밀려나게 되었다.

대중강좌나 광고의 주요 고객층은 대부분 젊은 여성이었다. 이는 친밀성 장에서 여성들이 존재론적 불안을 더 강하게 경험했음을 의미한다. 결혼은 물론이고 심지어 연애마저도 여성의 물적 기반과 정서적 행복을 결정할 정도로 생애사적으로 중대한 사건이었기 때문이다. 남성 중심의 가부장제적인 문화가 일반적이었던 상황에서 여성의 주체적이고 주관적인 판단만으로는 연애와 결혼생활에서의 확신을 담보할 수 없었다. 그럴수록 여성은 불안에 대응하기 위해 전문지식에 의존하게 되었고 전문지식은 여성을 연애와 결혼 담론의 소비자로 주체화시켰다. 1970년대 이후에는 학생들을 겨냥한 대중잡지, 특히 하이틴 잡지에 데이트, 연애, 섹슈얼리티 관련 기사와 광고들이 많은 지면을 차지했는데, 이들 기사와 광고는 주로 여성 독자층에게 어필할 수 있는 내용들로 채워졌다(임인재, 2018: 99~100, 105). 특히 이 잡지들은 여성이 남성을 상대로 성적 매력을 발산하기 위한 온갖 기술(화장법, 패션, 특정 신체 부위 드러내기 등)을 소개했다. 이러한 기술들은 결국 '남성에게 사랑받는 법'으로 귀착되었을 뿐만 아니라 소비시장의 새로운 상품 출시를 예고한 것이기도 했다. 이처럼 남성에게 선택받기 위한 매력전쟁은 친밀성 장에서 여성이 처한 존재론적 불안을 토대로 이루어졌다. 소비상품은 이러한 불안을 자유와 아름다움으로 포장하면서 여성의 불안을 이윤축적의 모티브로 삼았다.

이와 같이 친밀성의 이중화 과정은 배우자 선택에 있어서 주관적 취향이나 감정적 요소들을 짝짓기의 핵심 지표로 만들어놓았다. 특히 중산층 이상의 기반을 가진 남녀에게 '순수한 교감'은 일종의 상징자본

(일루즈식으로 표현하자면 '감정자본')으로 작용했다. 순수하고 진정한 열정적인 사랑은 그런 경험을 가져보지 못한 사람들에 비해 존재론적 우월성을 확보했다. 마치 순수하고 낭만적인 사랑은 아무나 가질 수 없는 특권처럼 받아들여지면서 신비화 혹은 신화화되어 갔다.

하지만 낭만적 사랑의 신화화는 사회적 조건을 초월한 채 독자적인 상징체계나 행위양식으로부터 기인한 것이 아니다. 낭만적 사랑은 소비자본주의 문화와 계급구조가 교차하는 상황을 기반으로 친밀성 장에서 존재론적 우월성을 확보해 나갔다. 소비자본주의는 낭만적 사랑을 상품화함으로써 그 사랑을 신비화했고 낭만적 사랑은 계급적 위상에 상응하는 방식으로 전개되었다. 당시 젊은 남녀의 로맨스를 다룬 대중영화들은 이러한 상황을 방증한다. 이 시기의 로맨스 장르 영화들은 정치권력이 문화를 통제한 산물이기도 하지만 시대적 감상이나 분위기를 파악할 수 있는 하나의 창구이기도 하다.

1970년대 이후 로맨스 영화에는 대학생이면서 중산층에 속하는 캐릭터들이 낭만적 서사의 주인공으로 등장했다. 〈바보들의 행진〉(1975), 〈겨울여자〉(1975), 〈진짜진짜 좋아해〉(1978), 〈병태와 영자〉(1979), 〈모모는 철부지〉(1980), 〈미미와 철수의 청춘스케치〉(1987), 〈기쁜 우리 젊은 날〉(1987) 등이 대표적이다. 이 영화들은 1970년대 후반 이후 대학가를 중심으로 확산된 연애담론, 데이트, 로맨틱 이벤트, 소비문화를 반영하고 있으며, 주인공들의 가정환경은 중산층 이상의 물적 기반을 갖추고 있다. 영화 속 청춘남녀들은 제한된 자유 속에서도 열정, 패기, 절박함, 순수, 희망 등을 실현할 수 있는 낭만적 유토피아를 만들어갔다. 이 유토피아는 당시 대학생들에게 "자신이 처한 현실의 부조리에서 벗어나거나 속박을 이겨내기 위한 수단"이기도 했고 "기성세대와 사회에 대항해 자신들의 열정과 순수를 표출하는 하나의 방식"이기도 했다(박소정, 2017: 61~62). 하지만 이들의 유토피아는 점점 카페, 맥줏집, 영화관, 여행, 레스토랑, 자동차 등을 매개로 경험되었다는 점에서 로맨스가 소비문화와 긴밀하게 결착되어 갔다.

한편 하층계급의 경우 물적 조건과 학력자본이 빈약했는데, 이는 로맨스를 '구매'할 수 있는 능력이 결핍되었음을 의미했다. 앞서 언급한 영화 속 주인공들의 반대편에는, 빈농 출신으로 도시에서 식모, 재봉사 시다, 성접대, 버스안내양 등으로 생계를 유지하면서 철공소 노동자 창수에게 "난 서울에 연애하러 온 게 아니란 말예요. 난 돈 벌러 온 거란 말예요"라고 말하는 영자가 자리하고 있었다(〈영자의 전성시대〉, 1975). 〈영자의 전성시대〉에서 '가난하고 배우지 못한 그리고 스스로 예쁘지도 않다'고 생각하는 영자는 냉혹하고 척박한 도시의 삶에서 치유할 수 없는 상처와 고통의 현신으로 등장한다. 가난, 멸시, 폭력, 무시, 열등감으로 점철된 그녀의 영혼은 창수와의 순수한 사랑에 다가가지 못하며 순수와 오염 사이의 간극을 극복하지 못한다. 영자는 "난, 아무라도 빨리 푹푹 썩어서 죽어버리고 싶은 여자"라며 순수한 사랑을 거부한다. 하지만 이는 창수의 진실한 사랑을 자신의 비참한 실존으로부터 지켜내려는 영자의 고뇌로서, 자신이 처한 역설적 상황, 즉 낭만적 디스토피아로부터 벗어나려는 부정적인 실천이기도 하다.

도시 하층계급 청년들에게 로맨스는 유토피아가 아닌 디스토피아로 경험되었다. 이들에게 연애는 내밀하고 상호 주관적인 감정적 장벽이 아닌 연애 자체를 불가능하게 만드는 사회적 장벽(계급적 조건과 가부장제적 담론체계)과 마주하는 계기로 작용했으며, 연애를 통해 '사랑할수록 고통스러운' 역설을 경험해야 했다. 1970년대의 '여공'의 삶을 계보학적으로 추적한 김원에 따르면, 당시 산업역군이자 현모양처 담론에 억눌렸던 가난한 여성 노동자들에게 로맨틱한 사랑은 여대생이나 중산층 여성을 선망하거나 과잉 모방하는 등 타자화된 방식으로 경험될 뿐이었다. 이런 조건 속에서 여성 노동자들이 자신이 선망했던 대학생과 나눈 연애는 대부분 실패하거나 결혼으로 이어지지 못했으며, 결혼마저도 사랑이 목적이 아니라 가난으로부터의 혹은 공장생활로부터의 탈출을 의미하는 경우가 대부분이었다(김원, 2005: 568~579).

"난 만두가 먹고 싶어요. 사줄래요?" 이 말은 군 입대를 앞둔 창수를 향해 영자가 던진 말이다. 이 영화에서 유일하게 두 사람이 데이트를 하면서 소비하는 장면이다. 중산층 여성이나 대학생들에게는 대학 캠퍼스, 맥주바, 레스토랑, 카페, 백화점, 여행지 등이 낭만적 유토피아의 장이었다면 창수와 영자에게는 만두가 바로 그러한 대상이었다. 그만큼 소비는 로맨스 경험의 지평을 확장했으며, 역으로 로맨스는 소비문화에 한층 더 의존할 수밖에 없었다. 소비자본주의가 확산됨에 따라 낭만적 사랑은 현실주의적 사랑과 더욱 치열한 경쟁을 벌일 것으로 예고되었다. 즉, 친밀성 장에서는 연애, 결혼, 가정생활 전반에 걸쳐 낭만/현실, 순수/세속, 진정성/전략 간의 화해할 수 없는 기나긴 투쟁이 전개되었던 것이다.

짝짓기 대차대조표

낭만적 사랑과 현실주의적 사랑 간의 본격적인 투쟁은 새로운 시장, 즉 결혼시장의 출현으로 이어졌다. 결혼시장은 결혼을 목적으로 배우자를 상품교환의 논리에 따라 선별·선택하고 이 과정에 관여한 행위자들이 일정 수준의 경제적 이윤을 획득하는 하나의 시장 형태이다. 1960년대 이후에는 전통적인 짝짓기 방식인 중매를 대체하는 결혼상담소가 급증했다. 결혼상담소는 최적의 짝을 매칭해 주는 중개소이자 배우자 선택의 자율성을 높이고 그에 수반되는 불확실성을 최소화하는 대행업체로서, 이용자들은 짝 찾기에 따른 금전적 대가를 부담하면 되었다. 1960년대 후반 경제기획원 조사통계국의 인구센서스에 의하면, 중매혼인이 77%, 절충형 혼인이 12%로 중매결혼 비중이 여전히 높았는데, 이는 짝 찾기 중개업이 성행할 수 있는 충분한 조건이기도 했다(≪경향신문≫, 1968.6.13, 3면).

1960년대 초반까지 결혼상담소의 주요 고객은 재혼자들이었다. 이들은 성별에 따라 선호하는 배우자 조건이 달랐는데, 여성의 경우는 '건강하고 생활력 있는 남성'을, 남성의 경우는 '용모가 단정하고 살림을 잘할 수 있는 여성'을 원했다. 젊은 남성일수록 배우자가 편물, 미용, 교사 등 직업을 가진 여성을 선호했고, 여성은 건강하고 확고한 직업이 있는 남성, 특히 차남을 선호했다(≪경향신문≫, 1962.9.10, 3면). 이러한 배우자를 선호한 것은 남녀 모두 가부장제적 젠더의식을 고스란히 내면화한 결과였다. 무엇보다 배우자 선호에서 건강과 생활력, 용모단정, 살림살이 등 외적 조건이 우선순위를 차지했다는 점에서 감정이나 내면성의 차원은 아직까지 고려할 사항이 아니었다.

결혼상담소는 '인생복덕방'으로 칭해졌을 정도로 우후죽순으로 늘어났다. 결혼상담소는 이전까지 대부분 무허가로 운영되다가 1970년대 중반 이후 사회적으로 문제가 발생되자 1973년 관허업소로 인가를 받아 운영하도록 법제화되었다. 1977년에는 서울시 내에 13곳의 결혼상담소가 있었는데, 이는 모두 시의 허가를 받은 공식 영업장이었다. 당시 한 보도에 따르면 하루에 100통이 넘는 신청자가 몰렸으며, 남성에 비해 여성이 2~4배가량 많았고, 학력별로 보면 남성은 80% 이상, 여상은 50% 이상이 대졸자였다(≪동아일보≫, 1977.11.1, 4면).[4]

어느 결혼상담소 중매업자는 "중매결혼이 대체로 잘사는 것 같"다면서 그 이유로 "많은 상대 중에서 이상형에 가까운 사람을 찾아 교제해 보고 양가의 승낙을 함께 얻기 때문"이라고 말했다. 또 다른 한 중매업 자는 "요즘은 조혼인 경향에다 결혼 상대자가 아니면 차 한 잔 값이라도 낭비하기 싫다는 실리적인 계산이 앞선 탓으로 중매가 성행하는 것 같다"라고 말했다. 이 내용을 다룬 일간지는 젊은 남녀 간의 연애나 데 이트가 급증했음에도 불구하고 막상 결혼 상대자는 전문 중매업자를 통해 경제적 기반이 탄탄하고 학벌, 가문, 용모가 좋은 사람을 택하는 경향이 강하게 나타난다고 분석했다.

한편 결혼상담소의 양적 팽창은 구체적인 고객 정보를 경쟁적으로 수집하면서 다양한 매칭 전략이 수립되는 결과로 이어졌다. 한 예로 신원조회, 학력조회, 주민등록등본, 호적등본을 확인하고 가정방문을 통해 가풍이나 집안환경을 살펴본 후 매칭해 주는 수준에까지 이르렀다. 대차대조표는 짝짓기에서 필수항목이 되었다. 《동아일보》 1977년 11월 1일자 기사에는 매칭에 있어서 선호하는 배우자 순위가 소개되고 있다. 남성은 여성의 외모(얼굴이 예쁘고 신장 160cm 정도), 교양을 중시하고 밝고 명랑한 성격을 선호하는 반면, 여성은 남성의 직업, 사람됨, 신장(170cm 이상)을 중시하고 차남 혹은 막내를 선호했다. 배우자의 직업에 있어서 여성은 의대, 상대, 공대 출신의 남성을 선호하고, 남성은 여의사, 약사, 교사인 여성을 선호했다. 이 기사에는 당시 중매 산업의 규모를 엿볼 수 있는 내용이 다음과 같이 소개되고 있다.

부유층 사이에서 중매가 성행되면서 '따리 중매장이'란 묘한 직업이 생겨

---

4   한 신문보도에 따르면 관허요금 기준 상담료나 성혼사례금은 각각 6,000원, 1만 2,000원 이지만 상담소에 따라 천차만별이었으며, 10만 원에서 15만 원을 지불하는 경우도 있었고, 상류층의 경우는 100만 원대까지도 올라갔다고 한다(《동아일보》, 1978.6.29, 4면).

많은 수입을 올리고 있다. 재벌과 정치가의 자녀들 사이의 결혼, 기업가와 의사들 자녀 등등을 연결해 주면서 "혼수가 2천만 원 어치이다", "시댁 식구에게 드리는 예단만 3트럭이 된다"는 얘기에 편승, 중매비 조로 몇십만 원에서 몇백만 원까지 받는 직업적인 중매장이들이 부쩍 늘고 있다. 이름 있는 웬만한 집 자녀들의 명단과 유수 기업체의 젊은 엘리트사원의 명단이 든 두툼한 수첩 보따리를 들고 호텔 코오피숍을 누비는 이들은 보통 10명 정도씩 그루웁을 형성, 수시로 각종 정보를 교환하고 있다. 이들은 안방까지 깊숙이 파고 들어가 상대방을 부추기는가 하면 서로의 체면과 경쟁심에 불을 질러 엄청난 혼수를 장만하게 하기도 한다.

결혼상담소를 통해 배우자의 교환가치가 정해지고 그 기준에 맞춰 짝을 찾는 관행은 비난을 받기도 했다. 피치 못하게 결혼상담소를 통해 맞선을 보러 나온 한 젊은 여성은 "마치 남자와 여자를 상품화시켜 조건과 조건으로만 짝을 지워지고 엄청난 돈을 요구하는 중매장이의 소행이 못마땅하고 그에 놀아나는 부모늘이 한심하다"라고 쏘쎂었나 (≪동아일보≫, 1977.11.1, 4면). 이러한 세태를 시인 이명자는 다음과 같이 비판했다.

중매결혼이란 일류학교 입학시험에 합격하는 것만큼이나 어려운 일이요, 결혼사례금은 많이 낼수록 좋은 보결생의 사친회비 같은 것이라고 적령기의 한 신랑감은 푸념한다. 일부 상류층 가정의 자녀들이나 이용할 엄두를 낼 수 있다는 결혼상담소는 그래서 기계적으로 인생의 단추를 누르고 싶어 하는 돈 있는 사람들의 편리한 사고방식을 부채질하는 곳이란 인상을 씻기가 어렵다. (≪동아일보≫, 1978.6.29, 4면)

지금까지 살펴본 바와 같이 결혼상담소를 시작으로 초기의 결혼시장은 경제적으로 안정된 직장인과 고학력자들을 중심으로 형성되었다. 이 시장에서 남녀 간 불균형적 결합은 이해와 계산논리에 따른 합리적 교환처럼 이해되었다. 그리고 최적의 짝을 찾는 과정에서 자아감정이나 내면적 성향은 전면에 등장하지 못했다. 배우자 조건에서 물질적·외적 조건, 가정환경, 사회적 지위, 생물학적 건강 등은 필요조건이었고, 감정, 성격, 성적 매력 등은 충분조건에 지나지 않았다.

결혼이라는 큰 꿈, 그러나 끼리끼리

결혼상담소의 증가추세를 비판적으로 바라보는 시선은 짝짓기의 세속화 경향을 우려했다. 결혼상담소는 남녀가 각각 이상적으로 생각하는 배우자 조건을 차등화하면서 가부장주의와 젠더불평등을 '합리적으로' 혹은 시장논리에 입각하여 재생산했다. 앞서 몇 번 언급한 바와 같이 남녀 각각의 이상적인 배우자는 명확하게 범주화되어 있었다. 여성은 확고한 직업, 학벌, 키 170cm 이상, 남성답고 장남이 아닌 남성을 이상형으로 꼽았다면, 남성은 대졸자 여성, 키 150cm 이상, 미모, 여자다운 성품을 지닌 여성을 선호했다. 때론 "돈 많은 실업가의 경우엔 학벌이 없고 남성답지 않아도" 인기가 있었다. 이런 현상을 두고 모 상담소의 직원은 "어떤 국영기업체의 과장 한 사람은 말만한 딸이 두 명이나 딸렸는데도 처녀 아니면 선도 안 본다"라면서 "금전만능의 썩어빠진 사회풍조가 못된 꼴을 빚는다"라고 비꼬았다(황병열, 1966: 198~201).

당시에는 배우자 조건을 파악하는 여론조사들이 종종 실시되었는데, 결과는 대체로 유사하게 나타났다. 조사대상은 주로 대학 재학생이나 졸업생 중심이었고 이들 중에서도 특히 여대생에 집중되어 있었다. 한 일간지는 여대생들에게 결혼은 '큰 꿈'이라고까지 강조했을 정도로 여성에게 결혼은 향후 생애의 향방을 결정지을 중대한 사건이었다.[5] 하지만 이 꿈은 당사자 간의 내적 충만함, 열정, 감정적 교감, 성적 매력 등을 전제로 하는 낭만적 사랑을 실현하는 것과는 거리가 멀었다. 그 꿈은 상대의 건강, 재력, 지위, 외모, 가정환경을 전제로 할 때 이뤄질 수 있는 것이었다.

결혼상담소의 팽창과 함께 등장한 '마담뚜'는 초호화 결혼의 한 단면을 드러냈다. 당시 언론은 초호화 결혼이 서민들에게까지 파급을 미치게 되면서 무분별한 혼례폐습이 사회문제로 부상하고 있다고 지적했다. 고급 중매쟁이를 뜻하는 '마담뚜'는 교묘한 수법으로 총각교수, 판검사, 의사 등의 명단과 신상명세를 면밀히 파악한 후 딸 가진 부유층을 찾아다니며 중매 작업을 했다(≪동아일보≫, 1981.6.1, 9면). 서근배는 이러한 결혼상담소의 실태에 대해 남녀 짝짓기가 "우량견 접종"과

---

5 일간지에 보도된 몇 가지 조사 결과만 소개해 보자. 이화여대 졸업생을 중심으로 조사한 결과에서는 배우자의 학력은 대학원 졸업 50%, 선호 직업은 실업가 20%, 기술자, 학자, 의사, 교육자, 은행가, 정치가, 법률가, 관리, 군인, 예술가, 언론인 순으로 나타났다. 결혼 형태는 중매연애결혼 76%, 중매결혼 3%로 선호했고, 연령차는 68%가 3~5년 차이를 선호했다(≪경향신문≫, 1962.2.27, 3면). 또 다른 조사 결과를 보면, 배우자의 학력에 관해서는 남자 대학생이 대졸 56%, 고졸 23%, 그 이하라도 박식한 사람 9%, 대학원졸 6% 순으로 선호했고, 여자 대학생은 대졸 63%, 대학원졸 33%, 고졸 1% 순으로 선호했다. 남학생이 선호하는 배우자는 주부로서 충실한 여성 58%, 직장을 갖고 주부 역할을 할 수 있는 여성 34%, 직장을 가지거나 가질 여성 6%로 나타났다. 배우자의 직업으로 남자는 교사, 상업, 예술가, 의사, 약사를 선호했고, 여자는 의사, 교수, 공업, 상업, 외교관, 교원, 법관, 공무원, 약사 순으로 선호했다. 결혼방법으로는 남자 52%, 여자 64%가 중매연애를 선호했고, 연애결혼은 남자 38%, 여자 33%, 중매결혼은 남자 8%, 여자 1%로 나타났다. 결혼 상대자의 성격에 대해서는 남자는 진실하고 온순한 여인(41%), 명랑하고 쾌활한 여인(15%), 지성적인 여인(11%), 대담하고 투지력이 강한 여인(5%) 순으로 선호했고, 여자의 경우 이해성이 있는 남자(35%), 대담하고 투지력 강한 남자(31%), 진실하고 온순한 남자(15%), 지성적인 남자(10%) 순으로 나타났다(≪동아일보≫, 1963.3.8, 6면).

다름없다며 비난을 퍼부었다.

오늘날 속설에 이르기를, 신랑감을 물색하는 데에 세 가지 필수조건이 있다는 얘기다. 어느 대학을 나왔느냐가 30점, 병역을 필했느냐가 30점, 어떤 직장을 잡았느냐가 30점. 나 같은 위인이고 보면, 그 나머지 10점에나 매달려서 서커스를 해봐야 할 판이다. (서근배, 1967.5.18)

이와 유사한 논조의 다른 일간지 기사를 살펴보자.

「쓰레기대청소시간」 …… 시집 못 간 처녀, 장가 못 간 총각들을 부리나케 쓸어 모으듯 치워버리는 집안일을 가리키는 말 …… 시집 장가 들기 위해 연애도 일종의 하느님이 주신 재능이므로 재능 없는 평범한 갑남을녀들은 보통 중매라는 미심적은 수단을 이용할 수밖에 없는가. 상류사회에서는 아버지의 지위로부터 용모에 이르기까지 소상히 밝혀진 중매리스트(?)를 들고 성사가 되면 수만 원 수십만 원의 사례금을 받는 「전문가」까지 있고 보면 서민층은 서민층대로 학벌 문벌 재산 나이 용모를 저울눈처럼 깐깐히 따져서 사람값을 매겨 중매를 선다고 할까. 사람값을 매기는 일이 과연 가능할까. 「뜰에는 장미꽃이 만발하고 지붕 위에는 녹색 비둘기집에 있는 빨간 벽돌집」이라고 말하는 것보다는 「그 집은 5천만 원짜리 집」, 「아하 꽤 멋진 집이로군」 하고 감탄하는 사람들, 「그쯤 부자면 사위개업은 시켜주겠군. 파스했으니 집칸은 사주겠지. 아버지가 모처에 있으니까……」라고 생각하는 사람들이 많아진 요즘이니까 자못 슬퍼진다. (≪동아일보≫, 1973.1.18, 5면)

이와 같은 세태는 사랑과 결혼의 관계에 대한 전형적이고 이상형적인 인식을 바꿔놓았다. 가령 "성숙한 인간으로 새롭게 서기 위해", "종족과 가계보존을 위해", "사랑하니까"라는 인식은 낡은 사고이고 이제는 "신분의 굳건한 결합을 위해", "신분상승을 위해", "태어나는 것은 본인의 의지와 상관없는 운명이지만 결혼은 의지로 운명을 바꿀 수 있는 절호의 기회"라는 시각으로 대체되었다. 그래서 "「마담뚜」뿐만 아니라 컴퓨터 중매업소가 성업 중이며, 정계와 재벌, 재벌과 재벌, 정계와 정계를 잇는 혼벌"이 확산되었다. 또한 "몇 년간 사귀던 가난한 애인을 차버리고 「아파트」가 있거나 「증권투자」를 좀 하거나 「든든한 백」이 있는 장래성 있는 새 배우자를 찾는 경우도 부쩍 늘고 있다"면서 '속성 이혼'이 늘어가는 것도 이와 같은 이유에서 비롯되었다고 분석한다(≪동아일보≫, 1973.1.18, 5면).

그러나 이와 같은 부조리함에 대항하는 '반역적인' 태도 또한 확산되었다. 곧 결혼식을 앞둔 한 여성은 "두 사람의 뜻만 맞으면 돼요. 어느 부모님인들 욕심이 없으시겠어요. 중매가 아닌 연애로 만나서 모든 것을 서로 의논했기 때문에 이러한 신선한 '반역'이 가능했"다고 말했다(≪동아일보≫, 1989.5.13, 5면). 결혼은 진실한 사랑을 바탕으로 해야 하며 당사자들 간의 자유로운 선택과 판단에 맡겨야 한다는 인식이다. 여기서 '두 사람의 뜻'에는 물질적 조건과 주관적 성향 모두가 포함되어 있지만 이를 결정하는 주체는 바로 당사자 자신이어야 한다는 사실이 중요하다. 이와 관련하여 한 주부는 배우자 선택에서 외적 조건을 지나치게 따지는 세태를 다음과 같이 우려했다.

막상 큰마음 먹고 중매란 걸 한 번 서보려고 나서면 요것들은 따지는 게 너무 많아서 말처럼 쉬운 일이 아니다. 「어느 직장에 다니는 사람이니」, 「먹고 살 만큼 있니」, 「키가 커야 돼」, 「학교는 어디 나왔대」 등등 요구조건이 왜 그렇게 많은지. 그렇게 수두룩 조건들을 완벽하게 모조리 갖출 신랑감이 세상에 어디 그렇게 흔한가 말이다. 겉치레만 신경을 쓸 것이 아니라 사람 됨됨이에 우선 착안을 하는 현명함이 있었으면 얼마나 좋을까. 모르긴 해도 돈 많고 학벌 좋고 잘생긴 남자라면 정신상태야 어떻든 무조건 좋은 신랑감으로 치는 사고방식들은 성급한 판단인 것만 같다.(≪동아일보≫, 1980.12.15, 4면)

이처럼 타산적인 결혼 행태를 비판하는 인식도 공존했지만 중산층인 이들 혹은 고학력의 자본을 가진 이들은 중매든 연애결혼이든 간에 대체로 비슷한 학력, 집안, 경제적 수준, 직업을 가진 사람과 결혼하길 바랐다. 줄곧 논의한 바와 같이 대학생 혹은 대졸자의 경우 배우자의 학력도 비슷한 수준을 가진 자를 선호했으며, 특히 여성은 자신보다 학력수준이 높은 배우자를 기대했다. 직업적 측면에서도 남녀 차이는 뚜렷했는데, 여성은 지위가 높고 고소득의 직업군에 속한 배우자를 선호했다면, 남성은 안정적이면서 맞벌이를 하더라도 주부로서의 역할을 병행할 수 있는 배우자를 선호했다.

그런데 한 가지 뚜렷한 변화는 결혼방법이 순수한 중매결혼에서 중매연애결혼 혹은 연애결혼으로 이행하는 중이었다는 사실이다. 중매연애결혼은 순수한 연애결혼으로 이행하는 과정에서 한동안 중간단계 역할을 했다. 중매에 대한 신뢰가 여전히 남아 있었지만 연애결혼이 지속적으로 증가하는 추세는 더 이상 거역할 수 없게 되었다. 이러한 이행은 연애 그 자체의 시공간적 독립성과 자율성, 즉 '연애만을 위한 연애' 관념과 실천이 일반화되고 나아가 연애와 결혼은 각기 다른 의미체계와 실천의 궤도를 그려가기 시작했음을 의미했다.

연애와 결혼의 존재론적 분화

연애의 독립성과 함께 연애와 결혼은 친밀성 장에서 각기 나름의 작동원리를 구축했다. 소설가 이병주가 기고한 한 칼럼에서는 1970년대 여성의 변화된 인식을 소개하고 있다.

> 정: 무슨 일이지?
>
> 갑: 과장님, 저 결혼하게 됐어요.
>
> 정: 결혼? 잘됐구먼. 누구야, 상대는? 사외의 사람? 사내의 사람?
>
> 갑: 사외의 사람예요.
>
> 정: 감쪽같이 어느새 연애를 한 것이로구먼.
>
> 갑: 연애요? 연애로서 결혼하는 사람 있는 줄 아세요? 요즘 세상에……
>
> 정: 그 무슨 소리야. 그럼 중매결혼이란 말인가?
>
> 갑: 더더구나 틀렸어요. 요즘 중매결혼이 어딨어요?
>
> 정: 그럼 이렇게 되는 기야.
>
> 갑: 연애는 기분으로 하지만 결혼은 계산이에요.

이런 대화를 소개하면서 이병주는 "요즘 여성의 결혼을 전제로 한 결혼엔 빈틈이 없다. 신장과 체중의 밸런스는 물론이요, 학력과 수입, 기본 재산 등에 관한 조사도 철저하다"라고 썼다. 그에 따르면 여성들은 배우자를 선택할 때 "같은 처지이면 재산이 있어야" 한다는 입장을 적극적으로 내비치면서 "궁색스러운 결혼생활을 하는 것보다 직장생활을 하며 적당하게 엔조이하면 되지 않겠느냐는 배짱"을 내세운다는 것이다. 그는 이러한 경향을 두고 "70년대식 여성의 계산엔 본인이 차지하는 가치보다 자가용 자동차 값이 차지하는 비중이 큰 듯"하다고 말했다

그림 1-2 | 1970년대 결혼 풍경을 묘사한 삽화

자료: ≪동아일보≫, 1978.6.26.

(≪동아일보≫, 1977.12.16, 5면).

위의 내용에 깔려 있는 남성 중심적 관점을 감안하더라도, 분명한 사실은 결혼에 있어서 남녀 모두 외적 조건을 우위에 두었다는 점이다. 둘만의 고유한 내적 교감이나 순수한 감정적 경험은 결혼생활에서 큰 비중을 차지하지 못했다. 뒤에서 서술하겠지만 내밀한 감정적 교감이나 소통은 결혼과 별개로 연애만의 고유한 감정 경험으로 국한되었다. 연애는 결혼과는 무관하게 낭만적 유토피아로 진입하는 주요 통로가 되었다. 말 그대로 연애는 '기분', 결혼은 '계산'이라는 분화된 논리가 성립되었던 것이다.

≪동아일보≫ 1970년 8월 12일자 기사는 '해방둥이'(1945년생, 특히 여대생 및 젊은 여성)의 연애·결혼관을 상세하게 보도하면서 다음과 같은 에피소드로 시작한다. 한 여대생에게 "왜 같은 학생보다 직장인과 데이트하길 원하느냐"고 묻자, 그녀는 "그야 당연하죠. 남학생이 무슨 돈이 있습니까. 기껏 다방에서 차나 마시게 되는 걸요. …… 결혼 같은 거 그다지 염두에 두지 않"는다고 답했다. 이 기사는 이들이 '사랑, 연애, 결혼에 실리적이며 향락적'이고 '공리적'인 태도를 취하고 있다고

분석했다. 이어서 여대생들의 경우 약 90%가 데이트(연애)를 원하지만 배우자 선택만큼은 부모의 중매에 전적으로 따른다고 보도했다. 데이트는 자신의 주관적 의사를 따르지만 정작 결혼에 있어서는 부모의 선택에 의존하는 이유에 대해 "안전하다는 치밀한 계산" 때문이라고 해석한다. 이어서 "우리의 전통적 연애개념 속에는 애정이 포함돼 있는 것이었지만 이들은 최근의 외래사조의 영향을 크게 받은 데다 그 투철한 타산성 때문에 애정 없는 연애에 매력을 느끼고 있다. …… 사랑이 개입되지 않은 섹스, 혼외정사는 비판받아 마땅하다"라고 주장했다(≪동아일보≫, 1970.8.12, 5면).

위의 기사 내용에는 사랑이 연애, 섹스, 결혼을 총체적으로 이어주는 고리처럼 이해된다. 달리 말해 사랑이 없는 연애, 섹스, 결혼은 비판받아 마땅한 비윤리적이고 타산적인 행위로 여겨진다. 사실 젊은 여성을 대상으로 한 이러한 조사들은 대부분 여성을 낭만적 사랑의 담론으로 포섭하면서 순수, 헌신, 순결, 무사무욕 에토스를 담지한 주체로 바라보게 만들었다. 순수 에토스를 강요받았던 여성들은 섹스, 혼외정사, 자유연애, 이해관계 등에 있어서 자기결정권을 갖지 못했다.

연애결혼의 발생론적 불확실성에도 불구하고 연애와 결혼을 하나의 계열체로 인식하는 상상과 관행은 서서히 쇠퇴했다. 젊은 세대를 중심으로 '연애', 이른바 '데이트'는 결혼과 무관한 별개의 로맨스 의례가 되어갔다. 연애는 젊은 남녀에게 종교적 색채를 띤 신성한 의례, 즉 짝짓기의 새로운 문법이 되었다. 친밀성의 개인화와 내적 분화가 여러 현상으로 구체화되었을 뿐만 아니라 친밀한 사적 행위가 공적 공간에서도 공연되었다. 특히 연애결혼이 일반화되면서 배우자 선택에서도 개인의 주관적 감정, 성격, 성적 매력, 건강 등이 진지하게 고려되었다. 게다가 배우자의 '순결'에 대해서도 개방적인 태도를 취했다(≪경향신문≫, 1974.2.15, 5면).

로맨티즘 윤리와 소비주의 정신

로맨티즘과 나를 위한 결혼

1972년 대중가수 남진은 「님과 함께」라는 곡을 발표했다. 가사의 일부를 인용해 보자. "저 푸른 초원 위에 그림 같은 집을 짓고/ 사랑하는 우리 님과 한 백 년 살고 싶어 …… 멋쟁이 높은 빌딩 으스대지만/ 유행 따라 사는 것도 제멋이지만/ 반딧불 초가집도 님과 함께면……." 이 가사에는 사랑하는 연인과 함께 세속적인 세계를 벗어나 오직 둘만의 낭만적인 세계에서 소탈하게 살자는 상상이 표현되고 있다. 서로 사랑하기만 하면 '멋진 빌딩'이 아닌 전원의 한 '초가집'에서도 '님과 함께' 행복하게 살 수 있다는 상상이 새로운 언어풍경으로 펼쳐졌다.

사랑은 이처럼 전원에서 소박하게 단둘만으로도 충분히 행복할 수 있는 상상을 제공했다. '푸른 초원'이라는 상상된 전원 공간은 순수하고 탈세속적이며 유일무이한 공간으로 재창조된다. 이곳에서 오직 한 명의 사랑하는 '님'만 바라보며 사는 삶이야말로 낭만적 유토피아의 정점에 이른 삶이다. 낭만적 유토피아는 세속적인 삶으로부터 일정한 거리를 확보할 때라야 가능해진다. 이 공간은 성스러운 의미를 가지며 그 자체로 충만하고 완결된 세계가 된다. 연인은 이 공간을 공유하면서 둘만의 고유하고 신성한 행위양식, 즉 로맨티즘을 창출한다.

로맨티즘은 개인을 초월하는 동시에 개인의 행위, 감정, 의식을 제약하는 사회적 사실이자 문화적 에토스의 위상을 갖게 되었다. 로맨티즘은 커플들이 데이트라는 로맨스 의례를 수행하도록 유인했으며, 이 의례를 통해 커플들은 상호 간 감정적 확신과 미래에 대한 상상을 무한정 펼칠 수 있게 되었다. 이는 연애결혼이 대중적으로 확산되는 결과로 이어졌다. 이때 연애는 개인 스스로 안정적인 결혼생활을 대비하는 수련과정의 일부이기도 했다.

1970~1980년대에 결혼방식의 대전환이 일어나면서 연애는 배우자를 선택하기 위한 탐색전이자 반려자로서 상대가 자신과 얼마나 어울리는지를 총체적으로 파악하는 통과의례가 되었다. 요컨대 연인들은 과거 부모가 담당했던 역할을 스스로 떠안으면서 연애만을 위한 감정양식 혹은 데이트 기술을 독자적으로 익혀나가야 하는 새로운 운명에 처했다.

대전환 시기에 중매결혼과 연애결혼을 둘러싸고 젊은 남녀들(특히 여성)은 혼란을 겪기도 했다. 한 신문 기사는 결혼적령기를 넘겼음에도 중매결혼과 연애결혼 사이에서 망설이는 고학력 전문직 여성의 고민을 소개했다. 이 기사는 이를 두고 여성에게 결혼은 자기실현과 본격적으로 충돌하는 문제라고 지적했다. 그러면서 여성은 자신의 평등을 '여성 스스로 찾아야' 하고 결혼과 부부관계에 있어서도 남성과 동일한 위치에 서야 한다고 강조했다. 하지만 이 기사는 여성을 '새 가정'을 이루어나갈 주체로 설정하면서, 이들에 의해 "가족계획이라는 국가시책도 손쉽게 달성되어질 것"이라고 끝을 맺었다(《조선일보》, 1973.1.11, 5면). 여성이 남성과 평등한 사회적 대우를 받아야 한다고 하면서도 여성을 유독 가정과 가족계획의 책임자로 내모는 이중적 인식은 결혼을 염두에 둔 여성들에게 혼란을 불러일으켰다. 이러한 혼란은 로맨티즘에 근거한 연애 혹은 연애결혼이 기존의 짝짓기 양식을 뒤흔들어 놓은 결과이기도 했다.

연애결혼이 확산되는 경향을 보도하면서 ≪동아일보≫ 1981년 6월 1일자 기사는 이를 '옛날 결혼식'과 대비시키기도 했다. 기사의 내용을 요약하면 다음과 같다. 10여 년 전만 하더라도 부모들은 맞선을 보기에 앞서 상대방의 호적, 가풍, 심지어 학교성적까지 알아본 후 신중하게 맞선에 임했다. 당시 맞선은 가문의 소규모 행사나 다름없었다. 그러나 이제는 부모든 당사자이든 가벼운 마음으로 맞선에 임하고 있다. 맞선을 대체할 수 있는 만남이 많아지고 훨씬 다양해졌기 때문에 맞선에만 절대적인 의미를 부여하지 않게 되었다. 젊은 남녀들은 그룹미팅, 중매인, 결혼상담소, 각급 여성단체의 회원활동 등을 통해 결혼 상대자를 만나볼 수 있는 기회가 많아졌다고 이 기사는 전한다. 이 기사에서 주목할 부분은 이전까지는 배우자 선택에 있어서 부모의 의지가 크게 작용했다면 "현대의 결혼은 부모도 가문도 아닌 「나」를 위한 결혼"이라고 분석한다는 점이다. 그렇지만 '나만을 위한 결혼' 또는 '너와 나의 행복 추구'에는 꽤 높은 수준의 경제적 안정과 소비생활도 뒤따른다고 덧붙였다.

당시에는 높은 결혼비용(혼수, 주거지, 승용차, 신혼여행 등)이 사회문제로 떠올랐는데, 자율적인 배우자 선택은 이러한 사회문제와 깊은 상관성이 있었다. 당사자들은 자율적으로 배우자를 선택하되 경제적 기반(특히 여성의 경우)과 정서적 안정(특히 남성의 경우)을 제공해 줄 짝을 찾았다. 이런 경향이 심화될수록 부모나 가문의 의지와 상관없이 자신의 사회적 지위와 경제적 안정을 보장하고 이를 더 끌어올리기 위한 전략적인 합리성이 친밀성 장에서 새로운 관행으로 뿌리내리기 시작했다.

짝짓기의 불확실성이 상승함과 동시에 연애나 배우자 선택에 있어서 개인의 주관적 감정을 우선시하는 경향 또한 점점 확산되었다.

1980년대 초부터 여러 기관에서 실시한 조사들에 따르면, 연애결혼은 명백한 대세가 되었다. 이행숙의 연구(1982)에서도 서울시 20대 초중반 미혼 직장 여성의 77.5%가 연애결혼을 선호하는 것으로 나타났다. 각종 신문에서도 연애결혼은 우호적으로 다뤄진 반면, 중매결혼은 부정적으로 취급되었다.

1980년대 초 서울시에서 실시한 한 조사에 따르면, 중매결혼의 가정 불화 빈도는 중매연애결혼의 경우보다 7배, 연애결혼보다 2배가 높고, 이혼 희망률은 연애결혼 45%, 중매결혼 41%, 절충식 35% 순인 것으로 나타났다. 이처럼 연애와 결혼 간의 상관성은 이혼문제와도 연관되었다. 조사마다 약간 차이를 보이지만 대체로 이혼 사유는 남녀 모두 배우자 외도였다. 특히 중매결혼한 부부에게서 이혼 비율이 높게 나타났다(≪경향신문≫, 1965.11.27, 4면; ≪경향신문≫, 1973.1.13, 7면; ≪경향신문≫, 1981.4.15, 7면).

1970년대 중반 이후로는 이혼 비율이 급증했는데, 1976년 대법원 집계에 따르면 이혼소송 건은 5,940건으로 2년 전보다 11%, 5년 전보다 125% 증가했으며, 여자 쪽에서 소송을 제기하는 비율이 더 높아졌다(≪동아일보≫, 1976.4.22, 7면). 다른 조사에 따르면 이혼의 경우 여자는 20대가 가장 많았고, 결혼 기간 5년 이내가 절반을 차지했으며, 중매결혼이 연애결혼보다 4배 이상 높았다(≪동아일보≫, 1981.4.15, 11면).[6] 한편 연애결혼이 시집살이를 덜 경험한다는 조사 결과가 보도되기도 했다(≪동아일보≫, 1982.4.28, 11면).[7] 이러한 조사들은 연애결혼이 결

---

6 이 기사 내용은 대법원 재판자료 「이혼으로 인한 위자료산정 기준분석」에 따른 것이다. 1979년 11월 30일부터 1980년 7월 31일까지 전국 법원에서 처리된 이혼심판사건 72건을 대상으로 했다.

7 법원행정처 「이혼으로 인한 위자료 산정기준의 분석」(1981)의 조사 대상 72건을 분석한 결과이다.

혼생활에서 더 유리하다는 쪽으로 결론을 내림으로써 연애는 점차 안정적인 결혼생활을 위해 필히 거쳐야 하는 중요한 생애단계로 인식되었다.

이후의 조사들에서도 연애결혼은 되돌릴 수 없는 거대한 흐름으로 나타났으며, 통계청 조사에서도 중매결혼은 1981년 58.4%에서 1989년 39.4%(연애결혼 54.7%)로 감소했다(≪동아일보≫, 1991.10.21, 21면). 특히 젊은 세대일수록 연애결혼에 대한 선호가 압도적으로 높았다(≪동아일보≫, 1984.12.4, 7면).[8] 한 기사는 모 연구기관의 조사 결과를 인용하면서 2000년에는 중매결혼이 사라질 것으로 내다봤다(≪경향신문≫, 1988.1.18, 7면). 다음은 다방에서 우연히 '맞선' 장면을 지켜본 한 일반인의 기고문이다.

> 선남선녀를 마주 앉혀놓고 어른들이 죄인을 신문이나 하듯 하나에서 열까지 캐묻는 맞선이란 것을 보는 중이었다. 동행한 어른들의 밝은 표정과는 대소석으로 설렘과 호기심으로 가득 차 있어야 할 당사자인 두 사람은 고개를 푹 숙인 채 굳어버린 얼굴엔 그런 것이라곤 찾아볼 수가 없었다. 중매결혼을 하기 위해 홍역처럼 꼭 치러야 하는 맞선이란 것이 이 시대에 맞게 변화했으면 하는 마음과 연애를 못하면서도 연애결혼에 관심이 많은 나의 마음을 더욱더 굳게 다지는 좋은 기회가 되었다.(≪동아일보≫, 1981.8.13, 10면)

이 기고문에서 주목할 부분은 맞선과 연애를 대비시키는 데 있다.

---

8   이 기사 내용은 숙명여대, 고려대, 배재대, 한남대, 충남대에 재학 중인 여대생 243명을 대상으로 조사한 「배우자선택과 성의식에 관한 연구」를 정리한 것이다.

맞선 장에서 어른들은 '밝은 표정'이라면 당사자들은 죄인 취급을 받듯 '고개를 푹 숙인 채 굳어버린' 표정을 짓고 있다. 기고자는 당사자 자신만의 '설렘과 호기심'은 배후에나 존재할 뿐 부모의 감정을 우위에 둔 맞선을 시대에 뒤떨어진 것으로 바라본다. 짝짓기 과정에서 이유 모를 이끌림, 설렘과 호기심은 연애와 데이트 관행을 이끌어내는 감정적 에너지이자 이를 이끌어가는 감정적 동력이다. 역으로 설렘과 호기심의 부재는 짝짓기의 불가능성을 뜻하기도 한다. 이처럼 짝짓기는 내면적이고 내밀한 사적 감정을 존재론적 토대로 할 때 비로소 성립될 수 있었다.

제2장

감정주의와 소비주의의 변증법

감정이 짝을 결정한다

중매가 당사자보다는 부모나 집안 어른들의 의지와 감정을 우선시한다면, 연애는 당사자 자신의 주관적이고 내밀한 감정에 전적으로 의존한다. 이 감정이 향하는 대상은 (마치 신을 향한 것처럼) 오직 한 사람뿐이고, 그 사람과의 관계는 모든 세속적인 것을 초월한, 이상적이며 영원하고 헌신적이며 희생적인 성격을 띤다. 1983년에 발매된 나훈아의 노래 「사랑」은 낭만적 사랑의 전형을 표현한다. "이 세상에 하나밖에 둘도 없는 내 여인아/ 보고 또 보고 또 쳐다봐도 싫지 않은 내 사랑아/ 비 내리는 여름날엔 내 가슴은 우산이 되고/ 눈 내리는 겨울날엔 내 가슴은 불이 되리라……." 이 노랫말에는 하나밖에 없는 내 여인을 위한 희생과 헌신이 종교적 희생에 가까울 정도의 열정으로 표현되고 있다. 오직 한 사람에게만 애정을 쏟도록 이끄는 힘은 이해관계나 속물적 계산이 아닌 감정에서 비롯된다.

1985년 한 조사에서 낭만적 사랑의 유형을 '첫눈에 반하는 사랑'으로 규정하고 이러한 사랑이 가능한가를 묻는 질문에 남성 26%, 여성 29%가 긍정적으로 답했다. 이 조사 결과를 두고 한 신문 기사는 낭만적 사랑에는 "객관적인 사실보다 주관적인 믿음"이 더 크게 작용한다고 분석했다. 그런데 이 조사에서 더욱 눈여겨봐야 할 부분은 "소유하는 사랑"의 유형에 대한 반응이다. 여기서 소유하는 사랑이란 "항상 상대방의 애정을 확인해야 하며 행여 버림받지 않을까 전전긍긍하는 사랑", "사랑의 중독환자", "사랑에 빠지면 다른 일은 손에 잡히지 않는다", "잠시라도 애인이 다른 사람에게 관심을 보이면 참을 수 없다"는 특징을 포함한다. 이러한 사랑의 유형은 앞서 언급한 낭만적 사랑의 유형 다음으로 선호되었다(≪동아일보≫, 1985.9.28, 11면).[1] 이 조사에는 낭만적 사랑과 소유하는 사랑의 유형이 구분되어 있지만 감정구조의 차원에서 볼 때 이 두 유형은 크게 다르지 않다. 오직 한 연인만 열정적으로 사랑하고 자신의 주관적이고 내밀한 감정을 전적으로 따른다는 점에서 두 유형 모두 차이가 없다. 요컨대 사랑은 당사자의 주관적이고 순수한 감정을 토대로 오직 둘만의 고유한 감정을 교감하는 상호작용이라는 것이다.

이러한 감정적 전환이 순조롭게 진행된 것은 아니다. 1980년대 중반까지도 실제 결혼에 있어서 여전히 중매결혼이 많았고 배우자 선택에서도 개인의 주관적인 감정보다 상대방의 물적 조건이나 사회적 지위 등이 우선할 때가 많았다. 소설가 박완서는 1970년대 중반 한 칼럼에서 남녀교제가 자유로워지고 있음에도 불구하고 연애결혼을 기피하는 경향

---

1 홍미롭게도 이 기사는 이러한 흐름에 대해 "사랑을 이성이 아닌 감성으로 느끼는 낭만적 요소를 많이 가지고 있는데, 이것은 달리 말하면 남녀관계나 사랑이 아직은 미성숙 단계에 있"다는 것으로 분석한다.

을 바라보면서 "남녀가 처음 만나 어떤 신비한 힘에 의해 상대방의 조건 이니 끝발이니 하는 시시한 겉치레엔 맹목이 되는 반면, 속 눈(目) 트이 며 사람 그 자체를 알아보고 매혹되는 연애라는 것도 못해본 젊은이가 조국애니 민족애니 하는 건 할 수 있을까"라고 반문했다. 그녀는 "젊은 이들에게 연애를 권한다"라면서 그 이유로 "어떤 사랑이고 그 대상에 대 한 맹목과 새로운 개안의 과정을 거친다고 생각하기 때문"이라고 전했 다(≪조선일보≫, 1974.10.2, 5면). 연애를 조국애나 민족애로까지 연결시 키는 비약은 수긍하기 어렵더라도, 연애가 지닌 어떤 신비한 힘은 상대 를 순수한 맹목성으로 바라보게 만든다는 주장만 놓고 보면 연애는 절 대적이고 고유한 감정적 경험이다. 이는 세계를 완전히 다른 시각으로 바라보게 해준다는 점에서 '개안'의 과정이며, 자기성찰적 경험이자 타 인과의 새로운 의미체계를 창출하는 실천이기도 하다.

연애결혼의 증가는 연인들만의 내밀한 감정을 공유하고 이를 위한 독자적이고 자율적인 의례를 창출하는 이른바 '데이트' 관행의 대중화 를 예고했다. '연애'는 독립된 시공간과 독특한 감정양식을 갖는데, 데 이트는 이를 현실화하는 구체적인 실천양식이다. 외적 개입을 차단하 고 연인들만의 고유한 감정과 의례를 창출하는 데이트는 로맨스 관행 의 전형으로 자리 잡았으며, 이 과정은 낭만적 유토피아를 한층 더 열 정적으로 상상할 수 있게 해주었다. 데이트는 사랑 관행을 학습하고 상대방과의 상호의례를 통해 감정적 확신을 축적해 가는 과정이 되었 다. 데이트 문화는 배우자 선택 시 고려해야 할 항목은 물론 결혼방식 에도 큰 변화를 가져다주었다. 데이트는 연애결혼을 위한 감정적 안전 장치이기도 했다. 연애결혼의 근원적인 불확실성을 데이트 관행이 상 쇄해 주기 때문이다. 데이트를 통해 연인들은 낭만적 유토피아를 경험 했으며, 나아가 상상된 부부관계를 경험하기도 한다.

배우자 선택기준에도 변화가 일어났다. 1985년 중상류층 부부 700쌍을 대상으로 실시한 한 조사를 보면, 연애혼 46%, 중매혼 29%, 중매 후연애혼 25%로 연애혼이 주류를 차지했다. 배우자 선택기준도 '상대방을 사랑한다', '성격이 잘 맞는다'라는 답변이 '배우자의 객관적인 조건', '부모의 강력한 권유'라는 답변보다 빈도가 높았다. 게다가 주관적 판단에 따라 개방적으로 선택한다는 답변이 3/4을 차지했다. 다만 남성의 경우 여성에 비해 주관적 조건에 따른 선택이 더 높게 나타난 반면, 여성은 부모로부터 강력한 영향을 받는 것으로 나타났다(≪동아일보≫, 1985.1.23, 11면). 이후 여러 조사에서도 드러나듯이, 배우자 선택에 있어서 학벌이나 집안을 중요시하던 기존의 경향은 성격, 건강, 외모, 집안환경 순으로 순위가 바뀌어갔다. 요컨대 연애 혹은 배우자 고려 시에 상대의 내면성과 자신의 주관적인 감정에 준거한 선택이 점점 큰 비중을 차지하게 되었다.

하지만 배우자 선택에 있어 주관적인 감정이 다른 조건보다 완전한 우위를 차지할 수는 없었다. 당시 여러 조사에 따르면 배우자를 선택할 때 사회적 지위, 경제력, 집안배경, (특히 남성의 경우 여성의) 외모 및 성적 매력 등은 일차적인 고려대상이었다. 이러한 조건들이 충족된 후에야 자신의 주관적 감정이나 내적 성향이 검토되었다. 그렇지만 외적 조건만으로는 상대방의 신뢰를 얻을 수 없으며 지속적인 감정교환과 내밀한 교감을 통해 마음을 얻어야 하는 의례가 필수 불가결해진 것은 부인할 수 없었다.

개인의 내밀한 감정에 점점 더 의존하는 짝짓기는 혼전 성관계에 대한 태도나 인식은 물론 가족구조에도 커다란 변화를 가져왔다. 1980년대 내내 연애와 결혼 관련 조사에서는 혼전 성관계(당시에는 주로 '혼전순결'로 표현되었다)에 대한 인식을 묻는 질문들이 많았다. 혼전 성관계는 배우자 선택 시에 매우 민감하게 작용했다. 여성에게 혼전 성관계가 유독 엄격하게 적용되었다는 점에서 '순결이데올로기'는 남성권력의 징표이기도 했다. 성과 결혼에 대한 사회조사에서도 조사대상으로 주로 여대생이 선정되었다. 여대생을 대상으로 한 이러한 조사들은 여성의 인식변화를 가장 잘 보여주었지만 그 이면에는 남성 중심적인 시각이 투영된 성차별적 담론이 반영되어 있기도 했다. 여대생의 순결을 묻는 질문은 이들을 '순수한 존재'로 전제한 남성들의 페티시즘이 반영된 결과였다.

여대생은 지적이면서 동시에 성적으로 순결하다는 표상으로 주체화되었다. 그런데 지적이면서 성적으로 순결한 여대생의 표상은 늘 위태로운 상황에 처했다. 여대생을 향한 남성지배적인 시선은 양가적이었기 때문이다. 남성들은 지적이면서 순결한 여대상의 표상을 선망하면서도 언제든 이를 불순하게 만들고 오염시키는 형태로 여성에 대한 사디즘적 충동을 표출했다. 여성들은 성(sex)을 둘러싼 도덕적 판결의 일방적인 희생지기 되었디. 영화 〈무릎과 무릎 사이〉(1984)의 한 대화 장먼은 이를 잘 드러내준다. 부유한 가정에서 자란 음대생 자영은 어린 시절부터 성인이 된 현 시점까지 어머니로부터 엄격한 성윤리를 강요당한다. 억압적인 성윤리에 대한 반발로 자영은 일탈적인 성충동을 강렬하게 느끼지만 동시에 섹스에 대한 원천적인 죄의식도 갖고 있다.

자영: 내가 더 나빠요. 그 사람을 오히려 내 쪽에서 먼저 유혹한 셈이에요.
조빈: 왜 자신을 나쁘게 얘기하지?
자영: 내 자신을 모르겠어요. 이러다간 정말 큰일을 저지르고야 말 거예요.
조빈: 뭐가 두려운지 잘 생각해 봐.
자영: 죄를 저지를 것 같아요.

조빈: 죄? 어떤 죄?

자영: 섹스요.

조빈: (허탈하게 웃으며) 섹스가 죄인가? 그래 좋아, 어쨌든. 그런데 왜 죄를 저지를 것만 같지?

이 대화에서 여대생 자영은 자신의 성충동을 죄의식과 등치시킨다. 성충동을 느끼는 여성은 죄를 범하는 것인 양 윤리적 단두대에 올려진다. 그리고 남성은 윤리적 심판자인 양 여성의 성적 욕망을 통제하는 우월적 지위를 점유한다.

여기서 1980년대 초반부터 1990년대 초까지 실시된 몇몇 조사를 살펴보자. 서울의 S여대 학생들을 대상으로 '혼전순결'을 묻는 한 조사에서 89.8%가 육체적 순결이 중요하다고 답했으며, 80.8%는 결혼 전 성관계는 절대로 안 된다고 답했다. 이들 가운데 74%는 결혼 전에 정신적·육체적 순결이 모두 요구된다고 답했으며, 15.9%는 정신적 순결은 무시될 수 있어도 육체적 순결은 지켜야 한다고 답했다(≪매일경제≫, 1983.7.27, 9면).[2] 흥미롭게도 이 내용을 다룬 기사의 제목은 심지어 "여대생 아직 건전하다"였다. 또 다른 예로 서울 시내 여대생의 「배우자선택·성의식」 조사를 보면, 혼전순결에 대해 '절대로 지켜야 한다' 28%, '지키는 게 좋다' 55.2%, '상관없다' 15.1% 순으로 나타났다. 본인이 희망하는 여성상으로는 '지적이고 유능한 여성' 44.6%, '귀엽고 사랑스러운 여성' 38.3%, '현모양처' 6.7% 순으로 나타났다(≪동아일보≫, 1984.12.4, 7면).[3]

---

2 이 조사 결과는 성신여대 학생생활연구소에서 1983년 4월에서 6월에 걸쳐 1,025명을 대상으로 실시한 생활습관 실태조사에 근거한 것이다.

3 이 기사 내용은 숙명여대, 고려대, 배재대, 한남대, 충남대에 재학 중인 여대생 243명을

1990년대 초에 대학생들을 대상으로 실시한 조사에서도 56.3%가 혼전순결을 지켜야 한다고 답했을 정도로 그때까지도 성에 대해 개방적이지 못했다. 이 조사에서는 성관계와 사랑에 대해 남녀 간 차이가 뚜렷했는데, 남학생의 경우 34.8%가 성관계와 사랑은 별개라는 입장을 보였지만, 여학생은 83.4%가 성관계는 사랑하는 사람과만 해야 한다는 입장을 취했다(≪조선일보≫, 1993.10.10, 18면).[4] 시간적 격차가 있기는 하지만 남성에게서 먼저 성과 사랑의 분리가 뚜렷하게 나타났다.

근대화 이후 순결이데올로기가 강하게 작용한 원인에 대해 여전히 잔존해 있는 유교적 규범과 가부장제적 의식에서 찾을 수도 있다. 하지만 이것만으로는 근대화(혹은 개인화)와 유교적 규범 간의 모순을 해명하기에 미흡하다.

왜냐하면 점차 남성은 여성의 혼전순결에 대해 개방적인 태도를 취한 반면, 여성은, 성관계는 사랑하는 사람과 해야만 한다는 여성의 인식에서 알 수 있듯, 성과 사랑을 순수한 감정의 범주 속에서 이해하려고 했기 때문이다. 이는 성과 사랑에 있어 여성에게 유독 '순수함'을 요구했던 남성권력의 효과이기도 했다. 따라서 순결은 가부장제적 유교 규범을 (무)의식적으로 따른 결과라기보다는 순결한 육체와 정신 같은 '순수함' 표상을 획득함으로써 결혼시장에서 상징적 우위를 점하기 위한 일종의 내기물(부르디외)의 성격이 강했다고 봐야 한다. 순결과 순수함에 대한 열망은 낭만적 사랑을 추동하는 감정적 동력이다. 낭만적 사랑은 상호 순수하고 순결한 존재가 결합한다는 판타지를 제공한다.

순결은 남녀 모두에게 '순수함'을 요구하는 행위이자 순수함을 매개

대상으로 조사한 「배우자선택과 성의식에 관한 연구」를 정리한 것이다.

4   이 기사 내용은 1993년 한국사회문화연구원에서 전국의 대학생 1,554명을 대상으로 실시한 조사에 근거한 것이다.

로 두 사람만의 고유한 낭만적 유토피아를 구축하기 위한 정당화였다. 하지만 이런 인식은 낭만적 사랑을 매우 제한적이고 왜곡된 방식으로 받아들이도록 만들었다. 혼전 성관계를 했거나 '순결하지 못한' 육체로는 낭만적 사랑이 불가능한 것처럼 순결이데올로기를 내세움으로써 내면적이고 자율적인 감정적 교류의 통로를 차단하려고 했다.

그렇지만 순수함에 대한 태도가 남녀차별적인 방식으로 나타났다는 점에서 가부장제적 규범으로부터 자유로울 수 없었다. 남성은 여성의 순수함을 따질 수 있는 지배적인 위치에 있었고, 여성은 자신의 순수함을 입증해야 하는 종속적인 위치에 머물렀다. 결혼시장에서 남성이 순수함을 독점했다면, 여성은 자신의 순수함을 일종의 상징자본으로 활용했다. 여성에게 '처녀', 즉 순결한 육체는 결혼시장에서 종속적이지만 동시에 강력한 상징권력이었다. 반면 순결을 위반했을 경우에는 수모와 수치심을 감내해야 하거나 위선적인 태도로 남성권력과 마주해야 했다.

1980년대 후반 이후로는 '혼전순결'이 중요하다는 인식의 비율이 비교적 낮아지는 추세가 여러 조사에서 뚜렷하게 나타난다. 무엇보다 결혼에 대한 여성의 인식과 태도가 급속하게 변해갔다. 여성들은 성이나 결혼에 있어서 훨씬 더 주관적이고 독립적인 태도를 취했으며, 직업활동에도 매우 적극적인 자세를 보였다. '현모양처'로 대표되는 여성상에서 자신의 삶에 주관적인 의미를 부여하는 주체로 이행하는 존재론적 전환이 마음의 심층에서 일어나고 있었다. 하지만 이 전환은 불완전하고 불평등하게 이루어졌다. 앞선 조사에서 언급된 '지적이고 유능한 여성'과 '귀엽고 사랑스러운 여성'이라는 이 두 여성상은 남성권력에 대한 이중적인 태도를 보여준다. 전자는 남성권력에 대응하는 여성상이지만 후자는 남성권력을 내면화한 여성상이기 때문이다. 특히 결혼시장에서 남성이 우위를 점하고 있었기 때문에 여성은 일정 정도 남성 권력에 종속된 상태에서 자신의 지위를 확보해야 했다. 조혜정에 따르면, 이는 '사랑받는 아내, 성공한 남편'의 형태로서, 남성은 공적 영역에서의 성공을 지향하고 여성은 그러한 남성의 '귀엽고 사랑스러운 아내'로서의 삶을 지향한다는 사실을 의미했다. 이로써 남성은 더욱 '남성적'인 정체성을, 여성은 더욱 '여성스러운' 정체성을 확립하고자 했으며, 그 결과 "사랑하는 부부만을 위한, 부부만에 의한 단출한 핵가족을 지향하며, 여성들은 전혀 다른 가부장적 지배체제에 안주하게" 되었다(조혜정, 1981: 106~107).

그럼에도 불구하고 여러 조사에서 나타나듯이 여성이 느끼는 결혼만족도는 남성에 비해 상당히 낮았다. 점차 여성에게 결혼은 자아실현의 삶에 장애가 되었으며, 심지어는 불행으로 다가왔다(≪동아일보≫, 1985.1.23, 11면). 결혼의 당위성은 급격하게 떨어졌으며, 결혼 자체에 대한 근본적인 물음이 제기되었다. 결혼생활에 대한 여성들의 이러한 자기인식은 점차 전통적인 관행과 남성성의 굴레로부터 벗어나려는 '조용한 혁명'을 예고한 것이었다. 만족스럽지 못한 결혼생활, 즉 감정적으로 흡족하지 못한 삶은 결혼생활에 대한 성찰적 태도를 심화시켰으며, 이로 인해 배우자를 선택하는 데서 까다롭고 기나긴 여정이 수반되었다. 연애는 이 까다롭고 기나긴 여정의 다른 표현이었다.

중매에서 연애로

1990년대 이후로는 연애결혼이 거의 일반화되었다. 한 대학생의 말을 인용해 보자.

아직 사귀는 사람이 없지만 연애결혼을 하고 싶다. 우리들 사이에서 중매혼은 각종 미팅의 실패나 원하는 상대와 결혼하지 못한 반발로 하는 것으로 인식되고 있다. 아니면 혼수를 한껏 요구하기 위해서이다. 이 중 어느 것도 다 자존심이 상하는 일이다.(≪매일경제≫, 1990.7.15, 6면)

위 내용에 미뤄볼 때 중매혼은 자기결정권을 박탈당한 결혼방식이거나 연애 실패에서 비롯된 열등한 존재들의 불가피한 선택으로 이해된다. 이러한 분위기는 1990년대 '신세대'의 등장과 함께 역행할 수 없는 흐름으로 자리 잡았다. 1993년 대학생을 대상으로 실시한 한 조사에 따르면, 결혼 상대자를 선택하는 데 있어서 '부모의 반대와 무관하게 강행하겠다' 43.8%, '동거 후 설득하겠다' 17%, '아예 결혼을 포기하거나 독신으로 살겠다' 16.4%로, '부모의 의사를 따르겠다' 18.1%와 비교할 때 자신의 주관적 선택이 상당한 우위를 점했다. 또한 절대다수(78.3%)가 연애결혼을 선호했으며, 중매결혼 선호는 1.2%에 불과했다(≪조선일보≫, 1993.10.10, 18면).[5] 이후 조사들에서도 유사한 흐름을 보였다. 20~30대 직장인(289명)을 대상으로 한 조사에서도 결혼방식으로 연애결혼(60%)을 중매결혼(3%)보다 압도적으로 선호했으며, 심지어 33%는 결혼은 '해도 그만 안 해도 그만'이라는 반응을 보여 결혼의 당위성에 본격적인 의문을 제기했다(≪조선일보≫, 1994.5.15, 25면).

청춘남녀의 연애나 데이트 문화는 1970년대 중반 이후 대학생들을 중심으로 대중적으로 확산되기 시작했다. 공개적인 장소에서도 감정적 부담 없이 즐기는 젊은 남녀의 데이트는 더 이상 사회적 금기가 아

---

5 이 기사 내용은 1993년 한국사회문화연구원에서 전국의 대학생 1,554명을 대상으로 실시한 조사에 근거한 것이다.

그림 2-1 | 연애결혼에 대한 선호도가 높아지는 현실을 묘사한 삽화

자료: ≪매일경제≫, 1997.3.21.

니었다. 특히 1980년대 중반 이후 중산층의 형성, 교육기회의 증대, 민주화, 여성의 경제활동 참여 증가, 소비문화의 확산 등으로 여성의 삶이 커다란 변화를 맞이하면서 연애와 데이트 문화는 대중화 단계에 이르렀다. 자신의 섹슈얼리티를 사적인 삶의 영역에 국한시켰던 여성들은 공적 공간으로 무대를 옮겨갔다. 지난 날 부끄러움, 수치심, 죄의식, 비윤리적 행태로 비난받았던 행위는 이제 즐거움, 행복, 자유분방함을 표상하는 행위로 전환되었다.

1975년 서울 소재 몇몇 대학의 남녀 학생 데이트 실태를 조사한 결과에 따르면, 남학생은 97.7%, 여학생은 100% 데이트 경험이 있다고 밝혔다(≪경향신문≫, 1975.4.28, 6면).[6] '캠퍼스 커플'이라는 학내 연애도 늘어났다. 1985년 한 신문 기사는 캠퍼스 커플을 다루면서 "부끄러

---

6   이 내용은 이화여대 최신덕 교수가 이화여대, 서울대, 연세대, 고려대, 홍익대에 재학 중인 대학생 413명을 대상으로 실시한 「한국남녀대학생의 데이트실태에 관한 조사연구」를 정리한 것이다.

움을 모르는 모습"이라며 "도서관은 물론 강의실, 식당, 휴게실까지 하루 종일 함께" 다니는 행태를 보도했다. 또한 "캠퍼스 안에서 손을 잡고 다니는 것은 보통이고 허리를 껴안거나 잔디밭에서 무릎을 베고 누워 있는 등 자유롭게 애정표시"를 하는 현상을 두고 새로운 풍속이 자리 잡았다고 보도했다(≪동아일보≫, 1985.10.25, 7면). 오늘날 너무도 흔하다 못해 별다른 이목을 끌지도 못하는 풍경이 당시에는 낯설고 어색하고 기이한 장면으로 비춰졌던 것이다.

1980년대 이후 대학생이 급증하면서 캠퍼스 커플의 시대가 열렸다. 대학생이라는 사회적 지위는 연인관계를 형성하는 데 있어서 특권과 신뢰를 제공했다. 대학은 연애가 자율적이고 독립적으로 이루어질 수 있는 공간이었으므로 대학생들만의 데이트 문화를 만들어냈다. 캠퍼스는 커플 맺기의 자율성을 높였다. 바꿔 말해 지금의 연인과 결별하더라도 또 다른 기회를 쉽게 얻을 수 있는 환경을 제공했다. 점차 연애는 대학생들의 주요한 관심사로 떠올랐다. 1980년대 대학가 풍경은 한편으로는 최루탄과 화염병으로 표상된다면, 다른 한편으로는 연애와 데이트로 표상된다. 이러한 이중성은 1980년대 대학가의 우울한 표상이었지만 이와는 별개로 연애의 대중화는 짝짓기 관행에 자율적이고 주관적인 감정과 성찰성, 즉 성찰적 감정주의를 발생시켰다. 성찰적 감정주의는 커플을 맺고 유지해 나가는 데 있어서 상호 간 감정적 이해와 소통을 끊임없이 요구한다. 이는 상대의 감정을 해칠 경우 언제든 연인 사이가 깨질 수도 있다는 것을 의미하며, 따라서 상호 간 감정적 이해(혹은 상대의 마음)를 구하려는 데이트 의례나 감정규범이 끊임없이 요청된다. 이로써 데이트 의례는 결혼에 이르는 과정의 단순한 일부가 아니라 그 자체로 연인 사이의 감정적 이해와 소통을 확증해 주는 물질적·상징적 이벤트가 되었다. 대학가 주변은 데이트를 즐기는 커플들이 쉽게 드나들 수 있는 장소들로 채워졌으며, 젊은이들은 이곳에서 이성에 대한 적극적인 관심과 호기심을 거리낌 없이 표현하면서 '연애만을 위한 연애'를 실현해 나갔다.

연애를 위한 연애

연애는 당사자들 간의 주관적 감정을 토대로 순수한 결합을 실현 가능하게 해주는 낭만적 유토피아를 경험하는 하나의 사건이다. 그런데 낭만적 유토피아는 한편으로는 열정적 헌신과 확고한 신뢰를 감정적 토대로 하면서도 다른 한편으로는 불안과 염려를 수반한다. 즉, 연애나 데이트에는 이중의 감정구조가 자리하고 있다. 한편에서는 유일무이한 짝에 대한 열정적이고 헌신적인 감정이 작동하지만, 다른 한편에서는 이 관계가 언제든 깨질 수 있다는 불안과 의심이 존재한다. 전자의 감정이 자신의 짝에게 몰입함으로써 얻는 행복, 충만함, 즐거움이라면, 후자의 감정은 관계가 깨지지 않도록 하기 위한 각별한 희생과인내가 동반되는 헌신이다. 전자는 나 자신을 위한 것(이기적)이라면, 후자는 상대를 위한 것(이타적)이다. 이 상반된 감정이 '데이트' 문화를 창출하고 지탱하면서 로맨스 관행을 지속적으로 생성한다. 달리 말해즐거움과 희생이라는 감정적 긴장관계는 연애문화에 쾌락과 활기를불어넣으면서도 한편으로는 친밀성 장을 불안정하고 불확실성으로 가득 찬 감정적 롤러코스터의 세계로 만들었다.

낭만적 유토피아는 쾌락과 희생이라는 상반된 감정 경험이 교차하면서 만들어낸 불확실성으로 가득 찬 허구 세계이다. 동시에 유일한짝을 신성화하는 종교적 체험의 세계이기도 하다. 연인들은 이러한 불안정과 불확실성을 조금이라도 상쇄하기 위해 그리고 자신의 짝을 성스러운 것으로 만들기 위해 개별적인 의식들, 이른바 로맨스 의례를 고안하고 창출한다.

뒤르켐적 의미에서 보면 로맨티즘은 하나의 사회적 사실로 연인들 바깥에 존재하면서 이들의 사고양식·감정양식·행위양식을 강제하고 규제한다. 그러나 여기에 한 가지가 더 추가되어야 한다. 그것은 바로 소비주의이다. 데이트 의례의 활성화는 연애를 하나의 거대한 문화산업의 하나로 만들었다. 드라마와 영화에서 로맨스 장르가 폭발적으로 증가한 것은 물론, 대중가요에서도 사랑을 테마로 한 가사가 대부분을 차지하게 되었다. 커플들은 영화 속 주인공처럼 꾸미고 감정표현을 익히면서 그들을 모방하거나 대중가요의 노랫말처럼 운명적인 사랑을 상상했다. 이로써 로맨스는 대중문화산업에서 소비의 핵심 동력으로 자리 잡았다.

연애가 결혼으로부터 점차 독립하면서 연애 자체의 담론, 시공간, 의례가 창출되었다. 연애와 결혼 간의 간극이 점차 멀어지면서 연애는 독자적인 시간을 필요로 하게 되었다. 당시 한 조사에 따르면 결혼하기까지의 적당한 교제기간은 6~12개월 36.9%, 12~18개월 20.7%, 3~6개월 17.2% 순으로 보도되었는데(≪동아일보≫, 1983.5.14, 11면), 이는 연애가 결혼으로부터 벗어나 점차 독자적인 혹은 폐쇄적인 시간을 확보하게 되었음을 의미한다.

연애의 독립된 시간과 공간은 배우자 선택은 물론 결혼문화 전반에도 커다란 변화를 가져왔다. 우선, 연애 기간이라는 독립된 시간성이 창출되면서 상대 연인에 대한 주관적이고 주체적인 탐색과 성찰의 기회가 주어졌다. 이 시간은 세속적인 삶의 시간과 분리된 유토피아적 시간이면서 감정적으로 가장 충만한 시간 경험이다. 이러한 시간 경험은 상대를 오직 나만의 기준과 관점으로 이해하고 그/그녀를 재구성하게 해준다. 그렇기 때문에 연애는 헤어짐을 전제로 할 수밖에 없으며, 이별로 끝장나지 않기 위해 서로에게 더욱 충실할 것을 요구한다.

둘째, 주관적 감정과 취향에 따른 선별기준이 우위를 지니게 되면서 연인이나 배우자를 선택하는 데서 개인적 판단과 책임의 비중이 이전과 비교할 수 없을 정도로 높아졌다. '내가 마음에 들어 하는 사람'이라는 말은 내 감정과 욕구를 가장 우선적으로 반영한다는 의미와 함께 그에 수반되는 결과도 '내'가 감당하겠다는 주관적 의지를 표현하는 것이다. 이는 친밀성 장이 집단주의(가령, 가족주의)와 개인주의가 충돌하는 하나의 전장이 되었음을 의미한다.

셋째, 연애가 독립함으로써 연인들은 상대의 마음을 사거나 뺏기 위한 세밀한 기술들, 가령 편지쓰기, 선물하기, 유머, 제스처, 대화 표현, 프러포즈, 여행, 기념일 챙기기 등을 수행해야 하는 과제를 안게 되었다. 이를 추동하는 핵심적인 동력 중 하나가 소비주의이다. 1975년 한 신문 기사에서는 대학생들의 용돈 문제를 다뤘는데, 당시 대학생들은 아르바이트를 하지 않으면 대학생활이 원활하지 않다고 주장하면서 데이트나 사람을 만나는 데 소요되는 비용이 만만치 않음을 토로했다. 한 대학생은 "아르바이트로 데이트 자금을 마련 못하면 시간이 있어도 데이트를 못하죠"라며 웃었다고 이 기사는 전한다(≪경향신문≫, 1975.7.9, 5면).

나는 소비한다, 고로 연애한다

1980년대 후반 이후 확산된 대중소비문화는 친밀성 영역으로 침투하여 데이트 관행, 이른바 순수하고 열정적인 사랑을 가시적으로 표출하고 연인 간의 상호 신뢰감을 주기적으로 확인시켜 주는 로맨스 의례를 상품화했다. 내밀하고 주관적인 감정을 상대에게 표현하고 가시적인 감정적 확신을 갖게 만드는 행위는 소비를 통해 이루어졌다. 온갖 다양한 데이트 상품은 연인들의 관계 형성 및 유지, 그리고 신뢰를 보증하는 징표가 되었다.

데이트는 소비행위와 함수관계가 되었다. 시쳇말로 '손만 잡아도' 관계가 형성되었던 시대는 지나갔다. 1975년 당시 서울의 대학생들을 대상으로 이들의 데이트 경험을 조사한 결과, 주요 데이트 행위는 다방에서 대화하거나 간단한 식사였으며(여기에 소요되는 비용은 500원 내외였다), 데이트 코스는 주로 산책이나 교외로 나가기, 영화 관람, 음악 감상 등이었다. 흥미로운 부분은 대상자의 46%가 네 번째 만났을 때 '손을 잡거나 팔짱을 끼었다'(46%)라는 것인데, 이는 남녀 연애에서 신체 접촉이 가볍지 않았다는 사실을 보여준다(≪경향신문≫, 1975.4.28, 6면).[7] 육체적 접촉은 서로에 대한 확신과 신뢰가 어느 정도 보증된 후에야 비로소 이루어졌다. 섹슈얼리티에 대한 자기결정권이 희박했던 당시 상황에서는 가벼운 신체 접촉조차도 일정한 시간과 감정적 확신을 필요로 했다.

소비문화가 확산됨에 따라 상대 연인의 마음을 얻거나 관계를 지속하기 위해서는 일정 수준의 상품을 소비하지 않을 수 없게 되었다. 1990년대 초부터 연인들을 위한 데이트 상품 소비가 폭발적으로 증가했다. 연인들을 대상으로 한 이벤트 대행업체도 등장했다. 일상생활과 관련한 여러 가지 일이 대행업체를 통해 처리되는 경우가 늘어났다. 대행업

7　이 내용은 이화여대 최신덕 교수가 이화여대, 서울대, 연세대, 고려대, 홍익대에 재학 중인 대학생 413명을 대상으로 실시한 「한국남녀대학생의 데이트실태에 관한 조사연구」를 정리한 것이다.

체는 생일, 결혼기념일, 청소, 제사, 쇼핑, 돌봄 등 집안대소사를 일정 금액을 받고 처리해 주었다(≪조선일보≫, 1996.12.4, 23면). 데이트와 관련해서도 꽃 배달, 선물 및 메시지 전달, 축가 등 '사랑 고백'을 대신해 주는 서비스업이 성행했다. 한 예로 1996년 한 대행업체는 건당 15만 원 수준에서 고객의 '데이트 신청', '사랑 고백', '화해' 등의 업무를 처리해 주었다(≪매일경제≫, 1996.1.19, 17면).

연인관계를 유지하는 데서 이루어지는 이러한 소비행위는 적극적인 구애의 또 다른 표현이기도 했다. 사랑을 표현하는 데에는 물론 상대에게 감정적 확신을 부여하는 데에도 일정한 금전적 지불이 뒤따랐다. 일례로 한 컴퓨터 업체는 "첫 만남·약혼·결혼의 모든 것"이 세부적으로 일목요연하게 정리된 '웨딩 리허설'이라는 시디롬을 제작하여 판매했다. 여기에는 첫 만남, 청혼, 약혼, 결혼, 결혼생활 등 전반에 걸쳐 상세한 정보가 담겨져 있었다(≪경향신문≫, 1996.8.29, 39면). 구애부터 결혼까지 이르는 과정에 수반되는 대부분의 행위는 소비와 분리될 수 없게 되었다.

친밀성은 단순히 감정과 마음만으로 실현되는 것이 아니라 점차 정보 습득 및 처리라는 인지적 과정을 필요로 하게 되었다. 그리고 시장은 이 과제를 해결해 줄 다양한 상품을 내놓기 시작했다. 사랑 고백도 화폐와의 교환 과정 속에서 이루어졌다. 혹실드의 표현대로 '친밀성의 상품화'는 인간의 삶에서 흔한 풍경이 되었다(Hochschild, 2003). 하지만 이는 다른 맥락에서 보면 친밀성의 개인화 과정이기도 했다. 상품화와 개인화는 상호의존적 관계를 형성하면서 자본주의사회의 친밀성 구조를 직조했다. 연애를 시작하고 관계를 지속시켜 나가는 과정은 전적으로 개인의 주관에 의존하게 되었으며, 이 과정 전반은 상품화를 통해 더욱 가속화되었다.

그림 2-2 | 신문에 실린 커플 이벤트 광고

자료: ≪매일경제≫, 1992.12.29.

1990년대 중반 이후는 '연애시대'라고 불러도 무방할 만큼 커플 사이에서 로맨스 의례가 폭발적으로 등장했다. 친밀성의 상품화 과정은 로맨스 의례가 확대 재생산되는 데 지속적으로 영향을 미쳤다. 연인들은 첫 만남부터 관계를 지속시켜 나가는 내내 로맨스 의례를 주기적으로 거행해야 하는 책무를 떠안게 되었다. 가장 대표적으로 '발렌타인데이'(2월 14일)는 본래의 의미를 벗어나 특별한 선물 구매를 통해 적극적인 구애나 사랑을 표현하는 기념일로 재탄생했다. 1995년 당시 한 신문 기사는 발렌타인데이를 앞둔 한 직장 여성의 의례준비 과정을 소개하는데, 이 여성은 연인에게 선물로 서울 시내 모 백화점에서 머드팩을 준비했고, H호텔 이탈리아 식당에서 고급스러운 양식으로 식사를 할 계획을 짜놓았다. 이 여성은 이렇게까지 준비한 이유에 대해 '당신은 나의 남자'라는 속내를 강력하게 표현하고 싶기 때문이라고 했다(≪문화일보≫, 1995.2.11).

사랑 표현은 얼마만큼의 비용을 지불했느냐와 불가분의 관계를 갖게 되었다. 연인들 사이에서 발렌타인데이는 점차 각별하면서도 고가의 선물을 주고받는 기념일이 되어갔으며, 시장은 이들을 위해 다양한 상품을 제공했다. 발렌타인데이의 대표 선물인 초콜릿 또한 이날만큼은 화려하게 포장되어 백화점 같은 매장에서 값비싸게 팔려나갔다. 발렌타인데이에 판매되는 초콜릿은 10만 원을 훌쩍 넘는 상품도 많았는데, 1980년 당시 데이트비용이 1만 원 안팎이었던 것(≪경향신문≫, 1996.12.12, 3면)과 비교하면 로맨스 의례에 소요되는 비용이 기하급수적으로 증가했다고 볼 수 있다.[8] 1998년 한 일간지는 한 직장인 커플의 데이트 비용을 보도하면서, 그들이 한 달 동안 쓴 연애비용이 대략 약 54만 5,000원에 이른다고 밝혔다(≪동아일보≫, 1998.8.18, 25면).

발렌타인데이 효과는 매월 14일을 연인의 날로 기념하는 것으로 정하는 데까지 나아갔다. 기업들이 출시하는 로맨스 상품은 매월 14일 연인을 위한 이벤트에 빠뜨릴 수 없는 의례 품목으로 자리 잡기 시작했다.[9] 커플이든 솔로든 모두 소비를 하지 않고서는 자신의 감정을 표현하기가 쉽지 않게 되었다. 이외 더불이 커플의 자체 기념일도 등장했다. 각자의 생일을 기념하는 전통적인 이벤트는 물론이고 커플이 된 후 50일, 100일, 1,000일을 기념하는 이벤트도 자체적으로 만들어냈

---

8   이 일간지에서는 1980년 당시 데이트 비용과 1995년 현재의 데이트 비용을 비교하면서 남자를 기준으로 가상의 항목들을 소개하고 있는데, 이발(3,200원), 목욕(500원), 연인과 만나 설렁탕으로 식사(900원), 영화관람(800원), 다방(200원)까지 이용하고도 2,500원이 남는다고 보도한다.

9   2월 발렌타인데이를 시작으로, 3월 화이트데이(사탕), 4월 로즈데이(장미), 6월 키스데이, 7월 실버데이(은반지), 8월 뮤직데이, 9월 포토데이(기념사진), 10월 와인데이, 11월 무비데이, 12월 머니데이가 등장했다. 머니데이는 남자가 여자에게 돈을 '곽곽 쓰며' 봉사하는 날이라고 한다. 이에 더하여 솔로들을 위한 데이도 덩달아 등장했다. 4월 블랙데이(짜장면), 5월 옐로데이(카레), 6월 레드데이(홍당무가 들어간 음식), 7월 그린데이(소주) 등은 커플을 맺지 못한 솔로끼리 위로와 격려를 보내는 날로 이벤트화되었다(≪경향신문≫, 1997.3.17, 31면).

다. 이러한 자체 기념일에도 이들은 선물을 주고받으며 상호 간 마음을 확인하고 교류한다. 이렇게 기념일을 챙기는 이유에 대해 어떤 대학생은 "50일을 기념하는 것은 언제 헤어질지 모르기 때문"이라고 말하기도 했다(≪경향신문≫, 2001.3.6).

이제 갖가지 상품은 로맨스와 결합되어 전에 없던 새로운 이미지를 갖추게 되었다. 심지어 2000년에는 이전까지 아이들의 흔한 과자 중 하나였던 '빼빼로'가 11월 11일을 기념하는 상품으로 등장하여 10대들 사이에서도 서로 '마음을 전하는' 상징물이 되었다. 그뿐만 아니라 의류(커플룩), 음식, 특정 장소 등 로맨티즘과 결합되지 않은 상품을 찾기가 더 어려울 정도로 로맨티즘은 소비주의와 긴밀하게 결합되어 시간과 공간, 그리고 물질들을 새롭게 재탄생시켰다. 이른바 '커플시장'이 형성된 것이다(≪동아일보≫, 2001.7.2). 이처럼 각자의 마음을 하나의 상품으로 드러내야 하는 만큼 사랑의 물화 과정은 피할 수 없게 되었다.

사소한 모든 것은 낭만적 소비주의 속으로 녹아든다

'연인만을 위한' 로맨틱한 장소는 물리적으로 외딴 곳이 아닌 소비가 가능한 모든 곳에 존재한다. 일상적이고 사소한 모든 것은 소비주의적 로맨티즘 속으로 녹아들었다. 오래되고 낡은 동네 골목길에서부터 전통시장, 공원, 유적지, 체육시설, 천변, 분식집, 포장마차, 산책로 등 평범한 장소들은 로맨티즘의 외투를 입고 새로운 소비층을 끌어들였다(≪중앙일보≫, 2002.11.22). TV나 영화 속 배경으로 활용되었던 장소들도 '데이트 코스'라는 새로운 장소성을 획득했다(≪동아일보≫, 1998.4.27, 32면).

연인들은 마치 영화 속 주인공처럼 이런 장소들을 자신들만의 낭만적 유토피아로 상상했고, 일상을 벗어난 각별하고 성스러운 장소로 재창조했다. 이전까지 사람들의 발길이 뜸했던 곳들조차 낭만적 소비주의로 인해 연인들과 여행객들로 붐비는 관광지로 탈바꿈되었다. 여행대행사들은 연인들에게 탈세속적인 경험을 만끽하게 해준다는 욕망을 부추기면서 각종 여행상품을 출시했고, 패키지 상품들을 내다팔았다. 별다른 주목을 끌지 못했던 장소들은 소비를 통해 낭만이 충만한 공간으로 바뀌었다. 카페, 레스토랑, 술집, 극장, 노래방, 스키장, 여관, 공원, 거리, 해변, 산, 섬, 자동차, 공연 등은 로맨티즘의 외양을 갖추게 되었다. 1995년 한 일간지의 조사에 따르면, '상대의 집을 방문하는' 데이트는 0.2%에 불과했다(≪중앙일보≫, 1995.3.16). 데이트는 집 밖에서 상상될 수 있었다. 소비행위가 특별히 필요 없는 집은 더 이상 '저 푸른 초원 위에 그림 같은 집'이라는 낭만적인 매력을 지닌 공간적 가치를 상실했다.

요긴대 데이트는 소비의 또 다른 표현이 되었다. 커플상품은 둘만의 고유한 상징물이자 결속의 징표이지만, 이는 자본의 이윤창출 대상이기도 하다. 데이트의 상품화는 연애와 결혼의 분리라는 친밀성 내부가 균열된 데 따른 결과이기도 하다. 연애가 결혼을 전제하지 않고 그 자체로 독립된 위상을 갖게 됨에 따라 연인 당사자들은 연애만을 위한 연애에 더 초점을 맞출 수 있게 되었다. 이럴수록 연인들은 연애에 초점을 맞춰 물리적·감정적 에너지를 쏟아냈다. 여기에는 짝짓기 전반에 걸쳐 나타나는 불확실성과 불안이 자리하고 있다. 그런데 감정적 불확실성과 불안은 지속적인 소비행위를 통해 일정 정도 상쇄될 수 있었다.

연애가 결혼으로 이어져야 한다는 규범적 목적이 불투명해짐에 따라 연인들에게 연애는 끊임없이 상대방의 마음과 애정을 얻고 확인해야 하는 과정이 되었다. 연애는 불확실한 미래를 전제로 이루어진다. 그리고 연인들은 이 불확실성을 조금이라도 상쇄시키기 위해 감정적으로 노력하는 것은 물론 상품을 통해 가시적인 확신도 심어주려고 한다. 연애의 독립으로 인해 짝짓기의 자율성이 높아졌지만 이와 함께 찾아온 존재론적 불확실성은 소비를 통해 통제할 수밖에 없는 이중구조가 형성되었다. 어떤 한 대학생은 "요즘은 100일만 지나도 '권태기'에 접어든다"라며 "이벤트에 강한 커플이 오래가는 시대"라고 말하기도 했다(≪조선일보≫, 2001.11.28, 25면).

로맨티즘의 소비주의적 모순

연애가 불러온 이 불확실성은 크게 두 가지 차원에서 현대의 로맨스 관행에 영향을 미쳤다. 하나는 앞서 논의한 소비주의이고 다른 하나는 감정수의이다. 삼성주의는 커플 맺기와 판세 유지에 있어시 김징이 절대적인 위치를 차지한다는 사실을 의미한다. 상대의 마음을 얻기 위한 감정표현, 사랑을 전달하는 몸짓과 대화기술 등이 연인관계를 유지하는 데 중요해졌으며, 이러한 기술들은 다양한 로맨스 담론을 통해 대중적으로 확산되었다. 로맨스 담론은 1980년대 중반부터 여성을 독자층으로 한 잡지나 하이틴 잡지를 중심으로 젊은이들에게 유포되었다. 이들 잡지에서는 연애편지, 데이트 신청, 성관계, 대화법, 화장법, 패션, 선물전달, 기념일 챙기기, 이상형 찾기 등과 관련된 테크닉들이 소개되었으며, 전문가들과의 상담 내용을 다루거나 그들로부터 조언을 구하는 기사들이 정기적으로 게재되었다.

상대의 감정을 세심하게 살펴야 하는 새로운 로맨스 관행은 낭만적 소비문화를 형성했다. 상대의 감정을 헤아리는 행위는 '말 한마디로' 간단하게 대체할 수 있는 것이 아니었다. 자신의 감정을 드러내고 상대로부터 확인을 받는 지속적인 노력이 요구되었다. 러브코치, 데이트 코치라고 일컫는 전문가들은 "선물도 사랑의 언어"라면서 연인 사이의 선물교환 기술을 상세하게 지도했다. 이들의 분석에 따르면 선물은 연인관계에서 발생할 수 있는 온갖 감정적 상황을 통제하는 기능을 했다. 가령 어떤 선물에 대해서는 "정성이 부족해 보인다", "자존심을 상하게 할 수 있다", "감동을 줄 수 없다", "확신을 주지 못한다" 등과 같이 조언하면서 선물(소비)과 감정을 직접적으로 연결시켰다. 한 러브코치는 "연인관계 초기에는 상대에게 자신의 존재를 알리는 작은 선물이 필요하고, 생일 등 기념일을 챙기고 일상의 감동을 선사하며 신뢰를 쌓는 데서도 선물이 중요하다. 프러포즈 단계에서는 싸구려라는 인식을 주는 선물은 곤란하다"라고 말하면서 "감동을 주고 싶다면 상대방의 기호도 눈여겨보라"라고 조언했다(≪서울신문≫, 2005.11.30). 이처럼 선물은 연인들에게 상대의 감정 상태를 파악할 수 있게 해주면서 감정 교환을 대체하는 표상이 되었다.

오늘날 연인들을 위한 이벤트나 선물과 같은 로맨스 상품은 기업이나 결혼정보회사의 마케팅 기술에 의해 더욱 전문화된 방식으로 진화해 가고 있다. 이 기업들은 공휴일, 휴가, 주말 등은 물론 갖가지 'ㅇㅇ데이'를 만들어 연인들만의 로맨틱 이벤트를 제공한다. 심지어 커플만을 대상으로 하지 않고 짝이 없는 솔로까지 겨냥해 각종 이벤트 상품을 출시하고 다양한 미팅 이벤트를 마련함으로써 '싱글탈출'을 위한 각종 정보와 기술까지 제공한다. 이 업체들에게는 커플이든 솔로든 모두이윤을 위한 주요 구매층이다. 이와 같이 커플들은 서로에게 진정한 마음이 담긴 열정적 사랑을 표현하는 로맨티즘 윤리를 기대하지만 이는 소비주의를 통해 실현되는 모순에 봉착한다.

결혼 및 결혼생활 또한 로맨티즘과 소비주의에 의해 재탄생하기 시작했다. 1990년대 초반 이후 결혼식은 점차 결혼예식 대행업체들에 의해 주도되었다(≪한겨레≫, 1992.5.20, 16면). 이 업체들은 예식 전반을 소비주의적 로맨틱 의례로 전환시켰다. 커플들은 이 업체들에 의해 낭만적 유토피아로 대량 인도되었다. 이들은 화려한 예복과 웨딩드레스, 서구식 동화 속 궁전을 연상케 하는 예식장, 로맨틱 영화의 주인공 같은 웨딩촬영, 뷔페식 레스토랑, 화려하게 빛나는 장신구, 신혼여행 등 현실과 동떨어진 꿈의 세계로 빠져든다. 이 낭만적 유토피아에서 신랑과 신부는 둘만의 고유한 세계를 경험하며 세계의 중심에 선 주인공이 된다. 결혼대행업체들이 구축한 예식 프로그램은 판타지를 상품화한 전형적인 사례이다. 신랑·신부는 일정한 비용을 지불하고 이 판타지를 구매한다. 역설적이게도 이 판타지는 대량생산된, 표준화되고 규격화된 판타지 상품일 뿐이다. 요컨대 '둘만의 고유한 세계'가 대량으로 생산되는, 이른바 로맨티즘의 소비주의적 모순이 발생하게 된 것이다.

로맨티즘의 소비주의적 모순은 신혼여행에서도 여실히 드러난다. 신혼여행이 대중화되기 시작한 시기는 대략 1980년대 후반이다. 당시 한 일간지는 제주도로 신혼여행을 떠나는 커플들이 급증하기 시작했다는 보도와 함께 대량으로 규격화된 "실속 없는 호화여행"이라며 호텔 로비의 풍경을 다음과 같이 묘사한다.

…… 오후 7시경 제주도 서귀포의 H호텔 로비 프런트 데스크 앞에 곤색 또는 감색 싱글 양복에 산뜻하게 머리를 다듬은 젊은 남자 20여 명이나 나란히 줄을 서 있다. 그 앞 긴 소파에는 분홍 공단 투피스 혹은 자주색 빌로드 원피스 차림에 화사하게 화장을 한 20대의 여성 20여 명이 또한 나란히 앉

아 있다. 프런트에서 한 남자가 투숙수속을 끝내면 소파 맨 앞쪽에 앉았던 여자가 얼른 다가와 팔짱을 끼고 엘리베이터로 사라지고, 다음 남자가 수속을 할 때쯤은 소파의 여성들도 일제히 한 사람씩 앞으로 다가앉는다.「허니문 섬」 제주도에서 신혼부부들이 마치 컨베이어에 실린 듯이 줄을 이어 호텔에 투숙하는 광경이다. (≪동아일보≫, 1987.4.30, 9면)

여행은 낭만적 유토피아를 시공간적으로 가장 잘 구현한 로맨스 의례이자 상품이다. 신혼여행지는 커플만의 독립된 시간과 공간을 만끽할 수 있는 '환상적인' 장소여야 했다. 이 환상적인 장소는 평소 흔히 볼 수 없는 이색적이고 이국적인 풍경을 지녀야 하며, 동화 속 분위기와 같은 순수하고 원시적인 느낌을 주는 곳이어야 했다. 1990년대 초까지만 하더라도 제주도는 그런 장소로 상상되었다. 섬이라는 독특한 지형, 에메랄드 빛깔의 바다, 이색적인 자연환경, 고급호텔 등 제주도는 커플들의 낭만적 유토피아로 손색이 없었다. 그러나 1990년대 중반 이후 소득수준의 증가와 소비문화의 고노화로 커플들은 신혼여행지를 택할 때 국외로 시선을 돌렸다. 제주도는 로맨틱한 장소로서의 매력을 일부 상실했다. 신혼여행을 제주도로 가는 것은 '촌스럽게' 받아들여졌다(≪한겨레≫, 1992.5.20, 16면).

해외여행 상품이 대규모로 등장한 것은 신혼여행지의 선택범위를 확장시켰다. 세계 곳곳은 로맨틱한 장소로 탈바꿈되었고 여행사들은 '미지의 세계에서 둘만의 추억을 쌓는' 낭만적 유토피아를 제공하겠다고 대대적으로 홍보했다(≪경향신문≫, 1997.2.13, 31면). 여행사들은 신혼여행지를 '낯선 곳에서 꾸는 둘만의 단꿈, 사랑하는 이와 단둘이서 평생 잊지 못할 추억을 남길 수 있는' 곳으로 묘사했다. 가령 대자연, 황금빛 해안, 야생 그대로의 자연, 원시의 섬, 열대 숲, 짙푸른 바다, 작열하는 태양, 수많은 산호와 열대어, 문명과 소음을 벗어난 천국 같은 곳, 찬란한 낙조 등 원시적인 자연상태는 낭만적 유토피아로 재탄생했다(≪경향신문≫, 1997.8.27, 27면).

로맨티즘은 신혼생활에도 계속된다. 연애시절의 감정과 느낌을 결혼 후에도 지속할 수 있는가에 따라 결혼생활의 내적 긴장이 조절될 수 있다. 연애에서 결혼으로 이어지는 과정은 예전처럼 당위적이고 순조롭게 진행되지 않았다. 연애의 독립성은 친밀성 내부의 자율성을 높였지만 이 자율성은 관계의 '영원성'을 보장하지 않게 되었다. 구애부터 프러포즈, 결혼, 신혼생활까지, 그리고 이후 결혼생활에서도 로맨스 의례를 주기적으로 행하면서 영원성을 확인해야 했다. 자율성 증대에 따른 존재론적 불안은 소비주의와 결합되면서 상품화를 통해 상쇄되었다.

부부가 결혼기념일을 필수항목처럼 챙기기 시작한 시기는 대략 1980년대 중반부터이다. 젊은 부부들 사이에서 결혼기념 이벤트는 중요한 로맨스 의례가 되었다. 결혼기념일은 "둘이서만 외출해서 서로에게 줄 작은 선물을 사고 저녁식사를" 하면서 "처음 만나고 결혼하던 때를 되새기는 동안 결혼생활이 새로워지는 것을 확인"하는 의례로 인식되었다(≪동아일보≫, 1984.4.17, 7면). 결혼기념일은 주기적으로 첫 만남과 연애시절의 감정, 가령 설렘, 순수함, 상호 신뢰 등을 재확인하고 영원한 사랑을 약속하는 이벤트이다. 부부에게도 낭만적 유토피아는 일상적으로 또는 주기적으로 소비되는 상품이 되었다. 결혼생활이 점점 소비자본주의 시장과 친화력을 갖게 되면서 집 밖에서 소비가 이루어지는 비중이 커졌다. 오늘날 부부들은 외식, 공연 관람, 호텔 숙박, 여행 등과 같은 로맨스 상품을 구매하면서 연애의 현재성을 유지해 나간다. 광고는 모든 부부에게 '연애시절로 돌아가라'고 촉구한다.

감정주의와 위반의 쾌락: "사랑은 움직이는 거야"

순결과 쾌락 사이에서

1990년대 이후 연애의 독립이 본격화되면서 짝 찾기의 행위양식에도 커다란 변화가 찾아왔다. 연애 자체만을 위한 짝 찾기는 만남 또는 이별 과정에서 치르는 감정적 부담을 덜어주었으며, 새로운 짝을 찾기 위한 다양한 테크닉이 진전되었다. 한 일간지는 대학생들의 변화된 연애행태를 '인스턴트 러브', '인스턴트 만남'으로 규정하면서 로맨스 관행의 새로운 풍경을 예고했다. 이들은 "보다 자유롭고 즐거운 구속받지 않는 사랑"을 선호했으며 "별다른 격식이나 매개과정 없이 금방 성사"되는 만남을 즐겼다. 이들 사이에서는 "놀고 즐기기 위해 이성친구를 사귀며 오래 지속되는 경우는 드"문 연애가 별 문제 없이 받아들여졌다(≪조선일보≫, 1991.9.3, 17면). 점차 연애는 감정적 부담감 없이 누구에게도 구속받지 않고 자유롭게 행할 수 있는 쾌락 논리를 따랐다.

짝짓기에도 즉흥성, 일시성, 휘발성, 소모성과 같은 소비주의 논리가 확산되었으며, 이로 인해 전형적인 로맨스 서사는 쾌락주의에 길을 내주어야 했다.

1990년대 초 모 대학교 여학생회가 실시한 '성문화 의식 설문조사'에 따르면, 결혼 상대와 연애 상대는 별개라는 질문에 81%가 찬성했다(≪동아일보≫, 1991.4.10, 11면). 또 다른 여론조사에서는 '연애와 결혼은 별개이다' 52%, '여성이 능력이 있다면 꼭 결혼할 필요가 없다' 45.8%, 특히 여성의 경우 '결혼이 필수는 아니다' 57.5%의 응답률을 보인 것으로 나타났다(≪조선일보≫, 1993.1.29, 14면). 이러한 조사 결과는 노동시장과 섹슈얼리티 차원 모두에서 차별적이고 종속적인 위치에 있던 여성들이 1990년대 이후 연애와 결혼에서 자기결정권을 가지거나 친밀성 장에서 자율성을 획득해 나갔음을 보여준다.

그런데 '연애 따로 결혼 따로'의 인식에는 두 가지 의미가 내포되어 있다. 하나는 연애를 통해 낭만적 사랑의 이상을 추구하면서도 결혼만큼은 불실적 안정성을 담보한 계급적 이해관계가 반영된 현실주의적 사랑을 추구한다는 점이고, 다른 하나는 낭만적 사랑과 현실주의적 사랑 간의 담론적·실천적 간극이 점점 벌어지고 있다는 점이다. 낭만적 사랑과 현실주의적 사랑이 분화될수록 '연애 따로 결혼 따로'의 인식은 강화된다.

1990년대는 친밀성의 거대한 분기가 일어난 시기이다. 연애와 결혼 간에 확연한 분리가 일어났고 육체적 쾌락과 감정적 교감 간의 분리도 확연해졌다. 쾌락 논리는 크게 두 가지 차원이 얽혀 작동한다. 하나는 육체적 쾌락, 이른바 성적 욕망의 해방이고, 다른 하나는 커플 맺기가 점점 각자의 주관적 감정과 취향에 의존하게 되었다는 점에서 '감정주의'의 확산이다. 여기서 중요한 점은 이 두 가지 차원 모두 소비주의와 긴밀하게 연동되어 있다는 사실이다. 다음 인용문은 모 대학의 성 관련한 수업에서 나온 한 남학생의 이야기이다.

> 우리들의 성과 사랑엔 규격이 없다. 참한 여자와 아기자기하게 만나고 싶으면, 참한 친구에게 소개를 받고, 또 스트레스 받은 날 놀고 싶으면 록 카페 같은 데 가서 노는 여자를 구한다. 때와 장소, 분위기에 따라 상품을 고르듯 선택한다.(≪동아일보≫, 1993.9.19)

이 인용문에서 알 수 있듯이, 감정주의, 성적 해방, 그리고 소비주의는 마치 뫼비우스의 띠처럼 연결되어 있다. 이 결합은 육체적 쾌락을 낭만적 사랑 관념으로부터 분리시켰다. 또 다른 학생은 성관계에 대해 "누가 누구를 책임진다는 것도 구질구질한 얘기"라며 성적 욕망을 상호 구속적인 규범적 차원에서 개인적 욕망의 차원으로 전환시켰다. 이러한 전환은 성관계 자체를 인격적인 관계 맺기에서 탈인격적인 쾌락 추구로, 나아가 '성이 반드시 사랑을 기본으로 성립되는 것이 아닌 것으로' 만들었다. 정이현의 소설 『낭만적 사랑과 사회』에는 시종일관 여성이 남성과 섹스하는 과정으로 전개된다. 그녀는 섹스와 낭만적 사랑 간에 필연적 연관성이 없음을 피력하면서 낭만적 사랑의 허구성을 드러내고 자신의 육체에 새겨진 고통 외에 거기에는 "아무것도 없다!"라고 말한다(정이현, 2003: 33).

육체적 쾌락의 해방으로 인해 섹스와 사랑이 분화되었지만, 이 과정이 남녀 모두에게 평등한 방식으로 경험되지는 않았다. 남성들의 여성에 대한 성적 지배는 더 노골적으로 행해졌다. 남성에게는 '섹스는 물 좋은 「물건」과, 사랑은 야한 「애첩」과, 결혼은 정숙한 본처와 하는 것이 자연스럽다'는 왜곡된 성 의식이 깔려 있었다. 이는 섹슈얼리티에 대한 남성의 이중적인 태도를 여실히 드러내준다. 남성은 자신의 혼외 관계나 성적 자유에 대해서는 개방적인 태도를 취한 반면 아내에게는 순결이나 정조를 강조했다. 여성민우회부설 가족과성상담소 양해경 소장의 말에 따르면, "남성은 신세대라고 해서 '순결이데올로기'에서 완전히 자유롭지 않다. 아내의 혼전 성관계나 낙태 사실을 알고도 결혼했던 젊은 남편 중 나중에 '아내의 과거가 눈에 밟혀 견딜 수 없다'며 몰래 상담해 오는 경우가 적지 않다"(≪동아일보≫, 1998.3.16, 9면). 이에 비해 여성들은 상대적으로 성적 해방에 주저했다. 여성 대부분이 혼전 성관계와 결혼을 여전히 따로 떼어 생각하지 못했다.

남성이 여성을 성적 쾌락의 대상과 결혼 대상자로 분리할 수 있었던 것은 가부장제적 성규범, '순결'이데올로기, 그리고 경제적 우위 때문이었다(이경미, 1994). 혼전순결은 남성과 여성 간의 불평등한 교환물이었다. 남성에게 여성의 순결은 '순수함'에 대한 독점이자 여성에 대한 전인적 소유를 의미했으며, 여성에게 순결은 남성을 상대로 자신의 위상을 높일 수 있는 육체적·상징적 자본이있다. 혼전순결은 남성에게 신임을 받기 위한 여성만의 신성한 징표이자 자기 자신에게도 떳떳할 수 있는 가부장제적 자기규율의 산물이었다. 육체적 쾌락이 해방되기 전까지 여성에게 몸은 자기결정권을 박탈당한 타자화된 신체였다.

그러나 친밀성에서 구조적 변화가 일어나면서 여성의 성적 해방은 시간문제에 불과해졌다. 한국보건사회연구원의 조사에 따르면, '여성의 혼전순결'에 대해 남성은 40.7%, 여성은 46%만이 '꼭 지켜야 한다'고 답했다(≪경향신문≫, 1993.8.28, 17면). 또 다른 사례로 1999년에 모대학 학생들을 대상으로 실시한 조사에 따르면, 1992년 조사에서는 여학생의 성경험이 0.4%였지만, 1999년 조사에서는 15.1%로 증가했고, 남학생의 경우 파트너의 성 경험 유무에 대해 '문제되지 않는다'는 응답이 44.7%에서 64.6%로 증가했으며, 혼전순결을 반드시 지켜야 한다는 응답은 23%에서 14.4%로 감소했다는 결과가 나왔다(≪동아일보≫, 1999.11.15). 성적 해방과 쾌락주의의 확산으로 여성들은 순결이데올로기부터 벗어나 그들 스스로 욕망에 대한 통제권을 행사할 수 있게 되었다. 그럴수록 성적 표현에 대한 감정적 부담(가령, 수치심, 부끄러움, 죄책감)에서 벗어났으며, 성적 표현은 공개적으로 드러낼 수 있을 정도로 흔하고 사사로운 행위에 지나지 않게 되었다(≪조선일보≫, 1998.11.2, 21면). 이러한 극적인 변화는 불과 10년 사이에 일어났다.

쾌락주의: 섹스와 사랑의 분기

육체적 쾌락의 해방은 성관계의 전통적 규범과 이데올로기를 벗어 던지게 만들기도 했지만 쾌락주의에 대한 도덕적 비판을 무력하게 만들기도 했다. 성적 쾌락 추구는 그 자체로 하나의 독립된 인식적·감정적·실천적 양식이 되었다. 나아가 쾌락 추구에 대한 상호 인성이 증대됨에 따라 육체적 낙인과 수치스러움은 더 이상 도덕적 구속력을 지니지 않게 되었다. 쾌락주의는 '순결' 이데올로기를 약화시키고 대담한 성적 연출을 가능하게 했으며 육체에 대한 젠더화된 담론에 균열을 냈다. 한 일간지는 이러한 변화를 설명하면서 첫날밤 신부의 순결에 대한 남성들의 강박관념을 희화적으로 나타내는 표현인 '반딧불족'에 빗댄 에피소드를 다음과 같이 소개했다. "오전 1~2시에 호텔 앞 해변에 나와 혼자 줄담배를 피우는 '반딧불족'이 1990년대 초까지 매일 밤 수십 명에 달했지만 1~2년 전부터는 자취를 감췄다"(≪동아일보≫, 1998.3.16, 9면).

세기말을 거치면서 성적 해방은 자아정체성의 한 표상이 되었다. 성적 쾌락을 추구하는 것이 사회적으로 억압되거나 비윤리적인 행위로 인식되던 이전까지만 하더라도 쾌락 추구는 '순수하지 못한' 존재들의 방탕하고 일탈적인 행위로 여겨졌다. 이는 사회적으로나 개인적으로 자아를 부정적인 시선에 노출시켰으며, 자신을 수치심과 모욕을 감내해야 하는 존재로 만들었다. 그러나 성적 해방은 쾌락 추구의 윤리적 규범에 흠집을 내면서 성적 쾌락에 대한 감정적 부채감(죄책감과 같은)을 떨치게 해주었다.

이러한 흐름은 2000년대 초반부터 하나의 문화적 레퍼토리로 등장한 사생활 공개 혹은 사적 감정의 고백문화를 이끌었다. 특히 유명 연예인, 배우, 셀러브리티 등이 자신의 사생활이나 성생활을 떳떳하게 공개하는 분위기가 형성되면서 쾌락 추구는 문화적 인정을 획득했다. 대표적으로 배우 서갑숙은 자신의 저서 『나도 때론 포르노그라피의 주인공이고 싶다』(1999)에서 다양한 성적 체험을 여과 없이 공개했다. 이 외에 성인영화 배우 정세희 또한 자신의 저서 『난 이제 당당히 벗을 수 있다』(2000)에서 여러 남성과의 성판세를 배우 구제직으로 묘시했으며 문화 평론가 김지룡은 『나는 솔직하게 살고 싶다』라는 저서에서 자신이 직접 체험한 다양한 성적 행위를 서술했다(≪조선일보≫, 2000.4.25). 사생활을 공개하는 프로그램이 급증하면서 섹스, 결혼, 이혼 등 내밀하고 사적인 삶이 대중매체를 타고 공론장으로 침투해 들어왔다.

사생활 공개는 소비자본주의체제가 새롭게 개척한 시장상품이다. 대중문화산업은 친밀성을 시장화하고 상품화하는 과정에서 개인의 내밀하고 은밀한 영역으로까지 이윤 축적의 무대를 넓혀왔다. 사생활의 소비주의적 전환은 사적 삶의 요소들을 교환가치로 만들었다. 사적 삶이 지녔던 고유한 의미는 소비시장에서 탈인격화된 화폐와 교환될 수 있는 상품으로 전환되었다. 따라서 사생활은 타인에게 공개하거나 직접 드러내지 못했던 부끄러움을 상품화 과정을 통해 당당하고 쿨한 감정으로 전환시켰다. 이제 자신의 성적 쾌락이나 사적 삶의 모습을 당당하게 표현하고 밝히는 행위는 새로운 정체성이 되었다(천선영, 2008 참조).

쾌락주의 또한 남녀 모두에게 동등하게 경험되지 않았다. 쾌락에 있어서도 우위를 점하는 존재는 남성이었다. 1991년 모 대학교에서 실시한 '성문화 의식 설문조사'를 보면, 남자 32.8%, 여자 60%가 성관계 후 '애정이 더 깊어졌다'고 답했고, '싫증이 났다'는 반응은 남자 31%, 여성은 0명으로 나타났다(≪동아일보≫, 1991.4.10, 11면). 이는 성관계와 연애감정 간의 관계에서 여성이 남성에 비해 육체적 관계와 감정을 더 직접적으로 연결시킨다는 사실을 말해준다. 여성에게 육체적 관계는 곧 감정적 관계와 동일한 위상을 지녔다. 한 신문 기사는 신세대의 연애관을 "인스턴트 사랑이랄까요. 나이트클럽에서 만나 하룻밤에 관계를 끝내기도" 한다는 말로 일축하는 한 남성의 말을 인용한다. 이 남성의 인터뷰를 보면 남성들의 이중적인 성적 규범을 엿볼 수 있다.

> "보통 남자들은 여자들처럼 사랑에 인생을 걸지 않습니다. 사회에서 성공하면 돈과 여자는 자연히 따라온다지 않습니까. 20대의 선택이 평생을 좌우하는 여자들하곤 다르지요."(≪동아일보≫, 1993.9.19)

이 남성의 말처럼 육체적 관계는 사랑과 별개였다. 대체로 남성은 성적 쾌락을 자유롭게 누릴 권한을 획득한 반면, 여성은 상대적으로 감정적 부담을 가졌다. 여성은 육체적 관계를 감정적 결속, 나아가 결혼까지 하나의 계열체로 인식하고 있었다는 점에서 섹스와 사랑 간의 분화는 남녀에게 있어 일정한 시간차가 존재했다.

한편 쾌락주의는 결혼 전 연인들 사이에서만 그치는 것이 아니라 결혼생활 내부로까지 파고들었다. 성적 쾌락이 결혼생활에서 차지하는 비중이 높아진 것이다. 섹스는 재생산과 단순한 쾌락 추구를 넘어서 상대와의 깊은 감정적 교감과 결속력을 높이는 행위로 이해되었다(≪한겨레≫, 2001.6.20). 연인들은 물론 부부 사이에서도 섹스는 육체적 쾌락 추구를 넘어 내밀한 감정적 소통으로 받아들여졌다. 그런 만큼 쾌락주의는 감정과 밀접하게 연관된다.

쾌락주의에 대한 남녀차별적인 이중적 성규범은 오래 가지 않아 반발과 비판에 직면했다. 성적 자유에 개방적인 태도를 지닌 여성들은 "헤어지더라도 상처를 덜 받을 만큼만 사랑"하겠다거나 "자기 자신의 감정에 충실하고 그때그때의 상대방에 성실하면 문제될 것이 없다"라는 반응을 보였다. 이런 여성들에게 혼전 성관계가 부도덕하거나 문란하다는 인식은 구태의연한 것으로 받아들여졌다. 이를 두고 한 여성은 "기성세대는 매춘과 혼외정사를 당연히 여기면서 자식들에게만 순결을 강요하는 것은 모순"이라고 응수했다. 특히 눈여겨볼 부분은 사랑에 대한 '자아의 감정'이다. '자기 자신의 감정에 충실'하려는 개인화된 감정주의는 연애와 결혼 간의 분화, 성적 쾌락과 사랑 간의 분화를 강력하게 추동했다. 이러한 흐름을 대변하듯 20대 초반의 한 남성은 다음과 같이 말한다.

"5공화국까지 좋건 싫건 간에 사회를 한 방향으로 몰고 가는 이데올로기가 있었지요. 민주랄까, 민중이랄까. …… 자신을 표현할 만한 진정한 언어를 갖고 있지 않았으니까요. 그러나 이제는 자신을 들여다볼 만한 여유가 생기면서 자기표현으로서의 성과 사랑에 눈을 돌리는 것이라고 생각합니다."(≪동아일보≫, 1993.9.19, 9면)

감정주의 에토스

성적 해방과 함께 육체적 쾌락을 활용하는 것이 개인의 내밀한 차원으로 전환됨에 따라 짝짓기에 있어서 감정은 관계 형성과 유지에 강력한 영향력을 행사하는 동력이 되었다. 만남부터 관계 유지까지 짝짓기의 현재와 미래를 결정짓는 기준은 '감정에 충실한' 행위가 되었다.

감정주의는 크게 두 가지 차원에서 로맨스 관행에 변화를 가져다주었다. 첫째, 개인의 주관적 감정에 전적으로 의존한다는 점에서 로맨스의 자율성을 가져왔다. '감정에 충실한다'는 새로운 규범은 커플들에게 도덕적·윤리적 부담을 덜어주었다. '감정이 허락하는 대로'라는 행위지침은 커플들에게 육체적 쾌락만을 추구하는 행위에 정당성을 제공하고 관계 유지와 결착된 윤리로부터 해방시켜 주었다. 감정의 자율성은 내면의 자유를 누린다는 것과 자신의 몸을 자신의 뜻대로 활용할수 있다는 성적 자유를 포괄한다(일루즈, 2020: 18). 감정주의는 짝짓기의 존재론적 불확실성이 증대됨과 더불어 강화되있다. 강한 집합규범과 로맨스 레퍼토리가 약화되면서 커플 맺기와 관계 지속에서 불안정성과 불확실성이 가중되었다. 이로써 감정은 짝짓기의 원초적 토대가되었다.

둘째, 자율성의 증대는 상대의 감정에도 민감하게 반응해야 한다는 과제를 부여했다. 자율성은 역설적이게도 감정을 통한 상호 구속력을 확산시켰다. 상대의 감정에 상처를 입히는 행위는 관계 유지를 보장할수 없게 되었다. 감정이 지극히 사적이고 내밀하며, 순간적이고 때론 즉흥적이라는 점 또한 커플들에게 존재론적 불확실성을 부추긴다. 따라서 연인들은 감정적 소통에 많은 시간과 감정적 에너지를 쏟는다. 서로의 감정을 확인하고 표현하며 이해하고 파악하는 과정은 '끝 모르는 일'이라는 점에서 불확실성은 상수가 되었다. 2000년대 초반에 유행한 "사랑은 움직이는 것"이라는 한 광고 문구처럼 사랑은 감정의 롤러코스터에 탑승하게 되었다.

존재론적 불확실성은 감정을 통해 상쇄되어야 하지만 이 또한 끝이 없는 과정이라는 점에서 또 다른 불확실성을 불러일으키는 역설적 상황이 발생했다. 그리고 짝짓기에서 주관적 판단과 취향이 차지하는 비중이 높아짐에 따라 '감정에 따라 판단'하거나 '감정을 고려해야 하는' 일이 핵심이 되어갔다. 짝짓기 선택의 일차적인 권한이 당사자에게 위임되었다는 점에서 결혼생활의 현실적 측면 못지않게 감정적 측면을 고려하는 것도 본인의 몫이 되었다. 그런 만큼 '자신을 표현할 만한 진정한 언어'를 갖고 있어야 했다(≪동아일보≫, 1993.9.19).

이러한 자아감정의 확산은 로맨스 관행에 새로운 변화를 가져왔다. 우선, 감정표현에 있어서 타인의 시선과 개입에 개의치 않는 로맨스 관행들이 생겨났다. 둘째, 자신의 주관적 감정에 입각해 짝을 선택할 때는 물론 이별을 결정할 때에도 자신의 감정적 흐름을 따랐다. 셋째, 연애 상대와의 수평적 의사소통을 확산시켰다. 감정주의는 서로에게 인격적으로 동등한 위상을 부여했다. 이로써 짝짓기 과정에 개입되는 지위, 권력, 지배적인 규범과 같은 외적 요인을 무력화시킬 수 있게 되었다. 넷째, 감정주의는 상대의 외적 조건과 별개로 '성격', '성적 매력', '유머' 등 이른바 '취향 코드'를 짝짓기의 중요한 고려사항으로 만들었다. 이제 "성적 선택을 순전히 주관적인 감정과 쾌락에 따른 것으로 정당화했다"(일루즈, 2020: 19).

1990년대 중반 모 대학의 여학생들을 대상으로 실시한 조사에 따르면[10] 배우자를 선택하는 조건이 '성격과 인품', '사랑', '경제력' 순으로 나타났다(≪경향신문≫, 1995.9.22, 23면). 또 다른 조사에서도 애인의 첫째 조건은 남녀 모두 '성격'이라고 응답했다(≪한겨레≫, 1996. 5.7, 3면). 2000년대 초반 한 일간지가 조사한 미혼 남녀의 배우자 선호조건을 보면, 남녀 모두 일정 수준의 외모나 경제적 능력을 전제로 하면서도 '운동을 잘하고 소주 1병쯤은 마실 수 있는', '영화·음악을 즐길 줄 알면 좋은', '술 마시는 건 괜찮지만 담배는 싫은' 등과 같은 취향을 비중 있게 고려했다. 당시 한 결혼정보회사의 조사에서도 미혼 남녀 모두 배우자의 조건으로 '성격'을 꼽았다(≪조선일보≫, 2002.1.11, 50면).

요컨대 감정주의는 짝짓기 과정에서 한 단계 더 높은 수준의 선별기준과 까다로움, 나아가 불확실성을 커플들에게 안겨주었다. 동시에 감정주의는 여성들이 친밀성 장에서 한껏 더 자유로워질 수 있는 발판을 마련해 주었다. 자신의 주관적인 감정적 판단이 짝짓기의 준거가 됨으로써 여성들은 성적 관계는 물론 연애와 결혼에 이르는 모든 과정에서 자신들을 억압해 왔던 가부장제적 억압과 성차별적 담론의 덫으로부터 빠져나올 수 있게 되었다.

오늘날 한국사회에서 최두가 되고 있는 만혼화, 미혼율(혹은 비혼) 증가는 1990년대 초반부터 징후를 보여왔다. 민주화, 소비문화, 그리고 페미니즘의 확산과 함께 여성들은 가부장제적 지배구조 및 기존의 결혼 관행에 대해 근본적인 문제를 제기했으며, 이 과정에서 자아감정이 크게 작용했다. 1993년 ≪한겨레≫ 기획기사 중 "결혼은 늦게 독신도 좋다" 편에서는 1990년대 여성들의 변화된 결혼관을 다루었다. 이 기사는 특히 20대 도시 여성들이 사랑과 결혼에 대해 개방적이고 독립적인 가치관을 뚜렷하게 보여준다면서 결혼을 회의적으로 바라보는

---

10   이 내용은 이화여대 학생생활지도연구소에서 이화여대생 1,594명을 대상으로 1995년 9월에 실시한 조사를 정리한 것이다.

시각이 강하게 나타나고 있다고 보도했다. 한 직장인 여성은 주변의 결혼 성화에도 불구하고 "나이 때문에 쫓기듯이 내 인생을 결정하고 싶지는 않"다면서 "결혼이 반드시 미혼 때보다 나은 생활을 보장해 주는 건 아니"라고 말했다. 그리고 여성도 결혼 후에 직장생활을 이어간다는 전제를 깔고 가사와 육아의 공동분담 또한 강하게 주장했다(≪한겨레≫, 1993.7.12, 7면). 이전까지 여성들에게 일방적으로 요구되었던 '현모양처'나 '슈퍼우먼' 역할은 자아감정 헤게모니에 의해 축소되거나 이데올로기적 힘을 상실해 갔다. 이혼율이 점차 증가한 것도 이때부터였으며, 이혼을 바라보는 부정적인 시각 또한 개인의 주관적인 선택의 문제로 바뀌기 시작했다. 감정주의는 이혼을 둘러싼 가부장제적 담론에 균열을 가하면서 여성을 향한 차별적 시선으로부터 비판적 거리를 둘 수 있게 해주었다.

이처럼 자아감정이 부상함에 따라 연인 간의 감정표현에 가해졌던 제약들이 풀어졌다. 자아감정은 연인만의 자유롭고 독립된 시공간을 직조할 수 있게 해주었다. 이 시공간은 타인들로부터 독립된, '개방적이면서 은밀한' 성격을 지닌다는 점에서 이중성을 띤다. 주변의 시선을 의식하지 않고 스스럼없이 감정을 드러내게 되자 공적 공간은 사적 삶에 공간의 일부를 내주었다. 사적인 것을 공적으로 드러내는 일은 더 이상 창피하거나 꼴불견이거나 쑥스럽거나 남사스러운 짓이 아니었다. 공적 공간에서도 자유롭게 자신들만의 스킨십을 행하는 로맨스 풍경이 도래한 것은 감정주의에 육체적 쾌락이 더해진 결과이다. 한 일간지는 "불과 10여 년 전만 해도 공공장소에서의 과감한 애정표현은 종종 '풍기 문란' 경범죄로 처벌받기도 했다"면서 젊은 세대의 급변하는 로맨스 관행을 마치 혁명처럼 바라보았다(≪조선일보≫, 2002.1.21, 40면). 제주도에 신혼여행 온 부부들을 오랫동안 가이드해 준 한 택시기사는 1980년대와 2000년대 신혼부부의 애정표현 방식의 차이를 다음과 같이 말했다.

"중매로 만나 후다닥 결혼해서 식을 올리고 제주에 내려오면 분위기가
참 어색했지요. 서먹한 분위기를 깨는 것도 제 일이죠. '손 잡아라' '뽀뽀
해라' 몇 번을 말해도 얼굴만 빨개지고 말을 안 들어요. 그런데 하룻밤 지
난 뒤 다음날 모시러 가면 연애결혼한 사람마냥 손을 꼭 잡고 나와요. 요
즘 친구들은 카메라를 들이대면 알아서 입을 맞추고 손으로 하트를 만들
고. 알아서 척척이에요."(≪조선일보≫, 2007.8.27)

키스에 대한 인식도 빠르게 변했다. 키스가 관계 지속과 결속을 의
미하는 강한 도덕적 징표였다면 이제는 그와 같은 도덕적 혹은 감정적
구속은 약화되었다. 키스가 이전처럼 연인 관계를 본격적으로 시인하
는 징표가 아니라 감정적 책임과 무관한 육체적 쾌락의 유희로 이해되
면서 키스는 더 이상 특별한 '사건'으로서의 위상을 지니지 못하게 되
었다. 상투적인 표현이지만, 상대의 '입술을 훔치는 행위'로 그/그녀의
인생을 도덕적으로든 감정적으로든 책임질 일은 없어진 것이다.
섹스에 관한 인식 또한 빠르게 변해갔다. 키스보다 더 강한 관계적
구속성을 띤 섹스마저도 이전과 같은 감정적 책임으로부터 벗어나기
시작했다. "사랑한다면 섹스도 자유롭게 할 수 있다"는 인식이 확산되
었으며, 연인관계를 유지하는 기간도 짧아졌다. 한 남자 대학생은 이
별의 이유로 "싫증이 나서, 다른 사람을 좋아하게 되어서, 서로 부담이
되어서"라고 말했다. 졸업을 앞둔 한 여대생은 주변의 커플들을 보면
서 다음과 같이 말했다.

"어느 동아리의 한 남학생은 같은 동아리 내 여학생과 사귀다 헤어진 뒤

그 여학생과 그냥 친구로 지내면서, 이 동아리 내의 다른 여학생과 보란 듯 새로 연애하고 있다. 내가 1학년일 때만 해도 그런 일을 보기 힘들었는데……."(≪조선일보≫, 2002.1.21, 40면)

연인관계로 도약하는 시간뿐만 아니라 이별의 시간도 짧아졌다. 시간축소는 관계의 감정적 결속을 상당히 약화시켰다. 이는 다른 말로 하면 로자가 주장하는 '사회적 가속화'의 징후이기도 하다. 그에 따르면 사회적 가속은 "경험 및 예상이 지니는 신빙성의 빠른 쇠퇴로, 그리고 '현재'로 정의되는 시간 구간의 수축"(로자, 2020: 23)으로 "진실로 서로 '관계함'이 구조적으로 어려워"(로자, 2020: 138)지게 만든다. 로맨스의 가속화는 연인들을 감정적 소용돌이 속으로 빠져들게 하면서 관계의 지속성을 단축시켰다.

그러나 감정주의는 앞서 논의한 바와 같이 사회적 가속화와 친화력을 가지기도 하지만, 이와는 전혀 다르게 상호 강력한 감정적 몰입을 이끌기도 한다. 외적 요인에 의한 결속보다 감정적 소통을 통한 결속은 '우리가 사랑한다면 어떠한 역경도 이겨낼 수 있다'는 신화를 만들어냈다. 물론 이러한 감정적 몰입은 후기자본주의 사회의 로맨스 이데올로기이기도 하다. 그럼에도 불구하고 감정적 몰입은 연인이나 부부관계를 형성하고 관계를 지탱해 주는 로맨스 품행이 되었다.

사랑에도 순서가 있나요?

감정주의와 쾌락주의의 결합은 연애와 결혼의 계열성을 한층 더 단절시켜 버렸다. 1990년대 초반 '신세대'는 전통적인 로맨스 서사의 내적 일관성을 해체시키면서 이를 재구조화시켰다. 첫 만남-구애-연애-

결혼이라는 프로토콜은 더 이상 로맨스의 규범적 구속력을 발휘할 수 없게 되었다. 이 단계들은 각기 분화되었으며 단계별로 독자적인 작동 논리가 구축되어 서로 환원 불가능한 관계가 되었다. 다음은 영화 〈맛있는 섹스 그리고 사랑〉(2003)에서 두 주인공 남녀가 나누는 대화의 한 장면이다.

> 신아: 나는 거기가 좋거든요. 나 어때요?
> 동기: 싫진 않네요.
> 신아: 나랑 연애할래요?
> 동기: 연애? 순서상 손부터 잡았어야 하는 거 아닌가요?
> 신아: 이제부터 하면 되죠. 사랑에도 순서가 있나요?

쾌락주의와 감정주의는 짝 찾기 관행에 커다란 변화를 가져다주었다. 짝 선택 과정에서 주관적 가치, 취향, 의지는 가장 중시하는 우선순위가 되었으며, 그런 만큼 상대를 선별할 때 고려해야 할 항목들이 많아졌다. 동시에 짝 찾기의 불확실성 또한 높아졌다고 볼 수 있다. 왜냐하면 쾌락주의는 욕구 충족에 따라 행위의 향방이 결정되고, 감정주의는 언제 변할지 모르는 감정의 변덕스러움과 휘발성으로 인해 관계의 방향이 불투명할 수밖에 없기 때문이다. 그러나 이러한 감정주의가 불확실성을 낳으면서도 다른 한편 감정적 몰입을 더욱 유도한다는 점에서 감정주의는 양가성을 지닌다. 연인 혹은 부부관계가 감정을 매개로 신뢰를 구축하면 이 관계는 쉽게 깨지기 어렵다.

쾌락주의와 감정주의가 친밀성 장에 전례 없는 자율성을 가져다주었지만 바로 그 이유로 인해 짝 찾기의 불안정성과 불투명성도 증대되었다. 누구나 나의 짝이 될 수 있으며, 짝 선택의 지위나 규범적 경계가 허물어졌다는 점에서 짝 찾기 관행은 구조적인 변화를 겪었다. 이제 사람들은 끝 모를 친밀성의 바다 앞에서 어디로 가야 할지, 누구와 함께 가야 할지, 어떻게 관계를 유지해 나가야 할지 등을 놓고 홀로 고뇌에 빠질 수밖에 없게 되었다(벡·벡-게른샤임, 1999: 169).

개인의 내면성, 감정, 성격, 성적 매력 등은 짝 찾기 항해에서 핵심 키로 등장했다. 짝 찾기에서는 자신의 행복 추구가 우선순위에 놓였으며, 상대방의 가풍이나 집안환경은 점차 후순위로 밀려났다. 그렇다고 해서 경제적 차원이 고려되지 않는다는 의미는 아니다. 오히려 정반대로 경제력은 짝짓기의 무의식적인 전제가 되었다. 다시 말해 일정 수준의 경제적 토대가 보장된다는 전제하에 짝짓기는 주관적 세계의 문제에 더 관심을 갖기 시작했다. 경제성장으로 인한 소비문화의 확산, 여성의 고학력화와 사회적 지위 상승, 남성 권위의 상대적 축소, 가부장제적 이데올로기의 쇠퇴 등에서 파생된 감정주의와 쾌락주의는 기존의 남녀 간 짝짓기에 명확하게 존재했던 생물학적·문화적·경제적 경계를 허물어뜨렸다.

2000년대 초반부터 '연상(여)연하(남)' 연애가 두드러지게 나타나고 결혼으로까지 이어지는 사례들이 늘어가는 현상도 이로부터 그 원인을 찾을 수 있다. 이를 반영하듯, 당시 유명 연예인들 중 연상연하 커플이 등장하는가 하면, CF 광고에 연상연하 커플이 등장하기도 했다(≪조선일보≫, 2000.8.14). 이런 흐름 속에서 연상연하 커플을 소재로 한 드라마나 영화들이 줄지어 나왔다. 〈내 이름은 김삼순〉, 〈장밋빛 인생〉, 〈올드미스 다이어리〉, 〈사랑찬가〉, 〈결혼합시다〉, 〈가족의 탄생〉, 〈가을로〉, 〈사랑니〉, 〈소년 천국에 가다〉, 〈질투는 나의 힘〉, 〈봄날은 간다〉 등의 작품은 나이로 구분되었던 남녀 간의 생물학적 위계를 지워버렸다. 실제로 생물학적 위계는 가부장제적 질서의 다른 표현이라는 점에서 남성 지배의 헤게모니에 균열이 생겼음을 의미한다. 일반인들 사이에도 "서로 이해할 수 있으면 그만이지 나이가 무슨 상관이냐", "여자 나이가 어려서 남성 권위에 자연스럽게 복속돼야 한다고 생각하는 것은 옛 발상"이라는 인식이 확산되었다(≪조선일보≫, 1996. 12.11, 23면).

짝 찾기에 나선 사람들은 한층 더 섬세하고 내밀한 선별과정을 통해 이상형을 찾아 나섰다. 주관적 감정에 따라 짝을 선택하는 비중이 높아질수록 상대의 정보, 자기객관화(상대에게 자신이 어떻게 보이는가), 데이트 기술 등이 많이 요청되었다. 이는 짝 찾기에 세밀하고 전략적인 선별과정이 불가피해졌다는 것과 이에 수반되는 짝 찾기 테크놀로지가 발달했다는 것을 의미했다. 짝 찾기 테크놀로지가 과거에는 '중매쟁이' 혹은 '결혼상담소'로 대변되었다면 이제는 컴퓨팅 기법에 의거한 수학적 논리, 이른바 확률게임으로 대체되었다. 그리고 과거에는 짝짓기가 주로 제삼자를 통해 걸러지고 선별되었다면, 이제는 이 과정이 기계를 매개로 진직으로 당사자 스스로에게 내맡겨섰나.

1990년대 중반 이루어진 PC의 대중화와 인터넷의 보급은 짝 찾기 테크놀로지의 발달에 혁신적인 변화를 가져왔다. 20~30대에게 인터넷 통신을 통한 커플 맺기는 주요한 로맨스 관행으로 자리 잡기 시작했다. 당시 언론에서는 컴퓨터 통신을 통해 결혼까지 이르게 된 커플을 소개하는가 하면(≪경향신문≫, 1995.6.29; ≪조선일보≫, 1996.2.3, 9면), 상대에 대한 자유로운 정보 검색, 원거리 연애의 가능성, 무한한 연결, 부담 없는 관계맺음과 끊기, 인스턴트식 만남 등을 인터넷을 통한 만남의 장점으로 내세웠다(≪동아일보≫, 1994.10.31, 11면; ≪조선일보≫, 1997.5.26, 44면). 1997년에 개봉된 영화 〈접속〉은 이러한 문화적 흐름 속에서 인터넷을 통한 낭만적 유토피아의 가능성을 구현해 냈다. 인터

그림 2-4 | 1990년대에 PC통신으로 배우자를 찾는 현상을 묘사한 삽화

자료: ≪조선일보≫, 1996.3.3.

넷은 낭만적 유토피아로 향하는 새로운 길을 열어준 듯 보였다. "글이나 대화로 충분히 정신적 교감을 할 수 있"고 "키보드를 몇 번 치기만 하면 원하는 상대를 만나 채팅을 나눌 수 있"으며 "교제에 익숙잖은 사람들에겐 안성맞춤"(≪동아일보≫, 1994.10.31, 11면)이라는 새로운 로맨틱 내러티브가 형성되었다.

이상형을 인터넷 세계에서 찾을 수 있다는 판타지는 컴퓨터라는 첨단장치를 통해 구축되었다. 그리고 이러한 새로운 과학적 장치는 감정주의와 쾌락주의를 더욱 적극적으로 로맨스 관행에 끌어들였다. 그러나 역설적이게도 이러한 장치들은 찰나적 설렘이나 즉흥적인 이끌림에 앞서 글과 대화, 그리고 스크린 속 이미지와 같은 정보와 인지적 요소를 앞세웠으며, '과학적이고 전문적인' 기법이라는 신화를 창출하면서(일루즈, 2010: 173) 감정주의와 쾌락주의를 과학적 방식으로 재전유했다. 사용자들은 이를 통해 자신이 원하는 취향과 매력을 가진 연인을 만날 수 있을 것이라는 기대와 즉흥적이고 부담 없는 만남을 이어갈 수 있을 것이라는 쾌락 논리에 충분히 빠져들게 되었다. 이에 대해서는 제6장에서 상세하게 논의할 것이다.

존재론적 불확실성 vs 낭만적 유토피아

친밀성 영역에서 이루어지는 도덕적·감정적·육체적 해방은 관계의 불확실성을 수반한다. 관계 형성에서부터 지속 혹은 해체에 이르는 과정 전반이 혼돈스럽고 불투명해지면서 상호 간 불안감이 가중되는 것이다(벡·벡-게른샤임, 1999: 152~153). 2000년대 초반에는 '계약연애'가 잠시 주목을 끌었다. 일시적 유행에 불과했더라도 이러한 연애는 이후 로맨스 관행에 여러 측면으로 영향을 미쳤다. 계약연애의 핵심은 상호 계약을 맺고 불확실성을 최소화하면서 감정적·도덕적 책임으로부터 벗어나 순수하게 육체적 쾌락을 향유하는 데 있다. 연애의 시작과 끝을 미리 설정하고 상호 간 규칙을 설정하면서 상대방에 대해 일정 기간 탐색해 볼 수 있는 계약연애는 로맨스 관행을 합리화한다는 것을 의미한다.

한 일간지는 '계약연애'를 다루면서 구세대는 사랑이 식더라도 '정(情)'이나 '남들 시선' 때문에 쉽게 헤어지지 못했다면, 신세대는 맺고 끊는 것이 분명한 연애방식을 택한다고 보도했다. 이 기사에는 기간을 설정하고 계약사항을 만들어 그에 따라 교제를 조율하며, 이를 위반할 경우 위약금까지 물리는 계약 커플 사례가 소개되었다(≪조선일보≫, 2002.1.28, 31면). 계약연애는 관계의 지속성을 형식적·계약적으로 제한함으로써 불확실성을 제어하는 로맨스 관행 중 하나이다. 이는 오늘날의 연애에서는 한편으로는 개인주의, 감정의 자율성, 주관적 선택이 차지하는 비중이 높아졌다는 것을, 다른 한편으로는 상대와의 긴밀한 교섭, 합의도출, 동의 구하기, 눈치 보기, 예측하고 계산하기 등과 같은 전략적 행위가 함께 얽혀 있다는 것을 말해준다. 이와 같은 사실은 짝 짓기에서 남녀의 관계가 이전과 비교할 수 없을 정도로 수평적 관계로 전환되었으며, 기든스가 말하는 "사적 삶의 민주화"(기든스, 1999: 296) 가 진행되었음을 의미한다.

그런데 쾌락주의와 감정주의의 결합은 친밀성 장을 이중적인 감정 구조로 만들었다. 한편으로는 전형적인 로맨스 관행이 해체되고 감정 의 자율성이 가속화되면서 존재론적 불확실성이 초래되었다면, 다른 한편으로 이 과정은 낭만적 유토피아에 대한 갈망을 더욱 부추겼다. 존재론적 불확실성과 낭만적 유토피아의 기묘한 결합은 친밀성의 내 적 파열을 초래했다. 사람들은 감정의 자율성과 결핍감이 가속화함에 따라 감정적 위안과 색다른 낭만적 낙원을 열망하게 된 것으로 나타났 다. 1990년대 중반 한 시민단체가 기혼여성을 대상으로 실시한 조사에 따르면, 60.7%가 '남편 이외의 남자친구가 필요할 때가 있다'라고 답했 으며, 79.1%는 '남편과 떨어져 혼자 있기를 바랄 때가 있다'라고 답했 다(≪경향신문≫, 1996.10.8, 34면). 이는 여성들이 느끼는 결혼생활의 불만족, 특히 남편과의 불만족스러운 관계를 보여준다. 결혼생활이나 배우자가 채워주지 못하는 낭만적 유토피아를 다른 출구를 통해 꿈꾸 고자 하는 것이다. 존재론적 불확실성이 짝짓기의 불안정성, 캐주얼 섹스, FWB(friend with benefit), 이혼 증가, 결혼정보회사 등으로 현실 화되었다면, 낭만적 낙원에 대한 갈망은 혼외관계나 낭만화된 소비문 화를 통해 채워졌다.

영화 〈정사〉(1998)를 비롯하여 드라마 〈애인〉(1996)이나 〈앞집 여 자〉(2003)는 도덕적 논쟁을 불러일으켰음에도 대중으로부터 높은 관 심을 끌었던 대표적인 작품들이다. 1990년대 중반부터 '불륜'을 소재로 한 영화나 드라마들이 대중문화시장에 출시되기 시작하더니 2000 년대에는 혼외관계를 다각도로 바라보는 작품들이 등장했다. 통상 불륜드라마는 도덕적 징벌을 전제로 한 카타르시스적 효과를 낳는 서사가 일반적이었으나, 2000년대 이후로는 혼외관계를 소재로 한 콘텐츠가 기존의 성적 규범, 섹슈얼리티, 결혼, 가족주의에 대해 근본적인 물음을 던지는 방향으로 전환되었다. 특히 혼외관계 드라마는 기존 결혼생활에 대한 성찰과 회의를 불러일으키는 서사형식을 취했다. 현 배우자와 불행하고 따분하며 의미 없는 결혼생활을 유지하는 데 대항하는 의미로 전개되는 이러한 서사는 사랑에 대한 당사자들의 내밀한 감정과 순수한 욕망을 중심으로 기존 관계를 총체적으로 되돌아보게 만들었다(김소륜, 2022). 이런 식으로 보면, 사랑은 연애소설을 응용해서 읽는 것이고, 팝송에 나오는 대로 사는 것이며, 개인의 삶을 치유해 주는 자아의 철학이기도 하다(벡·벡-게른샤임, 1999: 324). 점차 개인의 내밀한 감정에 기반한 열정적이고 순수한 사랑이 억압된 친밀성으로부터 해빙되는 시사가 대중적 친화력을 얻기 시작했다. 하지만 혼외관계는 여전히 감정적·도덕적 대가를 크게 치러야 하는 '환영받지 못한' 낭만적 낙원이기도 하다.

한편 존재론적 불확실성과 낭만적 유토피아 간의 간극이 커지면 커질수록 이혼 가능성 또한 높아지며, 나아가 결혼 자체에 대한 근원적인 회의가 강화될 수 있다. 이에 더하여 일루즈(2020)가 예견한 바와 같이 종국에는 사랑 자체가 종말에 이를 수도 있다. 세기말을 전후하여 결혼에 대한 회의가 확산되면서 싱글족, 돌싱, 독신 등 '홀로 살기'라는 삶의 방식이 점차 사회적 관심사로 떠올랐다. 직전까지만 하더라도 결혼적령기를 넘긴 남녀를 노총각, 노처녀로 낙인화한다든지 독신을 부정적으로 표상화하는 감정적 분위기가 빠르게 변화했다. 특히 사랑과 결혼 간의 필연적이고 당위적인 연결고리와 연속성은 매우 느슨해졌다. 약화된 연결성 틈새로 '홀로살기'에 대한 새로운 인지적·감정적 정당성이 들어섰다. 최근 몇 년 사이 '비혼' 담론이 확산되면서 이제 결혼은 전적으로 개인의 주관적인 선택의 영역에서 재고되기 시작했다.

이와 함께 1990년대 중반부터 '솔로'를 겨냥한 소비시장이 빠르게 성장했다. 주거, 생필품, 요식업, 여행, 출판, 미디어, 쇼핑문화 등에서 솔로는 새로운 삶의 양식이자 소비문화의 주체가 되었다. 이러한 상품들은 싱글의 삶을 자유로움, 멋스러움, 자아정체성, 독립성 등으로 그려내면서 미학적 위상을 차지하게 되었다. 원룸, 소형가전 및 가구, 배달산업, 드라마나 영화와 같은 미디어산업, 외식업, 출판업, 편의시설 등에서 솔로는 새로운 구매층으로 떠올랐다. 당시에는 솔로들의 삶을 반영한 영화나 드라마가 신세대 문화의 한 축을 형성했다. 드라마로는 〈느낌〉, 〈사랑을 그대 품안에〉, 〈성냥갑 속의 여자〉, 영화로는 〈그대 안의 블루〉, 〈그여자 그남자〉 등이 대표적이다. 드라마나 영화 속 젊은 솔로들은, 오늘날에는 흔한 캐릭터이지만, 당시엔 이색적이고 낯선, 때로는 일탈적인 주체로 그려졌다. 소비문화는 독신에 대한 기존의 부정적인 인식을 깨뜨리고 이들을 멋지고 진취적인 주체로 바꿔놓았다. 솔로는 곧 자신만을 위한 주체적인 소비자를 의미했다. 로맨스 소비시장에서는 소비주체를 커플에서 솔로로 전환시켰다. 자본은 솔로들을 로맨스 산업의 신구매층으로 끌어올리면서 이윤 창출의 새로운 영역을 개척했다. 출판업계에서도 솔로를 겨냥한 책들이 출간되면서[11] 결혼에 대한 근원적인 회의를 대중적 차원으로 확산시켰다. 결혼

---

11   대표적인 예로 『독신 그 무한한 자유』, 『초라한 더블보다는 화려한 싱글이 낫다』, 『시집

의 당위성 상실과 불확실성은 여러 가지 이색적인 현상을 낳았다. 가령 '잠정결혼'이라는 방식을 택해서 결혼식을 올린 후 1년여 동안 살아보고 향후 거취를 결정하는 커플이나 배우자에 대한 확신이 설 때까지 혼인신고를 늦추는 커플도 늘어났다(≪동아일보≫, 1988.6.6, 7면).

안 간 여자, 시집 못 간 여자』, 『나와의 결혼』 등 독신생활을 다룬 책들은 새로운 독자층을 만들어냈다(≪동아일보≫, 1994.9.26).

로맨스의 사막에 오신 것을 환영합니다

판타지의 파국: 사랑은 현실주의를 타고

파국의 징후들: 수필과 자동차

1988년 한 일간지 칼럼은 어느 성악가가 자신의 친구들과 나눈 대화를 소개하고 있다. 한 친구가 "외국 박사학위 과정을 밟고 있는 아들이 너무 안쓰러우니 때맞춰 찌개라도 따끈하게 끓여줄 신붓감 하나 골라줘야겠다"라고 말하기에 딸 둘을 가진 자신이 "찌개나 끓이게 하려고 딸을 공부시킨 거 아니라고 했더니 …… 딸 가진 엄마가 너무 콧대가 세면 딸 시집 못 보낸다고 되레 면박을 당했다"는 내용이다. 이 칼럼의 필자는 다음과 같이 당시 세태를 묘사한다(≪동아일보≫, 1988.4.22, 7면).

요즘은 부모세대나 젊은 세대나 모두 중매결혼이 안전하고 좋다는 말들을 한다. 특히 젊은이들이 '사랑'이라는 일시적 감정에 일생을 내맡기느니 중매로 능력 있고, 배경 좋고, 성격 좋고, 학벌 좋고, 돈도 많은 사람을 고르겠다는 것이다. 또 경제력과 사회적 지위 등을 기준으로 하여 눈에 안 보이는 사회계층이 확립돼 끼리끼리 사돈을 맺는다고 한다. 그러고 보니 요즘은 부모들이 자식의 삶을 대신 살아주는 것같이 돼버린 느낌이다. 배우자도 골라주고 평생 살고도 남을 살림살이까지 다 장만해 주고…….

이 칼럼은 한국인이 친밀성 영역에서 경험하는 특징을 압축적으로 말해주고 있다. 가부장제적 젠더인식, 계급재생산, 부모의 과잉 개입 등 결혼 제국에는 특정 이데올로기와 권력이 똬리를 틀고 있다. 로맨스의 세계가 개인의 순수한 감정만으로 구축될 수 없는 이유는 로맨스가 결혼과 밀접하게 결합되어 있기 때문이다. 결혼은 분명 현실주의적인 측면을 고려하지 않을 수 없다. 기본적인 생계부터 심리적 안정감, 자기실현을 위한 물질적·정신적 지지, 집안과의 관계 등 결혼에는 고려해야 할 사항이 많다.

세속적인 삶에 대한 고려가 많아질수록 결혼은 낭만적 유토피아로부터 멀어지게 된다. 낭만적 유토피아는 결혼을 좌우할 수 있는 상상력을 점차 상실했다. '꿈같은 결혼생활'이라는 신화는 세속적 삶에서 점점 현실화되지 못했다. 이처럼 낭만적 유토피아와 결혼 간의 간극이 멀어질수록 현실주의적 사랑은 로맨스 관행의 지배적인 형태로 자리를 잡게 된다. 현실주의적 사랑은 '사랑하기 때문에 결혼한다'에서 '결혼하기 때문에 사랑한다'로 낭만적 사랑의 관행을 뒤바꿔놓았다. 현실주의적 사랑은 진실성과 진정성에 앞서 전략적 합리성을 토대로 새로운 감정구조를 형성한다. 세속적인 차원을 고려하지 않는 순수한 사랑은 무모하거나 무책임한 것으로 비춰졌다.

역설적이게도 자본주의적 시장은 로맨스 상품을 생산하면서 낭만적 유토피아를 무한히 상상할 수 있게 해주었지만, 바로 그 체제가 낳은 불평등과 궁핍으로부터 벗어나기 위해 또는 계급재생산을 위해 로맨스는 세속화되어야 했다. 자본주의는 로맨스 상품을 통해 사랑을 신성화하면서 동시에 세속화하는 모순을 낳았다. 이로써 낭만적 사랑이든 현실주의적 사랑이든 로맨스 상품을 소비하는 과정 속에서 실현될 수 있었다.

1990년대는 낭만적 사랑과 현실주의적 사랑 간의 간극이 본격적으로 벌어지면서 동시에 모순적 관계로 들어선 시기이다. 이 과정에서 낭만적 사랑은 재빨리 과거로 회귀하면서 지난날에 대한 노스탤지어를 불러일으키는 방향으로 나아갔다. 1992년 대중음악 밴드 015B의 앨범에 수록된 노래 「수필과 자동차」는 이러한 현실을 간파했다. "영화를 보곤 가난한 연인/ 사랑 얘기에 눈물 흘리고/ 순정 만화의 주인공처럼 되고파 할 때도 있었지/ 이젠 그 사람의 자동차가 무엇인지 더 궁금하고/ 어느 곳에 사는지 더 중요하게 여기네……."

이 가사는 낭만적 사랑의 순수함을 전제로 노랫말이 전개된다. 순수함은 가난, 순정 만화, 눈물, 꿈, 작은 것 등과 동일시되면서 이해관계를 떠나 그 자체로 충만한 느낌을 주는 것들로 배열되어 있다. 하지만 지금의 현실은 그러한 '소중한 것'들을 잊고 살게 만들며 자동차와 거주지 같은 도구적이고 타산적인 것들에 익숙해지게 만든다. 지금은 더 이상 낭만적 사랑이 존재 구속성을 초월한다는 서사 혹은 문화적 레퍼토리가 강하게 작동하는 시대가 아니다.

1990년대 이후 친밀성의 구조변동에 영향력을 미친 소비주의, 쾌락주의, 감정주의는 순수한 낭만적 사랑을 담론적·실천적 차원에서 해체시켰다. 소비를 전제하지 않는 로맨스, 육체적 쾌락, 그리고 감정적 자율성은 순수한 낭만적 사랑을 더 이상 상상할 수 없게 만들었다. 대신 냉정하고 타산적이며 전략적이고 결혼을 목적으로 한 현실주의적 사랑이 낭만적 사랑보다 우위를 차지하게 되었다. 특히 육체적 해방은 성적 자유와 짝짓기의 윤리적 규범 해체를 발생시키면서 결혼을 한층 더 전략적인 합리주의 관행 속으로 끌어들였다. 이로써 '사랑과 결혼은 별개'라는 인식은 점차 친밀성의 일반문법이 되어갔다.

1990년대 이후 경제적 풍요는 생활수준에 대한 기대를 한껏 높여놓았으며, 고도산업화와 자본주의적 시장질서는 점차 경쟁심화와 불평등을 고착화시키는 사회구조를 낳았다. 하지만 이 과정에서 복지체계와 사회보장의 민주화가 후기자본주의적 삶의 다양한 위기와 위험을 충분히 통제할 만큼 확장되지 않음으로써 사적 삶의 기반도 불안정해졌다. 이 불안은 로맨스 관행의 구조적 변동을 가져온 사회적 감정이다. 불안은 미래의 삶에 대한 상상을 대폭 축소시키면서 현실적 삶에 자아를 묶어둔다. 하지만 (하이데거적 의미에서) 불안은 또한 현실적 제약을 빗어나도록 자아를 사극한다. 진밀성에서도 이 불안은 이중석 자아를 만들어낸다. 자아는 한편으로는 불안할수록 낭만적 사랑에 대한 열망 혹은 결핍을 느끼지만, 다른 한편으로는 불안하기 때문에 현실주의적 사랑에 집착할 수밖에 없는 상황에 놓인다. 자아는 이 상황에서 "지독한 그러나 너무나 정상적인 혼란"(벡·벡-게른샤임, 1999)을 겪는다.

1990년대 초반 '신세대' 담론이 한창 부상했을 때 젊은이들은 연애관이나 결혼관에서 매우 현실주의적인 태도를 보였다. 하지만 드라마, 영화, 소설 등은 낭만적 사랑의 서사들로 넘쳐났다. ≪동아일보≫ 1993년 6월 20일자 기사에는 '신세대의 결혼관'에 대해 '사랑은 결혼과 별개'라는 가치관을 가지고 있으며 결혼에 관한 한 사회경제적 조건에서 '기본'

을 갖출 것을 요구한다고 보도했다. 다음은 이 기사에 실린 인터뷰 내용들이다.

> "맞선이 아닌 소개팅, 미팅을 해도 대학 나오고 중산계층이어야 한다는 것은 기본 아니에요?"(여·24), "내가 서울 강남에 살아왔으니까 여자를 사귀어도 비슷한 동네에서 만나게 되죠. 상대방이 강북에 산다고 하면 일단 꺼림칙해져요."(남·26), "신랑감이 얼굴은 못생겨도 돈 많고 성격 무던하면 된다는 여자들 많아요. 신랑보다 시댁 능력 보고 결혼한다는 친구도 있어요. 직업 없어도 빌딩 하나만 있으면 우아하게 살 수 있으니까요."(주부·27)

같은 기사에서 한 전문가는 이러한 세태를 두고 결혼이 "성인 남녀의 애정의 결합이라는 관념은 환상"일 뿐, 신세대는 "부모가 다 해주는 대로 편하게 살아온 세대"여서 "갈수록 타산적이고 영악"하다고 평가했다. 경제성장으로 인해 소비욕망은 물론 삶 전반의 계급적 상승에 대한 기대 또한 높아졌다. 계급적 지위 상승은 물질적 풍요와 쾌락의 향유를 안정적으로 보장하는 것이었다. 결혼은 이러한 상승을 도모할 수 있는 낭만적인 도구였다. 그리고 이 낭만적 수단은 세속적이고 속물적인 욕망을 로맨틱하게 은폐할 수 있게 해주었다. 결혼 이미지는 서로만을 바라보는 따뜻한 눈빛, 소탈한 배경, 순백의 청순한 색감, 탈세속적 분위기, 행복한 웃음과 표정 등으로 채색되어 있다. 이처럼 탈자본주의적이고 성스러운 분위기는 결혼 이미지의 전형이다. 이러한 이미지는 결혼이 세속적인 이해관계로부터 초월해 있음을 부각시킨다. 따라서 이러한 이미지는 결혼에 은폐된 계급적 지위상승의 욕망을 로맨틱한 분위기로 무화시킨다.

그런데 이 같은 낭만적 수단은 당시 여성들에게 더 절실했던 듯했다. 결혼을 앞두고 남편의 조건으로 직업과 장래성을 가장 중시한다고 말한 한 여성은 "내 힘으로 내 인생 개척하고 싶었지만 번번이 직장 문턱에서 미끄러졌어요. 이제 남부럽지 않게 사는 방법은 남편을 통해 대리 충족하는 것밖에 없어요"라고 말했다. 이와 달리 남성의 경우 배우자 조건에 있어서 외모가 큰 비중을 차지했다. 한 20대 남성은 "보통 남들 앞에서 성격이니 뭐니 하는데 다 거짓말이에요. 미모가 최우선이에요. 성격이야 감출 수도 있는 거고 또 살면서 고칠 수도 있잖아요. 얼굴은 용서할 수 있어도 몸매는 용서할 수 없어요"라고 말했다(이상 ≪동아일보≫, 1993.6.20, 9면). 남성에게 있어서 외적·성적 매력은 배우자의 중요한 조건이었다. 이처럼 배우자 조건을 둘러싼 남녀 간 차이는 이전부터 작동해 왔던 결혼시장의 차별적인 교환가치에서 비롯된 것이다. '남성은 재력, 여성은 외모'라는 왜곡된 인식은 1990년대 이후 현재까지도 사라지지 않은 채, 어쩌면 더 노골적인 방식으로, 은밀하게 직동하고 있는 남녀 간 등가교환 논리이다.

결혼시장의 기업화

근대 이후 로맨스는 신분, 계급, 위계를 뛰어넘는 서사로 우리를 낭만적 유토피아로 인도해 왔다. 낭만적 유토피아는 결혼과 행복한 가정을 통해 완결되어야 했다. 이 서사는 새로운 사회적 관계, 즉 연인관계를 형성할 수 있게 해주었고, 나아가 계층 및 계급구조를 변화시키는 데까지 영향을 미쳤다. 이 여정은 결코 순탄치 않았으며, 수많은 연인을 슬픔, 비통, 고통, 모멸감에 빠뜨리기도 했다. 물론 더할 나위 없는 희열, 행복, 그리고 자기실현의 기쁨을 가져다주기도 했다.

그러나 이러한 로맨틱 서사는 현실세계와 분리된 소비대중문화산업의 스펙터클한 상품으로 접할 수 있을 뿐, 실제 삶에서는 현실주의적인 계산과 이해가 앞서는 짝짓기 관행이 '과학'과 '프로페셔널리즘'이라는 합리성을 앞세워 낭만적 서사를 대체하기 시작했다. 1990년대 이후 결혼은 사랑으로만 도달할 수 없는 복잡한 계산을 요구했다. 젊은이들에게 전형적인 결혼과 가족 서사는 점점 불투명하게 다가왔으며, 경제적 풍요를 지속적으로 누릴 수 있는 전망 또한 불확실해졌다. 특히 외환위기 이후 불평등, 사회적 위험, 사회적 파편화가 심화되면서 개별적 차원의 생존주의와 과열경쟁이 삶의 세계 전반을 짓눌렀다. 이런 맥락에서 결혼은 낭만적 유토피아의 완성이 아닌 이러한 불확실성과 불안에 대응하는 전략적 행위의 일부로 전환되었다. 이럴수록 로맨스는 경제적 우월성을 지닌 자들에게 특권처럼 허용되는 것인 양 전례 없는 상징권력이 되었다.

이 같은 상황은 로맨스 혹은 결혼이 계급재생산과 밀접하게 연관되어 있다는 것을 말해준다. 이는 로맨스 산업의 또 다른 이윤창출 영역, 즉 결혼시장이 구축되었음을 의미한다. 이영자에 따르면 결혼시장은 "결혼중매(matchmaking)를 통해 결혼배우자들이 교환되는 비조직적인 거래와 이를 본격적인 영리사업으로 조직화하는 물리적인 시장을 포괄하는 개념"이다(이영자, 2008: 40).

최적의 배우자를 과학적이고 확률적인 매칭 기술을 통해 찾아주겠다는 결혼정보회사들은 결혼시장을 기업화시킨 첨병으로 등장했다. 1980년대 후반부터 기업형 결혼정보회사가 생겨나기 시작했다. 이러한 흐름을 포착한 한 일간지는 '마담뚜'를 대신해 전문적인 결혼정보회사가 중매시장의 변화를 주도할 것이라고 전망하면서 1990년 50억 원에서 1998년 500억 원으로 매출이 대폭 상승했다는 사실을 보도했다.

커플매칭에 철저한 '시장원리'를 적용하는 이 기업들은 이상형을 찾아주는 컴퓨터 정보시스템 및 매칭 프로그램을 활용하는데, 과거 중매쟁이나 결혼상담소가 인맥이나 사적인 네트워크를 통해 운영해 온 방식과 비교할 때 보다 전문적이고 과학적이라는 명분을 내세운다(≪매일경제≫, 1990.5.5, 10면). 다음은 D 결혼정보회사의 소개 글이다.

> 가입 시 신청 서류에 본인과 희망 배우자에 대한 160여 가지 항목을 직접 입력하도록 합니다. 이 데이터를 바탕으로 회원이 원하는 이상형에 가장 가까운 사람을 추천합니다. D는 1단계 D매칭 시스템(DMS, Duo Matching System)에 의한 과학적인 컴퓨터 매칭과 함께 커플매니저들의 풍부한 경험과 전문 노하우에 의한 2단계 매칭 서비스를 실행하고 있습니다. 결혼에 있어 배우자의 능력과 직업 등 조건이 중요하긴 하지만, 이것이 절대적인 기준은 될 수 없습니다. 예나 지금이나 상대의 성격과 가치관이 결혼의 최우선 가치로 작용하고 있습니다.

컴퓨터라는 신뢰체계는 낯선 사람도 조건이 맞으면 만나볼 수 있다는 새로운 가능성을 열어주었다. 결혼정보회사의 매칭 시스템은 상대방에 대한 인지적인 정보를 확률적 논리에 따라 맞춰보고 이용자(고객)가 직접적인 만남을 갖는 것으로까지 이어지게 해준다. 이 시스템을 통해서는 '첫눈에 반한 사랑'이나 객관적 조건을 초월한 로맨스는 기대하기 어렵다. 대규모 매칭기업의 등장과 결혼시장의 기업화는 낭만적 사랑과 현실주의적 사랑의 간극을 극단적으로 벌려놓았을 뿐만 아니라 심지어 둘 간의 관계를 전도시켜 버렸다. 이들의 논리를 따르자면, 낭만적 사랑의 토대는 현실주의적 사랑이다. 한 결혼정보회사 커플매니저는 다음과 같이 말한다. "환경·경제력을 선택해 만나기 때문에 외모를 많이 따지죠. 감성적 부분, '필(feel)이 통한다'는 것은 1 대 1 맞선에서 덜 중요하게 여기는 것 같아요"(≪조선일보≫, 2002.11.29).

통상 결혼 상대자가 가치합리성에 준거하여 선별되었다면, 결혼정보업체는 선택 메커니즘을 고도의 전략적 합리성으로 전환시켰다. 최적의 배우자를 선별하는 과정은 객관적인 사회적 조건을 탐색하는 데서부터 시작된다. 이 업체들은 회원정보를 객관화·수량화·등급화하면서 선택의 효율성을 끌어올린다(이영자, 2008: 50). 1990년대 초 결혼정보업체에 등록한 한 여성회원은 다음과 같이 말했다. "우연한 만남이나 감정만으로 결혼을 결정하기에는 위험요인이 너무 많다고 생각해요. 규칙적인 직장생활 속에서는 만남의 기회도 적은 데다 막상 주변의 소개는 부담스럽기도 하고요. 미리 어느 정도 서로의 조건을 알면 그만큼 결정하기가 쉽지 않겠어요?"(≪한겨레≫, 1993.7.12, 7면). 이 여성의 말에서 우연과 감정은 짝짓기에서 위험요소가 되었음을 알 수 있다. 우연과 감정이 낭만적 사랑에서는 핵심 추동력이었다면 현실주의적 사랑에서는 판세를 위험에 빠뜨릴 수 있는 요인이 되었다. 이러한 위험을 피하기 위해 상대에 대한 더 많은 정보와 탐색전이 요구된다. 게다가 결혼정보회사는 '불완전한 정보'가 결혼의 성패를 좌우한다고 광고하면서 이러한 위험을 더욱 부추긴다(≪매일경제≫, 1996.6.28).

전략적 합리성은 이러한 위험을 회피하기 위한 행위양식이다. 이러한 전략적 합리성은 과거 중매를 통한 짝짓기에서도 두드러졌지만, 오늘날과 큰 차이가 있다면 위험을 집단화하느냐 사사화하느냐라는 데 있다. 부모나 지인을 통한 중매는 위험과 책임을 분산시킬 수 있었지만 오늘날 짝 선택의 책임은 온전히 자신의 몫이 되었다는 점에서 전략적 합리성의 개인화가 심화될 수밖에 없다. 이로써 배우자 선택과정은 감정적 소통보다 한발 앞서 개별자들 간의 정보전으로 탈바꿈되었다. 일루즈의 주장대로 상대방에 대한 인지적 이해가 내 감정에 선행한다면 '사심 없는' 혹은 '비이성적인' 낭만적 사랑은 로맨틱한 상호작용을 도구화할 것이다(일루즈, 2010: 173).

체계에 의한 로맨스의 식민화

결혼시장에서 벌어지는 짝 찾기 과정은 상품을 구매하는 메커니즘과 상당히 유사하다. 결혼시장에 들어선 남녀 모두는 상품목록에 나열된 하나의 상품처럼 취급된다. 결혼정보회사는 기본적으로 개인이 소유한 다양한 자원과 자본의 위계에 따라 배우자 등급을 구분한다. 여기에 고려되는 자본의 성격은 소득, 재력 같은 경제자본과 학력, 사회적 지위 같은 문화자본이 핵심을 이룬다. 그 외의 중요한 자원으로는 외모, 성격, 가정환경 등이 있는데, 특히 여성의 경우 외모는 자신의 상품가치를 단박에 높일 수 있는 강력한 자본(신체자본)이다. 여성에게는 외모자본, 남성에게는 경제자본이 더 우선시된다는 점에서 남성과 여성 간의 선호는 상호 비대칭적이다(김용학·윤호영, 2013). 한 결혼정보회사의 커플매니저는 다음과 같이 말한다(≪조선일보≫, 2002.11.29).

> "'개천에서 용 난' 케이스는 여성 집안에서도 싫어해요. 집안을 보고, 출신학교·고향·고시 기수까지 따지죠. 출세하려면 '연줄'이 중요하다는 거예요. 사법연수생을 소개하면 판사·검사·변호사 어느 쪽 지망인지, 연수원 성적까지 따져요. 의사도 피부과·성형외과·안과·치과처럼 '돈 되는 곳'을 쳐주죠. 본인의 노력과 투자가 필요해요. 외모가 안 받쳐주는데 말수도 없으면 남자건 여자건 두 번 보려고 안 해요. 자기를 꾸미지 않는 여성은 특히 인기가 없죠. 잘 웃고 대화를 잘하는 좋은 인상이 중요하죠."

이러한 경향은 결혼시장의 경쟁이 과열될수록 더욱 뚜렷하게 나타난다. 과열된 짝 찾기 경쟁은 더욱 세분화된 등급과 수치화된 지표를 통해 성별차이를 재규정한다. 결혼은 마치 "남자의 (광의의) 사회경제적 자본과 여성의 외모·상징자본 사이의 교환행위"가 된다(박노자, 2018). 결혼정보사회의 등급표만 놓고 보면 한국사회는 '가정배경', '재산', '학벌'이라는 세 가지 항목으로 서열화된 돈-신분 중심의 세습사회이다.

안정적인 가정을 이루고자 하는 기대는 개인의 주관적인 판단과 순수한 개인 능력만으로는 실현되기 어렵다. 결혼과 미래 생활에 대한 불확실성은 실존적인 불안이기도 하다. 집합적 규범의 제약을 받았던 전통적인 결혼생활과 비교해 본다면 현대의 결혼생활은 (뒤르켐적 의미에서) 집합의식이 미약하기 때문에 아노미적 상태를 전제할 수 있다. 만약 뒤르켐이라면 '개인숭배'를 전제한 유기적 결혼을 통해 이런 아노미적 상황을 돌파했을 수도 있다. 그러나 오늘날 불안은 개인이 자신의 삶을 사율적으로 기획하고 실천해 나갈 수 있는 가능성을 희박하게 하여 안정적인 생애과정을 기대할 수 없게 만든다. 미래는 아직 다가오지 않은 시간이 아니라 현재 행위의 실현 가능 여부를 가늠하게 해주는 또 다른 현재이다. 친밀성 장이 불확실성과 불투명성에 의해 재조직됨에 따라 어느 누구도 안정적인 정박지를 가질 수 없게 되었다.

1990년대 중반 이후 한국 경제가 장기불황과 노동시장의 불안정성을 경험하면서 결혼은 이에 대응할 수 있는 강력한 수단으로 여겨졌다. 당시 '취집'이라는 용어가 나올 정도로 여성에게 결혼은 직업의 대체재로 여겨졌다(신동욱·김미영, 2009). 또한 2000년대 초반 '혼테크'라는 용어가 등장하면서 결혼을 일종의 재테크 수단으로 삼는 현상도 나타났다(이영자, 2008: 59~60). 결혼정보회사는 결혼을 재테크의 일환으로 만들면서 이와 같은 불안을 일정 수준 해소해 주는 판타지를 제공한다. 이로써 결혼은 개인의 미래를 설계하는 데 매우 중요한 위치를 점하게 된다. 결혼을 재테크의 중요한 수단으로 간주하는 현상에 대해 한 커플매니저는 "어려운 현실을 피부로 절박하게 느끼니 결혼을 잘하려고 더욱 안간힘 쓰며 노력하는 것"이라고 말한다(《주간동아》, 2016).

그런데 결혼정보회사의 전략적 합리성은 성공률이 낮은 판타지이다. 이들은 대체로 회원들의 기대를 충족시키지 못하거나 감정적인 만족감을 가져다주지 못하기 때문이다. 이는 이 회사들의 매칭프로그램이 지닌 내적 논리에서 비롯된 결과이기도 하다. 결혼정보회사의 일반적인 매칭 문법은 비슷한 사람끼리 맺어준다는 점에서 상대가 대략 예측 가능해진다. 예측 가능성은 로맨틱한 상호작용에서 경험할 수 있는 우발적인 매력, 뜻밖의 설렘, 순수한 감정적 소통을 가로막는다. 사람들은 이러한 감정적 경험과 열정을 열망하지만 결혼정보회사는 이 같은 영역까지 계산해 낼 수 있는 감정적 내차내소표가 없다. 다시 말해 결혼정보회사의 광고는 당사자에게 가장 적합하고 이상적인 유형의 사람과 만날 수 있다고 어필하지만 정작 '마음이 끌리는' 사람을 만날 수 있는 가능성은 극히 제한적이다. 단지 이 업체들은 기업의 이윤축적 논리에 따라 계산된 판타지를 제공할 뿐이며 회원들은 실제로 좌절을 맛볼 가능성이 높다. 결혼정보회사는 이러한 판타지와 좌절감을 기반으로 이윤을 축적하는 감정자본주의체제의 전형을 보여준다.

이와 같은 결혼의 계급화가 최근 일어난 현상은 아니지만 낭만적 사랑과 결혼을 잇는 로맨틱 내러티브의 종말이라는 점에서 연애, 사랑, 그리고 결혼을 통합시킨 의미구조는 이전과 근본적으로 달라졌다. 정여울은 2000년대 연애풍경을 "비이성적이고 낭만적인 사로잡힘의 세계에서

계산하고 분석하고 저울질하는 효율적인 세계로의 이동"(정여울, 2014:
126)이라고 표현하면서, 이는 '사랑'에 대한 진정한 성찰은 뒷전으로 미
뤄두고 '연애'나 '결혼'이라는 가시적 성과에 집착하는 현대인의 조급증
이 초래한 결과라고 진단한다(정여울, 2014: 142).

차가운 로맨스: 결혼은, 미친 짓!

친밀성 워크아웃

부부를 상대로 한 친밀성 조사 결과를 보면 결혼생활의 만족도가 대
체로 높지 않다. 특히 여성들의 답변은 더 부정적이다. 1990년 기혼여
성을 대상으로 실시한 조사에서 아내의 절반 이상은 남편으로부터 사
랑을 못 느낀다고 답했다. '다시 태어나도 지금의 남편과 결혼하겠는가'
라는 질문에는 68.6%가 부정적으로 답할 정도로 결혼생활 만족도가 낮
았다(≪경향신문≫, 1990.12.10, 19면).[1] 유사한 조사들도 결과가 크게 다
르지 않았다. 그로부터 10여 년이 지난 뒤 실시한 조사에서도 '다시 결
혼할 기회가 주어진다면 지금의 배우자와 결혼할 것인가'라는 질문에
여성은 36.7%만 긍정적으로 답했다(≪경향신문≫, 1999.4.5, 18면).[2] 여
성들의 결혼생활 만족도가 낮은 이유 중 하나는 남성들에 비해 결혼생
활이 자기실현을 가로막고 자율성을 떨어뜨리기 때문이다. 이는 친밀

---

1 이 조사 결과는 ≪리빙뉴스≫라는 지역신문에서 서울 강남지역 아파트에 거주하는 주부
   400명을 대상으로 설문조사한 내용에 근거한 것이다.
2 이 기사에 언급된 조사 결과는 결혼정보회사인 ㈜에코러스가 서울·경기지역에 거주하는
   미혼·기혼 남녀 600명을 대상으로 실시한 「결혼 선호도 및 결혼 형태에 따른 만족도」에
   근거한 것이다.

성의 역사에서 오랫동안 누적된 남녀차별적 구조에서 비롯된 결과이기도 하고 여성의 지위가 점차 향상된 데 따른 권리 표현이기도 하다. 이러한 결과는 '결혼이 행복한가'라는 질문에 대해 근본적으로 다시 생각하게 만든다.

결혼이 남녀 모두의 생애과정에서 각별한 의미를 지님에도 불구하고 여성이 남성에 비해 결혼(생활)에 훨씬 더 민감할 수밖에 없다. 어떤 배우자와 결혼생활을 이어가느냐에 따라 삶의 향방이 크게 달라진다는 점을 감안할 때 여성에게 결혼은 중차대한 생애사적 사건이다. 1990년대 이후 여성 고학력자의 증가와 함께 여성의 사회적 지위 향상, 젠더 평등적 사고, 적극적인 경제활동 등은 결혼에 대한 근본적인 회의를 불러일으키는 객관적인 사회적 조건으로 작용했다. 그리고 감정주의, 쾌락주의, 소비주의는 연애, 배우자 선택, 그리고 결혼생활 유지에 이르기까지 깊숙이 스며듦으로써 결혼을 상대화할 수 있게 해주었다. 한 일간지 보도에 따르면, '결혼은 필수가 아닌 선택'이라는 인식은 남성 64.2%, 여성 88%로 매우 높게 나타났다(≪경향신문≫, 1999.6.14, 27면). ⟨결혼은, 미친 짓이다⟩, ⟨해피엔드⟩, ⟨아내가 결혼했다⟩와 같은 영화를 비롯해 드라마, 출판 분야에서도 결혼에 대한 의미를 근원적으로 되짚어보는 콘텐츠가 대거 전파를 탔다.

결혼은 친밀성 장에서 투쟁이 가장 격렬하게 발생하는 지점이다. 결혼은 남녀의 전후 생애과정을 한순간에 변화시킬 수도 있는 중대한 사건이기 때문에 결혼을 둘러싼 상징투쟁은 격렬하게 일어난다. 연애과정부터 결혼에 이르기까지 기간의 장단에 상관없이 상대방에 대한 구애, 서로에 대한 감정적 결속력을 확인·유지하기 위한 다양한 의례, 안정적인 물적 토대를 구축하기 위한 혼수경합 등을 필수적으로 거쳐야 한다. 이 과정이 순조롭게 진행되지 않을 경우 이전까지 쌓아온 서로에 대한 신뢰, 결속력, 진정한 감정은 순식간에 파괴될 수도 있다. 예를 들어 혼수는 이 경합에서 매우 중요한 부분을 차지한다. 결혼은 당사자들 간의 자율적인 선택과 판단에 의해서만 이루어지는 것이 아니라 양쪽 집안 간의 경제 및 상징자본을 놓고 벌이는 상징투쟁이기도 하기 때문이다. 혼수문제를 둘러싸고 벌어지는 경합은 파혼으로 이어지기도 한다.

결혼시장 내의 짝짓기 경쟁과 친밀성의 물화는 결혼을 한층 더 멀어지게 만들었다. 이 과정은 여성들의 자기실현과 젠더평등에 대한 강렬한 욕구 간의 충돌이기도 했다. 1990년대 이후 젊은 여성들은 결혼에 대해 매우 '성찰적'인 태도를 취했다. 여성들은 직업을 통한 자기실현을 결혼생활보다 우위에 두기 시작했으며, "능력이 있으면 꼭 결혼할 필요는 없다"는 인식을 갖기 시작한 많은 젊은 여성은 결혼이 미혼 때보다 더 나은 생활을 보장해 줄 것이라는 기대를 더 이상 품지 않게 되었다(≪한겨레≫, 1993.7.12). 이 과정은 "결혼은 늦게, 독신도 좋다"라는 인식으로 이어졌으며, 심지어 결혼생활에 만족하지 못한 부부들은 이혼에 대해서도 매우 개방적인 태도를 취하기 시작했다.

2000년대 이후 대중매체는 물론이고 생활세계 전반에서도 결혼에 대해 재고하는 문화적 분위기가 확산되었다. 특히 직업을 가진 기혼여성과 미혼여성의 삶을 대비시키는 문화적 레퍼토리와 비혼 담론이 확산되기 시작했다. 직업을 가진 기혼여성은 일, 가정 모두 지켜내기 위해 분투하는 철인으로 등장했으며, 미혼여성은 멋지고 화려하면서 독립적이고 자유로운 '커리어우먼'으로 표상되었다(≪조선일보≫, 2003.1.17, 19면). 대중매체는 이처럼 서로 대비되는 삶의 방식을 두고 전자보다 후자 쪽에 더 긍정적이고 미학적인 의미를 부여했다. 가정생활에 묶여 있는 직장인 여성의 삶보다 일에 집중하면서 자기계발, 운동, 여가, 창

표 3-1 | 평균 초혼 연령(1960~2022)

1960		1970		1980		1990		2000		2010		2020		2022	
남	여	남	여	남	여	남	여	남	여	남	여	남	여	남	여
25.4세	21.6세	27.1세	23.3세	27.3세	24.1세	27.8세	24.8세	29.3세	26.5세	31.8세	28.9세	33.2세	30.8세	33.7세	31.3세

자료: 통계청

조적인 생산활동 등에 많은 시간을 보내는 삶을 '멋진 인생'으로 그려냈다. 이른바 화려한 싱글의 신화가 만들어진 것이다. 심지어 이혼한 사람들을 일컫는 '돌싱'(돌아온 싱글)의 판타지도 만들어졌다. 한 일간지는 성격이 맞지 않는 배우자와 싸우며 지내기보다 자신의 삶을 지키겠다는 쪽을 택한 사람들끼리 모임을 만들어 클럽, 영화감상, 음악회, 스키, 골프 등 취미를 공유하는 문화를 소개한다. 그리고 이들 모두 유쾌함, 유익함, 여유, 자유 등 홀가분한 마음을 가진 존재로 그려진다(≪매일경제≫, 1996.6.28, 33면).

결혼에 대한 회의는 수치를 통해서도 짐작해 볼 수 있다. 앞서 살펴보았듯이, 평균 결혼연령이 2022년 기준 남자 33.7세, 여자 31.3세로 1960년 각각 25.4세, 21.6세와 비교해 볼 때 거의 9~10세 정도 증가했다. 결혼 건수의 경우 1996년 43만 건을 기점으로 줄어들기 시작했으며, 2012년(33만 건) 이후 감소 추세가 빠르게 진행되면서 2022년 현재 19만 건 수준에 머물고 있다. 조혼인 건수도 1980년 1,000명당 10.6명에서 2022년 3.7명으로 대폭 줄었다(통계청). 혼인 건수의 절대적 감소와 결혼연령의 증가와 더불어 이혼율의 증가 또한 친밀성의 구조적 변동을 가시적으로 나타내주는 지표이다. 1970년대까지만 해도 1만여 건에 불과했던 이혼 건수는 2000년대까지 지속적으로 증가해 왔으며, 특히 1990년대 후반 외환위기를 기점으로 급속하게 증가해 2003년에

표 3-2 | 이혼율 추이(1970~2000)(단위: 인구 1,000명당 건수)

연도	1970	1980	1990	1995	2000
혼인 건수	295.1	403.0	399.3	398.5	334.0
조혼인 건수	9.2	10.6	9.3	8.7	7.0
이혼 건수	11.6	23.7	45.7	68.3	120.0
조이혼 건수	0.4	0.6	1.1	1.5	2.5

자료: 통계청

는 17만 건에 이르렀다. 이 수치는 이후 차츰 감소하다가 2022년 현재 9만 건을 유지하고 있다. 〈표 3-2〉에서 알 수 있듯이, 이혼율은 지난 반세기 동안 매우 빠른 속도로 증가해 왔다.

결혼에 대한 근원적인 회의는 또 다른 짝짓기 문화를 낳았다. 비혼 동거 혹은 비혼이다. 1999년 ≪동아일보≫가 실시한 동거인식 조사에 따르면,[3] 9%가 동거경험이 있으며, 58%가 혼전동거가 가능하다고 응답했다. 특히 20대는 72%, 30대는 66%가 가능하다고 답했다(≪동아일보≫, 1999.11.19, 48면). 동거는 경제적·인격적 평등계약을 전제로 생활하면서 결혼생활의 가능 여부를 판단하는 기존 결혼 관행에 대한 대항품행이기도 하다. 동거는 둘만의 낭만적 유토피아를 만들 수 있는 기회이자 실천이다. 동거생활 후 결혼한 한 남성은 "혼전동거를 시도하는 건 아직까진 '모험'에 가깝지만 불행한 결혼생활을 막기 위한 합리적인 선택일 수도 있다"라고 말했다. 비혼동거에 찬성하는 젊은이들은 결혼 전에 보다 신중하게 상대방을 살필 수 있다는 것과 결혼보다

---

3   이 조사 결과는 전국의 20~50대 성인 600명을 대상으로 '동거에 대한 실태와 인식'을 설문 조사한 내용에 근거한 것이다.

동거가 훨씬 자유로운 생활을 보장한다는 것을 이점으로 들었다(≪경향신문≫, 1999.12.16, 31면).

한편 동거는 상대를 더 면밀하게 파악하려는 전략적 행위이기도 하다. 결혼생활에서 초래될 수 있는 물질적·심리적 불확실성을 사전에 차단하려는 전략적 합리성이 동거의 한 축이기도 하다. 이런 점에서 동거는 이중구조, 즉 낭만적 유토피아와 전략적 합리성 사이에서 불안정하게 존재한다. 또한 동거는 감정주의와 소비주의 간의 모순을 드러내는 로맨스 관행이기도 하다. 다시 말해, 감정에 의존하는 주관적 선택은 자유롭지만 마음에 들지 않으면 언제든 버릴 수 있는 소비주의적 행태와 병존한다. 동거의 이러한 이중성은 친밀성의 구조를 더욱 유동적으로 바꿔놓았다.

로맨티즘의 후기자본주의적 모순

1990년대의 신세대를 중심으로 확산된 개인주의와 소비주의는 친밀성의 탈전통화를 빠르게 부추겼다. 가부장제적 결혼구조가 지속되는 한 여성의 결혼생활이 독립적인 행복을 누리기 어렵다는 인식이 확산되면서 여성의 인격적 독립이 강조되었다(박혜경, 1994; ≪경향신문≫, 1999.5.26, 9면). 결혼은 생애과정에서 하나의 선택지에 불과한 것으로 인식되었으며, 결혼생활의 지속성 또한 보장될 수 없게 되었다.

특히 여성의 자기실현은 결혼을 대체할 수 있을 정도로 독립적인 위상을 갖게 되었으며, 여성은 자신의 역량을 직업과 경제력을 통해 인정받고자 했다(≪경향신문≫, 1993.9.4). 직업과 경제력은 개인주의와 소비주의의 물질적 토대이자 사회적 인정의 핵심 영역이다. 여성은 남성이 점유해 왔던 직업과 경제력을 동등한 위치에서 확보해 나가기 시작했다(≪경향신문≫, 1993.6.18).

이러한 흐름은 '결혼은 안 해도 그만'이라는 인식으로 이어졌으며(≪조선일보≫, 1994.5.15), 독신이나 비혼을 선택하는 여성의 비율이 높아졌다(≪동아일보≫, 1995.5.18, 17면). 이는 여성이 사회적 삶에서 독립적인 위상을 갖고 자신만의 개성, 고유성, 자율성, 취향 등을 갖출 수 있게 되었음을 의미한다. 또한 이 과정은 여성이 자신의 존재를 새롭게 인식하는 계기이기도 했다. 결혼과 함께 부과되었던 가사노동, 육아, 남편 뒷바라지, 시부모 챙기기 등은 여성의 주체적인 삶을 어렵게 만드는 비가시화된 노동이자 사회적으로 인정받지 못한 노동이었다. 여성은 이러한 '그림자 노동'의 당위성에 대해 근본적인 의문을 던졌다. 여성에게 이러한 노동은 더 이상 자존감, 명예, 위안, 안락함, 뿌듯함을 안겨주지 못했다. 다음은 한 일간지에서 몇몇 여성의 결혼에 대한 소회를 소개한 것이다(≪경향신문≫, 1999.5.26, 9면).

> "분명 사랑은 아닌 것 같아요. 15년 넘게 결혼생활을 해오고 있지만 남편에 대한 사랑보다는 자식에 대한 어쩔 수 없는 기대 같은 것으로 살고 있다는 생각이 들어요." …… "일을 가지고 있다면 이렇게는 살지 않겠어요. 12시를 넘어가는 시계바늘을 쳐다보며 남편을 기다려야 하는 일 외에는 부부의 존재의미를 모르겠어요. 결혼은 여자의 무덤이에요."

결혼과 마찬가지로 이혼도 선택사항이 되었다. "불행한 결혼보다 행복한 파경"을 선택하는 길은 전적으로 자신의 문제가 되었다. 심지어 자녀가 있어도 '사랑하지 않으면' 이혼할 수 있다는 인식도 높아졌다(≪동아일보≫, 1993.11.21). 그러나 이러한 선택들은 개인의 주관성에 전적으로 의존하기 때문에 불확실성을 내재할 수밖에 없다. 주관성은 개인의 성격, 취향, 성적 매력, 에토스, 감정 등으로 나타나는데, 이러한 내면성은 고유한 속성을 지니고 있으며 근본적으로 타인과의 화해 불가능성을 내포하고 있다. 이제 커플들은 이 화해 불가능한 것들과 어떻게 조화를 이루며 갈등을 최소할 것인가를 두고 고민하면서 불확실한 로맨스 여정을 떠나게 되었다.

감정주의는 이혼에도 크게 작용했다. 전통적인 관점에서는 사적이고 사소한 문제로 여겨질 수 있는 요인들이 현대에 와서는 명확한 이혼 사유가 되었다. 사고방식, 성격, 취향, 성적 매력, 고부갈등, 혼외관계 등으로 인해 갈등이나 불화가 생길 경우 언제든 이혼이 가능해졌다(≪경향신문≫, 1993.11.22). 자신의 주관적 감정을 해치는 모든 일은 이혼의 잠재적인 원인이 되었다. 그리고 이혼은 이전처럼 불행, 파국, 파경 같은 부정적이고 수치스러운 일이 아니라 "새로운 출발"로 받아들여졌다(≪한겨레≫, 1994.2.1).

짝짓기에서 나타난 이러한 불확실성은 21세기 이후 출산과 자녀양육 또한 선택의 문제로 전환시켰다. 이른바 딩크(Double income No Kids: DINK)족의 탄생은 결혼과 자녀 출산 및 양육 간의 필연적 연관성이 깨진 결과이다. 딩크족은 자녀 양육이나 가정생활보다는 개인의 직업생활과 소비문화를 누리는 데서 더 큰 성취감과 즐거움을 얻었다. 이런 경향이 확산되면서 젊은 부부들은 자녀 출산을 점점 늦추거나 끝내 자녀를 낳지 않는 선택까지 하게 되었다. 맞벌이 부부가 증가함에 따라 자녀를 낳더라도 양육은 아웃소싱 형태로 다른 사람(주로 시부모나 친정부모)이나 보육기관에 내맡겨졌다(≪경향신문≫, 1993.10.30). 따로 논의할 쟁점이기도 하지만 양육의 외주화는 또 하나의 거대한 친밀성 산업을 창출해 냈다. 양육의 외주화는 개인의 자기실현 가능성을 높이는 선택이기도 했지만 다른 가족구성원의 헌신과 친밀성을 상품화한 대가로 이루어지는 것이기도 했다. 이는 친밀성의 가족주의적 습속이 강하게 작동한 결과 또는 시장에 의존할 수밖에 없는 가족주의적 자본주의의 병리적 현상이라고 볼 수 있다.

1990년대 이후 높아진 소득수준은 로맨스를 한층 더 상품화시키는 데 영향을 미쳤다. 소비자본주의는 짝짓기 전반의 과정을 시장으로 편입시켰다. 커플들은 경제적 안정성과 소비의 쾌락을 누릴 수 있느냐에 따라 관계 형성 및 지속성을 보장받을 수 있게 되었다. 이는 외환위기 이후 한국사회가 대기업 중심의 신자유주의적 전환, 사회적 불평등 심화, 사회적 위험 증가 등을 겪으면서 삶의 기반이 불안정해졌고 이로 인한 공포감정이 로맨스에 영향을 미친 결과이다(정수남, 2010). 이럴수록 사적이고 내밀한 친밀성의 영역마저도 물질적 토대의 안정성을 확보하는 데 감정적 에너지를 집중했다. 불평등의 심화는 친밀성 전반을 물적 토대와 더욱 긴밀하게 얽히도록 만들었다. 데이트 비용, 결혼자금, 주택 마련, 자녀 양육, 교육비, 여타 소비/생활 등에 소요되는 비용의 증가는 점점 더 결혼을 불가능하게 만들었다. 요컨대 낭만적 유토피아는 물적 토대, 이해관계, 소비를 초월하여 상상될 수 없는 시장의 부수적인 산물이 된 것이다. 이것이 바로 로맨티즘이 지닌 후기자본주의적 모순이다. 이만교는 이러한 상황을 소설『결혼은 미친 짓이다』에서 노골적으로 표현했다. 다음은 소설 속 주인공 연희가 결혼 상대자를 찾으면서 준영에게 말하는 내용이다. 길게 인용해 보자.

"첫 번째는 의사 사모님이어서, 경제적으로 안정되겠지만 단조로운 생활에 시댁 식사들의 높은 콧대를 견뎌야 하고 다소 못생긴 그의 외모에 정을 붙여야 하고, 그래도 생전 바람은 피울 것 같지 않은 순진한 구석이 있지만, 이건 믿을 게 못 되고 …… 그다음은, 보잘것없는 샐러리맨의 아내이지만 귀여운 연하의 남편과 살 수 있는 즐거움, 그러나 너무 작은 키에 가난한 시댁, 그리고 그러나 무엇보다도 한없이 선량해 보이는 그 눈! 그다음 역시, 샐러리맨의 아내이긴 마찬가지이지만 일류대 출신에다 또 분양받아 놓은 아파트가 있고 웬만큼은 가정적일 것 같지만, 시댁 식구들의 관계가 좀 복잡한 것 같고 고지식할 것 같은 여성관에다가 너무 가느다란 목소리도 문제야. …… 그리고 다음은 전원주택에다가 클래식 등등의 고상한 취미에 어쭙잖지만 들어줄 만한 피아노 연주 솜씨, 그리고 공부만 하는 연구원 특유의 순진함이 있어 보이긴 하지만 편모슬하에서 자란 사람이라 좀 편집증적일 것 같은 성격이야. …… 마지막으로 너는, 무엇보다도 솔직한 구석이 있고 시부모님이 착하신 것 같아. 게다가 키도 크고 코도 오똑하고 무엇보다 테크닉이 뛰어나. 하지만 기약 없는 셋방살이를 해야 할 것 같고, 여자관계가 복잡해 보여. 결혼하고 나서도 틈만 나면 딴짓 할 게 분명해. ……" 그녀가 머리를 저으면서 말했다. "정말 복잡하군. 도대체 이렇게 대치대조표를 내야 하지?"(이민교, 2000: 168~169)

준영과 연희의 대화는 결혼을 둘러싼 다양한 가치가 충돌하면서 선택의 버거움을 경험하는 세태를 드러내준다. 연희에게는 부, 학력, 직업, 가족, 외모, 성적 매력, 그리고 자아감정 등 고려할 사항이 많지만 이 가치들 중 어느 하나도 포기할 수 없다. 이런 점에서 연희는 낭만적 사랑과 현실주의적 사랑 모두를 (불가능하지만) 꿈꾸는 로맨티즘의 자본주의적 모순을 보여주는 인물이다. 반면 결혼 자체를 단념한 준영은 연애에만 몰입한다. 결혼을 (하고 싶어도) 단념할 수밖에 없는 상황은 로맨티즘이 지닌 후기자본주의적 모순의 한 양태이다. 준영의 낭만적 유토피아에서 결혼은 상상될 수 없다. 후기자본주의사회에서 낭만적 유토피아는 현실주의적 사랑과 충돌하는 것조차 허락되지 않는다. 결혼은 낭만적 유토피아에서 추방당했기 때문이다.

낭만적 유토피아에서 결혼이 추방된 것은 쾌락주의, 감정주의, 그리고 소비주의가 결합된 산물이다. 결혼은 경제적 조건을 교환하는 논리로만 설명되지 않는다. 왜냐하면 배우자를 선택하는 데에는 개인의 주관적 감정과 상대에 대한 성적 매력 요소가 강하게 작동하기 때문이다. 특히 현대로 올수록 감정주의와 쾌락주의 논리가 강하게 작용하면서 물질적이고 객관적인 능력과 함께 주관적인 감정 또한 짝 찾기의 핵심 요소가 되었다. 이는 로맨스의 후기자본주의적 모순을 발생시키는 세 가지 축이다. 이 세 축이 어떻게 결합되느냐에 따라 결혼의 가능 여부, 결혼생활의 지속 등이 달라진다. 이는 로맨스의 계급적 논리를 강화하는 축이기도 하다. 오늘날 결혼은 점차 계급적 우위를 점한 사람들에게나 가능해진 특권으로 주어진다. 특히 감정과 쾌락은 계급적 장벽을 뛰어넘는 위반의 표상이지만 역설적이게도 이 둘은 계급적 논리와 긴밀하게 조응한다. 순수한 쾌락과 순수한 감정은 계급적 우월성을 지닌 자들에게 부여되는 특권이 되었다. 이로써 순수는 가장 시장 친화적인 논리와 결합된다.

최근 발표된 한국노동연구원의 『노동과 출산 의향의 동태적 분석』(2023) 보고서에 따르면, 소득 격차에 따른 혼인 비율 격차가 매우 크게 나타난다는 것을 알 수 있다. 20대 중후반의 경우 소득 하위 10%와 상위 10%에 속하는 남성의 혼인비율은 각각 8%와 29%로 나타났다. 30대 초중반의 경우는 각각 31%와 76%, 40대 초중반의 경우는 각각 58%와 96%로 나타났다. 이러한 경향은 로맨스가 소득불평등과 함수 관계를 맺고 있으며, 소득이 계급재생산의 주요 자본으로 작용한다는 사실을 보여준다. 순수, 진실성, 낭만 등이 경제적 빈곤을 대체할 수 있는 시대 혹은 그럴 수 있다고 상상하던 시대는 빠르게 저물고 있다.

한편 '섹스리스' 부부의 등장 또한 로맨티즘이 지닌 후기자본주의적 모순의 한 징후이다. 2000년대 이후 한국의 자본은 고성장과 함께 새로운 축적체제를 구축하면서 노동시장을 유연화해 왔다. 정보화와 지구화는 자본과 노동 모두를 한 단계 강화된 경쟁체제로 몰아넣었고, 이럴수록 노동자는 시공간을 초월한 경쟁체제 속에서 가속화된 삶을 살아가야 했다. 자기계발이 고도화되면서 연애할 시간도, 결혼할 '시간'도 없어졌을 뿐만 아니라(≪조선일보≫, 2001.10.12, 66면) 유동적인 노동은 부부간 섹스도 점점 멀어지게 만들었다. 한 일간지는 섹스리스 부부들을 조사하면서 몇 가지 원인을 진단했다. 가장 주된 원인은 스트레스인데, 주로 노동과 관련된 것이었다. 한 주부는 "은행 다니는 남편이 합병에 따른 구조조정 압력에 시달리면서 횟수가 절반으로 줄었"다고 말했으며, 다른 주부는 "연애할 때는 그렇지 않았는데, 결혼과 함께 섹스가 귀찮고 재미없어졌어요. 맞벌이라 서로 바쁜 데다가, 거의 매일 술자리가 있어서 집에 오면 피곤하기도 하고요"라고 말했다(≪조선일보≫, 2001.12.5, 57면). 이처럼 후기자본주의체제는 낭만적 유토피아에서 결혼도 섹스도 내쫓아버린다.

제2부

포스트 로맨스의 현상학

현실 분석

제4장

굿바이 투 로맨스
안녕, 첫사랑

상실된 유토피아

1998년 한 일간지에는 다음과 같은 내용이 소개되었다. "하룻밤 지나면 잊혀지는, 모레알처럼 푸석푸석한 찰나적 사랑이 판을 치는 시대……. 그러나 아직도 가슴 속 깊이 인두로 찍은 듯한 첫사랑의 기억을 잊지 못하는 사람이 적지 않다"(≪동아일보≫, 1998.2.2, 11면). 이처럼 많은 이들이 한 번쯤 떠올려보는 기억의 대상이 있다. 매우 강렬해서 깊이 각인된 사건, 하지만 실현되지 못하고 좌절된 사건이기에 때로는 가슴 쓰리고 때로는 애틋한, 그래서 시간이 지나도 쉽게 잊히지 않는 그런 사건을 함께 경험한 타자, 바로 '첫사랑'이다. 현대사회에서 첫사랑은 누구에게나 한 번쯤은 있을 법한 공통의 경험인 듯 보이며, 과거의 '순수한 한때'를 상징하는 신성한 시공간으로 특권을 부여받고 있는 것처럼 보인다. 흔히 첫사랑은 대부분 실패한다고 하지만 다수의 대중이 경험한 사건이라는 점, 그리고 사랑 담론에서 첫사랑은 여전히 중요한 감정자본으로 활용된다는 점, 이것이 대중문화 산업의 요청에 의해 소비의 대상으로 자주 전유된다는 점 등 여러 상황을 고려해 볼 때 첫사랑은 사회학적 탐구 대상으로 논의될 만하다.

첫사랑은 소년기나 청년기에 한 번 정도는 경험하며 가슴 아파하는 통과의례와도 같아서, 신성한 대상과 대면할 수는 있지만 결국 그를 자신의 것으로 소유하지 못하는 신도들의 애절함에 빗댈 수 있겠다. 첫사랑을 다룬 작품으로는 멀리는 1953년 황순원의 소설「소나기」에서부터 가깝게는 영화〈김종욱 찾기〉(2010), 〈건축학개론〉(2012), 웹툰「사춘기 메들리」(2013), 드라마〈응답하라 1997〉(2012, 이하〈응칠〉), 〈응답하라 1994〉(2013, 이하〈응사〉), 〈응답하라 1988〉(2015, 이하〈응팔〉)에 이르기까지 매우 많다. 여기에 등장하는 소년과 소녀, 고등학생, 그리고 20대 초반 대학생의 이야기는 '한때의 순수함' 혹은 '잃어버린 진정성'을 되살려주는 기억 작업(working for memories)을 요청한다. 한 예로 2012년 영화〈건축학개론〉이 흥행한 직후 어느 소셜데이팅 서비스 사이트가 싱글 남녀들 대상으로 실시한 조사 결과에 따르면, 이들은 첫사랑에 대한 정의를 '순수함'에서 찾았다고 한다(박혜림, 2012.4.30).

첫사랑은 강렬한 종교적 체험처럼 우리 마음과 육체에 깊이 각인되어 오랜 시간이 흘러도 쉽게 잊히지 않는다. 첫사랑이 유독 향수의 대상이 되는 데는 이러한 육체화된 기억이 작용했을 수 있다. 개인에 따라 차이는 있지만, 첫사랑이 우리 기억 속에서 잘 사라지지 않는 데에는 분명 심리 내적 요인이 작용한다. '첫' 경험이라는 특정한 사건이 가져다주는 새로움, 충격, 신선함, 애틋함, 고통, 아픔, 아련함, 설렘 등과 같은 심리 내적 경험은 뇌리에 깊이 새겨져 유사한 사건을 접할 때마다 뇌신경이 동일한 반작용을 일으키기 때문이다. 하지만 첫사랑을 심리 내적인 차원으로 환원해서 설명하기에는 첫사랑이 왜 다른 감정이 아닌 유독 순수함, 애틋함, 설렘과 같은 감정을 유발하는지 말하기 어렵다. 이러한 감정은 과거의 상실, 소외, 이별 경험으로부터 비롯돼 아픔이나 애달픈 느낌을 현재 시점에서 사후적으로 재구성한 역사적 감정이다. '잃어버린 것'에 대한 현재적 아쉬움과 애잔함이 바로 그러한 사후적 구성감(構成感)을 이루는 감정들이다.

첫사랑에 대한 향수라는 구성된 감정은 '잃어버린 것'이 무엇이고 이것을 왜 다시 기억해 내려 하는지, 이 과정에서 인간은 왜 아련해하고 때로는 아파하는지를 규정하고 범주화하는 사회문화적 조건을 필요로 한다. 다시 말해, 기억 작업을 통해서 첫사랑을 재구성하고 이를 낭만화하거나 이상화하는 작업은 특정한 사회역사적 맥락과 조건을 동반한다. 전통 사회의 남녀 관계에서는 '첫사랑'이라는 관념이 구조적으로 형성될 수 없는 조건에 처해 있었다면, 근대적인 남녀 관계에서는 첫사랑이 잠재적 필연성을 내재하고 있다. 이는 친밀성의 근대적 전환에 따른 사회적 결과로서 사회분화와 개인성의 증대가 가져온 '연애'의 탄생과 맞물려 있나(권보드래, 2003; 김경일, 2004; 서지영, 2011). 남녀 간 상호작용 형식이 근대적으로 변화함에 따라 이른바 사랑이라는 삶의 내용이 연애라는 특정한 형식으로 창출되었다(김덕영, 2014: 5장 참조). 여기서 중요한 모티브는 로맨스이다. 로맨스는 근대적 친밀성 장을 구성하는 핵심 동력이다. 통상적으로 낭만적 사랑은 "합리적이기보다는 비합리적이고, 이윤 지향적이기보다는 이유가 없고, 공리주의적이기보다는 유기적이며, 공적이기보다는 사적"인 것으로 받아들여진다(일루즈, 2014: 19). 이처럼 로맨스의 탈세속적 특성은 사람들에게 순수하게 받아들여지고, 이러한 순수함을 상실할 경우 고통스러운 감정적 격랑을 겪게 된다. 첫사랑이 로맨스와 결합될 수 있는 것은 바로 순수함과 상실감을 동시에 수반하는 속성에서 기인한다. 근대적 친밀성 장에서 로맨스는 순수함, 무사심(無私心), 무사무욕과 같은 감정자본으로 등장하며 현실주의적 사랑과의 상징 투쟁에 들어서기 때문이다.

인간의 역사에서 정열적인 사랑 혹은 낭만적인 사랑처럼 개인 간의 순수한 '호감'과 '성적 매력'을 매개로 교감하는 방식은 이미 알려진 바와 같이 특수한 역사적 산물이자 근대 문화의 특성이다. 오늘날 우리가 꿈꾸는 로맨스나 이상화된 사랑은 18세기 이후 서구 부르주아 핵가족의 출현과 함께 등장한 사회역사적 산물이다(기든스, 1999: 83~93). 그럼에도 첫사랑이 설레고 강렬하며 정신을 빼놓는 경험이 될 수 있는 더 근원적인 이유는 근대 이전에 남녀가 교감했던 형식과는 전혀 다른 교감 형식에서 찾을 수 있다. 즉, 낭만적 사랑은 순전한 개인 대 개인의 결합으로만 구성되는 신성한 시공간적 체험이자, 그들만의 자유를 은밀하게 누릴 수 있는 공간에서 행해지는 체험이다. 이러한 체험은 '개별성(individuality)'이라는 근대성의 문화적 특징과 조우한다. 이른바 첫사랑은 근대적 자아가 독자적으로 체험하는 '개인법칙'을 실현하는 것이다(김덕영, 2014: 267). 첫사랑은 한 개인이 독립된 객체로서 자율성을 실천하는 상호 간의 체험이자, 이것이 끝내 실현되지 못함으로써 내적 상실감 또한 체험하게 되는 이중성을 내재한다. 따라서 대부분의 사람이 첫사랑을 떠올릴 때 느끼는 지배적인 감정은 설렘과 상실감이 교차하면서 발생하는 애틋함일 것이다. 이처럼 첫사랑에 대한 향수는 이중 감정(그리움/원망, 설렘/체념, 흥분/아쉬움)을 짙게 드러낸다.

첫사랑이 애틋한 기억으로 재구성되기 위해서는, 즉 향수화되기 위해서는 몇 가지 조건이 전제된다. 첫째, 상호 호감을 갖는 상대와의 첫 만남이 내외적 제약 없이 자유롭게 이루어졌어야 한다는 것이다. 생리적 욕구와 번식만을 위해 강제로 맺어진 관계에서는 첫사랑에 대한 향수가 발생하기 어렵다. 둘째, 기억을 재구성할 수 있는 행위자의 사회적 조건이 충족되어야 한다는 것이다. 기억을 재구성한다는 것은 일정한 시공간적 여유를 필요로 하며, 이는 사회적 제약으로부터 일정한 거리가 전제될 때 보장될 수 있다. 마지막으로, 기억을 재구성하는 방식이 적절해야 한다는 것이다. 이는 '어떤 방식으로 기억을 재구성할 것인가'라는 방법론적 문제로서, 기억이 개인의 직접적인 체험으로부터 주체적으로 구성되는가, 아니면 문화 산업이라는 매체를 통해 간접적으로 체험되는가라는 쟁점을 제기한다. 이것이 첫사랑의 향수화를 가능케 하는 조건이라면, 오늘날 한국사회는 이를 얼마나 충족시키고 있는가? 만약 충족되지 않거나 조건이 달라졌다면 첫사랑 혹은 그에 대한 향수는 오늘날 어떻게 가능하며, 어떻게 재구성되고 의미화되는가? 이러한 질문은 우리 시대의 사랑의 가능성을 우회적으로 탐색하게 한다. 연애 불가능성 시대를 목도하는 요즘, 이를 탄식만 하기보다는 좀 더 차분하게 현재의 모습을 바라보자는 것이다. 그런 점에서 첫사랑 혹은 첫사랑에 대한 향수는 우리 시대를 가늠해 볼 하나의 척도가 될 수 있다. 첫사랑에 대한 강렬한 느낌과 순수함만큼은 누구도 부정할 수 없기 때문이다. 만약 순수함에 대한 향수마저 박탈당한다면 우리는 무엇을 그리워할 수 있을까.

이 장에서는 이 시대의 첫사랑이 지닌 힘겨움을 논의하고, 첫사랑에 대한 기억 작업이 처한 사회적 조건을 살펴보며, 첫사랑을 기억해 내는 방식의 후기 근대적 전환을 탐색해 보고자 한다. 또한 후기 근대적 상황에서 기억의 재구성 작업이 노스탤지어의 상업화와 결합해 어떻게 전개되는지 살펴보려 한다. 우리는 오늘날 첫사랑이 점차 개인의 주체적인 기억 작업에 의해 낭만화되기 어려운 운명에 놓여 있다는 전제에서 출발한다. 이 힘겨움은 낭만적 사랑이 처한 후기 근대적 조건과의 연관성 속에서 논의될 것이다. 이를 통해 후기 근대적 상황에서 주체가 기억을 재구성하는 방식을 살펴보고, 이것이 현대 사회에 갖는 함의를 도출해 보고자 한다.

이를 위해 첫사랑에 대한 향수를 표현한 대표적인 대중가요, 드라마, 영화를 주요 논거로 활용했다. 자료는 다음과 같은 기준에 입각해 취사선택했다. 우선, 첫사랑에 대한 그리움과 애절함을 가장 잘 표현한 대중가요를 선택했다. 연인 간의 사랑을 다룬 상당수의 대중가요는 이별 후 옛사랑을 그리워하는 서사나 첫사랑 자체의 설렘을 표현한 경우가 많은 반면, 첫사랑에 대한 그리움을 직접적으로 표현한 서사는 그리 많지 않다. 첫사랑은 옛사랑에 포함될 수 있지만 여기서는 첫사랑을 뚜렷하게 언급한 가요만 택했다. 그리고 노래가 발표될 당시 대중에게 상당한 인기를 끌었던 곡을 택했다. 영화와 드라마의 경우 일정 수준의 관객을 동원하거나 시청률을 기록하고, 당시 많은 언론에 소개된 텍스트를 선택했다. 마지막으로 소설의 경우는 청년 세대를 주인공으로 한 최근 작품들 중에서 문학상을 수상한 대표적인 소설을 택했다. 수상작이라고 해서 대중성을 획득한 것은 아니지만, 소설에 함축된 시대적 상징성을 고려해 자료로서 충분한 가치가 있다고 판단했다.

낭만화된 첫사랑: 근대화의 이중성

속도와 기억 작업

첫사랑을 낭만화하는 작업은 대중문화가 발달하는 과정에서 더욱 진전되었다. 특히 소설, 대중음악, 그리고 로맨스 영화는 줄곧 첫사랑을 소재로 활용해 왔다. 일찍이 서구의 경우 1860년 이반 투르게네프는 자신의 자전적 소설 『첫사랑』을 썼는데, 이 소설에 나오는 첫사랑에 대한 다음과 같은 묘사는 전에 없던 감정적 강렬함을 보여준다. "그녀 앞에 서면 나는 뜨거운 불에 타는 것 같았다. 그러나 나를 불태우며 녹여버리는 그 불이 도대체 어떤 불인지는 알 필요가 없었다. 나로서는 불타며 녹아버리는 것 자체가 말할 수 없이 달콤한 행복이었기 때문이다"(투르게네프, 2014: 104). 첫사랑이 주는 이러한 강렬함은 근대 대중문화의 한 부분을 이끌어가는 하나의 원동력일 정도로 인간의 삶에 커다란 파급력을 가져다준다. 첫사랑의 강렬함은 기억에서 쉽게 지워지지 않는 감정적 생채기와 같아서 최근까지도 문화적 소재로 자주 활용되고 있다.

첫사랑은 현재의 사랑이 아니라 이별 뒤에 오는, 실패한 사랑 뒤에 주체가 다시 그때 그 사람을 떠올리며 돌아가고 싶은 갈망, 즉 그리움과 향수이다. 또는 실향민이 다시는 갈 수 없는 고향을 떠올리며 느끼는 아련하고 내밀한 아픔 같은 것이기도 한다. 이처럼 첫사랑을 얘기한다는 것은 주체로 하여금 현재의 시점에서 과거를 어떻게 재구성할 것인가를 둘러싼 일종의 감정 작업(emotional works)을 요구한다. 과거를 재구성하는 작업은 주체가 현재에 처한 상황과 감정 상태에 따라 과거의 범주, 내용, 분류 체계를 달리한다. 형식적으로는 누구나 자유롭게 감정 작업을 할 수 있지만, 개인이 처한 사회적 조건과 문화적 인지 틀(혹은 담론)에 따라 재구성 방식과 의미를 도출하는 방식이 다양하게 나타난다. 그리고 감정 작업은 한 시대의 집단 구성원들이 공유하는 감정적 분위기와 레이먼드 윌리엄스가 말하는 정서 구조(structure of feeling)의 범위 내에서 이루어진다.

앞의 논의를 바탕으로 먼저 첫사랑이 어떠한 사회적 조건에서 낭만화될 수 있는지, 이를 가능하게 하는 요인은 무엇인지 살펴본다. 그다음으로는 '첫사랑에 대한 향수'(이하 '첫사랑 향수')를 구성하는 담론이 어떤 감정구조와 내용을 포함하는지 분석하려 한다. 여기서 담론은 주체를 구성하는 권력효과를 넘어 감정을 구성해 내는 힘으로 이해된다. 하지만 담론은 반대로 감정적 동인에 의해 해체되기도 하고 구축되기도 한다는 점을 인식할 필요가 있다(Alba-Juez and Mackenzie, 2019).

첫사랑 향수에 대한 가장 대중적인 서사는 황순원의 소설 「소나기」라고 할 수 있다. 시골 소년과 서울에서 온 소녀의 순수한 사랑을 성인의 관점에서 재구성한 내러티브는 오늘날 첫사랑 향수의 전형으로 자리 잡았다. 소년과 소녀의 사랑이 순수했는지 여부는 두 인물의 의지와 상관없이 이들을 바라보고 구성하는 성인 작가 혹은 독자가 결정한다. 순수함은 아이들이 직접 생산한 것이 아니라 그들을 바라보는 성인들에 의해 만들어진 산물이다. 한국전쟁 이후 산업화와 더불어 삶이 세속화되는 과정에서 이제는 되돌아갈 수 없고 다가갈 수 없는 유년 시절을 신성한 시공간(순수함과 자연)적 체험으로 재구성해 내는 내러티브는 노스탤지어의 전형적인 감정구조이자 감정 작업의 산물이다. 노스탤지어는 고향과 고향에서 보낸 시절을 애타게 그리워하는 감정이다. 임철규에 따르면, 노스탤지어는 "귀환의 불가능성을 전제로 한 욕망"이라는 점에서 비극으로 끝날 수밖에 없지만, 사람들은 "귀환을 향한 욕망이 허망하다는 것을 알면서도, 고향은 그때의 고향 모습 그대로 여전히 자기를 기다리고 있다는 환상을 통해 자기 위안을 얻으려" 한다(임철규, 2009: 16~17). 첫사랑 향수 또한 고향을 그리워하는 감정과 마찬가지로 첫사랑을 순수했던 체험으로 상상하면서, 순수함을 상실한 채 세속적인 관계에 익숙해져 가는 현재의 자신을 위로하려는 감정 작업의 일환이다.

우선, 1960년대 이후 한국의 근대화는 첫사랑에 대한 향수를 가능하게 하는 사회적 조건으로 작용했다. 낭만적 사랑이 서구의 근대사회 출현에서 비롯되었듯이, 한국사회의 첫사랑 향수 또한 근대화 과정과의 연관성 속에서 이해될 필요가 있다. 급속한 도시화와 이촌향도, 대도시적 삶의 보편화, 대중문화 산업의 확산, 서구적 로맨스 담론의 유입 등은 한편으로는 전통적 규범과 질서를 파괴하고 소멸시켰지만, 다른 한편으로는 (미완의 형태로나마) 근대적 '개인'의 확산을 가져왔다. 전통적인 유대가 쇠퇴하고 자율적인 개인이 등장한 것은 근대화의 필연적인 숙명이기도 하지만, 첫사랑은 이 두 가지 조건이 충족됨으로써 가능해진다. 고향에 대한 그리움이 개발독재의 여파로 전통과 과거, 즉 내가 살아온 흔적이 소멸하는 데 대한 아쉬움으로 솟구치듯이, 첫사랑 또한 이와 유사한 감정동학의 논리를 갖는다. 요컨대 근대화는 첫사랑을 가능케 하는 조건인 동시에 달성되기 어렵게 만드는 조건이라는 이중성을 지닌다. 근대화의 존재론적 조건은 '개별화'의 가망성(chance)에 있다. 개별화는 전통적 규약이 해체되고 전체주의적 공동체 질서 및 규범이 쇠퇴한 이후에 도래하는 근대 세계의 새로운 삶의 원리이다. 게오르크 짐멜은 이러한 근대성의 특징을 '액화' 개념으로 명명했는데, 이를 현대적으로 계승한 지그문트 바우만 또한 액체 또는 유동성 개념을 오늘날 후기 근대성의 특징으로 내세운다(바우만, 2009). 개별화는 근대성의 조건이기도 하지만 그 결과이기도 하다. 끊임없는 접속과 단절이 생성되는 유동적인 근대사회에서는 자아의 발견 혹은 자아 정체성 형성이 개인들에게 집요하게 요구된다. 이렇게 보면, 첫사랑 향수는 근대사회의 유동적 성격(유동성)과 자아 정체성 구축(고정성)이라는 상충 관계를 현재의 개인이 매듭짓는 특정한 사건으로 작용한다. 즉, 불안정한 사건으로 존재했던 첫사랑이 현재 시점에서 안정성으로 전환되는 것이다. 그렇다면 이 안정성은 어떻게 확보되는 것인가? 여기에는 독특한 시공간이 자리하고 있다. 공간적으로는 대체로 '(자신이 살았던) 고향' 또는 전원적 장소이고, 시간적으로는 '유년 시절'이다.

먼저 첫사랑 향수의 공간적 차원을 살펴보자. 첫사랑 향수는 좀처럼 번잡하고 화려한 도시 속에서 그려지지 않는다. 첫사랑이 펼쳐지는 주요 무대는 상당 부분 한적한 시골이거나 아직 근대화의 세례를 덜 받은 중소 도시이다. 앞서 언급한 소설, 드라마, 웹툰 등에서 설정된 공간도 농촌 풍경의 시골 아니면 근대화의 주변부인 서민이 사는 동네이다. 그러므로 여기서 '시골'은 농촌 그 자체가 아니라 '근대화된 시골', 즉 거대한 도시화의 흐름에 딸려갈 수밖에 없는 '도시화된' 시골이다. 시골은 도시(화)와 대비됨으로써 첫사랑 향수의 거점이 된다. 어쨌든 시골은 자연 그 자체가 내뿜는 원시성, 순수성, 안정성, 신성성의 이미지를 표상한다는 점에서 첫사랑 향수의 공간으로 종종 채택되곤 한다. 송경동의 시 「읍내 형수」(2006)는 이를 잘 반영한다. "소선으로 가는 길목/ 이십 년째 잡화를 하는 신세계슈퍼 이층에/ 단란주점을 낸 소연이가/ 내 첫사랑이다"라고 시작하는 이 시는 동네 형과 결혼해 버린 소연이를 뒤로 하고 "지금도 홍계리 그 외등은/ 벌겋게 타오르고 있을까/ 장미꽃 넝쿨처럼 가시를 치며 담을 넘던/ 세 자매의 웃음소리/ 가쁜 숨 쉬며 나는 어디쯤 달려 왔는가/ 굉음처럼/ 지나가버린 세월/ 긴 밤 내 썼던 편지를 쫙쫙 찢어 날리던/ 그 철로변 꽃잎들은 다 날아갔을까"로 끝맺는다.

이 시에 설정된 공간은 시적 화자가 어린 시절에 살았던 지방 소도시, 즉 평범한 소시민들이 살아가는 읍내이다. 이 시에서 끝내 이루어지지 않은 첫사랑에 대한 애틋함과 "굉음처럼 지나가버린 세월"로 인해 잊힐 것 같은 첫사랑에 대한 아쉬움은 읍내라는 안정적인 심적 공간 속에서 꿈틀거린다. 결국 읍내는 첫사랑 향수의 본원지이자 순수한 공간으로 재구성된다. 역설적이게도 첫사랑은 근대화된 공간을 상정하지만, 정작 첫사랑 향수는 시골과 같은 정적인 공간을 통해 이루어진다. 이처럼 첫사랑 향수가 자연과 부합해 이상화되는 것은 급속한 근대화 과정과 빠르게 변해가는 도시적 삶에 대한 자아의 성찰적인 기억 작업으로 볼 수 있다. 향수는 현재와 과거의 거리감을 전제로 하지만, 이 거리감은 주체가 자신의 체험을 어떤 방식으로 재구성하는지에 따라 그 내용과 성격이 달라진다.

그다음으로 첫사랑 향수의 시간적 차원을 살펴보자. 첫사랑 향수의 시간적 차원은 주로 '유년 시절'인데, 여기서 어린 시절은 문화적 차원에서 특유의 상징성을 갖는다. 근대적 의미에서 유년기는 순수함, 천진난만함, 깨끗함, 아름다움, 순결함으로 상징화된다(아리에스, 2003). 첫사랑 향수가 줄곧 '어린 시절'이라는 시간성과 결합할 수 있는 것은 시골이라는 안정적이고 순수한 공간 이미지의 친화력을 갖기 때문이다. 노스탤지어적 시간 의식은 "보다 충만했던 과거의 어떤 시간 혹은 배경에로 되돌아가고자 하는 강렬한 욕망"이자, "이전의 시대를 그것이 실제로 존재했던 것보다 더 매혹적으로 만드는 방식으로 과거의 요소들을 선택적으로 결정화함으로써 이상화하고자 하는 경향"을 지닌다(차승기, 2006: 242). 앞서 언급했듯이, 첫사랑이 은밀한 흥분과 희미한 그리움을 불러일으키고 아련하게 다가오는 것은 성스러운 시공간을 접하는 이중적 감정에서 비롯된다. 즉, 성스러운 경험은 흥분을 유발하는 동시에 그 실재에 이를 수 없는 안타까움과 좌절감을 안겨주기 때문이다. 이런 측면에서 첫사랑 향수는 성스러운 경험이자 성스러운 것의 상실이라는, 이중적인 경험이기도 하다.

이러한 경험이 가능한 이유는 개인들이 체험하는 근대화의 속도와 그에 따른 반작용으로서 성찰성, 즉 기억 작업과의 변증법적 결합에서 찾아볼 수 있다. 한국적 개발 근대는 과거의 실재 혹은 흔적을 제거해 나갔으며, 속도의 경제학은 과거를 낭만화할 수 있는 여유와 기억 작업을 점차 허락하지 않았다. 그러나 다음 절에서 논하듯, 근대화는 역으로 이러한 상실감을 만회할 수 있는 여력을 제공하기도 했다. 근대화에 따른 개인화와 경제적 풍요는 이전과 다른 형태의 기억 작업을 가능하게 해주었다. 1970년대 압축 성장과 1980년대 3저 호황으로 1990년대 초반까지 경제 부흥을 누렸던 사람들은 근대화로 겪은 과거의 상실감을 낭만화하고 미화할 수 있는 '느긋한' 현재를 누릴 수 있었다. 여기서 느긋함은 과거를 주체적으로 객관화하고 꾸미면서 과거에 의미를 부여할 수 있는 물질적 조건과 문화자본이 결합된 시간 효과이다. 역설적이게도 이러한 느긋함은 근대화의 결과이다. 이런 감정과 시간 구조는 첫사랑 향수에 대한 담론을 분석함으로써 우회적으로 확인힐 수 있다.

'느긋한' 현재, '아련한' 과거

1990년대 한국사회는 이른바 소비자본주의로의 전환이 이루어진 시기이다(주은우, 2010). 당시에는 경제적 풍요를 발판으로 소비의 민주화를 경험했으며, 실제로 자동차, 해외여행, 명품 소비 등으로 대표되는 중산층적 소비가 급증했다. 문화적으로는 '네 멋대로 해라' 식의 자유가 유행하는 시대였고, 서태지와 아이들이 「교실 이데아」를 외치며 기성 담론에 대한 반격을 시도한 시기이기도 했다. 반면 이명세 감독의 〈첫사랑〉이라는 영화가 1993년에 개봉하고 015B, 윤종신, 전람회, 토이 등이 첫사랑이나 옛사랑에 대한 발라드풍 노래를 히트시키며 인기를 구가한 시절이기도 했다(당시 이 가수들은 모두 20대였으며 1980년 대 후반에 대학에 입학한 세대였다). 물론 그전부터 있었던 이문세의 「소녀」(1985)처럼 옛사랑을 그리는 노래나 (당시 40대 중반이었던) 최백호의 「낭만에 대하여」(1995)도 빼놓을 수 없다. 이러한 시대적 상황을 바탕으로 1990년대의 대표적인 첫사랑 향수 노래를 분석하면서 여기에 내재한 향수의 특징을 살펴보자.

우선, 첫사랑의 낭만화를 보여주는 전형적인 사례로 1995년에 발표된 최백호의 「낭만에 대하여」를 살펴보자. 이 노래는 삶의 허무와 '미련 있음'을 강하게 전달해 준다. 이 곡 전체에 깔린 복고적 사운드는 차치하고라도 노랫말에 스며 있는 첫사랑에 대한 기억은 그야말로 아쉬움과 서글픔으로 채색되어 있다. 무엇보다도 이 곡은 '잃어버린 것'과 '다시 못 올 것'에 대한 차분한 성찰이 전제된 노래이다. 빠르게 지나가 버린 세월 탓에 잃어버린 것을 다시 찾지 못하는 안타까움이 진하게 배어 있지만, 중요한 것은 이 노래의 화자가 잃어버린 것을 낭만화할 수 있는 느긋함과 과거를 되돌아볼 수 있는 여유를 지닌 듯 보인다는 점이다. 최백호의 첫사랑 향수는 그의 노래 「첫사랑」(2013)에서 강렬하게 표현된다. 몇 구절만 인용해 보자. "거리엔 바람 너의 야윈 모습/ 흔들리는 청춘으로 힘이 들었지 …… 모든 것이 사라지고/ 내 앞엔 너 하나만 서 있었지/ 그리워 찾아가는 너의 집 빈터에/ 이제는 아련한 추억 서러운 첫사랑."

이 노래에서 첫사랑은 아련하고 가슴 아픈 사건으로 그려진다. 여기서 첫사랑은 '흔들리는 청춘' 시절의 경험이지만, 더 이상 존재하지 않아서 마냥 아쉽고 힘들며 구슬픈 추억이다. 첫사랑에 대한 전형적인 향수를 보여주는 이 노래는 '젊은' 베르테르가 로테를 향해 품었던 고뇌처럼 이루어지지 못한 고통스러운 사랑의 서사를 보여준다. 이 전형적인 첫사랑 향수의 서사에는 과거 지향적인 시간 의식이 지배적으로 나타나면서 현재나 미래와의 소통이 단절되고 과거 속으로 빨려 들어가는 듯한 회귀 서사로 마무리된다. '모든 것이 사라지고 내 앞엔 너 하나만 있는' 현실이지만 그곳에 찾아가도 정작 '너의 집은 빈터'인 허무한 현실 앞에서 화자는 첫사랑을 아련하게 떠올릴 뿐이다. 이 노래에서 표현되는 슬픔이나 고통 또한 화자의 기억 작업을 통해 상상된 경험이다. 무엇보다도, 첫사랑을 경험해 봤고 이를 자신의 삶에 서사로 구성해 낼 수 있는 능력은 '느긋한' 현재를 누리고 있는 사람에게서 가능해진다. 앞서 말했듯이 이러한 느긋함은 시간의 물리적 차원을 의미하는 것이 아니라 주체가 성찰적으로 과거를 통제할 수 있는 문화적 능력을 의미한다.

다음은 첫사랑을 '풋내 가득한' 그리움이자 '아련하고 설레는' 추억으로 노래한 이문세의 「조조할인」(1996)이다. 돈 없던 어린 시절 조조할인 영화관을 친구와 기웃거리던 시절을 돌이키면서 '가끔씩 그리워하는 풋내 가득한 첫사랑'으로 기억한다. '그렇게 갈 데'도 없고 '돈 오백 원'으로 데이트를 해야 했던 소시민적 어린 시절은 순수함으로 그려진다. 이러한 서사는 현재의 '내'가 과거를 아름답고 낭만적으로 상상할 수 있는 능력이 있음을 암시한다. 즉, 과거를 경쾌하고 순수하며 풋풋하게 구성할 수 있고 '가끔씩 그리워'할 수 있는 주체의 기억 작업은 현재의 사회적 위상을 반증해 준다. 가난 때문에 전전긍긍해야 했던 어린 시절의 속앓이는 성공한 지금의 위치에서 순수하고 세련되게 낭만화될 수 있다. 미래뿐만 아니라 과거도 주체의 현재적 사회 위상에 따라 재구성될 수 있는 상상의 공간이다. 가난했던 과거가 풍요롭게 낭만화될 수 있는 것은 전적으로 현재의 자아가 지닌 문화자본의 힘에 달려 있다. 결과적으로 첫사랑을 풋내 가득한 추억으로 서사화하든, 아련하고 아픈 추억으로 서사화하든 첫사랑 향수는 주체가 성찰적인 기억 작업을 수행한 결과이다.

이렇게 의미화된 첫사랑은 좋은 추억으로든 안타까운 추억으로든 그 자체로 신성시되기 때문에 오염되지 않고 온전하게 머물러 있고자 (주체는) 갈망한다. 이러한 속성은 무한궤도의 「여름 이야기」(1989)에 잘 표현되어 있다. 화자는 성인이 된 이후 옛 동네를 거닐다가 우연히 첫사랑 연인을 멀찍이서 보게 되지만 '소중한 기억 깨어질까 봐' 돌아선 후 '잊어버렸던 첫사랑의 설렘과 떨려오는 기쁨'을 오롯이 간직하려고 한다. 첫사랑은 온전히 과거의 공간에만 존재해야 하는 것처럼 신성시되고, 현실 세계는 세속적인 공간으로 분류된다. 현실이 과거의 공간과 뒤섞이는 것을 경계하는 것이다. 첫사랑 향수의 이 같은 신성화는 전람회의 「첫사랑」(1997)에도 고스란히 나타난다. 이 노래에서 첫사랑은 화자에게 쉽게 다가갈 수 없었던 당시의 애달픈 감정으로 회고되며, 잊힐 수 없는 '비랜 수첩 속에 있는 모습'으로 남겨져 있다. 그때의 첫사랑은 가까이 있지만 잡히지 않는, 함부로 진실을 말할 수도 없는, 마음속을 깊이 들여다볼 수 없는, 그래서 한발 멀리서 웃기만 하며 지켜만 봐야 했던, 현재에도 때 묻지 않은 존재로 기억되는 대상이다. 신성한 것은 가시화되지 않을 때 가장 큰 위력을 발산한다. 이같이 첫사랑을 과도하게 상징화하는 것은 분명 첫사랑을 낭만화·신성화할 수 있는 주체의 능력과 이를 가능하게 해주는 사회적 감정구조가 뒤따른 결과이다.

마지막으로, 첫사랑 향수는 주체의 현재적 삶과 소통하면서 현실 세계의 세속성과 일정한 긴장 관계를 갖게 해준다. 여기서 기억 작업은 단순히 과거를 회상하는 데 그치는 것이 아니라 자신의 현재와 미래를 다잡는 실천이다. 대표적으로 1993년 윤종신의 노래 「오래전 그날」

(1993)에서 첫사랑은 현재의 자신과 적극적으로 교감한다. 여기서 화자는 과거를 현실 세계로 적극 끌어들여 현실적 삶을 위로하고 찌든 일상을 정화해 주는 도구로까지 활용한다. 즉, 타산적인 삶과 세속적인 일상으로부터 일정 정도 벗어나기 위해 첫사랑 향수는 현실 세계와 공존한다. 특히 이 노래에서 첫사랑 향수는 화자가 현재를 성찰할 수 있게 해주는 감정적 토대로 작용한다. 스무 살에 만난 첫사랑과 나눴던 꿈과 사랑을 지키겠다던 다짐이 끝내 성사되지 않은 지금, 화자는 옛 연인의 행복한 현재를 바라보며 자신의 현재 또한 바라본다. 화자의 현재 또한 자기만을 믿는 한 여자가 곁에 있다는 점에서 첫사랑과는 일정한 거리를 둔다. 하지만 화자는 '일상이 찌들어갈 때' 첫사랑과 거닐던 학교 앞 거리를 떠올리고, 그때를 "슬픈 계산이 없었던 시절"로 재구성하면서 첫사랑을 이상화한다. 이러한 기억 작업은 화자가 처한 현재의 세속적 삶을 되돌아보는 성찰적 실천이자, 슬픈 계산의 삶으로부터 탈출하기 위해 자기만의 은밀한 유토피아를 구축하려는 전략이기도 하다.

이와 같이 첫사랑을 낭만화할 수 있는 '느긋한' 현재는 1990년대의 정서 구조를 함축한다. 첫사랑은 주체의 기억 작업을 통해 순수하고 신성한 시공간으로 재구성될 수 있는 성찰의 대상이었으며, 현재적 삶과도 소통하는 상상적·이념적 채널이었다. 첫사랑은 기억할 만한 것이고 개인의 현재적 삶에도 영향을 끼치는 체험으로 이상화되었다. 그러나 뒤에서 살펴보겠지만, 주체가 과거를 '느긋하게' 바라보고 성찰할 수 있는 여유와 그러한 기회를 부여하는 사회적 조건은 1990년대 후반 이후 점차 소멸해 갔다.

로맨스의 후기 근대적 운명

낭만적 사랑의 최후

1990년대는 크게 두 갈래의 사랑 방식이 뚜렷하게 진행된 시기였다. 하나는 개인화와 민주화에 의해 사랑 양식이 변화한 것, 즉 앤서니 기든스(Anthony Giddens)가 제시하는 '합류적 사랑'이 확산된 것이고(기든스, 1999: 115~117), 다른 하나는 보다 철저히 자본 권력에 사랑이 포섭되어 가는 사랑의 식민지화가 이루어진 것이다(박이은실, 2013; 이윤숙, 2003; 백지연, 2004). 일반적으로 순수함, 진정성, 낭만성은 수많은 연인이 당위적으로 가져야 할 사랑 이념이자 친밀성을 유지시키는 강력한 감정적 에너지로 인식되어 왔다. 그러나 세기말로 접어들수록 이러한 순수한 감정은 점점 뒤로 물러났고, 물화되고 세속화된 사랑이 친밀성의 공간으로 점차 침투하기 시작했다. 첫사랑 또한 더 이상 신화화, 낭만화, 이상화되지 않는 운명에 놓이게 되었다. 앞서 논의한 방식으로 첫사랑 향수에 대해 적극적인 기억 작업을 수행한 이면에서는 첫사랑 향수의 종말을 알리는 징후적인 현상들이 이미 나타나고 있었다. 우선 낭만적 사랑에 대한 이상화가 얼마나 공허하고 불가능한지 인정하는 냉소적인 태도가 전면에 등장했다. 대표적으로, 제3장에서 논의했던 것처럼, 015B의 노래 「수필과 자동차」(1992)에는 낭만적인 순수한 사랑의 종말을 예견이라도 한 듯 냉정한 현실 인식과 함께 더 이상 과거로 되돌아갈 수 없음을 안타까워하는 체념이 깔려 있다.

물질적 제약이나 세속적 장벽을 극복함으로써 신성함을 획득해 온 것이 낭만적 사랑의 신화였다면, 「수필과 자동차」에서는 이러한 신화가 자동차, 사는 곳, 부모의 능력, 해외여행 등에 의해 가볍게 제거된다. '영화를 보고 눈물을 흘리는 가난한 연인'이나 '순정 만화의 주인공' 같은 연인은 사라지고 세속적인 것들이 낭만적 사랑을 대체하는 시대 또한 1990년대였다. 이 노래가 사랑의 세속성을 비판하고 있지만, 그럼에도 여전히 순수한 사랑의 상실을 아쉬워한다는 점에서 더욱 1990년대의 정서 구조를 내포하고 있다. 사랑이 물화되어 가는 시대에 유감을 표하면서도 잃어버린 것이 무엇인지, 소중한 것이 무엇인지를 반어적으로 알려주기 때문이다. 그렇다고 1990년대 이전에는 순수한 사랑과 낭만적 사랑 관행이 지배적이었다고 할 수는 없다. 어떤 시대에나 '순수한' 사랑은 없다. 다만 순수한 사랑에 대한 이상향적 추구를 당위적이고 규범적으로 내면화하느냐, 아니면 더 이상 이러한 이상향적 추구를 부정하느냐 하는 차이가 있을 뿐이다.

1990년대 중반 이후 낭만적 사랑의 운명은 크게 뒤바뀌었다. 고삐 풀린 소비자본주의, 포스트모더니즘, 문화 산업의 대자본화로 대표되는 후기 근대사회에서 사랑은 이전과는 전혀 다른 양상으로 전개되었다. 사랑은 점점 소비의 대상으로 선환되었고, 즉흥적이고 피상적인 사랑 관행이 부상했으며, 대중매체는 시뮬레이션 테크놀로지를 활용해서 사랑을 낭만화하는 데 급급했다. 연애 담론이 급부상하고 데이트 방식이 다양화되었다(이윤숙, 2003: 188~193). 연인만을 위한 독특한 상품과 소비문화가 확산되어 갔으며, 다양한 서사의 로맨스 영화나 드라마가 문화 산업계에서도 독자적인 장르로 자리를 잡아갔다. 이 같은 변화는 엄청나게 빠른 속도로 사랑 관행의 풍경을 변화시켰다. 소비의 대상으로 전환된 사랑은 백화점 상품처럼 유행에 민감해졌으며, 연인들 사이에 늘어나는 데이트 비용의 이면에는 그만큼의 노동이 요구되었다. 온전한 데이트를 위해서는 임금노동에 더욱 힘을 쏟아야 하는 아이러니가 발생했다. 즉흥적인 사랑 관행이 확산되는 만큼 수많은 연애 담론이 쏟아져 나왔다. 연애 담론은 대중적인 연애소설, 여성 잡지에 실린 연애 상담 코너, 연애 코치 전문 잡지, 인터넷 동호회 등을 통해 급속히 확산되었다. 지구화와 인터넷 기술의 발달로 인해 소통 방식이 대전환됨으로써 사랑 방식 또한 크게 변했다. 원격 연애가 가능해졌으며, 간접 체험으로서의 연애가 시공을 초월해 이루어졌다(심영희, 2005).

이러한 변화는 직접적인 체험이나 우연적 사건으로 경험할 수 있는 첫사랑에도 일련의 전환을 가져왔다. 첫사랑은 과연 가능할 수 있을까, 나아가 첫사랑을 낭만화할 수 있는 기억 작업이 충분히 이루어질 수 있을까에 대한 질문을 던짐으로써 이러한 전환의 성격을 파악해 볼 수 있다. 즉, 첫사랑 자체의 불가능성과 첫사랑을 낭만화할 수 있는 조건으로서 '느긋한' 현재가 과연 허락될 수 있는지에 대한 근원적인 회의에서 출발할 필요가 있다. 프레더릭 제임슨이 주장하는 후기자본주의적 문화 논리를 적용해 보면(제임슨, 1996), 사랑은 점점 더 가벼워지고, 허위적이게 되고, 의미가 없어지고, 깊이도 없이 탈신성화된다. 탈신성화된 사랑은 첫사랑의 체험조차 무의미하게 만들고, 첫사랑에 대한 기억 작업은 중단되거나 불필요해진다. 점차 자본주의 시장 논리에 포섭되어 가는 로맨스는 유행 상품처럼 그럴싸한 치장 논리에 의지하는 운명에 놓인다. 이런 상황에서 주체는 자신이 경험한 첫사랑을 느긋하게 낭만화할 수 없으며, 현재의 자신과 소통하는 하나의 문화적 채널로 활용하는 실천을 기획할 수 없다. 이 같은 첫사랑 향수의 최후는 이창동 감독이 연출한 영화 〈박하사탕〉(1999)에서 가장 비극적으로 나타난다.

〈박하사탕〉에서 주인공 영호는 첫사랑 순임의 남편의 부탁으로 한 병실을 찾아간다. 그 병실에서 순임이 임종을 앞두고 있다는 사실을 알고 난 뒤 그녀에게 박하사탕을 내밀고 "미안해요, 순임 씨"라며 흐느 낀다. 현시점에서 40대인 영호에게 첫사랑은 바로 1980년대 초, 즉 그 가 20대가 되던 해에 구로공단 노동자로 만난 순임이다. 영호가 순임 을 처음 만나는 순간은 쑥스러움, 순진함, 애틋함으로 채색되었지만, 한국사회에 살면서 굴곡진 삶의 과정을 겪으면서 첫사랑에 대한 기억, 즉 박하사탕으로 표상되는 순수함과 진정성은 잊힌 지 오래이다. 영호 는 점차 세속적인 삶에 익숙해져 가고, 스스로 악마 혹은 '개'가 되어간 다는 생각에 첫사랑(의 대상)과 거리를 둔다. 영호가 고문 경찰관으로 복무하던 시기에 순임이 그를 찾아오자, 그는 순임 앞에서 식당 종업 원의 엉덩이를 만지며 자신의 '더러움'을 노골적으로 드러낸다. 영호가 보인 이런 추한 행동은 이미 악해져버린 자신의 영혼이 순수한 첫사랑 의 영역을 침범할 수 없다는 처절한 거부이자, 순임이라는 첫사랑에 대한 이상화를 마지막까지 포기하지 않겠다는 몸부림으로 볼 수 있다. 학생운동을 하는 청년을 고문하면서 악한 영혼으로 변질되어 가는 영 호는 순수한 첫사랑의 상대인 순임에게 다가갈 수 없다는 자기부정을 시작으로 끝내 자살로 삶을 마감한다. 자살을 결심한 영호는 처음 순 임을 만난 야유회 장소 주변에 있는 철교 위에서 다가오는 기차를 마 주보며 "나 다시 돌아갈래"라고 절규한다.

〈박하사탕〉의 시공간은 '다시 돌아가고픈' 곳, 순수했던 첫사랑을 만 난 청년 시절을 전제한다. 이러한 유토피아적 시공간은 현재의 주체가 부여하고 의미화한 상상적 세계이다. 공장에서 박하사탕을 하루에 1,000개씩 포장하는 구로공단 노동자(순임)의 고된 삶조차 낭만화될 수 있는 것은 영호라는 주체가 과거의 시간을 현재적 관점에서 아름답게 재구성할 수 있기 때문이다. 그도 그럴 것이 영호는 동료들과 있을 때 면 줄곧 "꼭 첫사랑 얘길" 하는 사람이다. 한국적 근대화의 부조리를 담지하고 있는 영호의 삶은 점점 파국으로 치닫는다. 미래에 대한 희망이 파멸한 상황에서 영호가 돌아갈 곳은 '그때 그 시절 그곳'이다. 이는 1990년대라는 시간 지평 위에서 가능할 법한 기억 작업이다. 하지만 영화는 영호의 마지막을 자살로 끝맺으면서 우리에게 다음과 같은 질문을 던지는 것처럼 보인다. 과거를 낭만화하는 성찰적 주체가 더 이상 가능할 수 있을까? 첫사랑을 낭만화하는 기억 작업 혹은 그러한 느긋함을 누릴 수 있게 해주는 사회적 조건이 더 이상 충족될 수 있을까?

고달픈 사랑

이러한 질문은 첫사랑을 직접 체험할 수 있느냐 없느냐의 문제가 아니라 과거-현재-미래라는 시간층을 주체가 성찰적으로 통제하고 재구성할 수 있는가에 대한 것이다. 과거를 재구성할 수 있는 능력은 주체가 현재, 나아가 미래를 성찰적으로 포섭할 수 있는지 여부와 연관되어 있기 때문이다. 그런 섬에서 〈박하사탕〉은 이러한 성찰적 주체의 비극적 종말을 그려냈다고 볼 수 있다. 이제 첫사랑을 낭만화하는 것은 '쿨'하지 못한 '지질한' 일이 되어버렸고, 오랫동안 마주 앉아 후일담처럼 얘기할 수 있는 소재로서도 가치를 상실해 버린 듯하다. 2000년대 이후 첫사랑의 운명은 더욱 비극적으로 치닫고 있다. 이러한 비극은 사랑이라는 소통 방식이 본질적으로 변화한 데서 연유한다. 산업화 이후 경제지상주의적 근대화와 문화적 근대화 간의 극심한 괴리, 사랑이라는 친밀성 영역의 식민지화, 특히 1998년 외환위기 이후 경제적 양극화를 포함한 사회 불평등의 심화, 청년 실업 증가, 무한 경쟁 문화, 불안 심리 증폭 등 신자유주의적 사회체제가 전면화되자 사랑 방식에도 급격한 변화가 일어났다.

가장 주목할 만한 변화는 '사랑의 계급화'이다. 이 현상은 계급 재생산 및 사회적 관계의 구획화와 맞물려 발생한다. 그렇다고 이것이 곧 열정에 토대를 둔 낭만적 사랑이 사라졌다는 사실을 의미하지는 않는다. 다만 낭만적 사랑은 상이한 계급들 간의 문화적 실천에 따라 각기 다른 의미로 전유될 뿐이다. 에바 일루즈가 밝혔듯이, 로맨스는 계급 층위에 따라 상이하게 생산·소비되며, 문화자본의 소유 정도에 따라 그 가치가 달라진다(일루즈, 2014). 로맨스는 열정 그 자체로 존재하는 것이 아니라 점차 자본주의적 논리에 따라 생산·소비되는 상품으로 전환되고, 역으로 상품은 로맨스화되어 새로운 의미를 부여받는다. 이처럼 계급적 실천 논리에 따라 재구성되는 낭만적 사랑은 순수하고 신성한 체험으로서의 첫사랑을 선험적으로 어렵게 만든다. 경제 위기 이후 한국사회의 연애와 결혼은 계급 재생산 메커니즘과 더욱 연관이 깊어졌다. 친밀성의 영역에서 경제적 부, 학벌·학력, 직장, 부모의 지위 등 외적 요소가 총체적으로 고려되고, 치밀하게 계산되며, 효율성 담론이 사랑을 재조직한다(정여울, 2014: 125~126). 언제부터인가 결혼과 관련한 언론 보도에는 결혼 상대자가 선망하는 연봉 수준, 직업, 집 평수, 외모 등이 노골적으로 공개되고 있다. 사랑은 계급적 위계 서열에 맞춰 순수함을 다르게 드러낸다. 이제 낭만적 사랑에서 요구되는 열정과 순수함은 한발 물러나고, 그 자리에 세속화된 차가운 열정이 들어섰다.

사랑을 소통하는 방식에서 나타난 그다음 변화는 사랑의 물화 혹은 상품화이다. 후기자본주의 사회 혹은 신자유주의적 삶의 규범은 사랑마저도 쉽게 물화시킨다. 연인들은 상품 소비를 통해 서로의 사랑에 대한 확증 절차를 실천하면서 관계를 유지해 나가는 데 익숙해진다. 로맨스 산업은 연인들이 소비를 통해 관계를 맺고 이를 존속시켜 나갈 수 있도록 감정 지도를 조직한다. 감정 지도는 일종의 매뉴얼로 작동하기도 한다. 연애하는 방법을 배우기 위해 학원을 다니면서 카운슬러를 방문하고, 각종 연애 지침서를 보면서 상대방의 호감을 사려는 일련의 노력은 모두 로맨스 산업에 의해 상품화되어 가는 친밀성의 후기 자본주의적 운명을 예감하게 한다.

또 다른 예로, 지난 20년 동안 급증한 결혼정보회사들은 커플 매칭의 요소로 자산, 학벌, 나이, 키, 연봉, 직업, 스타일, 성격, 집안 등을 점수로 환산한 다음 등급을 부여해 회원을 차등적으로 관리한다. 로맨스와 열정은 이러한 물적 조건이 충족된 다음에야 비로소 가능해진다. 대중매체로 전파되는 짝짓기 프로그램에서도 이러한 요소들은 선제 조건이다. 2014년까지 방영되었던 SBS 예능 프로그램 〈애정촌, 짝〉의 경우에도 출연자 대부분이 외적 조건에 의해 일차적으로 선별된 사람들이었다. 계급적 기준으로 선별된 출연자들은 직접 상대 출연자들을 만나고 나서야 '서로의 마음을 확인하는' 절차를 밟는다. 이처럼 피상적인 것이 내면적인 것에 우선하는 방식으로 사랑의 세속화 과정이 너욱 가속화되고 있다.

마지막으로, 직접적인 사랑 체험의 유예 혹은 불가능성이다. 이러한 현상은 최근 3포 세대(연애, 결혼, 출산 포기)의 출현으로 심화되고 있다. 현재 20~30대 중에 경제적 여건이 충분치 않거나 안정적인 직장을 얻지 못한 젊은이들 혹은 문화자본을 충분히 갖추지 못한 청년들이 갖는 불안감, 즉 삶의 실질적인 지속성(생존)에 대한 불확실성은 이들의 사랑 관행마저 바꾸어놓았다. 이러한 청년들의 삶을 가장 잘 반영한 노래 브로콜리 너마저의 「졸업」(2010)은 그야말로 절망과 체념의 극단을 보여준다. "그 어떤 신비로운 가능성도 희망도 찾지 못해 방황하던 청년들은 쫓기듯 어학연수를 떠나고/ 꿈에서 아직 덜 깬 아이들은 내

일이면 모든 게 끝날 듯 짝짓기에 몰두했지/ 난 어느 곳에도 없는 나의 자리를 찾으려 헤매었지만 갈 곳이 없고…….”

이 시대 수많은 청년에게 예측 가능한 미래는 ‘앞으로도 계속 불안하고 불안정할 것’이라는 불확실성에 대한 확신뿐이다. 물론 이러한 확신은 청년들 제각각이 처한 계급적 위상에 따라 매우 다를 수 있다. 하지만 미래에 대한 불확실성, 치열한 경쟁의 심화, 소득 격차의 증대, 노동시장의 불안정성 등에 대한 인식만큼은 초계급적으로 공유된다. 이들이 당장 취할 수 있는 전략은 다양한 스펙 관리, 학점 경쟁, 취업 경쟁 등에 열정을 쏟는 것이다. 그 외의 다른 삶의 방식을 택할 수 있는 현실적 자원도, 능력도, 장기적 계획도 쉽게 찾아볼 수 없다. 국가가 제시하는 비전에 대한 신뢰는 이미 무너져버렸고, 국가권력과 정치에 대한 뿌리 깊은 냉소주의와 불신이 세대 전반에 걸쳐 퍼져나갔다. 이로써 중산층 이상의 청년들은 자신의 계급적 지위를 계속 유지할 수 있는 선에서, 하층계급 청년들은 최소한 낙오자라도 되지 않으려는 선에서 생존경쟁에 각자 열정을 쏟는다. 옥상달빛의 노래 「하드코어 인생아」(2010)는 청년들의 이 같은 현실을 압축적으로 대변한다. 이들에게 세계는 “뭐가 의미 있나 뭐가 중요하나 정해진 길로 가는데/ 축 처진 내 어깨 위에 나의 눈물샘 위에/ 그냥 살아야지 저냥 살아야지 죽지 못해 사는 오늘”이다.

이러한 하드코어적 삶에서 사랑 체험의 가능성은 축소된다. 생존경쟁의 압박과 로맨스 산업의 소비 담론은 전통적인 방식의 사랑 체험을 점차 불가능하게 만들어버린다. 또한 로맨스 산업의 소비 담론은 사랑 체험에 소요되는 물적 자원과 문화자본의 양을 점점 더 많이 요청한다. ‘돈 없으면 연애도 못한다’는 인식이 퍼져나가면서 연애 무능력자를 양산해 내고 있다. 이 속도에 맞춰 사랑 체험은 그만큼 유예된다.

이와 동시에 과거를 회고하거나 회상할 수 있는 '느긋함'도 상실된다. 생존경쟁의 가속화, 사회복지의 축소, 국가권력의 합리적 분화 결여, 신자유주의적 체제의 확대가 복합적으로 결합되면서 '생활세계의 식민화'는 더욱 빠르게 진행되고, 생활세계에서 수행되는 개개인의 기억 작업은 점점 불가능해진다.

1980년대 후반에 일본의 젊은 세대에서 진행된 하류 지향, 초식남, 절식남 현상이 현재 한국에서도 여러 지표를 통해 확인되고 있다. 최근 보건사회연구원이 발표한 조사에 따르면 '25~29세, 대졸, 연봉 2,500만~3,500만 원, 정규직' 정도의 자격을 갖춘 남녀가 연애 중인 비율이 높은데, 그중에서도 특히 소득수준이 연애 여부에 가장 큰 영향을 미치는 것으로 나타났다(조성호, 2014). 이와 유사하게 2013년에 현대경제연구원도 "미혼 남성 43.1%가 연애와 결혼에 관심이 없는 초식남이고, 여성 33.8%가 결혼보다는 독신의 삶을 즐기는 육식녀"라는 보고를 내놓았다(이상재·이영희, 2013.8.22). 이 같은 현상으로 인해 가장 먼저 눈에 띄는 문제는 사회인구학적 문제(고령회, 저출신, 노동력 고갈 등)라고 볼 수 있지만, 그에 못지않게 두드러지는 문제는 우리의 일상으로부터 사랑이라는 화두가 멀어지는 현상 또한 뚜렷하다는 것이다. 물론 사랑은 거대한 대중문화 산업을 통해 과잉 생산됨으로써 우리 주변에 널려 있는 것처럼 보이지만, 그럴수록 사랑은 우리의 일상으로부터 소외된 길을 걷게 된다. 사랑은 "서로에 대한 관심과 존경, 서로에 대한 이해와 책임감을 통해 자기 자신뿐 아니라 다른 사람의 영적인 성장을 돕는 것"이라는 벨 훅스(훅스, 2012: 177)의 주장처럼, 사랑은 주체로 하여금 타인과의 상호작용을 통해 인정, 배려, 포용, 인내, 존중, 헌신 등을 경험하게 해서 개인의 인격과 정체성, 그리고 타인과의 민주적 의사소통 능력을 고양시켜 주는 감정적 실천이다(서용순, 2012: 181). 개인의 의지나 세계관에 따라 연애나 결혼을 하지 않을 수는 있지만, 그러한 행위 자체를 불가능하게 만드는 사회적 조건에 대해서는 문제 삼을 필요가 있다. 이러한 조건은 사랑 체험을 수행하지 못하는 이들에게 자괴감, 열패감, 수치심, 괴로움을 가져다준다.

앞서 언급했듯이, 사랑 체험은 타인에 대한 인정 아비투스(recognitive habitus)를 형성하는 과정이자 자신의 인격을 고양시키는 계기이다. 이와 관련해 박주영은 소설『백수생활백서』에서 주인공과 남자친구인 경의 관계를 다음과 같이 표현한다.

> 내 연애는 소설 속에서처럼 그렇게 파란만장하지도 멋있지도 재밌지도 않았고, 언제나 늘 아주 한심하고 시시했다. …… 경과 내 관계가 이렇게 지속되고 있는 건 우리가 서로에게 기대하는 바가 없기 때문이다. 정확히는 그의 미래와 내 미래가 아주 무관하기 때문이다. 지금보다 나은 관계를 꿈꾸지 않으며, 내가 이 정도를 하면 너도 저 정도는 해줘야지 하는 것도 없으며, 남들에게 서로를 소개시키지도 않으니 군이 어떤 관계로 규정을 내릴 필요조차 없다. …… 경은 성공하고 싶어 하고 훌륭해지고 싶어 한다. 그러나 집안, 학벌, 능력 또한 변변치 않은 경이 성공하는 방법은 이미 성공한 훌륭한 여자나 앞으로 그럴 것 같은 여자를 만나는 것뿐이다. 경은 그 사실을 누구보다 잘 알고 있다. 그래서 잘나가는, 돈 많은, 게다가 예쁘고 멋진 여자를 만나서 결혼하는 것이 경의 유일한 꿈이 되었다. 그것 말고는 꿈도 없고 희망도 없는 인간 말종이라고 말하고 싶으나 나는 경의 그 뻔뻔한 그지없는 솔직함이 싫지 않다. (박주영, 2006: 110)

청년 백수들에게 연애란 열정적인 로맨스가 결여된 시시한 관계이거나 서로에게 기대할 것도 없는 차가운 관계이다. 김혜나의 소설『제리』(2010)는 사랑이 결여된 청춘들의 관계가 얼마나 잔혹하고 사막처럼 황폐한지를 탁월하게 표현한다. 이 소설에서 주인공은 삼류 야간대학에 다니는 20대 초반 여성이다. 주인공을 비롯한 주변 사람들은 모두 이 사회의 낙오자와 다름없는 청년들로 묘사된다. 주인공에게는 강이라는 남자친구가 있지만 성적인 관계 이상의 의미가 없는 '엔조이 파트너'일 뿐이다. 우연히 주인공은 노래방 도우미로 등장하는 제리라는 필명의 남자에게 호감을 갖지만 그와의 관계도 그저 피상적일 뿐이다. 이 소설에서는 주인공이 자신의 육신을 잔혹하게 파괴하는 방식으로 남자들과 성관계하는 장면이 그려진다. 겉으로는 포르노에 가까운 리얼한 묘사가 성적 흥분을 불러일으킬 듯 보이지만, 실제로 그들의 섹스는 열정도 로맨스도 없이 냉혹하며, 때로는 야만적일 정도로 비참하다. 한국사회의 주변부를 떠도는 소설 속 청년들의 일상은 허름한 여관, 술집, 노래방, 그리고 자신의 외로운 방 정도를 순환하며 맴도는 것이 대부분이며, 이들에게 섹스는 자학과 자기 파괴로 이르는 길에 불과하다. 그들의 이 같은 사랑은 아름답게 기억되지도 않고 낭만화될 수도 없는 잔혹한 실재 세계에 그저 적응하기 급급한 생존 본능에 가깝다. 이들이 보여주는 냉혹한 섹스는 유희나 쾌락이 아니라 처절한 자기 증명일 뿐이다. 다시 박주영의 소설로 돌아와보자. 다음 인용문에서 경은 '생각 없이' 사는 것이 차라리 마음 편한 삶이라고 주장한다. 주어진 현실에 적응하기 급급한 동물적 존재는 이성도 감정도 아닌 야성에 기대어 사는 삶이 훨씬 편하다는 것이다.

"나는 생각을 하면서 살아오지 않았어. 그냥 느낌으로 살아왔어. 좋으면 좋은 대로 싫으면 싫은 대로 그렇게 살아왔어. 복잡하게 생각 따위를 하지 않은 탓에 실수를 했고 본의 아니게, 아니 어차피 내게 본의 따위는 없으니까, 다른 사람에게 피해를 입힌 경우도 많았어. 그렇지만 나 같은 인간이 생각을 한다고 뭐가 달라지겠어." 경이 자주 하는 말이다. 그냥 느낌대로 산다. 생각을 한다고 뭐가 달라지겠는가. 나 역시 그렇게 생각한다. 그렇게 사는 데 동조한다는 뜻이 아니라, 경의 경우 그 편이 낫다고 생각한다. …… 어떤 인간은 이성을 기저로, 어떤 인간은 감정을 기저로 움직인다면, 경은 야성을 기저로 움직이는 인간, 아니 동물이라고 할 수 있다.(박주영, 2006: 111)

이 인용문에서 강조되는 것은 '생각 없음'과 '야성'이다. 이는 마치 한나 아렌트(Hannah Arendt)가 언명한 "말과 사고를 허용하지 않는 악의 평범성"과 동일한 구조를 갖는다(아렌트, 2006: 349). 오늘날 한국사회가 스스로 성찰할 수 있는 체계 내적 합리성을 구축하지 못하고 오히려 복잡성이 증대하면서 불확실성만 커져가는 가운데, 개인들이 취할 수 있는 전략 중 하나가 그야말로 '생각 없이 동물적으로 사는' 삶이나. 이러한 삶의 조건은 잊지 논의했던 사랑에 대한 기억 작업을 불가능하게 만들거나 왜곡시켜 버린다. 앞에서 인용한 소설이나 노랫말이 표상하는 오늘날 청년들의 삶은 사랑 체험 자체를 거세하는 조건 속에 놓여 있다. 이들에게는 분명 첫사랑이라는 특별한 계기가 없으며, 더욱 중요한 것은 첫사랑을 기억하고 재구성할 만한 현재적 여유도 없고 그 능력 또한 상실했다는 점이다. 정확히 말하자면, 첫사랑 향수는 이들의 현재적 삶, 정확히 말하자면 이들의 생존에 아무런 '이익'을 가져다주지 않는다. 오히려 기억하지 않는 것, 혹은 기억 작업을 포기하는 것이 현재의 삶을 더욱 '효율적으로' 조직하는 데 일조한다. 이들의 냉소는 분명하다. '이 시대에 첫사랑을 운운하는 게 얼마나 지질한 짓인가!'

노스탤지어는 과거를 단순히 회상하거나 재현하는 데 그치는 것이 아니다. 노스탤지어는 주체가 기억 작업을 통해 과거-현재-미래를 자율적으로 재구성하는 성찰적 과정이다. 그런 점에서 '생각한다'는 것은 노스탤지어를 생성하는 조건이다. 한편 노스탤지어는 불만족스러운 현실과 불안한 미래에 대응하기 위한 하나의 전략으로서 '있지도 않았던' 과거를 마치 '존재했던 것처럼, 그것도 아름답게 존재했던 것'처럼 현재의 우리가 원하는 방식으로 재구성한 문화적 산물이기도 하다. 이럴 경우 현재나 미래의 욕망을 과거에 투사함으로써 일시적이나마 심리적 안정감을 찾는 위안 메커니즘이 작동하게 된다. 위안 메커니즘은 크리스토퍼 래시(Christopher Lasch)에 따르면 '기억의 퇴진'으로 이해될 수 있다. 래시는 향수를 '과거와 현재를 덮어버리는 것'으로 이해하면서, "우리의 과거를 창조적으로 재구성하거나 미래를 냉정하게 평가하는 작업을 방해한다"라고 주장한다(래시, 2014: 5). 자칫 향수는 예전의 삶이 지금보다 더 좋았다는 순진한 복고주의를 불러와 정치적 보수화를 넘어 문화적 보수화를 징딩하는 기제로도 활용될 수 있기 때문이다. 향수를 기억과 엄밀하게 구분하는 래시는 "향수에서는 기억이 조금도 작용하지 않"으며, "향수가 이상화하는 과거는 불변의 완전성으로 꽁꽁 얼어붙은 채 시간의 바깥에 서 있다"라고 주장한다. 반면 기억은 "현재를 살찌우고 앞으로 다가올 현실을 기쁘게 맞이하려고 과거에서 희망과 위안을 가져온다"라고 주장한다(래시, 2014: 92).

미래 전망이 불투명한 세대의 '생각 없음' 혹은 생각할 기회의 박탈은 주체로 하여금 자신의 직접적인 체험에 기인하는 노스탤지어를 생성할 수 없게 만든다. 그들에게 노스탤지어는 불필요한 기억 작업이 될 수도 있다. 그런 세대나 사람들에게 노스탤지어는 실재 세계를 마주하지 않고 과거로 회귀하려는 현실도피 정도로 비춰질 뿐이다. 그래

서 노스탤지어는 구세대의 세상 물정 모르는 한적한 놀이로 전락하고
만다. 그러나 노스탤지어는 반드시 구세대의 한적한 놀이로만 존재하
지 않는다. 오늘날 노스탤지어는 전혀 다른 방식으로 모든 세대를 아
우르는 공통의 문화적 코드로 되살아나고 있다. 이는 문화적 전체주의
로 향하는 징후적 현상이기도 하다. 첫사랑 향수 또한 이전과는 다른
논리로 지금 우리 앞에 전개되고 있다. 즉, 사랑 체험이 유예되는 오늘
날 1990년대를 배경으로 한 복고풍 영화 〈건축학개론〉과 드라마 '응답
하라' 시리즈 등이 2010년대에 등장하면서 첫사랑의 운명은 새로운 계
기를 맞이하게 된다.

과거는 '빨리' 소비된다, 고로 현재는 '빨리' 늙어간다

〈건축학개론〉과 '응답하라' 시리즈는 1990년대를 재현하는 이른바
복고풍 영화와 드라마이다. 그리고 첫사랑에 대한 향수가 서사 구조의
중심에 놓여 있다. 이러한 복고풍 영화나 드라마가 인기를 끌면 끝비
로 매체 비평이나 미디어 연구가 뒤따르곤 한다(문재철, 2003; 최병근,
2011). 앞에서 언급한 드라마나 영화에 대한 연구들도 이미 진행된 바
있다(김숙현·장민지·오지영, 2013; 태지호, 2013). 그런데 이들 연구는 과
거를 재현하거나 향수를 다룬 드라마 또는 영화에 대해 서로 유사한
입장을 취한다. 요컨대 향수에 대해 과거를 낭만화하거나 판타지화해
역사의 새로운 가능성을 찾으려는 대안적 의미로 해석하거나, 향수의
현재성을 분석할 때에는 과거를 '현재'의 사회적 맥락 안에서 구성된
상호작용의 결과로 본다. 이들 연구는 주체의 직접적인 체험에 의한
노스탤지어가 여전히 가능하다는 전제를 깔고 있다. 즉, 주체가 과거
를 성찰적으로 재구성할 수 있다는 가능성을 긍정적으로 제시한다. 이

는 노스탤지어에 대한 전형적인 인식 틀로, 여전히 개인적 차원에서 노스탤지어를 바라보는 시각에 머물러 있다고 볼 수 있다.

하지만 앞서 논의한 바와 같이 후기 근대적 상황에서 노스탤지어는 개인적 차원에서 쉽게 생성될 수 없는 구조적 제약을 마주하고 있다. 거대서사의 소멸로 인한 불확실성의 증대, 삶의 유동성 심화, 상호작용의 복잡성 증대, 생활세계의 식민화, 디지털 문화의 전면화 등의 조건은 개인에게 '느긋한' 삶과 여유를 허락하지 않는다. 그런 점에서 2000년대에 등장한 복고 문화를 바라보는 시각은 이러한 조건 속에서 탐색되어야 한다. 그렇다면 후기 근대적 상황에서 첫사랑 향수는 어떤 운명에 처하게 되는가. 이 운명의 특징은 앞서 제시한 〈건축학개론〉과 '응답하라' 시리즈로부터 추출해 낼 수 있다.

무엇보다도 시공간적 차원에서 변화된 양태를 탐색할 필요가 있다. 이 작품들은 모두 2010년대의 시점에서 볼 때 불과 20년도 채 지나지 않은 1990년대 중반이라는 시기를 향수의 대상으로 삼았다. 최근에 방영된 〈응답하라 1988〉은 2015년을 기준으로 27년 전을 시대적 배경으로 삼았다는 점에서 앞선 작품들에 비해 좀 더 긴 시간적 격차가 있다. 하지만 〈응팔〉 또한 앞선 〈응칠〉, 〈응사〉와 동일한 서사 구조와 감정 구조를 지닌다는 점에서 본질적인 차이는 없다. 어쨌든 이들 모두 2015년을 기준으로 30대 후반과 40대 중반에 해당되는 성인들이 10대 후반과 20대 초반이었던 시절의 이야기를 다룬 작품이다. 〈건축학개론〉과 '응답하라' 시리즈는 1990년대를 전후로 한 복고 텍스트이기도 하지만, 특히 첫사랑 향수를 기본 서사로 한다는 점에서 공통점을 지닌다.

특히 〈건축학개론〉에서 그려지는 첫사랑 향수는 낭만적이고 아련하며 애틋한 이미지로 재현된다는 점에서 노스탤지어의 전형성을 띤다. 하지만 작품 속 주인공은 시간적으로 아주 오래전에 첫사랑을 겪은 것이 아니다. 앞서 살펴본 바와 같이 첫사랑 향수 담론이 통상 시간적으로는 '어린 시절', 공간적으로는 '시골'과 같은 장소를 전제로 한다는 점에서 〈건축학개론〉에서 설정된 시공간 구조는 분명 다르다. 영화 속 주인공들의 첫사랑은 20대(성인)에, 그것도 대도시 서울의 신촌이라는 대학가를 배경으로 이루어진다. 〈건축학개론〉이나 '응답하라' 시리즈 모두에서 첫사랑 향수는 대도시를 배경으로 매우 짧은 시간차를 두고 일어난다. 즉, 이들 텍스트는 그리 멀지 않은 시기에 일어난 일을 마치 오래전 일인 것처럼 회상하며 첫사랑을 낭만화한다. 그렇다면 그리 오래전 일이 아닌데도 1990년대는 왜 이렇게 빨리 향수의 대상으로 소환되었을까? 지금의 30~40대는 자신의 20대 초반 시절을 다룬 옛 이야기에 왜 그렇게 빠져들까? 이 물음에 대한 답을 당시 소품이나 그 시절의 소시민적인 정감을 감각적으로 환기시킨 데서 찾는다면 이는 매우 탈역사적인 감상이다. 그런 방식으로 향수를 다룬 복고풍 작품은 이전에도 충분히 많았기 때문이다. 이에 대한 답은 1990년대를 회상하는 현재의 주체가 어떤 사회적 위상을 갖추고 있는가라는 관점에서 모색할 필요가 있다. 노스탤지어는 단순히 과거를 재현하는 것이 아니라 현재의 주체가 자신의 원망을 과거에 투사함으로써 체험을 재구성해 내는 기억 작업이라는 점에서 현재와 미래를 배태하고 있기 때문이다. 즉, 과거를 재구성하는 방식에 따라 궁극적으로 현재와 미래의 이면을 들여다볼 수 있다.

그런 점에서 〈건축학개론〉이나 '응답하라' 시리즈는 우선, 1990년대(〈응팔〉의 경우 1980년대 후반)를 순수함 혹은 진정성의 시대로 드러내려는 감정구조를 전면에 내세운다. 계산도 이해타산도 없는 순수한 사랑, 가족 같은 친분과 우애, 목가적 공동체성, 고향의 아늑함과 정거움

등 동화적 휴머니즘이 전체 분위기를 뒤덮는다. '응답하라' 시리즈에서는 등장하는 모든 인물에게서 세속적인 이해관계로 얽히는 갈등 관계나 권력 다툼을 찾아볼 수 없다. 이 시리즈를 연출한 신원호 PD(그는 1975년 서울 태생이자 서울대학교 출신이다)는 한 잡지 인터뷰에서 제작 의도에 대해 "따뜻한 이야기이다. 고향 이야기, 친구 이야기 등 주위를 둘러볼 수 있는 따뜻한 이야기를 하고 싶었다. 따뜻한 휴먼 코미디이다"라고 말한 바 있다(진혜린, 2013.12.13). 그 시절 소시민들의 삶이 실제로 그랬을지에 대해서는 당연히 회의적이지만, 설령 그랬다고 해도 문제될 것이 없다. 노스탤지어는 결국 과거의 사실을 확인하는 것이 아니라 현재적 관점에서 과거를 성찰하는 것이라는 점에서 이들 텍스트는 1990년대를 따뜻한 이야기로 재구성하려는 현재적 주체의 욕망과 희망이 투영된 산물이다. 더 정확히 말하자면, 현재 이 텍스트의 생산자는 1990년대를 따뜻하게 회고할 수 있는 다양한 자본과 권력을 지녔다고 볼 수 있다.

이 문제는 둘째 쟁점을 불러온다. 이 텍스트에 등장하는 인물 내부분은 현재 시점에서 볼 때 한국사회에서 어느 정도 성공한 부류에 속하는 성인들이다. 2010년 현재 이들은 번듯하고 안정적인 직장, 전문직, 중산층적 문화 취향, 세련된 외모 등을 겸비한 성인이다. 이렇게 사회의 기득권으로 갓 진입한 사회 초년생의 모습은 평화롭고 진취적이며 여유로워 보이기까지 한다. 이들은 어느덧 중산층 신화의 '마지막' 주인공처럼 보인다. 안정적인 사회적 지위와 투명한 미래를 보장받는 이들이 구성해 내는 첫사랑 향수는 아련하고 애틋하며, 말 그대로 로맨틱하게 다가온다. 드라마의 서사 구조를 통해 알 수 있듯이, 첫사랑을 낭만화하는 능력은 문화자본과 계급적 위상에 비례할 가능성이 높다. 이는 한국사회에서 성공한 30~40대가 자신의 문화자본을 활용해 20대 시절을 낭만화한 기억 작업의 결과라고 볼 수 있다. 이렇게 향수는 현재의 권력과 붙어 다니기 마련이다. 다시 말해, 1990년대가 향수의 대상이 되었다는 것은 현재의 30~40대가 가진 일련의 권력이 현실 세계에서 행사되고 있음을 보여준다.

셋째 쟁점은 바로 권력 효과의 문제이다. 1990년대가 소환된 것은 2000년대 한국사회가 직면한 불확실성, 불투명성, 잔혹성과 관련이 깊다. 이와 관련해 김홍중은 "노스탤지어는 소위 돌진적 근대화 속에서 오직 '미래'를 향해 모든 에너지와 관심과 역량을 집중하던 유사 군사적인 삶의 속도가 1990년대 이후 일련의 재난을 통해서 일정 정도 완화되고, 또한 IMF 외환위기 이후에 그러한 전진을 통해 도달하게 될 미래에의 전망이 불투명해지면서 사회적 시선이 회고의 경향을 띠게 되는 현상과 연관이 있다"라고 주장한다(김홍중, 2008: 159). 2000년대 이후 한국사회에 펼쳐진 모든 사회문화적 풍경은 잔혹하다. '88만 원세대' 논의부터 '3포 세대', '금수저 흙수저', '헬조선' 논의까지 이 안에 포함된 노동, 교육, 여가, 결혼, 인권 문제는 모두 생존주의 담론으로 휩쓸려 들어가버렸으며, 오직 살아남기 위한 냉혹한 경쟁만이 삶의 규칙으로 자리 잡고 있다. 이러한 현실을 감당하는 것은 누구에게나 매우 버거운 일이다. 이 같은 환경은 1990년대가 향수의 대상으로 소환될 수 있는 사회적 조건이 되었다. 미래 전망이 불확실하고 과거를 성찰할 최소한의 물리적 시간과 여유를 제공하지 않는 사회 체계에서 1990년대는 '오래된 미래'인 양 빠르게 소환되었다. 현재 문화 권력의 한 부분을 차지하며 1990년대에 대학을 다닌 지금의 30~40대는 자신의 청춘 시절로 빨리 돌아가 그때 그곳에서 아늑한 평온을 찾고자 했다. 이 세대가 잔혹한 현실 세계를 향해 던질 수 있는 것이 더 이상 화염병이나 돌멩이가 아닌 상황에서 향수는 적절한 대항 기제로 활용되었다. 우리가 희망하던 미래 혹은 잃어버린 소중한 것들이 불과 20년 전에 있었던 것처럼, 향수는 하나의 대안으로 슬며시 안방극장에 들어왔다. 그리고 향수는 문화 산업의 자본순환 속도만큼이나 빠른 속도로 소비되었다. 2000년대의 신자유주의적 잔혹성에 점점 길들여져 가는 사람들에게 혹은 사랑 체험이 어려워진 세대에게 1990년대는 '순수하고 풋내 가득한' 첫사랑이 가능했던 시기로 부활되어야 했다.

'첫사랑' 산업과 기억 작업의 탈감정화

1990년대는 이처럼 빨리 낭만화되었고 그만큼 빨리 소비되었다. 그렇다고 첫사랑의 운명이 끝났는가? 첫사랑 향수가 더 이상 가능하지 않게 된 것인가? 역설적이게도 후기 근대적 상황에서 향수는 '느긋한' 현재를 전제로 하는 것이 아니라 문화적 불안과 자본의 유동성을 전제로 등장한다. 사랑 체험이 점점 유예되거나 어려워졌다고 해서 첫사랑 향수가 불가능해지는 것은 아니다. 오히려 사랑 체험은 문화 산업을 통해 과잉생산되고 소비된다. 즉, 첫사랑에 대한 노스탤지어는 더욱 활기를 띠고 우리 감성을 지배한다. 다만 첫사랑 향수는 이전과 다른 형식, 즉 '감정 산업'을 통해 탈감정적인 형식을 갖추고 새롭게 부활한다. 여기서 감정 산업은 특정한 감정, 예를 들어 불안, 공포, 슬픔, 고통을 이윤 동기로 활용해 소비자들의 감정적 동의와 공감을 끌어냄으로써 자본을 축적하는 방식으로 작동한다. 그렇다면 감정 산업이 첫사랑에 주목하는 이유는 무엇일까?

그 이유를 우리 시대의 첫사랑에서, 더 나아가 사랑 체험의 결핍에서 찾아볼 수 있다. 연애와 결혼까지 포기하거나 사랑 체험에 둔감해진 오늘날, 많은 사람이 사랑 체험의 결핍에서 오는 무력감과 공허함을 첫사랑에 대한 가공·조작·포장된 노스탤지어를 통해 해소하려 하기 때문이다. 첫사랑 체험이 결핍된 세대에게 첫사랑 향수를 불어넣어주는 탈감정적 양식은 조직적이고 체계적인 문화 산업의 논리, 즉 드라마, 영화, 음악, 복고 상품을 통해 실현된다. 실제로 이들 텍스트는 철저히 계산된 복고주의 문법에 따라 제조된 것이다. 이로써 첫사랑 향수는 영화나 드라마를 보는 모든 이를 하나의 감정 공동체로 묶어주는 진정성 깃든 상품으로 전환된다. 실제로 '응답하라' 시리즈는 남녀 전 연령층에서 고른 시청률을 보였다(정은나리, 2013.11.18).

연애가 어려워진 이 시대에 문화 산업을 통해 되살아난 첫사랑 향수는 다시 신성함을 획득하게 되었고, 대중은 여기에 열광한다. 이러한 신성함과 열광은 거대한 대중문화 산업이 창출한 조작적이고 조직화된 감정, 기계화되고 대량생산된 노스탤지어적 감정에 토대를 둔 것이다. 스테판 메스트로비치는 이러한 현상을 목도하면서 현시대를 '탈감정사회(postemotional society)'로 개념화한다(메스트로비치, 2014). 탈감정사회는 막스 베버의 합리화 테제나 포스트모더니즘론에서 논의되는 것처럼 감정이 퇴조하거나 약화되는 시대(제임슨, 1996: 151~154)가 아니라 반대로 더욱 창궐하는 시대이다. 하지만 이때의 감정은 진정성으로부터 멀어진 감정이며, 탈역사화·탈맥락화된 감정이다. 메스트로비치는 이를 '죽은 감정'이라고 명명한다. 순수한 사랑이 실현되기 어려운 시대에 순수함에 대한 열정은 개인의 독립적이고 자율적인 체험을 통해서가 아니라 거대한 문화 산업의 기제를 통해 발현되고 경험된다. 탈감정주의가 후기 근대적 문화 구조와 호응할 수 있는 공통 기반은 거대서사에 대한 회의에 있다. "이상향적 오아시스가 고갈되면, 진부함과 무력감이라는 사막이 그 위를 뒤덮는다"는 하버마스의 지적대로(하버마스, 1996: 271), 진보·발전·희망·계몽에 대한 근본적인 회의는 복고, 노스탤지어, 문화적·정치적 보수화를 활성화한다. 그런데 탈감정주의는 이러한 진부함을 새로운 것으로 둔갑시키고 무력감을 즉흥적으로 위로하는 문화를 만들어낸다.

탈감정주의는 현실 세계의 문제를 과거의 죽은 감정으로 대체하거나 해소하려 한다는 점에서 문제의 본질에 다가가는 길목을 차단해 버린다. 예컨대 연애가 불가능한 사회의 문제를 해결하는 출발점은 연애가 자유롭게 행해질 수 있는 사회적 조건을 조성하는 데 있지, 로맨스 드라마나 영화를 엄청나게 쏟아내는 데 있지 않다. 하지만 탈감정주의는 전자보다 후자를 지향하도록 유도한다. 첫사랑 향수 또한 개인의 성찰적 기억 작업을 통해 생성된 것과 대자본의 문화 산업에 의해 제조된 것 사이에서 표류하고 있다. 하지만 둘 중 무엇이 더 진정성을 담보하는지는 판가름할 수 없다. 다만 후기 근대적 상황에서 첫사랑 향수는 개인의 자율성보다 점차 산업 복합체에서 생산된 상품을 통해 가능해질 것이라는 점은 부인하기 어렵다.

탈감성주의를 구성하는 다양한 요소, 이른바 탈감정적 장치(post-emotional apparatus)를 통해 1990년대는 첫사랑이 가능한 시대이자 첫사랑이 낭만화될 수 있는 시대로 재탄생했다. 1990년대가 정치적·경제적·사회문화적 격랑기였음에도 불구하고 그와 상관없이 1990년대라는 시공간은 낭만 시대로 탈감정화되었다. 우리가 이러한 문화 산업의 혜택에 힘입어 그나마 첫사랑 향수를 경험할 수 있는 시대를 맞은 것을 비극으로 받아들여야 할지 행운으로 받아들여야 할지는, 지금 2000년대에 우리가 현실 세계에서 겪는 고통의 정도에 달려 있을 뿐이다.

'늙은' 베르테르의 고뇌

정리하자면, 이 장에서는 우선 첫사랑 향수가 생성될 수 있는 사회적 조건과 첫사랑 향수가 불가능해진 조건을 후기 근대적 맥락에서 다루었고, 후기 근대적 상황에서 첫사랑 향수가 더 이상 개인의 진정한 체험을 통한 성찰적 기억 작업의 결과로 발생하는 것이 아니라, 탈감정주의적 논리에 따라 감정 산업이 만들어낸 가공된 노스탤지어로 등장한다는 사실에 주목했다. 첫사랑 체험은 친밀성이 근대적으로 전환됨에 따라 잠재적인 보편성을 갖게 되었다. 즉, 누구나 경험할 수 있는 형식적 보편성을 지니게 되었다. 그리고 첫사랑 체험은 매우 강렬하고 열정적인 감정 체험이라는 점에서 오랫동안 사람들의 마음속에 각인되어 쉽게 잊히지 않고 향수로 되살아났다. 한국인들은 첫사랑에 대해 유독 민감한 편이다. 첫사랑이 언제였느냐, 누구였느냐, 어떻게 헤어지게 되었느냐, 그 후로 가끔씩 생각은 나느냐라는 질문이 자연스럽게 여겨지며, 줄곧 소소한 이야깃거리로 등장하곤 한다. 근래에는 첫사랑을 찾아주는 검색 서비스가 등장해 여러 이용자에게 인기를 끌고 있으며, 첫사랑을 소재로 한 드라마나 영화 또한 끊이지 않고 만들어진다.

하지만 첫사랑에 대한 이 같은 태도, 즉 첫사랑을 그리워하고 아련해하며 때로는 그때로 돌아가고 싶은 강렬한 열망이 지금과 같은 사회적 조건에서는 쉽게 생성되지 않는다. 첫사랑의 경험도 점점 지연되고, 그만큼 첫사랑에 대한 기억 작업도 늦춰지거나 점점 기약할 수 없게 된다. 연애와 결혼을 포기한 세대에게 첫사랑은 직접 체험되는 것이 아니라 대중매체가 제조한 문화 상품을 통해 체험되며, 첫사랑 향수 또한 자신의 기억 작업을 통해서가 아니라 문화 산업에 의해 가공·포장된 상품을 통해 가상적으로 수행될 뿐이다. 본론에서 예로 든 〈건축학개론〉이나 '응답하라' 시리즈는 첫사랑에 대한 노스탤지어가 불가능한 시대에 만들어진 탈감정적 텍스트이다. 그런 점에서 2010년대는 1990년대를 너무 빨리 소환해 냄으로써 첫사랑 체험을 낭만화할 수 있는 마지막 세대를 지금의 30~40대로 한정해 버렸다. 20년도 채 안 된 시절의 이야기가 향수를 불러일으킬 만큼 과거가 빨리 소비되었고, 그런 만큼 현재는 빨리 늙어가기 시작했다. 과거와 현재의 거리감이 점차 소멸되는 후기 근대적 상황에서 우리의 기억 작업은 첫사랑을 그리워하고 낭만화할 만큼 성찰적으로 수행될 수 없다. 첫사랑은 이제 즉흥 만남으로 대체되고 있으며, 첫사랑 향수는 구세대의 처량한 회고담이 되었다. 오늘날에는 첫사랑이 어린 시절에도, 10대 시절에도, 어쩌면 20대에게도 허락되지 않을 수 있다. 기다려도 오지 않을 수 있고, 체험하더라도 낭만화할 수 없는, 오히려 낭만성을 부정하는 것이 익숙해지는 삶을 살고 있는 것은 아닐까.

그런 점에서 '젊은' 베르테르가 로테와 끝내 이루지 못한 사랑에 슬퍼하고 고뇌했던 시대는 점차 저물고 있다. 괴테가 오늘날 태어났다면, 그는 '늙은' 베르테르의 고뇌를 써야 할지도 모른다. 베르테르는 꽤 나이가 들어 사랑을 경험하게 되거나 아예 사랑을 경험하지 못할 수도 있다. 늙은 베르테르는 자신의 직접적인 사랑 체험에서 강렬한 열정을 느끼기보다 대중매체가 제공하는 시뮬라크르화된 대상에 열정적인 사랑을 보내고, 그마저도 소유하지 못해 괴로워할지도 모른다. 이러한 결핍은 자기 내면을 고독하게 성찰하는 가능성을 미리 차단해 버리는 거대한 문화 산업 프로그램에 의한 것이다. 내면에서 일어나는 은밀하면서도 자율적인 감정의 소용돌이를 경험하는 베르테르는 더 이상 우리 시대를 표상하지 않는다. 결국 젊은 베르테르는 이루지 못한 사랑에 괴로워하다가 자살을 택했다. 그의 자살은 사랑의 숭고함에 궁극적으로 도달함으로써 전통적인 사랑 규칙을 전복시킨 진정성의 체험으로도 이해될 수 있다. 하지만 늙은 베르테르는 첫사랑 자체의 불가능성에서 오는 고뇌를 극복하지 못하고 자살을 택할지도 모른다. 아니면 탈감정화된 사랑 체험에 적응하지 못하고 그로부터 오는 공허함과 자괴감을 견뎌내지 못해 자살을 택할 수도 있다. 아니면 늙은 베르테르는 첫사랑을 드라마나 영화 혹은 사이버 공간에서 가상적으로 체험할 수도 있고, 그의 첫사랑 향수는 그러한 매체가 구축해 놓은 매트릭스 안에서나 가능할 수도 있다. 따라서 늙은 베르테르는 첫사랑을 낭만화하거나 그리워할 수 없어 괴로운 것이 아니라 너무나 자주 향수에 젖게 됨으로써 감정적 피로감에 시달릴 것이다.

한편 오늘날 정보 테크놀로지는 이러한 변화를 가속화하고 있다. 인터넷, 스마트폰, SNS 등 날로 진화하는 네트워크 시스템은 과거와 현재를 순식간에 넘나들 수 있는 기술적 토대를 구축했다. 사람들은 첫사랑이었던 사람을 단 몇 초 만에 찾을 수도 있게 되었다. 첫사랑은 과거에 존재하는 것이 아니라 바로 내 손아귀에서 '지금, 여기'에 존재한다. 이제 성찰적인 기억 작업은 뒤로 물러나고 인터넷에서 첫사랑 상대를 즉물적으로 찾는 것이 우선시된다. 실제로 첫사랑 찾기 앱과 사이트는 사람들 사이에 인기를 끌고 있다. 이와 관련해 한 일간지는 "〈건축학개론〉 …… 영화 열풍과 함께 '첫사랑 찾기' 수요가 폭발하면서 '오늘부터 사람 찾기' 앱도 출시된 지 19일 만에 22만 명이 내려받"았다고 전하면서, "현재까지 이 앱을 이용해 1만 1,950명이 첫사랑과 재회했다"라고 보도했다. 또한 앱을 개발한 젬볼더 이성암 대표의 말을 빌려 "첫사랑의 마음을 확인하고 직접 찾고 싶어 하는 사람들을 위해 개발한" 이러한 앱에서는 "입력한 상대방의 기본 정보가 일치하면 자동으로 연결된다"라고 강조했다. 두 사람이 서로를 찾을 때만 연결된다는 것이다. 첫사랑 찾기 열풍은 인터넷 공간에서도 거세다. 첫사랑을 찾는 사람들이 모이는 '첫사랑 찾기 사이트'에는 게시글이 쇄도하고 있다(≪동아일보≫, 2012.4.25).

이는 향수에 대한 집착이 아니라 '찾기'에 대한 열정이다. 이로써 첫사랑 향수는 자신만의 고독한 내면세계에서 성찰적 기억 작업을 통해 구성되는 것이 아니라, 순식간에 등장했다가 곧바로 소비되어 버리는 운명을 맞이하는 것이 아닐까. 이것이 노스탤지어에 대한 차가운 열정이 낳은 후기 근대의 문화적 비극이라면, 우리는 지금까지 어떤 사랑을 해왔으며 앞으로는 어떤 사랑을 하게 될까.

제5장

결혼과 비혼 사이
낭만적 사랑과 현실 사이에서 줄타기

비혼: 결혼은 선택임을 공식화하다

우리 사회에 이른바 3포 세대, N포 세대, 헬조선의 담론이 등장하면서, 한편에서는 연애를 부추기는 듯한 '짝 찾기' 프로그램, 결혼을 갈망하게 하려는 듯한 '가상 결혼' 프로그램, 출산을 장려하는 듯한 '아이 양육'의 행복에 대한 프로그램이 텔레비전의 화면을 채우더니, 다른 한편에서는 혼자 사는 삶을 다룬 프로그램들이 인기를 끌고 있다. 이는 이제 비혼이 우리 사회가 우려해야 하는 문제가 아니라 적응해야 하는 현상이라는 것을 보여주는 것일 수도 있다.

이와 함께 우리 사회에서 적어도 학술 담론에서는 '미혼'이라는 단어가 사라지고 그 자리를 '비혼'이라는 용어가 차지했다. 지금은 학술토론에서 누군가가 부주의하게 '미혼'이라는 말을 내뱉을 경우 주변의 시선을 의식해야 하는 정도가 되었다. 하지만 학술회의장이 아니라 일상생활로 돌아오면, 결혼 여부를 묻는 질문에 결혼을 하지 않은 많은 사람이 여전히 "아직 미혼이에요"라고 답하고 있다. 그리고 누군가는 그 말에 이어서 자신은 독신주의자가 아니며 결혼을 하지 않은 것이 아니라 '못했다'면서 결혼 의지를 강하게 피력하기도 한다. 왜 이러한 상황이 초래되는가? 이는 단지 학계와 일상의 삶이 다르기 때문만은 아니다.

미혼과 비혼 사이

미혼과 비혼은 글자 그대로는 둘 다 "결혼하지 않은 상태"라는 동일한 의미를 지니지만, 전자는 '아직' 결혼하지 않은 상태임을 강조한다면, 후자는 '현재' 결혼 상황이 아니라는 점에서 미혼은 물론, 이혼과 사별로 인해 현재 '무배우자' 상태인 경우도 포함한다. 따라서 후자의 개념은 훨씬 더 복합한 상황을 포괄한다. 하지만 비혼이라는 개념이 여성학계에서 결혼을 생애의 하나의 통과의례로 삼아 미혼에 낙인찍는 상황에 대한 비판적 인식에서 제기되었다는 점을 감안한다면, 우리는 미혼과 비혼의 차이에 더욱 강조점을 두어야 한다. 이를 극명하게 표현하고 있는 것이 2007년 '비혼여성축제'에서 비혼주의 여성단체가 발표한 다음과 같은 '비혼선언문'의 구절이다. "우리는 비혼 여성입니다. 결혼하지 못한 미혼여성이 아닌, 결혼하지 않은 상태를 선택한 비혼 여성입니다"(박수민, 2015: 7n에서 인용).

페미니즘 진영에서 비혼이라는 용어를 선택하고 이 용어가 학계 및 언론, 그리고 일상생활에서도 널리 사용되고 있는 것은 이제 결혼은 '선택'이라는 점이 '공식화'되었음을 보여준다. 그러나 자신의 선택에 의해서만 미혼과 비혼을 구분할 수 있는 것은 아니다. "나는 비혼을 선택하지 않았다"라는 ≪한겨레21≫(2012, 900호)의 제목이나 한 잡지의

"어쩌다 보니 비혼이다"라는 기사(오수연, 2018)가 암시하듯이, 비혼의 결정이 자발적이지 않을 수도 있다. 이른바 '강제적 비혼'이다. 따라서 학계에서 '자발적' 비혼과 '비자발적' 비혼으로 나누어서 비혼 현상을 연구하는 것은 일반적인 일이 되었다. 하지만 비자발적 비혼은 여전히 결혼할 의향을 가지고 있는 경우가 많으며, 이는 아직 결혼하지 않았다는 의미에서의 미혼의 범주와 중첩된다. 그렇지만 이들 역시 한 명의 배우자를 선택하지 않았다는 점에서는 지금까지 결혼을 선택하지 않았기 때문에 비혼의 범주에 속한다.

따라서 서로 중첩되는 이 두 용어를 굳이 구분하고자 한다면, 결혼할 의지와 결혼하지 않으려는 의지라는 의지의 차이를 강조할 수도 있다. 그러나 이 의지 역시 시간에 따라 달라질 수 있기 때문에 이 용어들은 엄격하게는 단일 시점에서만 사용할 수 있다. 하지만 비혼이라는 용어는 미혼을 바라보는 부정적인 사회적 시선을 극복하기 위한 노력 속에서 사회적 낙인을 벗겨낸 가치중립적인 용어로 제시된 것이라고 평가할 수도 있다. 그러나 사실 미혼이라는 용어도 원래부터 그 용어에 가치평가적 의미가 부여되었던 것은 아니며, 사회적 분위기 속에서 일부 사람들에 의해 가치평가적 의미가 각인되어 온 것이다. 비혼이라는 용어 역시 같은 상황에 처할 수 있다. 이른바 '비혼충'이라는 용어가 등장한 것은 이 같은 상황이 만들어지고 있음을 보여준다. 또 다른 맥락에서 보면 이는 비혼의 개념을 전유하기 위한 싸움이 벌어지고 있는 것이라고 할 수도 있다.

혼자 사는 것의 개념화를 둘러싼 미학 투쟁: 비혼, 싱글, 솔로

어쩌면 비혼 개념은 미혼에 부여되었던 사회적 낙인을 제거하고자 한다는 점에서 진정한 의미에서의 '비정상의 정상화'이다. 하지만, 앞서 살펴보았듯이, 비혼이라는 용어는 여전히 불확정성의 영역에 있는, 만들어지고 있는 용어이다. 따라서 현재 비혼에 그 의미를 부여하고 그 의미를 전유하려는 미학 투쟁이 벌어지고 있다. 여기서 말하는 미학이란 마크 존슨이 말하는 의미에서의 미학이다. 존슨에서 미학은 예술이론을 뜻하는 것이 아니라 사람들이 의미를 만들어내고 경험하는 방식을 뜻한다(Johnson, 2007).

이 미학 투쟁은 혼자 사는 것에 대한 개념화를 둘러싸고 전개된다. 그중 가장 대표적인 것이 페미니즘에서 전유하고자 하는 비혼 개념으로, 이는 여성학자 윤지영의 주장에서 분명하게 드러난다. 윤지영은 단지 "결혼을 선택하지 않음을 '선택'함"이라는 상태를 넘어 비혼을 '선언'함이 지닌 실천적 의미를 적극적으로 개진한다.

> 비혼 선언은 부계혈통 중심적인 친족구조로의 편입을 거부하는 것이자 기존 가족제도에 대한 날이 선 비판 김긱의 선물이라 할 수 있다. 이를 통해 비혼이라는 키워드가 부상한 것은 가족이라는 이상화된 친밀성의 양식과 자연화된 친족 구조, 젠더화된 성역할의 배분판이 지탱하고 있던 일상의 지반 자체를 뒤흔드는 것이 된다.(윤지영, 2017: 356)

윤지영에 따르면, "비혼 선언은 상식과 전통의 이름으로 견고화된 기존의 가족제도에 맞서는 첨예한 사고이자 사적 영역의 재구성을 통해 공적/사적 영역의 위계적 공간 분리마저 파기해 나가고자 하는 대항 전략이다"(윤지영, 2017: 355). 달리 표현하면, 비혼 선언은 기존의 인간다움이 구성되는 방식이었던 친족구조와 친밀성의 양식, 섹슈얼리티, 성별 노동 분업의 양태 등을 재구성하여(윤지영, 2017: 387), 가부장제적 사회질서에 '전복적 효과'를 낳고자 하는 것이다.

우리 사회의 많은 사람은 페미니즘적 사고를 가지고 있지 않더라도 현시대 결혼 및 가족 제도가 젠더 불평등을 압축적으로 표상하고 있다는 점에는 동의할 것이다. 그리고 비혼자들 가운데에는 비혼자 공동체를 형성하여 대안적 삶의 구성방식을 실험하는 사람들도 존재한다. 하지만 윤지영(2019: 69)의 표현을 비틀어 표현하면, 모든 비혼자가 "결혼제도를 유일한 정상화의 판본으로 정의 내려온 이 사회에 반기"를 들어 "결혼제도가 강제해 온 특정한 생애주기와 거주 양식, 가치체계, 의미질서 등을 여성주의적인 관점에서 전면적으로 의문에 회부하여 새로운 생의 풍광들과 몸의 감각들을 발명해 나가고자 하는 적극적 행위"자들인 것은 아니다. 인터넷상에는 "어쩌다 보니 비혼"이라는 글들이 여전히 등장하고, "비혼주의자인데 어쩌다 보니 결혼했다"는 글도 보인다. 이렇듯 사람들이 아직 결혼을 선택하지 않은 이유는 가부장제적 가족제도에 대한 반발 때문만은 아니며, 비혼을 선언한 사람들 모두가 그러한 이유에서 비혼을 선택한 것도 아닐 것이다.

하지만 윤지영(2019: 70)은 "이처럼 결혼은 하고 싶으나 외부적 요인으로 인해 현재 하지 못하고 있는 상태, 요건이 갖추어지거나 마음 내킬 때에 결혼하고자 하는 상태 정도로 비혼의 의미 층위를 왜곡, 축소시키고자 하는 시도들은 비혼 여성들을 여전히 미혼이라는 가부장혼의 포섭 자장 안에 거하도록 하기 위한 인식론적, 존재론적, 사회문화적 강제 방식"이라고 말한다. 바로 이 지점에서 그녀는 미혼과 비혼을 구분한다. 우리는 윤지영이 비혼 선언과 비혼 실천이 갖는 첨예한 정치성과 저항성을 '공격적으로' 부각시키고자 하는 의도에서 비혼을 이처럼 좁고 엄격하게 개념화하고 있음을 안다. 그러나 그녀는 비혼 여성들을 '비혼충', 즉 "외모 자본의 결여로 인한 강제적, 비자발적 결혼

편입 실패자이자 고독사가 예견된 빈곤층으로 명명하는 방식"에서 구원하고자 하지만, 그녀가 미혼으로 규정한 여성들에 대해서는 방치한다. 그녀가 자신이 미혼 여성으로 규정한 사람들에 대해 페미니즘적 시각에서 "남근 질서의 승인 날인을 새긴 주체이며 이원화된 성차의 젠더 체제에 복속하며 자기 자신의 신민성에 매몰당한 자, 사회적으로 주어진 자기 자신으로부터 이탈해 본 적도 없기에 다시 되돌아올 자기 성의 자리조차 발명할 수 없는 자"(윤지영, 2017: 369~370)라고 비판할 수는 있다. 하지만 그녀가 그들 미혼 여성에게서는 비혼충의 낙인을 제거하지 않거나 또는 그들에게 또 다른 형태의 미혼충의 낙인을 찍는 것은 아닌지 생각해 봐야 한다.

이와 관련하여 생각해 봐야 하는 또 다른 문제는 비혼 선언이 가진 저항성을 부각하는 것이 그 저항의 대상을 적으로 상정하고 그 적이 또다시 비혼에 또 다른 의미부여 투쟁을 시작하게 하는 것은 아닌가 하는 점이다. 윤지영이 비혼의 저항 대상으로 상정한 것은 여성을 억압하는 결혼제도와 가족제도임이 분명하지만, 그 제도들에서 특권을 누린다고 여겨지는 남성과 그 제도에 안주하는 것으로 여겨지는 여성은 의도하지 않게 자신이 공격을 받았다고 느낄 수도 있다. 이것이 바로 여성주의적 감수성이 피해 여성에게뿐만 아니라 여성주의에 대해 피해의식을 가질지도 모를 모두에게 열려 있어야 하는 이유이다.

그리고 일부 페미니즘적 관점에서 인식하듯이 가족제도의 피해자에는 여성만이 아니라 남성도 포함될 수 있다. 그리고 이러한 입장에서는 여성해방운동은 여성뿐만 아니라 남성까지 포함하는 인간해방의 운동이다(훅스, 2017; 판트리흐트, 2023; 프레이저, 2017). 이론적으로 보면, 이러한 자각으로 인해 누군가에게 사랑이라는 이름으로 굴레를 씌우지 않기 위해 비혼을 선택하는 남성도 생겨날 수 있다. 아마도 페미니즘의 실천양식으로 비혼을 선택한 여성이라면, 이러한 의식을 가진 남성의 출현을 바랄 것이다. 그래야만 여성이 그러한 남성과 결혼이 아닌 또 다른 삶의 연대를 구축할 수 있을 것이기 때문이다. 그러나 비혼을 결정하는 남성 역시 모두 남성 페미니스트인 것은 아니다. 아마도 그러한 경우는 아직은 소수에 불과할지도 모른다.

사회학자 에릭 클라이넨버그(2013)는 연령, 젠더, 정치적 신념과 무관하게 혼자 사는 사람들을 '싱글턴(singleton)'이라고 지칭했다. 그러나 이러한 방식으로 혼자 사는 사람들 역시 사회의 부정적인 시선으로부터 자유롭지 못한 것이 사실이다. 다시 말해 싱글은 사회적 편견의 대상이 된다. 벨라 드파울로 박사는 이런 사회적 편견을 '싱글리즘(singlism)'이라고 명명하고, 그 내용을 다음과 같이 묘사한다.

> 처음 만난 사람에게 당신이 싱글이라고 밝히는 순간, 상대방은 당신이 비참하고 외롭고 커플을 부러워한다고 생각한다. 당신의 가장 중요한 목표는 커플이 되는 것인 줄 안다. 일정 연령 이상이라면, 당신이 진지한 연인 관계를 맺는 데 공포심을 느끼고 있거나, 너무 까다롭거나, 혹은 약점이 있어서 아직 혼자라고 단정한다. 심지어는 동성연애자라고 짐작하고, 역시 바람직하지 않다고 생각한다.(드파울로, 2012: 12)

싱글에 대한 이러한 사회적 편견은 비혼자에게 일상생활에서 불편을 넘어 고충을 만들어내기도 한다. 한 연구자가 인터뷰한 한 비혼 여성의 다음과 같은 답변은 이를 잘 보여준다.

> 다른 거는 불편함은 없는데 그 뭐랄까 다른 사람들이 보는 시선 같은 거, 선입견 …… 왜 결혼을 안 했을까? 멀쩡하게 생겨서 뭐 문제가 있지 않나

…… 그런 시선들은 아직은 좀 그런 것 같아요. 그래서 저는 사실 모르는 집단에 가면 결혼을 했다고 해요. 그 설명하는 게 너무 싫은 거예요. 처음에는 미혼이라고 얘기를 했었는데 시간이 지날수록 그거를 막 이상한 눈으로 본다거나 막 그걸 궁금해 해서 꼬치꼬치 캐묻는다거나 나이도 물어보고 그러면 …… 사실 예전에는 그렇지 않았는데 지금은 어느 집단 가면 결혼했다고 하고 애도 있다고 하고 그래요.(성미애, 2014: 155)

반면 사회학자 노명우는 『혼자 산다는 것에 대하여』에서 싱글리즘과 싱글에 부여된 부정적인 편견을 없애기 위해 '싱글'이라는 단어에 다음과 같이 긍정적 의미를 부여한다.

바 호크에 앉아 신비감마저 불러일으키는 묘한 색상의 칵테일을 음미하며 "저 혼자 살아요"라고 말을 건네는 사람도, 생활보호 대상자인 독거노인도 통계상으로는 동일한 분류 칸에 배치된다. '미혼'이나 '비혼'은 통계적이고 아카데믹한 냄새는 나지만 판타지를 불러일으키는 용어는 아니다. '1인 가구'는 더더욱 건조하기 이를 데 없는 단어이다. '혼자 산다'는 표현은 판타지에 슬쩍 발을 걸친 듯한 느낌을 주지만, 자칫 잘못하면 궁상맞은 느낌을 줄 수도 있다. 자신을 소개하는 호칭이 고민거리인 사람에게 '싱글'이라는 단어는 이러한 모호함과 주저함을 단번에 날려줄 수 있는 좋은 선택이다. '싱글'은 일단 듣는 사람에게 판타지를 불러일으키는 단어이다.(노명우, 2013: 130)

노명우는 이 싱글이라는 단어가 "산뜻하고 경쾌하고 발랄하고 지적이고 도시적이고 매력적인 느낌을 준다"고 지적하며 자신의 용어 선택을 정당화한다(노명우, 2013: 132). 하지만 싱글이라는 단어 자체에 판타지가 함축되어 있는 것은 아니다. 그러한 판타지를 유발하는 것은 비욘세의 노래 「싱글 레이디」나 미국 드라마 〈섹스 앤 더 시티〉와 한국의 SBS 드라마 〈신사의 품격〉과 같은 미디어 판타지가 만들어낸 '화려한' 싱글의 이미지이다(노명우 역시 이들 드라마에 의지하여 자신의 논지를 전개한다).

하지만 노명우가 정확하게 직시하듯이, 싱글은 "'일반화된 타자'의 부재로 인해 혼란을 겪는 사람들에게 참조하고 따라야 할 모델"을 제시하지만, 그것은 "혼자 사는 사람의 내면을 담는 그릇이 아니라 혼자 사는 사람이 구비한 소품으로 완비되는 빈 공간"이다(노명우, 2013: 134, 137). "누구나 욕망하는 대상으로 격상된 싱글의 라이프스타일은 돈 있는 사람만이 따라할 수 있는 것이다. 화려한 싱글의 라이프스타일을 영위하기 위해서는 막대한 돈이 필요하다는 리얼리티가 반격하는 순간, 혼자서 늙어간다는 불안감, 이러다가 죽을 때도 혼자 죽을지 모른다는 공포감이 고개를 슬며시 내민다"(노명우, 2013: 138).

이러한 맥락에서 경제학자 우석훈은 『솔로계급의 경제학』에서 연애, 결혼, 출산을 포기한 이른바 '3포 세대'에 주목하여 '솔로'라는 개념으로 혼자 산다는 것의 의미를 포착하고자 한다.

> 기생 싱글(parasite single), 일본에서 유행한 이 용어는 아주 현실적이지만 생각보다 잔인한 용어이다. 부모의 집에서 얹혀사는 싱글, …… 흔히 싱글족이라고 표현할 때는 은연중에 돈을 좀 가지고 있는, 구매력이 있는 솔로에 염두를 둔다. 전문직을 염두에 둔 개념이다. 그리고 솔로라는 약간은 중립적인 표현은 그가 나이가 많든 적든, 이혼을 했든 안했든 개별적인 차이에는 별로 관심을 두지 않는 용어이다. 싱글과 솔로, 유사한 개념이지만 뉘앙스 차이는 확실하다. 조금 더 럭셔리한 느낌이 있는 싱글

이라는 용어에 '기생'이라는 수식어가 달리는 순간 어감이 확 변한다. …… 문화적으로 풍성하며 자신의 삶에 충실하기 위해서 소비와 여행을 즐기는 풍부한 지급 능력을 갖춘 전문직 솔로들이 있는 반면, 또 다른 한 편에는 부모와의 삶을 감당할 수밖에 없는 힘겨운 솔로들도 존재한다. (우석훈, 2014: 55)

우석훈은 자신이 책의 제목에 사용한 '솔로계급'이라는 용어가 누가 만든 말이 아니라 결혼과 출산을 거부한 혹은 거부당한 사람들 내에서 자연스럽게 퍼진 개념이라고 말한다. 한국사회가 결혼이 허용된 계급과 그렇지 않은 계급으로 나누어지는 중이라는 것이다(우석훈, 2014: 67).

우석훈이 관심을 두고 있는 것은 "자기 한 몸 가누기도 어려워서 출산은 물론이고 결혼 자체를 포기한 솔로들", 즉 그가 말하는 '빈곤형 솔로'들이다(우석훈, 2014: 66). 그렇다면 그의 표현대로 케인스의 시대부디 하이에크의 시대에 이르기까지 풍요의 시대를 살면서 수뉴 계층이 한 번도 생각해 보지 못했던 일, 그리고 사람들은 사랑이 지닌 힘 때문에 비록 가난하더라도 결혼을 하고 출산을 멈추지 않을 것이라는 멜서스의 생각을 반증해 버린 일은 왜 발생했을까? 우석훈은 모든 것이 '신자유주의' 때문이라는 설명을 거부하면서도 경제학자인지라 경제적 요인에서 그 원인을 찾는다. 그에 따르면, 우리의 '세습자본주의'가 누군가로 하여금 자신의 비극적 상황을 물려주지 않기 위해서 자식을 낳지 않기로 결정하게 하기 때문이다. 청년 솔로는 "상속받지도 못하고 상속할 것도 없는 사람들"이다(우석훈, 2014: 68).

그러나 우석훈의 청년 솔로라는 상황은 윤지영의 비혼 선언자처럼 그 자체로 확정된 것이 아니라 '임시적인' 것이다. 즉, 솔로는 개별적으로는 아주 유동적이며 임시적이다. 누구나 언제든 결혼할 수 있고, 이혼이나 배우자의 사망 등으로 다시 솔로가 될 수도 있다(우석훈, 2014: 70). 지금 솔로가 영원히 솔로일 것이라고 단정할 수는 없다. 하지만 윤이나의 기준에 따르면, 우석훈이 말하는 청년 솔로는 비혼이기보다는 미혼이다.

> 나는 비혼이 삶의 방식이라고 생각한다. 하지만 결혼하지 않은 삶의 상태 모두를 일컫는 말은 아니다. '결혼을 할 수도 안 할 수도' 있는 유예의 지점에 자신을 놓는 것과 삶에서 결혼이라는 단어를 빼고 생각하는 것은 전혀 다르다. 전자의 경우를 세상이 정의하는 미혼의 상태라고 한다면, 미혼에게는 결혼이 언제나 남아 있는 마지막 퍼즐이다. 생애주기에서 빠져서는 안 될 관문이므로, 조금 늦춰지는 것으로만 여겨진다. 하지만 비혼의 상태는 결혼 자체가 삶과 상관이 없다. 미래에 있을지 없을지 모를 결혼 때문에 현재의 삶이 영향 받지 않는 것이 비혼이라는 상태이다.(윤이나, "비혼하기 좋은 날 11. 결혼 없이 어른 되기", https://thepin.ch/dunk/m7mBD/i-choose-not-to-marry-11)

윤이나에 따르면, "이런 의미에서 본다면 현재의 20~30대가 경제적인 문제로 인해 무엇인가를 포기하는 상태를 일컫는 '삼포' 혹은 '칠포'라는 표현은 비혼을 선택한 사람들을 일컫기 적당한 표현이라고 할 수 없다. 결혼하고 싶지만, 결혼이 삶의 중요한 목표 중에 하나이지만 어쩔 수 없는 사회경제적 사정으로 인해 결혼을 포기했다면, 그들에게는 결혼이 매우 중요한 것이므로 결혼하지 '못함'으로 인해 상실된 자리가 존재할 것이기 때문이다. …… 비혼은 그렇지 않다. 비혼이라는 상태는 결혼하지 않음을 선택했기에 결혼이라는 단어가 삶과 상관도 의미도 없어진 것이다."

　이러한 윤이나의 논지는 "결혼은 선택"이라는 주장의 의미를 아주
잘 포착할 수 있게 해준다. 결혼이 선택이라면, 비혼 역시 결혼하지 못
함이 아니라 똑같이 선택이기 때문이다. 그녀의 말대로라면, 비혼은
"하나의 삶의 방식"이다. 그렇다면 비혼이라는 말이 사회적으로 수용
되었다는 것은 이제 비혼이 개인의 결정을 넘어 하나의 삶의 방식으로
사회적으로 수용되었다는 것을 의미한다. 그렇다면 왜 이제야 그렇게
되었는가?

왜 이제야 '비혼'인가?: 비혼의 사회적·문화적 정당성 획득 과정

　『싱글들의 파라다이스』(2015)의 저자 김애순은 그 책에서 자신이
어느 잡지의 표지에 '나, 비혼주의자'라는 타이틀과 함께 실렸던 이야
기를 하고 있다. 님들이 '가시 않는 길'인 '독신의 길'을 수많은 따가운
시선 속에서 걸어온 그녀의 삶은 그녀가 70대에 들어선 이제야 '원조
비혼주의자'로 재조명받았다. 그녀가 살아온 길은 동일한데도 그녀를
바라보는 시선은 전혀 다르다. 30대 초반의 비혼주의 여성인 이진송과
의 대담집 『하고 싶으면 하는 거지… 비혼』(2018)이라는 책을 내기도
한 김애순은 이제 독신 여성을 넘어 비혼주의자의 롤 모델로 상정되기
도 한다.

　그렇다면 수많은 비혼자는 그간 노총각·노처녀라는 낙인을 감수하
고 나서 왜 최근에서야 자신이 비혼자라고 천명하고 '비혼식'이라는 새
로운 의례를 만들어낼 수 있었을까? 김애순이 말하는 "비혼의 가장 큰
적"인 부모까지도 이제 비혼을 수용하게 만든 것은 무엇인가? 흔히 말

하듯, 단지 부모는 자식을 이길 수 없기 때문인가? 아마도 그것 때문만은 아닐 것이다. 왜냐하면 과거에는 부모가 자식의 결혼을 결정하고 자식에게 결혼을 강요했던 것도, 그리고 결혼적령기를 넘긴 미혼 자식의 존재를 부끄러워했던 것도 엄연한 사실이기 때문이다.

아마도 앞에서 논의한, 결혼하지 않음에 대한 사회적 낙인을 제거하기 위해 벌인 개념적 투쟁도 비혼이라는 개념이 사회적으로 수용되는 데 한몫을 한 것은 사실이겠지만, 결혼을 강요하지 않거나 비혼에 드리운 낙인을 지우는 사회적 변화가 일어나고 있었고 또한 비혼을 용인하는 문화생태계가 형성되고 있었기 때문에 그러한 개념 투쟁 역시 가능했을 것이다. 그렇다면 비혼이 사회적·문화적으로 정당성을 확보할 수 있도록 만든 것은 무엇이었는가?

모두가 다 개인주의 때문이다!

콜린 캠벨은 자신의 책 『낭만주의 윤리와 근대 소비주의 정신』에서 금욕주의 윤리가 지배하는 시대에 쾌락주의적 소비가 정당화될 수 있었던 것은 쾌락주의적 소비를 정당화하는 낭만주의 윤리가 있었기 때문이라고 주장했다. 그렇다면 비혼을 정당화해 주는 것은 무엇인가? 가장 쉽게 떠오르는 것은 개인주의이다. 그리고 최근에는 『개인주의자 선언』 등 개인주의적 삶이 지닌 적극적인 의미를 개진하는 문헌들도 많이 출간되고 있다.

그러나 개인주의는 어제오늘의 일이 아니라 근대사회를 지배해 온 이데올로기이다. 이 개인주의는 연애결혼의 시대를 낳았고, 낭만적 사랑은 근대인들의 '신'이 되었다. 자본주의의 파편화된 개인주의가 만들어낸 홀로됨이 초래한 불안의식은 낭만적 사랑의 신이 기획하는 대로 자신들의 유일한 안식처인 '가정'을 창출했다. 그리고 이것이 출산을 통해 최소한의 사회적 연대의 기반이자 의지처인 가족을 만들어냈다. 비혼자를 낭만적 사랑의 자격이나 소질을 결여한 자로 보거나 비혼의 삶에 막연히 고독과 외로움을 상정하는 것도 바로 근대 개인주의 시대에 결혼이 갖는 이러한 효과 때문이며, 그렇기에 비혼자는 바로 그 삭막한 개인주의 시대에 새로운 연대의 가능성마저 박탈당한 사람이었다. 이렇게 볼 때, 근대의 개인주의는 근대인들이 더욱 결혼에 몰두하게 된 원인이지, 비혼의 원인이 아니다.

다른 한편 근대 초기의 개인주의가 아닌 고도로 개인화된 시대의 극단적 개인주의에서 비혼의 원인을 찾을 수도 있다. 그러나 이 경우에도 개인주의 자체를 비혼의 직접적인 원인으로 보기보다는 극단적 개인주의를 유발한 요인이 비혼과 갖는 관계를 검토할 필요가 있다. 왜냐하면. 이를테면 극단적 개인주의의 밑에 깔려 있는 극단적인 자기중심적 사고방식에는 비혼자라는 타자를 이해하고 포용하려는 의지가 포함되어 있지 않기 때문이다. 따라서 이러한 사고방식은 싱글리즘이나 비혼충과 같은 대항적 의미부여 투쟁을 더욱 강화하여 비혼을 정당화하기보다 비혼을 더욱 비난하게 했을 가능성이 크다. 그렇다면 비혼은 어떻게 해서 자신의 낙인을 극복하고 정당한 삶의 양식 가운데 하나로 받아들여지게 되었는가?

자본주의, 자신의 가족적 토대를 파괴하다

자본주의와 가족에 대한 진보적 논의는 대체로 가부장제에 대한 비판으로 이어진다. 그러한 논의에 따르면, 가부장제는 자본주의 체계에 복무하는 여성을 억압하고 착취하는 체계이다. 따라서 당연히 자본주의에 대한 투쟁은 가부장제의 모순을 척결해 나가는 투쟁으로부터 시작되어야 한다. 한 논자의 다음과 같은 주장은 이를 간결하게 보여준다.

> 가부장제 폐지 투쟁은 자본주의 폐지 투쟁의 전제이며 노동계급 투쟁의 진지를 구축하는 투쟁, 물적 토대를 구축하는 투쟁, 코뮌을 형성하는 투쟁이라고 할 수 있다. 자본주의 폐지 투쟁으로서 가부장제 폐지 투쟁은 자본의 자기 생산 전제 조건의 기존 기반을 무너뜨리는 투쟁이다. 그리하여 자본주의가 더 이상 작동하지 못하도록 하는 투쟁이다.(이재유, 2013: 289)

이 선언적 주장은 페미니즘에서 제기하는 비혼선언의 의미를 도출해 내기에 충분하다. 그리고 가족이라는 공동체가 가진 억압의 구조를 이해시키는 데에도 상당한 설득력을 갖는다. 하지만 이는 왜 근대 개인주의 시대에도 사람들이 비혼을 선택하여 가족제도를 해체하지 못했는가라는 질문에 대해서는 답하지 못한다. 누군가는 페미니즘의 투쟁과 함께 '가족의 민주화'가 이루어져왔으며, 그것이 현대의 가족을 만들어왔다고 말할지도 모른다. 그렇다면 왜 과거보다 더 평등한 시대에 와서야 가족제도에 도전하는가? 그리고 왜 사람들은 결혼을 통해 그 속박의 체계를 구축해 왔는가?

그 이유는 바로 가부장제적 가족제도가 자본주의적 착취체계의 수단이었더라도 공동체를 상실한 근대세계에서는 가족제도가 자본주의의 유일한 도피처가 되어주었기 때문이다. 근대의 파편화되고 원자화된 개인들의 사회는 자신들의 삶을 보장할 혈연적 공동체를 더욱 절실히 필요로 할 수밖에 없었다. 지치고 피곤한 남성 노동자뿐만 아니라 경제활동을 박탈당하고 가족이라는 울타리 내에 갇힌 여성에게도 생존의 의지처인 가족은 불가피하게 요구되는 것이었으며, 자신들의 미래를 책임져 줄 자식 역시 불가피하게 요구되었다. 그리고 가족 안에서 사회에서 쌓인 불만을 잊거나 해소하거나 자신들만의 행복을 비밀리에 만들어내야만 했다. 그것이 바로 근대인들이 가족이기주의라는 비난을 받더라도 자기 가족만의 성을 쌓아야만 했던 이유이다.

하지만 자본주의는 가족의 구성을 용이하게 해주는 것이기도 했다. 이른바 자본주의적 산업화는 부모의 재산을 상속받지 못한 농업사회의 차남과 삼남에게도 도시 노동자의 삶을 통해 결혼을 할 수 있는 기회를 부여했기 때문이다(우에노 지즈코·미나시타 기류, 2017: 50~51). 오치아이 에미코(2012)는 이러한 맥락에서 자본주의가 남자들이 평등하게 결혼할 수 있는 '재생산 평등주의'를 낳았다고 말했지만, 이는 다른 한편으로는 가족과 공동체로부터 분리된 남성 및 여성 노동자가 경제적 제약상태에서 자신들의 안식처를 구해야만 하는 이유가 되었고, 자아실현을 위해서가 아니라 가난을 탈피하고 더 나은 삶을 위해 이른바 맞벌이의 삶에 돌입할 수밖에 없게 하는 것이기도 했다.

개인화된 사회에서 가족을 위해 희생하고 고통마저도 감수하며 미래의 행복을 추구하는 이러한 근대가족의 삶의 양식은 낭만적 사랑과 결합하여 개인들의 유토피아를 그리게 했고, 그 시대를 사는 개인들에게 결혼은 선택하는 시점의 문제일 뿐 당연히 꿈꾸어야 것으로 간주하게 했다. 개인주의 사회에서 나만의 유토피아도 없는 삶은 생존의 동력마저 약화시키기 때문이다. 그러나 그러한 개인들의 삶의 대서사는 비극으로 전환했는데, 그 이유는 그 파라다이스가 자본주의 안에 있었기 때문이고, 그리하여 가족 또한 자본의 논리가 작동하는 영역이 되었기 때문이다.

가족을 지배하는 자본의 논리는 일부 사람들에게 다음과 같은 점에서 가족을 유토피아가 아니라 디스토피아로 경험하게 했다. 첫째, 가족의 삶이 주는 보상이 그 비용을 초과해 왔다. 보상이 비용을 초과한 이유는 가족 성원의 보상의 욕구가 지나치게 커졌기 때문이 아니라 사회가 가족 성원의 재생산 비용을 크게 증대시켜 왔기 때문이다. 자본주의 경제는 자녀의 교육을 비롯한 재생산 비용을 사적 영역에 떠넘길 뿐만 아니라 보다 양질의 고급 노동력을 사회에 공급할 것을 요구한다. 따라서 미래의 행복을 위해 연기했던 쾌락은 손에 잡힐 듯 가까워지는 것이 아니라 더욱 멀어지며, 가족을 위한 희생적 삶은 고난으로 경험된다. 이제 가족은 자본주의의 도피처나 원자화된 개인들의 안식처가 아니라 자본주의 사회의 한 영역일 뿐이다.

둘째, 이제 가족은 자신들만의 소우주가 아닌 자본주의에 편입된 영역으로, 자본의 논리에 따를 수밖에 없다. 그 결과 자본주의 사회가 봉착하는 문제가 바로 저출산의 문제이다. 과거 저비용의 재생산 구조하에서는 대신과 양육의 '고통'이 부모의 희생적 노력을 통해 '행복'으로 전환될 수 있었다. 하지만 이 고통과 행복의 연결고리가 끊어진 현재, 막연한 행복을 추구하기보다 미래의 예견되는 고통을 줄이기 위해 비용을 줄이는 선택을 하는 것은, 불황기에 기업이 막연한 투자를 감행하기보다 비용을 줄이는 것이 합리적인 결정인 것처럼, 이기적이 아니라 합리적이다. 이것이 또한 사람들이 비혼을 선택하거나 결혼을 하더라도 자녀를 최소한으로 낳거나 무자녀를 선택하는 이유이다. 이는 "무자식이 상팔자"이기 때문이 아니라 상황적 조건이 출산이라는 인간의 본능적 욕구까지도 박탈하기 때문이다.

셋째, 자본주의 사회에서 개인적 생존을 위한 비용 절감의 노력과 그 결과, 즉 비혼과 저출산은 가부장제를 폐지하기 위한 투쟁이라기보다 새로운 행복을 찾기 위한 '몸부림'이다. 우리가 이를 몸부림이라고 표현하는 까닭은 그러한 선택을 한 사람들 역시 자신의 결정이 사회 속에서 초래할 또 다른 고통을 익히 인식하고 있기 때문이다. 하지만 그들이 겪을 고통은 인간은 홀로 살 수 없는 존재가 아니기 때문이 아니라 그간 인간은 '함께 살기', 즉 가족 형성을 축으로 하여 사회를 제도화해 왔기 때문이다.

넷째, 결혼을 하지 않기로 결정한 것이 갖는 문제는 그러한 사회제도 때문에 비혼자가 행복할 수 없다는 것이 아니다. 그들은 스스로 불행을 선택하는 것이 아니라 또 다른 삶의 양식 속에서 또 다른 행복을 추구하기 때문이다. 따라서 비혼이나 가족의 약화로 인해 발생하는 문제는 실제로 그 개인에게 있는 것이 아니라 전체 사회체계에 있다. 그간 자신의 비용을 절약하기 위해 재생산 비용을 과도하게 가족에게 전가해 온 자본은 이제 체계의 상품 생산자뿐만 아니라 상품 소비자까지 상실함으로써 체계의 재생산 구조를 위협받는다. 자본주의는 바로 자신의 가족적 토대를 스스로 체계적으로 피괴해 온 것이다.

다섯째, 자본주의는 지금까지 효율적인 '체계통합'을 위해 자본의 사회적 책임을 방기함으로써 사회통합의 위기를 초래했다. 비혼은 이 위기에 대한 개인적 적응방식이며, 이것이 다시 체계통합에 위기를 초래한 것이다. 이는 지금까지 자본주의가 작동해 온 방식에 대한 변화를 요구한다. 이것이 바로 저출산 문제를 극복하기 위해 나아가야 하는 기본 방향이다. 하지만 자본은 이 위기 구조에서 자신의 논리를 수정하기보다 새로운 상황에 단기적으로 적응함으로써 위기를 모면하고자 한다. 그중 하나가 바로 1인 가구를 위한 시장을 창출하는 것이다. 그렇기에 비혼이 증가한 이유는 싱글들이 편리하게 살아갈 수 있는 경제적 환경이 마련되었기 때문이라는 일반적인 설명은 인과구조를 잘못

설정한 것이다. 실제로는 자본은 자신의 단기적인 이익을 실현하기 위해 비혼의 삶에서 가능한 영역을 확대하고 있으며 자신의 토대를 더욱더 파괴하고 있다. 이것이 바로 마르크스가 설명하지 않았던 자본주의의 또 다른 모순이다. 즉, 싱글 시대의 자본주의는 자신의 토대를 훼손하는 싱글들의 삶을 지원한다.

자유주의와 가족의 문화적 모순

지금까지의 논의를 살펴본 독자는 우리가 개인주의에 모든 책임을 돌릴 수 없다더니 결국은 자본주의에 모든 책임을 돌린다고 생각할지도 모른다. 물론 사회에서 가난한 사람들만 비혼을 선택하는 것이 아니라 자기실현을 주장하는 중간계급 이상의 사람들도 비혼을 선택한다. 자발적 비혼의 경우에는 후자의 비율이 더 높을지도 모른다. 결혼과 비혼의 선택에는 수많은 요인이 작동할 것이지만, 이 자발적 비혼과 관련하여 우리가 주목하는 또 다른 차원이 자유주의와 가족의 모순이다.

자유주의는 근대사회와 자본주의 경제체계를 뒷받침하는 또 다른 이데올로기적 주춧돌이다. 자유로운 시장경제를 준거틀로 하는 자본주의는 개인으로 하여금 자유로운 경쟁의 틀에 강제적으로 참여하게 하는 체계로, 개인은 항상 시장의 힘에 경제적으로 예속된다. 따라서 해방된 개인들이 자유를 누릴 수 있는 곳은 자신들이 구성한 가족이라는 '자유의 왕국'이었다. 그러나 그 자유의 왕국은 시장의 힘이 직접 작동하지 않는 영역이라는 의미에서 자유의 영역일 뿐, 그 속의 개인들은 자신의 왕국의 성원들을 시장으로부터 보호하는 동시에 그들이 시장에 적응할 수 있도록 준비시키는 자원을 동원하기 위해서는 자신의 자유를 제약할 수밖에 없다. 다시 말해 가족의 성원들은 가족의 자유를 위해 다음과 같은 굴레를 스스로 쓸 수밖에 없다.

첫째, 전통적으로 생계부양자의 역할을 부여받은 남성은 개인의 자유가 중요하다고 외치는 시대에 자기실현을 위해서가 아니라 가족을 지키려는 투쟁을 위해 자신들의 자유를 제약하는 외부 세계로 끝없이 자신을 내몰 수밖에 없다. 둘째, 가족 내에 갇힌 여성은 자녀의 양육 및 교육에 매이는 것을 넘어 자기실현이라는 명분으로 부족한 생계자원의 보충자가 될 수밖에 없다. 셋째, 부모의 희생을 목도한 성인 자식은 자신의 삶을 계발하기보다 부모의 삶의 대행자가 된다. 이러한 가족적 삶의 구조는 가족 구성원들의 자유를 제약한다. 이제 제약된 자유는 가족 내에서 감정적으로는 고통을 통한 행복으로 발현되기보다 고통 그 자체로 인식되어, 자신의 고통을 위안 받기 위해 누군가의 희생을 요구하게 한다. 즉, 이제 가족은 자신의 자유를 위해 또 다른 가족성원의 희생을 요구하는 장이 된다. 자유의 왕국은 또 다른 자유를 찾게 만든다. 이것이 바로 혼자 살기의 지유이다.

하지만 혼자 살기가 곧 자유를 의미하지는 않는다. 혼자 살기를 선택할 수 있는 자유를 가진 사람이 있는가 하면, 혼자 살기를 선택당한 사람도 있기 때문이다. 수세기 전에도 부유한 사람들이 독신의 자유를 누리곤 했다. 다시 말해 가족을 자유의 왕국이 아니라 굴레로 의식하고 사회 속에서의 자유를 만끽하기를 결정하기도 했다. 그러나 그들 역시 사회적 시선으로부터 자유로울 수 없었다. 또한 오늘날에도 앞서 언급한 가족의 위험을 경험하지 않은, 경제적 굴레에 속박 받지 않을 정도로 여유로운 사람들은 결혼생활이라는 불확실한 삶보다 스스로 통제할 수 있다고 믿는 (그러나 이것 또한 환상인) 혼자의 삶을 선택한다. 그러나 이들 또한 혼자임의 고독과 불안감에 속박된다. 이는 단지 그들이 혼자이기 때문이 아니라 우리 시대의 불확실한 삶을 정말로 혼자 극복해야 하기 때문이다. 그리고 그러한 불확실성을 함께 극복하고 싶지만 그 짝조차 찾을 여건을 마련할 수 없는 사람은 표면상의 자유의 왕국도 건설하지 못한다. 어쩌면 혼자 살기에는 자유의 공간이 존재하는 것이 아니라 나만의 '물리적' 공간만 존재할지도 모른다. 그냥 남은 없이 나만 존재하는 '해방구' 말이다.

개인들, 이제 자기 안으로 파고들다

그렇다면 왜 개인들은 홀로 사는가? 또 다시 개인주의 때문인가? 누군가는 이를 두고 이제 개인들은 가족을 포함한 어느 누구를 위해서도 기꺼이 희생하지 않는, 자신만을 바라보는 극단적인 이기적 존재가 되어버렸다고 한탄할 수도 있다. 이 견해는 일견 타당해 보일 수도 있지만, 또 다른 문제를 설명하지 못한다. 이를테면 누군가가 결혼을 선택한다고 하더라도, 그러한 결혼 선택을 이타적인 행위로만 설명할 수 없기 때문이다. 누군가는 결혼이라는 선택을 통해 공통의 가족 가치를 추구하기보다 가족을 하나의 도구로 이용할 수도 있다. 가족 문제로 나타나는 수많은 현상은 이를 입증하고도 남는다. 어쩌면 비혼을 선택하는 것은 이러한 경험이 낳은 결과일지도 모른다.

다른 한편 극단적 개인주의화가 진행되었다고 하더라도 그러한 개인주의화에 내포된 이기적 심성을 개인들의 의지의 산물로만 설명할 수는 없다. 사회적 존재인 인간은 어느 누구도 이기적인 원자화된 개인이 되기를 원하지 않을 것이기 때문이다. 이것이 바로 개인주의 시대라고 불린 근대사회에서도 가족이 사회의 '혈연적' 연대의 토대로나마 작동해 온 이유이다. 중요한 것은 이제 가족 내에서도 자신의 자유를 보장받지 못한다는 것이다. 그리고 사회는 그 책임을 항상 가족에게, 보다 구체적으로는 가족 구성원들의 능력에 물었다. 그리고 사회는 개인의 자유는 누군가가 보장해 주는 것이 아니라 개인의 능력을 통해 획득해야 하는 것이라고 가르쳐왔다. 사회는 거듭 개인의 자유를 위해서는 사회제도나 가족이 아니라 자기 자신에게 눈을 돌릴 것을 요구한다. 자기 자신을 위해서만이 아니라 미래의 가족을 위해서라도 중요한 것은 바로 자기 '개발'이라는 것이다.

오늘의 사회는 '능력주의 사회'라는 이름으로 끝없는 경쟁을 강요하고 그러한 경쟁에 필요한 능력을 과도하게 요구한다. 이 경쟁사회는 연대를 허용하지 않는다. 언제나 자유는 경쟁에서 승리한 자의 몫이다. 당연히 가족 내에서도 자신들의 모든 것을 희생한 부모는 자신이 '보험'으로 든 '자식'이 경쟁에서 승리할 때에만 자신의 자유를 확보할 수 있다. 이제 연대를 모르는 개인화된 자식은 자신의 승리를 위한 투쟁에 매몰되어 피보험자에 대한 의무를 망각한다. 이것이 바로 개인주의에 대한 방피제로서의 기족이 다시 개인주의화를 강화하는 것으로 변형되는 과정이다. 이러한 개인주의화된 구조에서 결혼을 선택할 자유 역시 승리한 자들의 몫이다. 결국 사랑도 쟁취하는 것이다.

고도로 치열한 경쟁사회의 특징은 경쟁자들 간의 격차가 줄어든다는 것이다. 능력 있는 자와 능력 없는 자의 경쟁이 아닌 고도 경쟁사회의 능력 있는 자들 간의 경쟁에서는 항상 앞서 가는 자들이 눈앞에 보이고, 따라서 그들을 따라잡기 위한 끝없이 경쟁에 돌입한다. 이제 경쟁자들은 항상 승리의 목전에서 자신이 지쳐 있음을 경험한다. 이러한 점에서 패자는 게으른 능력 없는 자가 아니라 지쳐 있는 사람들이다. 그럼에도 불구하고 그들은 자신의 존재를 증명하기 위해 또 경기장에 들어서야 한다. 이들에게 이제 사랑은 '사치'이다. 그리고 출산은 자신과 같은 존재를 재생산하는 것이다.

그렇다면 승자만 결혼하는가? 아니다. 고도 경쟁사회의 특징은 승리 역시 불확실하다는 것이다. 능력의 격차가 좁은 경쟁사회에서는 승자 역시 불안한 지위를 점하고 있을 뿐이다. 그들은 항상 경쟁의 대상이고 언제 패자로 전락할지 모른다. 그들 역시 경쟁사회—고도 경쟁사회는 아니더라도—의 가족의 성원이었기에 이미 가족의 모순을 익히 경험했다. 이들도 가족을 통한 자유의 영역을 선택하는 것이 아니라 또 다른 삶의 양식으로서의 비혼을 선택할 수 있다. 이들이 원하는 삶의 양식은 경쟁 없는 삶 또는 느슨한 경쟁의 삶이다. 왜냐하면 개인으로서의 삶만이 사회에서 작동하는 게임의 규칙 밖에서 얼마나마 자유의 영역을 구축할 수 있기 때문이다. 바로 이 자유의 영역에 그들의 또 다른 낭만적 유토피아가 존재한다.

비혼: 하나의 삶의 양식이 되다

그렇다면 이제 해명해야 할 문제는 혼자 사는 삶이 왜 지금에야 하나의 삶의 영역으로 인정받게 되었는가 하는 것이다. 이것 역시 수많은 요인이 복합적으로 작동한 결과이겠지만, 앞서의 논의와 연계시켜 몇 가지만 살펴보기로 하자.

첫째, 가족의 한 성원이었던 개인이 또 다른 가족을 구성하지 않기로 하는 결정은 어떤 의미에서는 자신의 기존의 가족을 배반하는 것이다. 그리고 이것은 경쟁사회의 울타리로 가족을 구성했던 부모 세대에게는 자신들의 죽음은 아직 결혼하지 않은 자식들을 다시 참혹한 사회에 방치하는 것이나 다름없을 수 있다. 그렇기에 비혼은 부모에게 참을 수 없는 것이었다. 그러나 부모 세대 또는 자식 세대의 가족적 삶과 그 굴레의 경험은 영원한 안식처로서의 가족이라는 환상 역시 깨뜨렸다. 자신에게 닥친 노년의 불안한 삶은 결혼하지 않은 자식이 맞을 삶의 노년과 다를 바 없다. 그 결과 부모도 자신이 살아온 것처럼 젊어서 고생하기보다 젊어서나마 자신의 삶을 사는 것도 그리 나쁘지 않다고 인식하게 되었다. 이제 비혼의 최고의 적이었던 사람이, 동지까지는 아니지만, 비혼의 용인자가 된다.

둘째, 경쟁사회가 초래한 불평등 역시 비혼의 삶을 정당화한다. 삶의 공동체로서의 가족은 생계의 책임을 가족 자체에 지웠기 때문에 자신들만의 독자적인 자유로운 공간을 마련하기 위해서는 항상 경제적 준비가 필요했다. 하지만 이것은 결혼을 연기하게 하는 이유였지, 비혼을 선택하게 하지는 않았다. 게다가 초기 경쟁사회의 능력주의적 측면, 아니 '노력주의'적 측면은 근면과 금욕을 통해 부의 가족적 축적을 가능하게 했다. 그리고 앞서 언급했듯이, 이로 인해 보다 많은 사람이 결혼을 할 수 있었다.

하지만 후기 고도 경쟁사회에서는 그러한 축적이 어려워졌다. 그 이유는 과거보다 노력을 적게 해서 소득이 줄었기 때문이 아니라 더 많이 노력함에도 불구하고 경쟁사회에서 경쟁에 필요한 자원을 획득하기 위한 비용이 더욱 늘어났기 때문이다. 결국 성공해서 부를 축적하려는 노력은 역설적으로 치열한 경쟁사회를 살아가는 사람들로 하여금 결혼할 여유가 없게 만들었다. 바로 이들이 결혼을 위해 준비하다가 결혼적령기를 놓치고 만, 이른바 "어쩌다 보니 비혼"에 이르게 된 사람들이다.

셋째, 자식을 뒷바라지하던 부모 세대 역시 이제 세습자본주의 시대에 세습할 것을 가지지 못하게 되었다. 고도 경쟁 자본주의는 급진 진영으로 하여금 가족은 바로 남성 장자의 상속을 지속시키는 기제라고 비판하게 했던 기부장제적 가족의 토대 자체를 파괴했다. 실제로 이는 자기 세대의 저출산과 자식 세대의 비혼에 의한 "대 잇기의 종언"(조은, 2005)을 쉽게 받아들일 수 있게 만들었다. 이것 역시 마르크스가 예견하지 못한 자본주의의 또 다른 모순일 것이다.

이렇듯 고도 경쟁 자본주의는 다양한 형태의 비혼의 경로를 틀 지어 왔고, 개인들은 결혼 없는 새로운 삶을 모색할 수밖에 없었다. 하지만 앞서 살펴보았듯이, 사회는 자신의 생존을 위해 혼자 사는 삶에 수많은 낙인을 찍어왔고, 비혼자들은 중심에서 밀려나 구석에서의 삶을 살아왔다. 하지만 또 다른 측면에서 자본주의와 미디어는 어느 샌가 더 많아진 그러한 구석으로까지 침투하여 새로운 문화상품으로서의 낭만적 사랑의 유토피아만큼이나 혼자 사는 삶의 판타지를 생산해 왔다. 그리고 심지어는 그 둘을 결합하여 또 다른 판타지를 생산하기도 했다. 이를테면 2000년대를 전후한 TV 드라마나 영화에는 이러한 싱글들의 삶이 전면에 등장했다. 이들은 자유, 자립, 독립, 해방의 표상이 되었으며, 자기실현의 미학을 구현하는 쭈제로 표현되있다. 싱글들은 궁ㆍ싱맞기너 무기력한 존재로 그려지지 않는다. 대표적으로 2013년부터 방영된 한 방송사의 예능 프로그램 〈나 혼자 산다〉는 싱글들의 즐겁고 흥미진진한 일상생활을 그려낸다. 그 싱글들은 자신의 의지대로 외식, 여행, 운동, 소비생활, 취미생활, 직업활동 등에 몰입한다. 이들의 싱글라이프는 자유와 해방이라는 또 다른 유토피아를 상상하게 한다. 하지만 그 이면에는 차가운 자본주의 논리, 다시 말해 높은 수준의 소비가 전제되어 있다. 그곳은 소비를 하지 않을 경우 도달할 수 없는 유토피아이다.

하지만 미디어 판타지는 사회적 낙인을 가릴 수는 있지만 비혼의 삶에 문화적 정당성을 부여하지는 못한다. 비혼을 문화적으로 정당화하는 이 작업이 바로 비혼에 의미를 부여하는 투쟁이다. 사실 비혼이라는 용어 역시 앞서 살펴보았듯이 의미부여 투쟁의 결과이다. 그리고 혼자의 삶을 다룬 수많은 철학·사회과학 저작은 혼자 살기의 적극적인 의미를 발굴해 내고 있다. 이를테면 노명우는 에마뉘엘 레미나스의 논의를 빌려 혼자 살기는 '홀로서기', 즉 자기성을 확보하는 과정이라고 설명한다. 그에 따르면, "단독인은 고립되어 있는 인물 혹은 의도적으로 고독을 꾀하고 스스로를 세계로부터 닫아놓은 인물이 아니다. 단독인은 오히려 '고독을 존재의 한 범주'로 받아들이고 '집단성이야말로 행복이고 고독은 그것과 대립되는 것이라는 습관'에서 벗어난 사람들이다"(노명우, 2013: 189). 그렇기에 혼자 살기는 세상과 등지는 것이 아니라 세상에 발을 딛고 서 있으면서, 밀집된 혼란으로 인해 되돌아볼 수 없었던 나의 삶에 대한 생각을 혼자서 해내는 과정이다. 노명우는 이 홀로서기의 과정을 사회학적으로 다음과 같이 멋지게 표현한다.

> 기꺼이 혼자가 되어 홀로서기를 꾀한다는 것은 스스로를 세계로부터 고립시기리는 자폐의 의지가 아니라 우리가 사신에 대해 샷고 있는 편견을 끊임없이 주입하는 과잉화된 '일반화된 타자'와 거리를 두는 능력을 획득하는 것을 의미한다. 혼자가 된다는 것은 우리가 …… 일반화된 타자가 입혀준 옷을 벗고 잠시 자기만의 방으로 들어가는 것이다. (노명우, 2013: 189)

여기서는 노명우의 사례만 살펴보았지만, 혼자 살기에 대한 의미부여 투쟁에서 나타나는 논지는 하나로 요약된다. 이른바 혼자 살기는 데이비드 리스먼(1999)이 말하는 '고독한 군중'이 타자 지향적 삶을 추구하는 것이 아니라 군중 속에서 자기만의 섬을 만들어 자신의 삶을 추구하는 것이다. 이렇게 볼 때, 혼자 살기는 고도 개인주의 시대에 출현한 개인적 삶의 투쟁의 한 형태이며, 선택할 수 있는 삶의 범주 가운데 하나이다. 그렇다면 어떤 고독한 군중은 왜 결혼을 선택하고 어떤 고독한 군중은 왜 비혼을 선택하는가?

화려한 싱글과 행복한 결혼 사이에서: 감정적 선택 구조

자발적·주체적으로 결혼을 선택하면서 불행한 삶을 바라는 사람은 없을 것이며 비혼을 결정하면서 결혼생활보다 궁상맞은 삶을 살고 싶어 하는 사람도 없을 것이다. 만약 강요된 선택이 아니라면 전자는 행복한 결혼생활을, 그리고 후자는 화려한 싱글을 꿈꿀 것이다. 그러나 앞서 논의한 혼자 사는 것에 대한 의미부여의 투쟁은 결혼을 선택한 사람들에 대해 왜 결혼했는지를, 그리고 결혼을 하고 싶어 하는 사람들에 대해서는 왜 결혼하고 싶어 하는지를 묻지 않는다. 이 질문이 중요한 이유는 결혼을 한 사람들이 가부장제나 성상 가족의 이데올로기에 매몰된 사람들은 아닐 것이기 때문이다. 그리고 만일 그렇게 본다면 그것은 결혼을 한 사람들을 모독하는 일이 될 것이다.

또한 앞에서 검토한 비혼선언 및 싱글과 솔로라는 개념화는 비혼 결정의 다차원성―각기 가족제도에 대한 반발, 미디어 판타지의 영향, 경제적 박탈―을 보여주기는 하지만, 결혼과 비혼을 결정하는 것은 이 세 가지 차원으로 축소시키기에는 너무나도 복잡하고 복합적인 현상이다. 그리고 이러한 단순화한 설명들은 사람들이 비혼을 결정한 자발성과 주체성을 강조하면서도 그들의 결정을 구조 내지 상황에 대한 반응으로 축소시키는 오류를 범하기도 한다. 그렇다면 사람들로 하여금 결혼하기로 또는 결혼하지 않기로 선택하게 하는 내적 메커니즘은 무엇인가?

이 절에서는 그중 하나로 결혼과 비혼의 선택에서 작동하는 감정 메커니즘을 포착하고자 한다.

삶의 불확실성이 비혼을 증대시켰다고?

비혼을 연구한 많은 문헌은 삶의 유동성과 불확실성의 증대가 비혼의 주요한 원인인 것처럼 설명하는 경향이 있다. 하지만 인간의 삶에서 미래의 불확실성은 상수였지 변수가 아니었다. 그리고 인류의 발전과정은 불확실성을 축소시켜 미래의 안정성을 더욱 확보하고자 하는 과정이었다고 말할 수 있다. 물론 일루즈의 지적대로 결혼시장의 경우에는 근대사회의 합리화 과정은 사랑마저 합리화시킴으로써 배우자를 결정하는 것을 더욱 어렵게 해왔다. 그렇다고 해서 그 불확실성 자체가 모든 사람이 비혼자가 되게 한 것은 아니다. 비혼이 증가하고 있는 것은 사실이지만 여전히 결혼을 하는 사람이 더 많다. 그렇다면 불확실성 속에서도 사랑하는 사람이 있거나 사랑을 갈망하면서도 누군가로 하여금 비혼을 결정하게 하는 것은 무엇인가?

기존의 논의는 대부분 이 문제를 짝 선택의 어려움이라는 측면에서 설명해 왔다. 이를 잘 보여주는 것이 앨런 맥팔레인의 저작 『잉글랜드에서의 결혼과 사랑』이다. 맥팔레인은 이 책의 첫머리를 당시 29세였던 찰스 다윈이 사촌 엠마와의 결혼에 마음을 설레면서도 결혼에 대한 손익계산 분석표를 만들었던 것을 묘사하는 것에서 시작한다. 맥팔레인(2014: 235)은 결혼을 결정하는 데서 어려움을 겪는 이유로, 첫째, 부부가 사랑하는 것뿐만 아니라 생활도 꾸려야 한다는 것, 둘째, 배우자 선택이 적절했는지를 확신하기 어렵다는 것을 지적한다. 특히 그는 후자가 중요한 이유로, 첫째, 결혼상품에 대한 정보가 자주 불확실하다는 점, 둘째, 일반 시장과 달리 하자가 있을 경우 반품하거나 재판매 또는 폐기처분이 불가능하다는 점을 들고 있다(맥팔레인, 2014: 245, 246).

일루즈(Illouz, 2012: 52~53)는 결혼시장이 근대사회에 들어 더욱 복잡해진 이유를 다음과 같이 설명한다. 첫째, 전근대사회에서 짝 찾기가 한 신분집단 내에서 수평적으로 이루어졌다면, 근대사회에서는 원칙적으로 모든 사람이 주어진 사회적 환경 속에서 모든 사람과 가장 갖고 싶은 파트너를 놓고 경쟁한다. 둘째, 다른 사람을 만나는 것이 개인적 취향의 문제가 되었다. 신체적 매력과 성적 선호에서부터 퍼스널리티와 사회적 지위에 이르는, 파트너를 선택하는 기준들이 주관화되었고, 이제는 개인적 취향에 따라 서로의 특성이 거래된다. 셋째, 짝 선택에 공식적인 메커니즘이 존재하지 않기 때문에, 낭만적 아비투스는 경제적이자 감정적으로 작동하는 특성을 가지게 되었다. 따라서 개인들은 경제적 계산과 감정이 조화를 이루는 선택을 하기도 하고, 때로는 '사회적으로 적절한 사람'과 '섹시한' 사람 간의 선택에서 내적 긴장을 겪기도 한다.

이러한 선택 가능성의 증가는 개인이 단일한 대상 또는 관계에 헌신하는 것을 방해한다. 왜냐하면 이러한 감정결정체계는 개인에게 자신의 선호를 확정하고 자신의 선택을 평가하고 자신의 감정을 확인하기 위한 합리적 형태의 자기점검을 요구하기 때문이다. 그리고 이러한 합리적 평가는 의사결정에서 감정이 수행하는 힘을 약화시킨다. 게다가 선택지의 증가는 충분히 좋은 선택을 하는 '만족하는 선택'에서 최고의 선택을 추구하는 '선택의 극대화'로 선택의 방식을 전환시킨다(Illouz, 2012: 91, 93, 95). 일루즈는 이러한 짝 선택에서의 생태계의 변화가 남성으로 하여금 감정과 섹스를 분리시키고 짝의 선택을 연기하게 했고, 이는 남성으로 하여금 자신의 잠재적 짝에 대해 열정적이기보다는 초연한 태도를 가지게 만들었다고 진단한다. 일루즈의 분석에 따르면, 남성들의 이러한 헌신 기피 태도는 두 가지 형식으로 나타나는데, 그 하나가 쾌락적 관계를 축적하는 데 집중하는 '쾌락주의적 헌신 기피증(hedonic commitment phobia)'이고, 다른 하나는 어떤 누구도 원치 않는 '의지 상실적 헌신 기피증(aboulic commitment phobia)'이다(Illouz, 2012: 78). 일루즈는 이러한 과정을 남성에게 주목하여 설명하지만, 일루즈가 지적한 대로, 성 평등화의 과정을 감안할 때 여성 또한 이러한 경향에서 벗어나 있지 않은 것으로 보인다.

맥팔레인과 일루즈의 이 같은 분석은 만혼 또는 비혼이 증대하는 경향을 설명하는 중요한 이론적 전거가 될 수 있다. 이렇듯 결혼시장에서는 잠재적 파트너의 풀이 상당히 커지고 낭만적 아비투스가 더욱 복잡해진다. 이에 따라 사랑은 합리적 평가의 대상이 되고, 짝을 선택하는 과정은 끝없이 잘못된 판단을 줄이는 과정이 된다. 이는 결혼의 선택을 계속해서 연기하다가 "어쩌다 비혼"이 되게 하거나 비혼을 자발적으로 결정하게 한다. 그러나 선택과정이 과거보다 어려워졌다는 객관적 사실만으로는 결혼과 비혼 결정의 온전한 모습을 설명할 수 없다. 왜냐하면 이러한 논의들은 근대 결혼의 조건으로 사랑을 그냥 전제하기 때문이다.

사랑의 이중성과 사랑의 '확신'의 불확실성

사람들은 누군가가 사랑하는 사람이 생겼다고 말하면 언제 결혼할 것이냐고 묻고, 미혼인 사람에게는 좋아하는 사람이 없느냐고 묻는다. 그러나 이상하게도 결혼과 비혼에 대한 학술적 문헌에서는 사랑에 대한 논의가 실종된 채 결혼과 비혼에 대한 사회경제적 조건 및 문화적 변인만 거론된다. 누군가는 사랑하고 싶은 사람을 찾아 헤매다가 결국 비혼의 상황에 처하기도 하고, 누군가는 첫사랑을 못 잊어 비혼을 결심하기도 하는데 말이다.

알랭 바디우는 사랑은 "모든 사람이 가지고 있는 공통의 취향"(바디우, 2010: 17)이라고 말하지만, 사람들은 사랑이 무엇인지를 철학자들의 엄격한 정의에서보다 대중가요의 노래 가사에서 더 절실히 느낄 만큼 사랑은 강렬하면서도 모호하다. 그래서 요즘 사람들은 이른바 '썸'을 탄다는 말을 사용하기도 한다. 그리고 그 사랑의 불확실성 때문에 두 당사자는 서로 자신의 '썸'이 사랑인지를 서로에게 확인하고자 하며, 서로의 사랑을 쌓아나가고자, 달리 표현하면 '축적'하고자 한다. 이른바 연애, 다시 말해 '노동으로서의 사랑'의 과정이 시작된다.

이 연애과정은 사랑의 불확실성을 줄이기 위한 끝없는 확인 과정이기에 부단한 노력이 요구되고 항상 타인에 대한 배려와 타인의 인정이 요구된다. 이는 첫눈에 반한 사랑이라고 할지라도 마찬가지이다. 그러한 사랑조차도 현실에서는 자기확신을 요구하기 때문이다. 따라서 사랑의 노동은 항상 고통과 즐거움을 동반한다. 다만 그 즐거움이 압도할 때 고통을 망각할 뿐이다. 그리고 사랑의 노동은 자신이 현실에서 겪는 사랑을 '낭만적 사랑'으로 승화시키기 위한 것이기도 하다. 하지만 낭만적 사랑의 유토피아는 현실에 존재하지 않는다. 따라서 연인들 사이에는 항상 불안이라는 감정이 따라다닌다. 아니, 황홀감이라는 감정에 휩싸여 있는 동안에도 불쑥 불안감이 엄습한다. 이렇듯 두 연인에게는 고통과 불안감을 제거하는 것이 가장 중요한 과제가 된다. 사랑의 기술에 대한 수많은 저작이 출간되고 베스트셀러의 반열에 이르는 것도 이 때문이다.

두 연인이 사랑의 쾌락에서 낭만적 유토피아의 환상을 느낄 때, 정확하게는 고통과 불안감을 망각할 때, 두 사람은 사랑의 확실성을 확인한다. 정확하게는 불확실성이 제거되었다고 믿는다. 그리고 그들은 그러한 환상과 환상에 대한 확신을 제도적 장치에 매어두기 위해 결혼을 하기로 결심한다. 그러나 루만(Luhmann, 1979)의 정확한 지적대로 그러한 확신은 또 다른 가능성을 배제하기로 결심하는 하나의 도박이다. 그리고 그 확신을 유지하기 위해서는 결혼 이후에도 사랑의 노동이 불가피하게 요구된다. 반면 두 연인 모두 또는 그중 한쪽이 환상보다 불안감에 더욱 노출될 때, 그 둘은 둘 사이에 존재하는 것이 진정한 사랑이 아닌 다른 그 무엇이라고 판단하고 사랑이었을지도 모르는 것을 해체한다. 이처럼 사랑의 '확신'에 대한 불확실성은 결혼 또는 비혼을 결정하게 하는 핵심적인 감정적 선택 메커니즘이다. 이제 결혼할지의 여부를 결정하는 데에는 단지 사랑하는가가 아니라 사랑의 확신이 확실한가라는 자기검증의 과정이 요구된다.

결혼을 결정하는 과정은 앞서의 논의처럼 한편으로는 합리적 판단의 과정이지만, 다른 한편으로는 "두 사람의 몸과 마음과 인격의 우발적 결합"이다. 즉, "결혼에 관한 모든 계산을 무화시키는 한 가지 힘이 있었다. 한쪽 눈이 먼 큐피드가 화살을 쏘아 냉정한 계산을 무화시켰기 때문이다. 결혼의 핵심에 도사리고 있는 이러한 '제도화된 불합리성'이 남자와 여자를 결합시켰다"(맥팔레인, 2014: 255, 254). 이렇듯 결혼을 결정하는 데에는 불확실성 속에서 확실성을 느끼게 하는 감정, 즉 사랑이라는 감정이 도사리고 있다. 하지만 사랑은 확신이라는 감정을 생산하면서도 동시에 확신이 갖는 감정적 성격은 다시 불안감을 만들어낸다. 감정사회학적 관점에서 볼 때, 결혼의 결정에 이르게 하는 것은 바로 확신과 불안의 변증법적 관계이다.

사랑: 결혼과 비혼의 동시적 창조자

그렇다면 우리는 연인들이 왜 결혼을 결정하는지를 살펴보자. 연인과의 결혼을 결심하는 사람들은 사랑의 열정으로 인해 사랑의 고통과 불안을 망각하거나 그 망각의 순간을 결혼이라는 사회적 제약을 통해 영원화하고자 하는 욕망을 가진 사람이다. 맥팔레인(2014: 259)이 그의 저서에서 인용하는 사랑의 경구를 원용하여 설명하면, "사랑이라는 열정은" 이상해서 연인을 "큰 고통과 불안으로 몰아넣"음에도 불구하고 "그것들부터 벗어나고자 하는 욕망마저 제거해 버린다." 그리고 사랑은 "온전한 정신으로는 할 수 없는"데, 왜냐하면 "사랑으로부터 벗어나고 싶어도 벗어날 수 없기 때문이다." 연인은 함께 있을 때는 함께 있음의 황홀함에 빠져 불안감을 망각하지만, 떨어져 있을 때는 사랑의 확신에 대한 끝없는 의혹으로 인해 불안감에 사로잡힌다. 그들에게 영원한 행복감과 안정감을 보장해 줄 것이라고 기대하게 하는 사회제도가 바로 결혼이다. 맥팔레인에 따르면, 결혼이 여성에게 안겨주는 위험부담과 무능력에도 불구하고 여성이 결혼을 결심하는 이유도 이러한 결혼에 대한 기대감이 경험적 사실을 압도하기 때문이다(맥팔레인, 2014: 222).

반면 사랑의 확신보다 불안을 더 느끼는 경우 연인들은 사랑으로 인해 고통을 받는다. 이 경우 연인들은 불안을 해소하기 위해 더욱 사랑노동에 집착하게 되고, 사랑의 '피로감'을 느낀다. 그리고 더 강한 사랑노동과 함께 더욱 커진 인정 욕구, 즉 희생에 대한 보답은 낭만적 사랑에 하나의 죄악인 계산 가능성을 도입하고 사랑을 차갑게 식혀 나간다. 이러한 사랑의 실패는 사랑을 위험한 것으로 만든다. 따라서 그들은 위험하지 않은 사랑을 찾는다. 그러나 그들은 진정으로 사랑하지 못한다. 왜냐하면 사랑은 그 성격상 무모하고 위험하기 때문이다. 그렇다고 이들이 바로 비혼을 결정하지는 않는다. 왜냐하면 사랑이라는 1차적 감정은 쉽게 포기될 수 없기 때문이다. 이제 그들은 미래의 불확실성을 줄여 사랑의 확실성을 증대시키고자 한다. 즉, 열정적 사랑의 대상이기보다 결혼시장에서 탐나는 대상이 되고자 한다. 여기서 현실주의적 사랑이 시작된다. 그리하여 결혼은 사랑하는 사람들의 '융합'이 아닌 사랑한다고 느끼고자 하는 사람들의 '타협'이 된다.

하지만 사랑의 피로감의 누적, 또는 그러한 피로감의 강렬한 간접 경험은 남녀 간의 사랑이 아닌 또 다른 곳에서 행복을 찾게 하기도 한다. 바로 비혼이다. 이것이 가능한 것은 인간에게서 사랑과 섹스가 분리 가능하기 때문이다. 이른바 성혁명, 즉 사랑과 섹스의 분리는 한편으로는 '사랑 없는 섹스'라는 '섹스장'을 만들어냈지만, 다른 한편으로는 '섹스 없는 사랑'이라는 '사랑장' 또한 만들어냈다. 바로 이 후자의 영역이 또 다른 유토피아로서의 의미부여 투쟁이 벌어지고 있는 비혼이 세계이다. 이에 대해서는 결론부에서 다시 논의하기로 하고, 결혼과 비혼으로 가는 길의 감정메커니즘으로 돌아가보자.

결혼이 비혼을 부른다

그렇다면 비혼자는 사랑에 실패한 사람들인가? 그렇지 않다. 만약 모든 결혼생활이 결혼자들이 꿈꾸는 낭만적 유토피아로 들어가는 문이었고 그들이 그 안에서 진정으로 행복한 삶을 살았다면, 모든 인간은 참을 수 없는 고통을 감수하고라도 온갖 사랑의 기술을 학습해서 결혼에 도달하려고 하지 스스로 비혼의 길을 택하지는 않을 것이다. 문제는 결혼은 현실이지 가상이 아니라는 데 있다. 가상 결혼의 드라마는 행복으로 넘쳐나지만, 현실의 결혼생활은 그렇지 않다. 자신이 속한 가정생활 또는 자기 주변의 결혼생활은 한편으로는 결혼을 꿈꾸게 하지만, 다른 한편으로는 비혼의 세계를 동경하게 한다.

이 메커니즘을 밝히기 위해 앞서 논의한 문제, 결혼과 확실성의 증대 간의 관계를 살펴보자. 이는 몇 가지 차원으로 나누어 살펴볼 필요가 있다. 먼저, 사랑의 확신이라는 측면에서 살펴보면, 결혼은 사랑의 공인이라는 측면에서 확실성을 증가시켜 준다. 그러나 이것은 제도적 측면에서 그러할 뿐이지 감정적 측면에서는 그러하지 않다. 결혼은 사랑의 불안을 제도적 구속으로 가두어둘 뿐, 그리하여 안정적이라고 느끼게 할 뿐, 사랑의 본질상 실제로는 안정적이지 못하다. 따라서 사랑의 노동이 계속해서 요구된다. 하지만 결혼생활의 물질적 토대는 사랑 노동 시간과 생계 노동 시간 간의 경쟁을 요구하고, 생계 노동 시간을 축소시킬 수 있는 사람만이 결혼 후에도 낭만적 사랑을 유지할 수 있다. 일루즈(2014)의 경험적 조사가 보여주었듯이, 감정자본주의 사회에서 로맨스는 불평등하게 분포된 희소의 재화이기 때문이다. 특히 결혼 이후의 과정에서 낭만성을 유지하기 위해서는 낭만적 생활양식—외식, 여행, 독특한 의례 등—을 창조하거나 적어도 소비해야만 한다. 이렇듯 낭만적 실천 역시 계급별로 차별화되어 있다.

여기서 문제가 되는 것이 바로 사회적·경제적 삶의 조건의 불확실성이다. 흔히 결혼은 인생에 의미와 예측 가능성을 불어넣어 준다고 말한다. 그러나 이는 결혼 이후의 인생 항로가 사회가 규정하고 있는 대로 나아갈 것이라는 의미이지 결혼 자체가 삶의 불확실성을 제거해 주는 것은 아니다. 다만 결혼을 결정하는 연인은 사랑의 힘으로 미래의 어떠한 역경도 함께 극복해 낼 수 있을 것이라고 믿는다. 그러나 그것은 믿음일 뿐 현실이 아니다. 평생을 사랑하겠다고 맹약한 부부는 그 약속을 지키기 위해 불확실성을 제거하기 위한 생계 노동에 집착하거나 끝없는 자기희생을 감수한다. 그리고 자신들의 그러한 처지를 대물림하지 않기 위해 자식에게 헌신한다. 그런 다음 자신들은 미래의 자식의 유토피아에서 가상의 행복에 빠진다.

그러나 부모의 그러한 모습을 보는 자식에게는 자신의 부모가 살고 있는 삶은 끝없는 자기희생의 연속 그 이상도 이하도 아니다. 결혼 속에서의 삶은 '나'를 상실시킨다. 이러한 나의 상실은 누군가에게는 가장 헌신적인 사랑이지만, 누군가에게는 대리만족적 삶이다. 그리고 그 대리만족의 대상이 되는 누구, 즉 자식은 부모의 그러한 삶이 매우 부담스럽고, 심지어는 그러한 삶을 고통으로 느낀다. 따라서 자식은 부모가 너무나도 애처롭고 그렇기에 더욱 사랑하지만, 정작 자신은 그러한 부담감과 고통 때문에 가족을 떠나고 싶어 한다. 그러나 자식은 공간적으로는 가족을 떠날 수 있지만 심적으로까지 부모로부터 벗어나지는 못한다. 왜냐하면 원가족으로부터 공식적으로 벗어나기 위해서는 사랑이라는 미명으로 자신만의 가족을 새롭게 구성할 것이 요구되기 때문이다.

맥팔레인(2014: 182)에 따르면, 연인들은 부모형제와의 유대보다 자신들의 사랑을 위해 결혼하기 때문에 "낭만적 사랑이라는 이데올로기는 자녀들이 가족의 통제로부터 벗어나는 구실을 제공한다." 그러나 부모의 결혼생활에서 행복보다 고통을 느낀 사람들에게 낭만적 사랑은 또 다른 굴레를 만드는 이데올로기적 기제이다. 그렇기 때문에 그들은 사랑을 멀리하거나 사랑을 하더라도 불안을 더욱 느낀다. 그리고 그들에게서는 그러한 불안을 극복하기 위한 헌신은 사랑보다 자율성의 제약으로 다가온다. 다시 나는 상실되는 것이다. 따라서 나를 지키기 위해 비혼을 결정한다. 그러나 그들은 원가족으로부터 벗어나지 못하고 그들의 사랑의 에너지는 다시 원가족에 대한 애착으로 표현된다. 항상 비혼자들은 여전히 부모를 공양하거나 형제자매, 그리고 형제자매의 자식에 대한 극진한 후원자가 된다. 이른바 '조카 바보'가 탄생한다. 이것이 바로 극단적 페미니스트들이 가족제도의 폐지를 주장하지만, 자기 자신도 가족에서 벗어날 수 없는 이유이다.

비혼자는 겁쟁이이고 이기적이다?

불확실성과 관련하여 살펴볼 것이 또 하나 있다. 그것은 비혼자는 미래의 불확실성을 극복하려 하기보다 회피하려는 겁쟁이라는 선입견이다. 이는 우리가 앞서 주장했듯이, 불확실성은 항상 존재해 왔는데, 약삭빠른 최근 젊은 세대는 미래의 위험을 감지하고는 그 위험을 용감하게 감수하려 하기보다 회피하려 한다는 것이다. 이러한 선입견에는 비혼자는 온실 속에 자란 나약한 존재라는 인식이 자리하고 있다. 이러한 인식에는 지금보다 훨씬 더 열악한 경제적 상황에서도 사랑의 힘으로 결혼식도 치르지 않은 채 지하 단칸방에서 결혼생활을 시작한, 불굴의 의지를 지닌 옛 시대의 사랑하는 남녀들의 이야기가 깔려 있다. 오늘날 경제적 상황이 어렵다고 하더라도 과거와는 견줄 수 없다는 것이다.

만일 이 논리가 맞다면, 사회학적으로 본다면 나약한 존재가 아니라 온실이 비난의 대상이 되어야 한다. 그러나 단칸방의 부부가 온갖 비바람을 맞으며 자식을 지켰다고 하더라도, 자식이 결혼시장에서 더 나은 상품이 되기를 바랐지 열등한 상품이 되기를 바라지는 않았을 것이다. 더 나아가 그들의 자식 세대가 과거 세대보다 더 좋은 결혼상품인 것도 사실이다. 부모들이 "네가 무엇이 부족해서 결혼을 하지 못하느냐"라고 말하는 것이 이를 반증한다. 그렇기에 그다음에는 "눈이 너무 높다"는 비난이 뒤따른다.

이러한 선입견은 사랑하고 싶은 사람이 없다거나 사랑하는 상대를 만나지 않았다는 것을 전제로 한다. 그러나 오늘날 사람들은 사랑하는 사람을 앞에 두고도 결혼을 거부하기도 한다. 그리고 사랑하고 싶은 사람을 의도적으로 피하거나 이성과의 만남 자체를 일부러 피하기도 한다. 그들은 그 이유를 사랑하는 사람에 대한 죄책감이나 수치심 때문이라고 말한다. 좀 더 구체적으로 말하면, 자신이 성공하지 못할 경우 사랑하는 사람을 고생만 시킬 수도 있다는 생각이 사랑과 결혼 간의 연결고리를 끊기도 하며, 그러한 처지가 가져다줄지 모를 수치심에 대한 우려는 그로 하여금 아예 '사랑장'을 떠나게 하기도 한다. 그렇다면 사람들은 오늘날 왜 사랑하면서도 결혼하기를 거부하고 결혼하지 않으려고 사랑을 거부하는가?

앞서도 논의했듯이, 결혼은 확신이라는 의문스러운 결단에 근거한다. 다시 말해 결혼은 희망의 모험이다. 그런데 그 모험을 감수할 수 있는 것은 실패하지 않는다는 보장이 아니라 성공할 수 있다는 기대이다. 다시 한번 말하지만, 결혼이라는 위험부담을 안는 것은 미래에 대한 희망 때문이다. 기성세대가 단칸방에서 결혼생활을 시작할 수 있었던 것은 무모한 객기 때문이 아니라 희망이 보였기 때문이다. 그래서 성공의 여부와 관계없이 열심히 노력할 수 있었다. 하지만 현재의 불확실성은 과장해서 표현하면 너무나도 짙어서 한치 앞도 보이지 않을 정도이다. 불빛 한 점 없는 암흑은 불안감을 넘어 공포감을 유발한다. 우리 사회에서 사랑을 포기하고 결혼을 포기하고 출산을 포기하는 청년세대가 느끼는 감정이 바로 이것이다. 그들에게 사랑과 결혼은 용기가 아니라 무모함이다. 반면 비혼은 비겁함이 아니라 자신의 욕망까지 포기하는 과감함이다. 그리고 그들의 그러한 행동은 반사회적이 아니라 도덕적이다. 왜 그러한가?

비혼자에게 비혼의 결정은 자신만을 생각하는 이기적인 결정이 아니다. 그들에게는 위험한 세계에서 가족 유토피아를 건설하는 과정이 자신의 연인에게 사랑이라는 이름으로 자기희생을 강요하는 과정이다. 이는 자신이 겪고 느낀 부모의 결혼생활을 답습하려 하지 않는 비혼자의 인터뷰 응답—단적으로는 "나는 부모처럼 살고 싶지 않다"라는—에서 생생하게 드러난다. 비혼의 결정은 그들에게는 자기희생을 거부하는 것이 아니라 자기희생을 강요하지 않는 것이다. 비혼은 곧 타인에 대한 배려이다. 그리고 자기 고통의 감수이다. 그렇기에 도덕적이다.

하지만 사회는 생식의 기능을 수행하지 않는다는 이유로 비혼자에게 반사회적이라는 멍에를 씌운다. 그러나 비혼자들이 보기에 자신들의 행동은 보다 책임 있는 행동이다. 비혼자들이 보기에 출산은 위험한 세상에 또 다른 자신을 생산하는 것이다. 그들은 왜 그렇게 생각하는가? 그들이 보기에 부모 세대는 희망의 시대를 살았다면, 자신들은 절망의 시대를 살아간다. 그리고 부모의 삶은 그 고통에도 불구하고 자신의 세대보다 더 나은 세대를 생산했다. 그리고 그것에서 자부심을 느꼈다. 그러나 자식 세대는 자신보다 더 나은 세대를 생산할 가능성이 희박하다. 현재의 청년세대는 이를 몸으로 체험하고 있다. 그들에게는 나보다 더한 고통을 짊어질 후세를 만들지 않는 것은 이기적 판단이 아니라 합리적 판단이다. 이것이 바로 저출산 시대의 감정동학이다.

싱글 유토피아와 커플 유토피아의 역설

그러나 비혼을 결단한 사람들 역시 결혼의 굴레 밖에 살고 있지만 사회 속에서는 자유롭지 못하다. 비혼자들은 사회의 따가운 시선과 홀로임의 고통을 극복해야 한다. 아니 그 고통을 정당화를 통해 잊어야 한다. 그러기 위해서는 결혼한 사람들이 커플 유토피아를 구성하듯이 그들 역시 싱글 유토피아를 구성해야 한다. 그리고 그것을 추구해야 한다. 왜냐하면 그 과정이 그들의 삶을 지탱하는 힘이기 때문이다. 이 싱글 유토피아를 구성하는 이데올로기가 바로 '자유'와 '자아실현'이다. 하지만 자유와 자아실현이라는 관념은 싱글 유토피아에 고유한 것이 아니라 커플 유토피아의 구속으로부터 해방되었다는 것과 관련해서만 의미를 지닌다.

싱글이 자유롭다는 것은 그가 자유인이라는 것을 의미하는 것이 아니라 단지 가족의 속박으로부터 자유롭다는 것을 의미한다. 그 역시 자신이 속한 사회의 세약에서 벗어나 있는 것이 아니기 때문이다. 그는 가족의 속박과 사회의 속박 중 하나, 즉 전자에서만 벗어나 있다. 하지만 실제로는 전자의 속박으로부터도 완전히 자유롭지 못하다. 왜냐하면 앞서도 논의했듯이, 자신의 원가족으로부터는 운명적으로 벗어날 수 없기 때문이다. 아니 벗어나지 못하는 것이 아니라 원가족에의 의존과 속박이라는 이중의 과정에 물려 있다. 그럼에도 불구하고 싱글에게는 '혼자 있음'이라는 공간적 자유는 확보된다.

이 혼자 있음은 그에게 '고독'이라는 특권적 감정을 부여한다. 고독은 '함께함'—단지 함께 있음이 아니라—에서는 일반적으로 느낄 수 없는 감정이기 때문이다. 그렇기에 많은 철학자가 고독에 많은 특권을 부여해 왔다. 그뿐만 아니라 많은 위대한 철학자들—데카르트, 로크, 파스칼,

스피노자, 칸트, 라이프니츠, 쇼펜하우어, 니체, 비트겐슈타인 등—은 독신이었다. 노명우(2013: 161)는 이들이 위대한 철학자가 된 것은 결혼을 거부했기 때문이 아니라 혼자 있는 것을 두려워하지 않았던 용기, 그리고 그들이 가졌던 '의도된' 고독 때문이었다고 말한다. 타당한 설명인 것처럼 보인다. 의도된 고독은 관계 속에서 느끼는 고독이 주는 심적 고통과는 다르기 때문이다.

그러나 고독은 고독이다. 감정은 느끼고 싶지 않다고 해서 느끼지 않는 것이 아니다. 느끼지 않으려면 느낌의 조건을 제거해야 한다. 관계 속의 고독은 벗어나려고 할수록 그 관계에 속박되지만, 의도된 고독은 또 다른 것을 위해 '비워진' 고독이라는 데 특징이 있다. 그래서 그 고독은 채워질 수 있다. 그러나 역설적이게도 그 고독은 다시 관계 속에서 채워진다. 그 관계는 이중적으로 이루어져 있다. 그 하나는 자아를 가진 존재로서의 나 자신과 나의 관계이다. 그러나 이 자신과의 관계는 고립된 자신과의 관계가 아니라 상상 속에서 타인과 관계를 맺은 나 자신과의 관계라는 점에서 이중적이다. 하지만 이 상상 속의 타인은 자신의 자유를 제약하는 특정한 타인이 아닌 불특정 다수이다. 고독을 즐긴다는 것은 바로 이것, 불특정 다수와의 관계를 통해 나 자신과 끝없이 자유롭게 대화를 나누는 것이다. 이 대화 속에서 외로움은 사라진다. 아니 외로움이 들어올 시간적 틈이 없다. 대신 외로움의 자리에 자유를 얻었다는 감정, 즉 해방감이 자리한다. 그 자유로운 숙고의 결과 자아가 형성된다. 아니 자아가 상상 속에서 구성된다. 그러나 그 자아는 현실에 있는 것이 아니라 환상 속에 있다. 그렇기에 공허하다. 그 공허감은 그냥 방치할 경우 다시 '비어 있음'으로 인한 고독감을 생산한다. 따라서 이 고독은 정당화될 수 없다. 이 고독감은 다시 자신의 자유를 제약할 특정한 타인에게 속박될 것을 부지불식간에 바라게 하기 때문이다.

따라서 싱글은 자기결정을 정당화하기 위해서는 그 자아를 실현할 필요가 있다. 이것이 바로 싱글 유토피아가 지닌 자아실현의 이데올로기이다. 아마 앞서 언급한 철학자들로 하여금 자신만의 깊은 사유 속으로 빠지게 한 것도 바로 이것이었을 것이다. 따라서 싱글들은 다른 사람들이 생각하는 것과는 달리 항상 바쁘다. 자아실현을 위한 노력을 부단히 경주해야만 하기 때문이다. 그러나 이 자아실현에는 또 다른 이율배반이 존재한다. 그것이 바로 자아는 홀로 실현되지 않는다는 것이다. 쿨리를 비롯한 수많은 사회학자가 주장했듯이, 자아는 항상 타인과의 관계 속에서 형성되고, 타인의 인정에 의해 실현되기 때문이다. 인정받지 못한 자아는 '자기 망상'일 뿐이다.

그러나 싱글은 자신과 직접적인 관계를 맺는 타인의 인정에 의해서가 아니라 불특정한 타인의 인정에 의해 자아를 실현한다. 그들은 자신의 경제적 성공에 의해서가 아니라 사회적 평판에 의해 일반인들의 승인을 받으며, 따라서 구체적인 특정 개인을 위해서가 아니라 모두를 위해 노력한다. 철학자들이 보편철학을 구축하듯이, 그들은 홀로 생계를 구축하면서도 '보편애'를 추구한다. 싱글은 자아를 형성하기 위해 자신 속으로 깊이 침잠함과 동시에 타인을 통해 자신을 확인하기 위해 타인을 지향한다. 그들은 이를 통해 물질적 이익을 얻는 것이 아니라 사회적 인정을 받는다. 그들은 자신의 이기적인 목적을 위해 이타적이 된다. 그렇기에 그들은 홀로 있지 않다. 이것이 바로 싱글의 유토피아이다.

하지만 이것 역시 싱글들이 꿈꾸는 유토피아이지 현실은 아니다. 자유가 아닌 고립을 택한 또는 고립을 강요당한 싱글은 자신을 인정하지 않는 불특정 타인에 대해 적개심만 키울 수도 있다. 이것이 이른바 '문지마' 범죄의 감정적 배경이다. 그리고 외로움에 괴로워하면서도 모든 타인을 두려워하는 외톨이형 싱글의 디스토피아이다. 그러나 어느 누구도 이 디스토피아를 염두에 두고 비혼을 결정하지는 않는다. 그들은 화려한 싱글을 꿈꾼다. 하지만 이 화려한 싱글의 유토피아는 어쩌면 이기적이었을지도 모르는 개인을 이타적으로 만든다.

반면 행복한 커플의 유토피아는 역설적이게도 정반대의 방향으로 나아간다. 무한한 자기희생 속에서 행복을 찾는 이 유토피아는 '같이 있음'으로 인한 의존성을 서로에게 학습시킨다. 이 의존성은 자신의 희생이 아닌 상대방의 희생에서 만족과 자기확인감을 느낀다. 개인적 삶의 가치는 자아실현에서가 아니라 물질적·사회적 성공에서 확인받는다. 그리고 그 성공은 자기 자신을 희생한 대가이다. 따라서 항상 인정이 아닌 보상을 요구한다. 이제 타인을 위한 희생은 이기적 보상을 받아야 하는 이유가 된다. 이 희생과 보상의 갭은 부부 사이에도 권력을 만들어내고, 어느 누구의 계속된 복종이 이어지지 않는 한 가족에게 불행의 그림자를 드리운다. 이것이 가족 디스토피아로 가는 길이다.

그러나 어느 커플도 이러한 디스토피아를 원하지 않는다. 항상 자기희생이 사랑으로 덮이기를 바란다. 그렇기에 끝없는 자기희생, 자식이 보기에도 불쌍한 자기희생을 감수한다. 이러한 자기희생 역시 고귀하다. 그러나 그 희생의 고통은 희생이 자신과 직접적인 관계를 맺는 타자, 즉 가족을 넘어서지 못하게 한다. 항상 희생은 가족 내에 머무른다. 그리고 그 희생의 산물 역시 가족 내에 머물러야 한다. 앞서 언급한 이른바 세습자본주의가 탄생하는 것이다. 그리고 그 세습자에게 부모 세대의 감성 구조도 세습된다. 커플 유토피아는 역설적이게도 이타적이었던 심성 구조를 이기적으로 바꾸어놓는다. 그리고 이에 대한 성찰은 다시 비혼을 낳는다.

그러나 지금까지 이 장에서 논의한 내용은 결혼과 비혼의 사회적·감정적 메커니즘을 감정사회학의 시선으로 분석한 것일 뿐, 모든 개인이 이 같은 이분법적 구조로 사랑을 실천하지는 않는다. 하지만 이 메커니즘이 만들어내는 사랑의 감정동학은 또 다른 짝 찾기 전략을 발현시켰다. 다음 장에서는 또 다른 짝 찾기 전략, 즉 소셜데이팅 속에서 일어나는 사랑의 변곡선에 대해 살펴보기로 하자.

제6장

로맨틱 서바이벌[*]

로맨스 낙원의 시련

오늘날 로맨스는 대격변 혹은 큰 시련을 겪으면서 어떤 면에서는 극
단적인 분열로 치닫고 있는 것처럼 보인다. 한편에서는 로맨스가 남성
중심의 이성애적인 서사이자 서구 가부장제적 질서의 산물이라는 비
판을 받으면서 탈연애, 비연애, 비혼, 모쏠, 초식남, 건어물녀 등 비연
애 담론과 행태가 확산되는 근거가 되고 있으며(이진송, 2016), 다른 한
편에서는 그 어느 때보다도 계급재생산 전략 및 문화자본을 축적하는
하나의 수단처럼 물화되는 경향을 띠고 있다(이현재, 2014: 223~224; 일
루즈, 2014).

로맨스의 이러한 이중적 분열은 그동안 우리에게 익숙했던 사랑(형

---

*　이 글에서 직접 인용된 인터뷰 문장들의 경우 가독성을 높이기 위해 본래의 의미를 해치
　지 않는 범위 내에서 약간의 수정을 가했다.

식)에 대해 근본적인 의문을 제기하게 만든다. 사랑이 특정한 타자를 신성화함으로써 서로에 대한 헌신, 희생, 충성, 배려, 이해를 기반으로 그/그녀와 신체적·정신적 교감을 나누는 상호 간의 존중 및 인정 행위라고 볼 때, 오늘날 로맨스의 위기는 타자에 대한 신성화가 매우 유동적이고 지속적이지 못하며 사회적·문화적 조건 또한 이러한 불안정성(바우만, 2009)을 심화시키는 방향으로 재구조화되고 있다는 데서 비롯된다. 이러한 불안정성은 로맨스가 더 이상 집단주의적 윤리나 젠더규범에 종속되지 않고 개인의 자율적이고 내밀한 감정에 기대어 행해진다는 친밀성의 구조변동과 밀착되어 있다(기든스, 1999; 벡·벡-게른샤임, 1999). 이와 관련하여 에바 일루즈는 현대인의 새로운 관계유형을 "감정 진정성 체제"라는 개념으로 포착하는데, 이는 오늘날 연인 간의 결속 혹은 상호성이 규범이나 의례가 아닌 자신의 진정한 감정을 기초로 한다는 것을 뜻한다(일루즈, 2014: 64~67).

로맨스가 이처럼 재구조화된 것은 장기간에 걸쳐 가부장제적 질서가 해체되고 자본주의적 생활양식 및 개인적 자유(정확히는 성직 자유)가 확대된 데 따른 역사적 산물이다. 남성 중심 로맨스 서사의 붕괴, 여성의 지위 향상, 자본주의적 계급질서로의 재편, 성적 자유의 소비주의화(일루즈, 2014) 등은 연애와 결혼을 둘러싼 전통적인 규범과 제도적 양식을 급격하게 변화시켰다. 이 과정은 또한 여러 모순적인 상황을 동반했다. 친밀성의 영역이 소비자본주의적 논리로 포섭되기 시작하면서 한편에서는 성적 자유가 확대되었지만, 다른 한편에서는 사랑의 물화 또한 심화되어 왔다. 이러한 모순적 상황은 오늘날 포스트자본주의체제 혹은 사회 라이트(light)(슈트렉, 2018: 31)에서 가중되고 있는 일상적 삶의 유동성과 맞물려 더욱 심화되고 있다. 유동적 삶의 보편화는 친밀성의 자율성을 확장시키지만 동시에 연애의 예측 불가능성과 불안정성을 높이는 딜레마를 낳기도 한다. 이 두 극단 사이에서 "사랑은 확실성을 생산해 주는 사회적 구조 없이 그 자체만으로는 확실성을 만들어낼 수 없"게 되었다(일루즈, 2020: 85).

2000년대 이후 젊은 세대를 중심으로 연애, 결혼, 출산 및 육아, 이혼, 비혼 등 친밀성의 영역에서 급격한 변화가 일어났다. 그 변화에는 고용불안정이나 경제적 불평등 심화로 인한 생계적 불안정을 포함해 탈조직화된 관계 형성, 짝 찾기 행태의 탈근대적 전환이 주요한 원인으로 작동한다. '돈'이 없으면 연애는 피곤해지거나 지속시켜 나가기 어렵고, 불가능해지기까지 한다. 경제적 자원이 부족하고 선택경쟁에서 밀려난 사람일수록 연애 기회는 박탈당한다. 가령 취업준비 때문에 연애를 포기하거나(≪서울경제≫, 2018.1.19) 시간이 부족하고 데이트 비용이 부담되어 연애를 미룬다는 반응에서부터 '연애를 강요하는 사회적 압박'(이진송, 2016)에 대한 반발 때문이라는 반응에 이르기까지 그 이유는 다양하다. 연애는 이제 '첫눈에 반하는' 느낌만으로 이루어지기에는 역부족인 것이다.

연애의 불가능성은 두 가지 의미로 다가온다. 하나는 물적 기반의 불안정으로 인한 강제적 포기이고, 다른 하나는 미학적 선택의 까다로움으로 인한 윤리적 주저함이다. 이 둘은 상호 교차하면서 연애의 성공 가능성을 결정짓는다. 이상형적으로 분류해 본다면 물적 기반이 안정적이고 미학적 선택에 주저함이 없다면 가장 만족할 만한 연애가 이루어질 수 있다. 하지만 나머지 경우에는 연애가 불만족스럽거나 불안정해진다. 이러한 불만족과 불안정성을 상쇄할 만한 전통적인 윤리나 규범이 더 이상 효력이 없다는 점에서 이제 사랑은 만성적인 혼란상태로 빠져들 수밖에 없다.

이 장에서 주목하는 소셜데이팅앱(social dating app)(혹은 소셜매칭앱,

데이팅앱 등)의 세계는 이러한 모순들이 집약된 네트워크화된 친밀성 장이다. 온라인상에서의 짝짓기는 인터넷이 보급되는 순간부터 시작되었다고 볼 수 있지만, 이것이 본격화된 것은 스마트폰의 보급으로 모바일 데이트 서비스, 이른바 소셜데이팅앱이 등장하면서부터라고 볼 수 있다(심성욱, 2015). 데이팅앱은 로맨스의 환상과 냉소가 공존하는 공간에서 짝짓기에 들어선 인간들이 서로 전략적 합리성에 기반해 매칭을 시도하도록 조직된 디지털장치이다(안사리·클라이넨버그, 2019). 대형 쇼핑몰이나 대형마트 입구에 들어섰을 때 단박에 느껴지는 풍족함, 모든 물건이 내 손 안에 있다는 즐거운 착각, 무엇이든 살 수 있다는 설렘 같은 감정은 데이팅앱에서도 그대로 구현된다. 하지만 구매할 수 있는 품목은 애초부터 정해져 있다. 무엇이든 소유할 수 있는 것처럼 보이지만 정작 선택하려고 다가가면 여러 가지 제약이 따른다. 이 장은 이러한 논의를 배경으로 소셜데이팅 장의 논리와 그 장의 모순을 드러내는 것을 목적으로 한다.

이를 위해 소셜데이팅앱을 활용해서 데이트 상대를 만나본 경험이 있는 젊은 남성들과의 심층 인터뷰를 시도했다. 여성 대상자도 섭외했지만 이들은 데이팅앱을 사용해 본 경험이 없었다. 하지만 여성 대상자들이 말해준 자신의 연애경험은 젊은 세대의 로맨스 감각을 파악하는 데 도움을 주었다. 그리고 필자가 직접 만나지는 못했지만 면접 대상자를 고려하는 과정에서 간접적으로 들은 여성들의 데이팅앱 사용 경험 또한 비교 분석의 차원에서 활용했다. 그럼에도 불구하고 남성의 경험에 근거한 인터뷰라는 점에서 젊은 세대의 짝짓기 양상을 총체적으로 파악하는 데는 한계가 따를 수밖에 없다. 이 인터뷰는 2020년 1월부터 2월까지 두 달 동안 이루어졌다. 피면접자들의 특성을 간략히 말하자면, 남성 4명, 여성 2명으로 총 6명이고, 연령대는 20대 중후반의 대졸자이며, 서울에 거주하고 있다. 이들 모두 프리랜서 형태로 경제 활동을 하고 있으며, 2명은 대학원생이기도 하다.

이들과의 인터뷰는 반구조화된 질문지를 활용해 각각 회당 2시간씩 2회에 걸쳐 심층 인터뷰로 진행했다. 주요 내용은 소셜데이팅앱을 사용하게 된 계기와 동기, 사용절차, 구체적인 경험담, 연애관, 사용 이후의 감정 등을 묻는 개방형식의 질문으로 구성되었다. 이름은 모두 가명으로 처리했다. 수집한 자료는 현상학적 해석방법을 통해 이들의 주관적인 경험세계와 이들의 행위가 지닌 의미를 이해하는 데 활용되었다. 이 방법을 통해 피면접자들이 소셜데이팅앱이라는 디지털화된 알고리즘 체계와 지속적으로 상호작용하면서 자신의 행위를 어떻게 의미화하려고 했는지 살펴보고자 했다.

디지털 짝 찾기의 감정장치

파상적 친밀성의 도래

개인들이 짝을 선택하는 경쟁은 순수하게 자율적인 것이 아니라 행위자가 보유한 여러 상징적·물리적 자원을 수반하면서 이루어진다. 사회적 권위와 경제적 자본을 내세워 한층 위계화되고 폐쇄적인 방식으로 짝을 찾는 행태에서부터 자신의 내밀한 감정과 에로티시즘적 매력에 우위를 두고 짝을 택하는 방식에 이르기까지 선택의 범주는 사회적으로 구성된다. 사회적으로 범주화된 짝짓기 선택의 장은 여러 자원을 소유한 행위자 간의 경합이 이루어지는 공간이다. 이 공간을 필자는 부르디외의 개념을 빌려 '친밀성 장(intimate field)'으로 개념화하고자 한다. 친밀성 장은 짝짓기를 둘러싸고 행위자 간의 유대, 갈등, 투쟁이 벌어지는 일련의 사회적 공간으로서, 특정한 실천감각이 요청된다.

　친밀성 장은 전통사회에서는 재산 상속, 신분 유지 등 집단주의적 및 가부장제적 규범을 근간으로 구축되어 왔다면, 근대 이후로는 물적 기반의 재생산 및 성적 매력, 감정적 이끌림, 진정성 등과 같은 낭만적 사랑의 수행성을 토대로 개별적인 투쟁이 벌어지는 곳으로 변해왔다. 이러한 이분법적인 구분은 논리적 차원의 구분일 뿐, 친밀성 장의 역사적 변화과정은 각 사회의 정치적·경제적·문화적 맥락에 따라 특수성을 내재하고 있다. 근대 이후 국가권력, 경제적 상황, 문화적 규범 등은 내밀한 친밀성의 영역에 대해서도 세밀하게 개입하고 통치를 행하기 때문에 사회역사적 맥락을 고려하지 않을 수 없다(엘리아스, 1999). 일찍이 기든스는 후기근대적 사회에서 뚜렷하게 나타난 친밀성의 구조변동의 핵심을 성찰성을 내재한 순수한 관계 혹은 합류적 사랑이 민주화로 보았다(기든스, 1999: 115·116). 하지만 기든스의 테제는 친밀성 장에서 벌어지는 다차원적인 역동성 및 젠더화된 투쟁을 간과할 뿐만 아니라 상호탐색의 항구적인 역동성을 강조함으로써 실제로 연인들 사이에서 더 중요하게 작용하는 정서적 유대감을 소홀히 다룬다(Jamieson, 1999). 기든스는 친밀성의 구조변동을 말 그대로 순수하게 낭만화했다.

　오늘날 우리가 실질적으로 경험하는 친밀성은 표면적으로는 자유롭고 평등한 성적 관계를 기반으로 한 듯 보이지만 그 내부로 들어가면 매우 냉혹하고 차별적이며 복합적인 모순으로 가득 찬 세계임을 알 수 있다. 결혼을 유토피아적 세계로 진입하는 관문으로 유도하면서 지위와 취향이 유사한 사람들을 이어주는 결혼정보회사, 번아웃된 세계를 버티는 섹스리스 커플, 자기생존에 급급한 청년들의 비연애, 젠더화된 위계와 차별로 여전히 고통 받는 여성, 결혼 자체를 근본적으로 의심하는 비혼주의에 이르기까지 친밀성 장은 내적 분화와 함께 '순수한 관계'를 탈순수화시킨다.

친밀성 장의 탈순수화는 낭만적 유토피아의 상상이 파괴되는 과정이기도 하다. 근대적 친밀성이 낭만적 유토피아의 상상력을 에너지원으로 삼았다면, 오늘날의 친밀성은 상상이 불가능한 혹은 상상이 파괴되는 순간 체험되는 그리고 그러한 폐허를 직시해야 하는 고통으로부터 기인하는 파상력을 에너지원으로 삼는다. 파상력은 미래를 확신하거나 총체적으로 구성하는 상상력과는 정반대로 미래에 대한 근원적인 회의이자 기존 가치를 파괴하면서 그 체험을 통해 새로운 것을 창조해 내려는 파편적인 힘이다(김홍중, 2016: 9~13). 백마 탄 왕자도 신데렐라도 사라진 바로 그 자리에서 자기 자신을 직시해야 하는 당혹감, 초라함, 불안감을 내내 마주할 뿐이다.

이는 친밀'성이 자본의 논리와 결합해 오면서 발생한 역사 떠 귀결이기도 하다. 데이트와 연애를 위한 의례는 점차 등가교환의 법칙에 따라 행해지고 있으며, 인격적 교감을 탈신성화하고 있다. 대부분의 연애 의례는 상품 소비 행위로 전환되었기 때문이다. 역설적이게도 후기 자본주의사회에서 연애는 상품 소비를 통해 신성화되고 있다(김주은, 2013). 이는 물화된 혹은 비인격적인 교감이 신성화된다는 것을 의미한다. 자본이 이윤창출의 무대로 친밀성의 영역을 공략해 온 역사가 꽤 오래되었지만(권오헌, 2019), 그럼에도 20세기 중반까지 일반 사람들에게 로맨스는 적어도 경제력에 크게 의존하는 영역이 아니었다. 남녀 간의 연애는 '돈'을 초월할 때 더 진실하고 순수한 관계로 나아갈 수 있다고(실제 현실에서는 그렇지 않더라도) 믿거나 상상되었다. 하지만 오늘날 데이트는 로맨스 의례 상품을 소비함으로써 가능해질 수 있으며, 데이트를 둘러싼 문화적 레퍼토리 혹은 '데이트 테크놀로지'도 그런 식으로 조직되어 있다(김주은, 2013: 83). 연인들이 주로 만나서 관계를 형성해 가는 대부분의 의례공간, 예를 들어 커피숍, 술집, 레스토랑, 극장, 여행지, 쇼핑몰, 모텔 등은 모두 일정한 비용이 요구되는 장소이다. "로맨스와 자본주의의 결합은 현재를 기꺼이 희생하면 미래 어느 시점에 이르러 삶이 더욱 나아진다고 약속함으로써 힘을 얻는다"(에시그, 2021: 30).

하지만 화폐는 데이트의 시간과 공간, 연인들의 데이트 의례에서의 자율성을 확장시킨 결정적인 매체이기도 하다. 화폐는 로맨스를 에워싼 전통적인 규범과 물리적 장벽을 해체하는 데 기여했다. 추상적인 교환매체로서의 화폐는 로맨스의 상징적·물리적 경계를 초월하게 함으로써 개인 간의 관계 또한 추상화시켰다. 이로써 개인들이 짝을 선택하는 자율성은 높아졌으며, 그에 따라 데이트와 연애의 기존 규범은 자유로운 선택경쟁 메커니즘으로 인해 효력을 상실했다. 다시 말해 남녀 사이를 오랫동안 규정해 왔던 가부장제적 젠더규범이나 '백마 탄 왕자와 신데렐라' 서사와 같은 불평등한 위계구조는 개인주의 및 성평등 의식이 확산됨에 따라 더 이상 효력을 발휘할 수 없게 되었다. 이 과정에서 자유로운 연애와 짝짓기 관행이 보편화되었으며, 연애와 결혼은 전적으로 개인 자신의 선호와 책임의 영역으로 전환되었다. 짝찾기를 둘러싼 선택경쟁은 점차 가속화되었다.

지난 십수 년 동안 젊은 세대의 연애와 사랑을 다룬 드라마, 영화, 소설에 등장하는 많은 인물들은 파상적 공간을 부유하는 존재였다. 특히 청년세대의 빈궁한 삶을 문학적으로 형상화한 여러 작품 속에서도 연애는 매우 버거운 남녀 간의 신체적·정신적 관계 맺음이었다. 하지만 파상적 공간은 진작부터 우리의 현실을 에워싸고 있었다. 엄기호는 대학생들의 사랑을 다음과 같이 규정한다. "이 시대에 우리가 이야기하는 '서사적 사랑'이란 불가능하다. 세상은 서사에 목을 매는 이들을 비웃는다. 그저 사랑을 즐기라고 조언한다. 그리고 유통기한이 지난 사랑은 과감하게 버리라고 조언한다. 사랑은 더 이상 무엇인가를 새롭게 생산하는 에너지가 아니다. …… 사랑이 없어진 것이 아니라 사랑이 지속될 수 있는 가능성이 사라진 것이다"(엄기호, 2010: 153).

웰컴 투 로맨틱 웹: 가볍게 부담 없이?

후기근대적 삶의 특징을 '액체성'(혹은 유동성) 개념으로 포착한 바우만의 주장에 따르면, 사람들은 자신의 경험이나 전망에 대해 표현할 때 '관계 맺음'이나 '관계(relationship)'라는 말보다 '연결하기'나 '연결됨(connection)'이라는 말을 더 선호한다(Bauman, 2007). 1994년에 발표된 015B의 노래 「Netzen」은 이러한 현상을 진즉에 예견했다. 이 노래에는 "나에게 친구 필요가 없다/ 컴퓨터 안에 모든 게 있다/ 24시간 통신망은 자유롭다/ 나만 있는 세상 지긋지긋한 대인관계 필요 없어/ 예의란 내게 의미가 없다/ 모뎀만 있으면 단말기만이 나의 영원한 친구이다"라는 가사가 등장한다. 여기서 연결은 온라인에 기반한 네트워크 양식으로서, 이는 연결하는 동시에 연결을 끊을 수 있는 망(matrix)을 의미한다. 네트워크 속에서 연결하기와 연결 끊기는 동등하게 적법한 선택이며, 동일한 지위를 누리고 동일한 중요성을 가진다(바우만, 2013: 24). 이처럼 사회적 관계가 가상화되는 현실에서는 대면접촉을 통해 관계를 맺기가 좀처럼 쉽지 않다. 짝짓기 과정도 예외는 아니다.

덕현은 대학 졸업 후 "활동하는 범위가 한정적이니까 사람을 만나고 싫어도 그렇게 막 다양하게 만날 기회가 없어요. 근데 이제 이런 거(데이팅앱_필자) 같은 경우에는 저와 전혀 교집합이 없는 사람인데도 매칭해서 만날 수 있고 대화를 할 수 있"어서 "그냥 재미"로 한다고 했다. 그런 점에서 데이팅앱은 대면적 만남의 버거움을 단숨에 덜어버릴 수 있는 '가벼움'을 가져다준다. 이는 전략적 모호함을 내세워서 가벼운 긴장을 즐기는 '썸'의 형태와 유사하다. 즉, 관계 맺기의 부담(물적 자원, 지속성, 성별분업 등)을 최소화하면서 상호 간에 순전히 연애감정만 누리는 가벼움이 데이팅앱 세계의 에티켓이다. 하지만 그 가벼움은 물질적·심리적 불안정성을 근간으로 한다는 점에서 리스크에 대한 반응이자 적응이기도 하다(안혜상, 2017). 피면접자 중에서 직업이 연애상담사인 은정은 자신의 세대를 "유동적으로, 능동적으로 움직이는 세대"라고 규정하면서, 연애도 "훨씬 개방적"이라고 말한다. "예를 들면 옛날에는 사귀고 한 6개월에서 1년 정도 있다가 잠자리를 가지자고 말하는, 그런 암묵적인 약속이 보편적이었다고 하면 지금은 먼저 잠자리하고 후에 정말 언인으로서의 관계를 가지는 경우도 생각보다 굉장히 많"다고 한다. 경민은 이러한 현상에 대해 다음과 같이 말한다.

> 썸, 이런 거는 어떻게 보면 되냐면, 연애는 하기 싫은데 남녀관계 간의 그런 짜릿함은 가지고 싶은 분들은, 어떤 여러 가지 조건이 있겠죠. 진짜 사는 게 힘든데 여기서까지 힘들기는 싫다, 저는 기본적으로 그거라 생각해요. 연애관계에서 썸 타서 남녀 간에 노는 거랑, 거기서 좀 더 발전해서 연인관계 되는 거랑, 나중에 결혼까지 하는 거랑, 뭐가 다르냐면 책임이 조금씩 가중된다고 생각해요. 서로에 대해 책임져야 할 부분이 점점 더 많이 생기는 거라고 생각하는데, 그게 싫은 거죠. (면접자: 그게 싫다?) 네. 서로에 대한 책임은 지기 싫은 거죠.

데이팅앱은 이러한 가벼움을 극대화함으로써 관계 맺음에 수반되는 물질적·심리적 부담을 최소화하는 짝짓기 플랫폼이다. 피면접자들 모두 데이팅앱 사용과 관련해 "가볍게"라는 말을 자주 사용했다. 정현의 경우 "이 소셜 어플을 저는 주관적으로, 제 개인적으로는, 사실 좀 가볍게 생각하는 편이에요. (면접자: 가볍게는 어떤?) 그니까 진지한 연애를 여기서 하고 싶진 않다는 생각을 가지면서 어플을 이용하는 거죠"라고 말했다. 덕현 또한 "그냥 가벼운 마음으로 하는 거"라고 말했다. 이러한 가벼움이 가능하려면 전통적인 관계 맺기와는 다른 온라인 네트워크를 기반으로 한 물적 토대가 뒷받침되어야 한다. 데이팅앱을 운영하는 플랫폼업체들은 개인정보를 수집해서 빠르고 유동적인 연결을 극대화하는 알고리즘을 만듦으로써 이용자들로부터 이윤을 축적한다. 이 업체들은 "후디니식 '탈출 마술사'들의 사라지는 기술, 도피와 회피의 전략, 필요하면 언제든 달아날 수 있는 민첩함과 능력, 이러한 결속 끊기와 비헌신의 새로운 정책의 축"을 경영의 지혜와 성공의 증표로 삼는다(바우만, 2009).

이 업체들이 이용자에게 보내는 정언명령은 '결제하라. 그러면 상대방의 정보에 무한히 접근할 수 있다'로 축약된다. "(특정 몇몇 어플을 제외하고_필자) 다른 어플 같은 경우에는 뭘 하든 다 돈을 내야 되거든요. 매칭이 되었어도 말이죠. 그러니까 그쪽에서도 '좋아요'를 누르고 저도 '좋아요'를 누르면 매칭이 되는 거예요. 거기서 이제 대화를 하고 싶잖아요. 근데 그러려면 항상 돈을 내야 돼요."(덕현) 역설적이게도 이용자가 짝짓기에 실패할수록 소셜데이팅앱 운영업체들은 이윤을 축적하게 된다. 상대방에 대한 접근 가능성은 지불된 비용에 비례한다. 즉, 이용자는 비용을 지불해야 데이트 상대를 선별할 수 있는 자율권을 부여받는다.

네트워크화된 친밀성 장에서 가벼움에 대한 아무런 도덕적 책임감을 갖지 않아도 되는 이유는 바로 이러한 자율성이 전제되어 있기 때문이다. 가벼움은 탈사회적 로맨스의 지배적인 에토스로 작용하면서 친밀성의 중심축을 진지함에서 즉흥적인 유희로 바꿔놓았다. 가벼움 에토스는 데이팅앱 이용자들이 자유롭게 로그인/로그아웃을 반복하면서 관계 맺음에 따르는 책임과 부담감을 '쿨하게' 떨쳐내는 행위에 정당성을 부여한다. 이 과정에서 초래될 수 있는 인격적 모함, 상처, 감정적 소모는 온전히 개인이 감당해야 하는 몫이 되었다. 데이팅앱 사용과정에서 경험하는 감정적 소모와 상처는 다양한 형태로 나타나지만 피면접자들은 대체로 외모차별, 피상적인 대화, 상호존중 결핍, 성적 대상화 등을 겪으면서 비참함, 죄책감, 피로감을 느끼게 되었다고 한다.

그럼에도 불구하고 피면접자들은 데이팅앱을 지속적으로 이용하는 이유로 '외로움'을 꼽았다. 우선 이들은 데이팅앱을 사용하게 된 계기를 오프라인에서 협소해진 관계 맺기에서 찾았다. 관계망 축소는 두 가지 의미로 나타나는데, 하나는 관계 맺기 자체가 어렵다는 것이고, 다른 하나는 자신의 좁은 활동영역 밖에서는 사람들을 만나기 어렵다는 것이다. 피면접자 모두 대학 졸업 후 파트타임으로 일하면서 구직활동을 하고 있거나 대학원 과정에 있었는데, 현재 인간관계가 절대적으로 좁아진 상황이라 연애 상대를 쉽게 만날 수 없다고 했다. "그게 대학생 때는 좀 쉬운데, 졸업을 하고 나서는 진짜 더 힘든 것 같아요." (덕현) 경민은 이에 대해 의미심장한 이야기를 들려주었다. 자신의 주변에 있는 20대 남자들은 "스스로를 아싸, 아웃사이더라고" 여긴다고 한다. 경민은 그런 또래 남자들이 "되게 많다고 생각해요. 자존감을 하락시키는 요소가 워낙 많기 때문에.(쓴웃음) 제가 이런 말을 하는 건 너무 꼰대 같은데, 인터넷이라는 요소가 발전하다 보니까 이제 외적으로 친구들을 만나지 않아도 컴퓨터 앞에 있으면 혼자 재미있게 놀 수 있거든요. 그니까 좀 사회성이 결여된다고 할까요?"라고 말했다.

대학원 생활과 함께 취업준비도 해야 했던 경민은 물리적 시간이 부족했을 뿐만 아니라 심리적으로도 불안해 이전에 사귀던 여자친구와의 관계를 유지하지 못했다. 이별 후 외로움과 자책감을 강하게 느꼈고, 친구들의 소개로 몇 번 소개팅을 했지만 모두 실패로 끝났다. 이 과정에서 "스스로 자존감에 상처를 되게 많이 입기도 했고, 내가 이렇게 소개해 줄 만큼의 사람이 아니구나라는 생각을 되게 많이 하기도 했"다. 경민은 그 이유를 가장 먼저 자신의 외모에서 찾았다. 그는 외적인 부분이 매우 중요하다고 거듭 말하면서, 자주 만나는 사람들 사이에서는 외모가 덜 중요하게 작용할지 모르지만 "그런 환경이 아닌 이상에야 기본적으로 첫인상을 결정하는 게 외모적인 부분이 많다고 생각"했다. 다른 피면접자들은 경민과 달리 외모 콤플렉스는 없었지만, 연애 상대가 없다는 것 자체가 외로움의 근원이라고 말했다.

외로움은 사람들과의 육체적·감정적·상징적 관계가 단절된 데서 비롯된다. 더욱이 후기근대적 상황에서 이전과 같은 사회적 관계 맺기는 구조적 난맥에 빠졌다(Franklin, 2012). 탈산업화된 자본주의적 질서(Lash and Urry, 1996), 네트워크화된 작업장 구조와 일상적 삶, 과열경쟁과 자기계발 문화 등은 사회적 유대를 느슨하게 만들면서 파편화된 방식으로 개인들 간의 관계를 재구조화한다. 이러한 관계의 재구조화는 단순히 인간세계의 관계에만 한정되는 것이 아니라 '사물'(인터넷, AI, 동물 등)과의 관계 영역까지 포괄한다. 일찍이 크노어-체티나는 이를 '탈사회적' 상황으로 규정하고 사물과 연계된 새로운 사회적 관계를 불가피한 존재적 조건으로 받아들였다(Knorr-Cetina, 1997). 이런 상황에서 외로움은 얼마만큼 사람들과 긴밀하게 감정으로 '관계'를 맺느냐가 아니라 얼마나 많은 사람과 온라인으로 '연결'되어 있느냐에 의해 상쇄된다. 그런 점에서 데이팅앱은 표면상으로는 상호 만남을 나타내지만 만남의 공간이 디지털네트워크, 즉 매트릭스라는 점에서 사물과의 관계를 전제로 한다. 여기서부터는 디지털화된 알고리즘에 따라 짝짓기 과정을 수행해야 하며, 우연적이고 우발적인 만남마저도 디지털화된 매칭 논리의 부수적인 효과라고 볼 수 있다.

이처럼 사물관계로 만나는 네트워크화된 친밀성 장에서 상호 간 '가벼움'은 데이팅앱의 세계로 진입하기 위한 마음가짐이다. 이 공간에서는 진지함 혹은 진정성을 전면에 내세울수록 오히려 초라함과 공허함을 감내해야 할 수도 있다. 따라서 가벼움은 관계 맺기의 물리적·감정적 부담감을 최소화하면서 즉흥적 쾌락을 누리려는 전략일 수도 있지만 이 과정에서 발생할 수 있는 정서적 상처에 대한 감정적 방어막이기도 하다. 승수는 데이팅앱을 친구 소개로 '재미삼아' 시작했다고 한다. 그는 "깊이 감정을 남기기는 귀찮고 …… 성적인 욕구나 이런 것들은 해결해야 하니까 그거에 부합하는 사람들끼리 만나서 그렇게 지내"는 것이라고 말한다. "어떻게 보면 그런 사람들은 이 욕구만 해결"하려는 것이라 여기면서 "외국에서는 프렌드 위드 베네핏(Friend with Benefit: FWB)이라고 해서 이득만 서로 취하는 친구 관계"를 맺는데 본인도 데이팅앱의 친구를 그런 정도로 여긴다고 말한다. "클럽 가기에는 시간이 없고 귀찮고 돈도 너무 많이 드니깐 이런 거라도 해볼까 하는 거죠. 이게 밑져야 본전으로 돈이 안 드니까."(승수) 이처럼 승수는 데이팅앱을 '기회비용'이라는 말로 표현했는데, "본인이 마음에 안 들면 바로 그냥 블록할 수 있기 때문에" 경제적으로 매우 효율적이라고 생각했다. 여기서 경제적 효율성은 가벼운 관계 맺음으로부터 유발될 수 있는 도덕적 부담을 덜어내기 위한 정당화라고도 볼 수 있다. 또한 승수는 데이팅앱을 통해 만난 사람들과의 경험이 나중에 진정한 짝을 만났을 때 성관계 측면에서도 "도움이 되지 않을까라는 생각"도 한다. 그에게 데이팅앱은 진지한 연애와는 상관없는 짝짓기 연습장이자 상호 인정하에 성적 쾌락을 자유롭게 추구할 수 있는 기회의 공간이다.

이와 같은 경제적 효율성이 섹스와 극적으로 결합한 형태가 '캐주얼 섹스'이다(일루즈, 2020: 133~135). 모바일 기반의 데이팅앱은 온라인데이트 형태보다 훨씬 더 극대화된 경제적 합리성을 배태하고 있다. 유동성, 이동성, 실시간 등 온라인매체의 특징을 극대화한 스마트폰은 데이팅앱을 통해 최소비용 최대이윤을 창출하는 경제적 환상을 실현할 수 있게 해준다. 마치 대형마트의 진열된 상품을 자유롭게 선택할 수 있다는 환상에 길들여진 소비자처럼 데이팅앱의 이용자들 또한 소비자본주의적 상품논리를 적극적으로 따른다. 가볍게 쓰고 버릴 수 있는 소모품처럼 데이트 상대 또한 즉흥적인 만남과 성적 쾌락을 위해 활용했다가 언제든 처분할 수 있는 일회용품이 된다. 이는 '가볍고 부담 없이 자유롭게'라는 탈근대적 유동성과 탈포드주의적 소비윤리가 결합된 실천감각과 친화력을 갖는다. 승수는 "세게 표현하면 그냥 먹고 버릴 수 있는, 그냥 이렇게, 간편하게 하고 지나가는, 그런 만남일 거라고" 생각했다.

데이팅앱의 이와 같은 논리에 익숙해진 정현은 소셜데이팅앱을 통한 '진지한 연애'는 전혀 기대하지도 않고 원하지도 않는다. 경민도 "결혼 같은 건 전혀 고려를 안 하죠. 아예 그냥 완전 순수하게 연애. 연애까지 안 되더라도, 그냥 친하게 지낼 수 있는 친구?" 정도로 여긴다. 덕현 또한 "헌팅포차나 클럽 같은 곳에서 만난 여자와 연애를 하고 싶지는 않"다고 했다. 정현은 소셜데이팅을 "흥미가 생겨서 …… 원나잇으로만" 사용했고, 연결이 되더라도 대체로 "이상형이랑 너무 떨어져 있고 해서" 어느 정도 외모만 되면 "다발적으로 해서, 제 이상형이 아닌 사람과 하루 놀고 그냥 말고" 한다고 했다. 그럼에도 자신과 만난 상대가 진지한 만남을 기대하고 있다는 느낌을 받았을 때에는 "너무 미안해서 좀 죄책감이 들었"다고 한다.

한편 정현은 자신도 다른 이용자들로부터 비슷한 대우를 받은 적이 많다고 했다. "처음엔 기분이 나쁘죠. 근데 그렇게까지 막 기분이 나쁘지도 않아요. 왜냐면 제가 얘를 좋아하지도 않았기 때문이죠. 그래서 뭐 그런가 보다 하고 그냥 넘겨요. 그니까 애초에 저는 마음 자체가 그렇게 진지하진 않아서 그런 상처받을 일이 있어도 상처를 별로 안 받았던 것 같아요." 이러한 이중적 태도는 승수와 덕현에게서도 나타났는데, 그들 또한 데이팅앱에서는 별 기대를 하지 않는다고 말한다. "어플이라는 매체 자체가 옛날에 핸드폰 나오기 전처럼 편지 쓰고 이렇게 진중하고 무게감 있는 느낌이 아니라서 훨씬 가볍게 다가"가며, "정말 운이 좋아야 좋아할 만한 사람이 되는 거"라서 대체로 진정한 연애 상대를 기대하지 않는다고 한다(덕현). 덕현은 자신의 주변 또래들과 나눴던 대화를 언급하기도 했는데, 여자친구들도 데이팅앱에 대해 "되게 많이 얘기하거든요. 원나잇이 어쨌고 저쨌고, 자기는 뭐 해봤고. 이제 여자친구들도 그런 거에 대해서 옛날만큼 그렇게 안 좋게 보고 그렇진 않은 것 같"다고 말한다. 그럼에도 피면접자 모두 주관적인 경험에 근거한 것이지만 소셜데이팅앱의 세계에서 남성은 대부분 캐주얼 섹스를 기대하는 반면, 여성 중에는 "그냥 대화만 하고 싶어 하는 사람도 되게 많고"(덕현), 진지한 만남을 기대하는 사람도 많다고 했다. 그리고 "남자는 원나잇 이런 거에 있어서 안정성을 크게 중요시하지 않"지만 "여자는 그거에 대한 안정성을 되게 중요하게" 여긴다고 한다(정현). 여기서 안정성은 여성에게 매우 민감한 문제이다. 여성이 임신, 성폭력, 사생활 폭로 등의 문제에 상대적으로 더 쉽게 노출될 수 있기 때문이다. 이 글에서는 본격적으로 다루지 못하지만 데이팅앱에 대한 젠더적 차이는 별도의 지면을 통해 상세히 논의할 필요가 있다.

이처럼 데이팅앱 세계에 익숙해질수록 상호 간 감정적 무시와 불쾌함을 견뎌내려는 품행이 나타나는 것은 네트워크화된 친밀성 장에서 형성된 감정적 아비투스 때문이다. 이 장에 진입한 순간부터 이용자들은 상호 간 이러한 품행을 전제로 짝 찾기 과정에 들어선다. 그래야만 이 선별투쟁의 공간에서 감내해야 하는 상처와 고통에 적절히 처신할 수 있다. 그런 점에서 이들이 행하는 가벼움, 쾌락, 즐거움, 부담 없음과 같은 실천감각은 이러한 선별투쟁에서 활용하는 일종의 부정적 감정자본이라고 볼 수 있다.

'무한성' 판타지

피면접자들은 인터넷 및 TV 광고(또는 이용자 후기), 옥외광고 등을 통해 데이팅앱 정보를 얻기도 했지만 실제로는 직접 어플을 사용해서 짝 찾기에 성공했거나 '재미를 본' 친구들의 소개와 추천을 통해 앱에 대한 신뢰성을 갖게 되었다. "성공했든 실패했든, 이런 걸 사용하고 있다, 혹은 요즘은 이런 거를 통해서 남녀가 만난다더라, 이런 내용들을 심지어 TV에서도 얘기하고 그러다 보니까 신뢰도가 올라가기도 하는데, 가장 큰 이유는 주변에서 사용하는 게 가장 크죠."(경민) 그런데 데이팅앱의 작동원리 자체가 짝 찾기를 위한 다양한 판타지적 요소 혹은 오인메커니즘을 내재하고 있다는 점에서 이용자들에게 어필할 만한 충분한 매력을 갖고 있다.

먼저, 데이팅앱에 접속하면 백화점 상품들을 윈도 쇼핑하듯이 데이팅 앱에 접속한 모든 대상을 시공간적 제약 없이 맘껏 들여다볼 수 있는 '무한선택' 판타지를 누릴 수 있다(물론 1일 제한 양이 있긴 하다). 이는 '항상 연결되어 있음'이라는 관념과 결합된다. 이때 연결은 "가상적인 관계"(바우만, 2013: 25)임에도 불구하고 실시간으로 연결되어 있다는 점에서 단순한 가상 그 이상이다. 게다가 인근에 위치한 사람과 언제든 연결될 수 있다는 점에서 물리적으로도 제약이 없다. 가상과 현실의 경계가 흐릿한 세계에서 데이팅앱이 가져다주는 환상은 '항상 누군가와 연결되어 있고 언제든 만날 수 있다'는 잠재성(virtuality)이다. 그런 점에서 외로움은 마치 이러한 연결성 덕택에 상쇄되는 것처럼 보인다. 덕현, 태훈, 승수는 외롭다고 느낄 때마다 데이팅앱에 접속한다고 한다. 덕현의 경우는 "그 판타지가 더 크기 때문에 저 같은 경우에도 끝이 좋지 않은 만남을 가졌는데도 불구하고 계속 하는 거예요. 그리고 일단 너무 편하기 때문"이라고 말했다. 이러한 연결성은 '외롭지 않다'는 심리적 안정을 가져다주는 것처럼 보이지만 상대의 평가에 따라 매칭 여부가 결정된다는 점에서 무한한 기다림을 감수해야 한다. 데이팅앱 '틴더'를 주로 사용하는 경민은 "'좋아요'를 정말 많이 보낼 수 있어요. 이거는 거의 제한이 없어요"라고 말한다. 하지만 한쪽에서 '좋아요'를 일방적으로 무제한 보냈다고 해서 매칭이 이루어지는 것은 아니다. 상대방도 '좋아요'를 보냈을 경우에만 매칭이 성사된다.

둘째, 이러한 무한선택의 기회는 '가성비' 판타지와 곧바로 연결된다. 데이팅앱은 짝 찾기 과정에 소요되는 많은 기회비용을 최소화할 수 있는 장치이다. 단시간에 많은 상품목록과 스펙을 검색할 수 있는 온라인 쇼핑몰처럼 데이팅앱은 연애 상대의 스펙을 검색하는 데 매우 효율적이다. "가성비가 좋고, 사람이 많아서" 많은 상대를 볼 수 있으면서 "터치 한 번으로 매칭이 되고 안 되고 하니까 되게 편하"다(덕현). "클럽 가기에는 시간이 없고 귀찮고 돈도 너무 많이 드니깐 이런 거라도 해볼까 하는 거죠. 이게 밑져야 본전으로 돈이 안 드니까."(승수) 그리고 "터치 한 번이면 내 마음이 전달되"기 때문에 "물론 무게감은 다르겠지만, 그런 게 되게 편하죠."(덕현) 적은 비용으로 매칭을 극대화할 수 있다는 판타지가 데이팅앱으로 사람들을 끌어들인다.

셋째, 데이팅앱은 평소 쉽게 만나볼 수 없는 낯선 이들과 연결될 수 있다는 점에서 '모험' 판타지를 가져다주고, 기회가 없는 사람들에게 개방적이라는 점에서 설렘을 가져다준다. "정말 기회가 없는 사람 같으면 많이 설레죠. 기대가 많이 되죠. 사실 많이 설레기도 하고, 떨리기도 하고."(경민) 피면접자 모두 현실에서는 비슷한 일을 하는 사람들과 관계망을 형성하기 때문에 새로운 사람을 만나볼 기회를 갖지 못한다고 말했다. 이들은 데이팅앱을 통해 새로운 사람을 만날 수 있다는 기대를 가지면서 잠시나마 지루함과 무료함을 달래기도 하고 낯선 사람과의 대면이라는 모험가적 흥분을 느끼기도 한다. 이런 상황에서 데이팅앱은 오로지 짝짓기만이 아닌 "하루 그냥 처음 보는 여자 분들이랑 이렇게 이야기하면서 술 마시고 하는 …… 파티 같은 느낌"을 경험하게 해준다(덕현). 정현 또한 데이팅앱이 주는 재미 중 하나로 새로운 사람이랑 얘기할 수 있다는 점을 꼽으면서 "새로운 얘기를 많이 하진 못해도 새로운 분야의 사람을 만날" 수 있다고 말한다. "덧없을 수도 있는데 …… 저는 거기서 되게 흥미를 느끼거든요. 왜냐면 평소에 만날 수 없는 사람들이니까. 그들도 저한테 되게 흥미를 느껴요." 하지만 이러한 재미에는 섹슈얼리티적인 측면이 교묘하게 결합되어 있다. 정현은 "저는 이거를 어디까지 생각을 하냐면, 영화 같은 데 보면 옛날에는 사창가 같은 데 차를 타고 가면서 여자들을 골랐잖아요. 그런 거랑 비슷한 맥락이지 않을까 싶어요"라고 말하면서 "저는 애초에 그런 목적으로 사용하기 때문에, 부정적으로 보자면 홍등가 거리에 비유할 수도 있어요"라고 한다. 정현의 말대로 "굉장히 자극적이고 재미있"는 데이팅앱은 남녀 모두에게 공통적일 수 있다. 하지만 특히 여성에게는 자신의 신체를 얼마나 섹스어필하게 연출하는가가 매칭의 가능성을 높이는 데 매우 결정적으로 작용한다. 대부분의 데이팅앱이 여성에게 훨씬 더 엄격하고 구체적인 외모 이미지를 요청한다는 점에서 남성 이용자는 여성을 한층 더 상품화된 대상으로 바라볼 수 있는 우위를 점한다. 이런 점에서 남자 이용자는 다양한 방식으로 연출된 여성의 외모를 탐색하면서 이를 섹슈얼리티와 연결시키는 자극을 만끽한다.

마지막으로, 데이팅앱은 이용자에게 상대를 자유롭게 선택할 수 있다는 환상을 심어준다. 데이팅앱을 다룬 한 신문 기사는 이용자 자신이 자율적으로 연애 상대를 선택할 수 있다는 점을 소개한다.

> 최서린(기명·38) 씨는 …… 주변 사람들의 소개로 소개팅앱을 알게 되었다. 결혼정보업체를 이용했지만 실망한 뒤였다. "소개받는 사람이 어떤 걸 좋아하고 삶에서 무얼 중시하는지, 만나기 전엔 알 수가 없는 게 불편했다. 객관적인 조건, 이른바 스펙은 맞는데 인품이나 성품은 별개라서 실망한 적도 많았다. 등급을 매기는 그런 방식도 불편했고. 소개팅앱은 직접 쓴 프로필을 읽어보면 그 사람의 취향을 파악할 수 있다. 지금 만나는 사람도 여행이나 산책, 여가시간을 보내는 스타일 같은 내가 중요하게 여기는 것들에 교집합이 많았다. 결혼정보업체는 물론이고 누군가 소개를 해주는 방식으론 사전에 알기 어려운 것들이었다."(≪한겨레≫, 2017.2.26)

데이팅앱은 이용자 모두에게 평등한 권한을 부여하는 것처럼 보인다. 정현의 말대로 "쓰고 싶으면 쓰고, 안 쓰고 싶으면 안 쓰고 …… 강압적이지 않고 되게 쉬워"서 자유롭게 선택하는 권한을 누릴 수 있다. 물론 이 선택은 데이팅앱의 구성논리에 따른 분류체계를 전제로 한다. 마치 맥도널드 매장에서 메뉴를 탐색하듯이 이용자를 선택하는 절차는 일정한 알고리즘에 따라 이루어진다. 다시 말해 선택은 제한된 범주 내에서만 자유롭게 이루어진다. 실제로 데이팅앱 내에는 만남목적에 따라 매칭 범주가 분류되어 있다. 가령, 진지한 만남, 동네친구, FWB, 대화상대 등 목적에 따라 상대를 선별할 수 있다. 그런데 이러한 자유로운 선택은 오늘날에는 "옛날처럼 한 여자만 바라보고 그 여자한테 모든 정성을 쏟아서 사귀는 추세가 아니"기 때문에 "여러 발을 뿌려놓고 여기서 만약에 한두 명이 걸렸다, 그러면 둘 중에 내가 괜찮은 애를 사귀어야지"라는 비교우위를 따지는 행위로 나타난다. 이는 여러 상대를 한 테이블에 나열해 놓고 비교우위를 통해 상대를 택하는 전략적 합리성이 관철되는 순간이기도 하다.

데이팅앱의 이와 같은 판타지는 이용자에게 지속적인 결핍을 유도하면서 늘 온라인 상태를 유지하게 만든다. 이용자는 매칭 성사를 알리는 알림신호에 민감해지고 상대의 정보를 순식간에 읽어보면서 외모 이미지에 기반해 즉흥적으로 선별작업을 한다. 이 과정에서 정보접근 단계별로 결제 절차가 이루어진다. 온라인 네트워크에는 언제든 결제할 수 있는 소비자가 대기하고 있다. 데이팅앱은 이용자가 무한한 궁금증, 상상적 설렘, 여러 대상을 선별하는 지배력 등을 느낄 수 있도록 직조되어 있다. 이러한 감정을 촉발시켜 구매행위가 이루어지도록 알고리즘이 짜여 있는 것이다. 결과적으로 이러한 알고리즘은 오인을 지속적으로 유발시키는 메커니즘이기도 하다. 왜냐하면, 뒤에서 더 자세히 논의하겠지만, 데이팅앱은 역설적이게도 매칭이 순조롭게 이루어지지 않도록 프로그램화되어 있기 때문이다. 데이팅앱의 '무한성' 판타지는 무한선택을 의미하기도 하지만 역설적이게도 무한 선택보류를 뜻하기도 한다. 특히 데이팅앱의 세계는 노골적인 위계서열에 따라 선별투쟁이 펼쳐지는 공간이다. 시장자유주의적 논리와 유사하게 자율적인 선택은 특정한 대상에게 집중적으로 쏠리는 경향으로 나타난다. 요컨대 남자는 스펙으로, 여자는 외모를 중심으로 대상의 가치가 결정된다. 따라서 실질적인 매칭이 아니라 매칭에 대한 기대와 설렘을 얼마만큼 증폭시키느냐가 데이팅 플랫폼의 운명을 좌우한다.

탈낭만적 간택 아키텍처

자아/비자아연출

데이팅앱의 세계에서는 외모가 우월할수록 매칭 가능성을 높이고 상대적 우위를 점하는 데 유리하다. 외모 이미지는 데이팅앱 이용자들 사이에서 즉각 이목을 끌 수 있는 가장 손쉬운 수단이다. 텍스트화된 소개글은 (그 글에 진심이 담겨 있든 아니든 간에) 부차적인 효력만 갖는다. 짝 선택 시 우선적인 기준이 무엇이냐는 질문에 덕현은 "사진이 100%"라면서, "사실 노력이라고 하면 사진을 잘 찍는 노력 정도"에 불과하며 자신을 소개하는 글은 실제로 잘 보지 않는다고 단호하게 말한다. "이미지랑 글을 놓고 보자면 먼저 들어오는 건 이미지이기 때문에 이미지가 괜찮아야 글도 읽는 거지, 이미지가 괜찮지 않으면 글도 읽지 않아요."(덕현) "일차적으로 가장 크게 들어오는 정보가 사진이죠.

그 밑에 조그맣게 들어간 나이나 직업 정도만 보고 정보를 더 보고 싶으면 그 사진을 누르는 거죠."(경민)

이처럼 네트워크화된 친밀성 장에서 상대적 우위를 점하는 데 강력한 자본으로 활용되는 외모는 문자화된 정보를 무력하게 만든다. "뭐든지 사진, 그러니까 어떤 이미지이죠. 그게 진짜이든 아니면 조작되었든 간에 그런 이미지를 통해서 판단을 해야 되기 때문이죠."(승수) 데이팅앱은 "가벼운 마음으로 하는 거라서 괜찮네? 괜찮다, '좋아요' 누르고, 약간 그런 느낌이라서요. 그렇게 하나하나 읽어보고 그 사람의 모든 프로필을 읽어보고 이 사람 진짜 괜찮다, '좋아요', 이게 아니라 (이미지만 보고_필자) 1, 2초 사이에 그게 끝나는 거죠."(덕현) 덕현에 따르면 외적인 이미지만 보고 상대를 온전하게 알 수 없다고 하더라도 "정말 가볍게 많은 여자들과 매칭될 수 있는 가능성이 있으니까, 외모만 보고 일단은 선택"한다는 것이다.

데이팅앱 세계에서 외모는 곧 자신의 총체적 표상이자 상대로부터 가장 빨리 인정받을 수 있는 징표이다. 그러나 외적인 이미지를 연출하는 방식은 데이팅앱의 알고리즘 명령체계를 따라야 한다는 점에서 자율적이라고 볼 수 없다. 이용자들은 얼굴사진부터 기본적인 개인프로필 정보까지 가입자격을 위한 심사과정을 거친다. 네트워크 세계에서는 자신의 이미지를 자유롭게 연출할 수 있는 것처럼 보이지만 실제로는 플랫폼 내부의 명령체계에 따라 자신을 연출할 수밖에 없다. 프로필 심사를 거치는 과정은 순조롭지 않다. 가령 사진을 자기 멋대로 조형할 수도 없다. "진짜 말도 안 되는 각도에서 찍은 사진을 한 장 올리거나 아니면 눈, 코, 입이 다 안 나온 옆모습만 나온 걸 올리는 건 안 돼요. …… 눈, 코, 입은 다 나와야 되고 사진은 여러 장 올라와 있어야 …… 그나마 신뢰도를 조금 높일 수 있어요."(경민) 이용자들은 이 명령체계를 '자유롭게' 따르면서 자기연출에 심혈을 기울인다. 그럴 수밖에 없는 이유 중 하나는 데이팅앱 내부에 외모를 평가하는 심사체계가 작동하기 때문이다. 경민은 자신이 사용했던 한 어플에서 가입제한을 통과하지 못했는데, 얼굴사진이 3점(5점 만점) 이상의 평가를 받지 못해서 탈락했다고 한다. 얼굴사진에서 통과되지 않으면 이 친밀성 장에서 자리할 위치를 상실한다. 외모에서 일정 수준의 평가를 받지 못하면 "아예 대화할 기회조차 없는 경우가 부지기수이죠. …… 저 같은 남자들은 걸러지죠.(웃음)"(경민) 이처럼 데이팅앱에서 외모는 상대를 총체적으로 파악할 수 있는 권한을 획득하기 위한 최초의 관문이다. 이처럼 데이팅앱의 짝 찾기 관행은 외모를 식별하는 감각에 의존하기 때문에 상대를 선별할 때 "정말로 외형적인 부분이 커질 수밖에" 없다(경민).

이용자들은 외모가 일차 관문을 통과하는 데 결정적이라는 사실을 알고 있기 때문에 매우 전략적으로 자신의 이미지를 조형한다. 상훈은 얼굴이 명확히 나오는 사진을 하나 올리고, 그 외에 실정된 사신, 가령 "책 읽고 있는 사진을 하나 올리고 그다음에 운동하는 사람처럼 나온(덩치 있어 보이는) 사진"을 올리는데 "여자애들 중 운동하는 남자를 좋아하는 친구들이 많아서 그런 거를 한두 개" 정도 업로드한다고 한다. 승수는 다음과 같이 말했다. "첫 사진은 강렬한 이미지를 보여줄 수 있도록 뭔가 정제되고 있어 보이는 사진을 올렸고, 그다음으로는 일상에서 장난기 있어 보이는, 나의 아이덴티티를 보여줄 수 있는 사진을 올렸어요. 그다음에는 나의 외적인 면을 보여줄 수 있는 풀숏 하나, 얼굴을 좀 더 자세히 볼 수 있는 베스트 숏 하나, 이렇게 올렸어요." 이미지 연출은 남성에 비해 여성에게 더욱 민감하게 작용한다. 여성 이용자는 외적 이미지가 즉각 매력을 끌 수 있도록 연출해야 한다.

데이팅앱 종류에 따라 차이는 있지만 여성에게는 상대적으로 더 선명한 정면사진, 보정 없는 사진, 양적으로 더 많은 사진이 요구된다. 이 요구를 충족시키지 못할 경우 네트워크 내부로의 진입이 차단된다. "절차를 말씀드리면, 일단 가입을 하고, 사진을 한 3~4장 올려야 돼요. 자기 사진을. 그러면 그거를 어플리케이션 측에서 확인을 해요. 이 사진이 도용인가 아닌가, 얼굴이 나왔나 안 나왔나, 이런 걸 확인한 뒤 승인을 해주면 시작할 수 있어요."(덕현)

실제로 여성이 남성으로부터 '간택'되기 위해 가장 많은 노력을 들이는 부분이 외모연출이다. 디지털네트워크 공간에서 외모연출은 조형 가능성이 무한하다. 이럴수록 여성의 외모연출 경쟁은 과열된다. '좋아요'는 데이팅앱 세계의 명성자본으로 기능하는데, 여성의 경우 외모가 곧 명성자본이기 때문이다. 덕현은 자신의 경험상 "여자애들 같은 경우에는, 자기가 되게 예쁘고 아름다운 거를 자랑하고 싶어 하는 친구들이 많은 것 같"다고 하면서 "자기 팔로어 수를 늘리는 케이스로 사용하는 친구들도 있"냐고 말한다. 피면접자들은 데이팅앱 이용자들이 외모에 관한 한 "인생숏만"(덕현) 올리기 때문에 실제로 대면했을 때 심한 격차를 경험한다고 한다. 이때 이들은 주로 사진에 '낚였다'라는 표현을 쓴다. 몇 가지 예를 들자면, 정현은 데이팅앱을 통해 한 여성과 연결된 후 약속장소로 갔는데, "와, 씨, 쟤가? 해가지고.(웃음) 아, 쟤구나, 확신이 들고선 집에 가야겠다 싶었는데, 그 친구가 저를 발견해서 또 거기서 거절하기도 너무 민망해 가지고" 몇 시간을 무의미하게 보냈다고 했다. 유사한 경우로 늦은 밤 시간에 "갑자기 보자 해서 갔는데, 얼굴 보자마자 그냥 택시 타고 다시 돌아온 적도 있"다고 한다(정현).

파상적인 친밀성 장에서는 등가교환, 즉흥적인 섹스, 조건만남, 비헌신적 관계 맺기 등이 일반적이다. 이 장에서는 이전처럼 상대를 신성화하고 상호 헌신적인 존재로 전환하는 데 요청되는 지난한 의례과정이 거추장스럽게 여겨진다. 파상적인 친밀성 장에서 육체적 관계는 친밀성 의례의 마지막 단계인 것이 아니라 이후 신뢰관계를 구축해 나가는 데서의 시발점으로 작용한다. 성적 매력의 결핍은 인격적인 결합의 가능성을 매우 협소하게 만든다. 따라서, 이후 자세히 논의하겠지만, 파상적인 친밀성 장에서의 신체적 매력은 짝짓기에서 매우 강력한 위상을 차지한다. 이러한 장의 논리는 여성에게 훨씬 과중한 압박을 가져다준다.

피면접자 모두 데이팅앱에 대해 '외모지상주의'를 "적극 활용해서 돈을 버는 사업"(정현)이라고 인식하고 있다. 외적 이미지는 상대에 대한 더 자세한 정보에 접근하기 위한 일종의 '미끼' 같은 기능을 한다. 경민의 말대로 "1차 필터를 통과한 사람이 2차 필터에 들어갈 수 있는 기회를 얻는" 것이다. 데이팅앱의 세계에서 인간은 분절적으로 평가된다. 속칭 '한눈에 반하는' 총체적인 끌림은 존재할 수 없다. 데이팅앱의 세계는 자신의 짝을 총체적 감각으로 '느끼게' 하는 것이 아니라 분절적 감각으로 '인지하게' 만든다. 일차적으로 외모를 검토하고 상호 간 '좋아요' 신호를 교환한 후 더 자세한 외모사진이나 상대의 프로필을 알기 위해서는 '결제'를 해야 한다. 데이팅앱에서 상대방에 대한 모든 정보는 교환가치로 전환된다. 이 과정은 매우 합리적이고 효율적인 소비행위로 이어진다. 데이팅 플랫폼은 이용자에게 상대의 매력을 매우 빠르고 값싸게 대량으로 구매할 수 있는 주도권을 획득한 것인 양 판타지를 부여하면서 결제를 유도한다. 결과적으로 데이팅 플랫폼에서 짝 찾기는 상호 간 감정적 교감에 앞서 금전적 교환행위를 전제로 한다. 이처럼 데이팅앱 세계에서 이용자들은 자신의 교환가치를 높이기 위해 자아연출

경쟁에서 우위를 점해야 하고, 이 과정에서 신체적 매력은 다양한 방식으로 과잉표출된다. 따라서 데이팅앱 세계에서 외적 이미지는 한편으로는 자발적인 자아연출의 산물이기도 하지만 다른 한편으로는 앱의 알고리즘에 따라 과잉연출된 산물이라는 점에서 자아/비자아연출의 복합물이기도 하다.

이러한 자아/비자아연출 경쟁에서 밀려났다고 생각한 경민은 데이팅앱 세계에서 "'나는 별로인 사람이다'라고 스스로 딱 판단을 내리고 그만뒀어요"라고 말한다. 이 과정에서 그는 자존감에 큰 상처를 입었는데, "그런 피상적인 정보를 통해서만 상대를 평가해야 하는 것도 내 가치관에 어긋나는 일인데, 나도 똑같이 사람들에게 평가받고 거절당한다는 사실이 내 자존감을 굉장히 많이 깎아먹었"다고 말한다. 그래서 하면 할수록 이건 나를 괴롭히는 일이라고 생각했다고 한다. 하지만 피면접자들 중 일부는 외모는 어쩔 수 없이 중요한 것이며 외모 가꾸기는 "본인에 대한 투자나 본인에 대한 애착"이라고 말했다. 특히 승수는 연애를 못하거나 자칭 비연애주의자라고 칭하는 사람들에 대해 외모를 가꾸려는 '노력'이 없기 때문에 연애를 못하는 것이며 비연애주의는 외모에 대한 자격지심에서 나온, 다시 말해 "노력을 안 하는 것에 정당성을 부여하기 위한 하나의 방어기제"라고까지 말했다.

이와 같이 네트워크화된 친밀성 장에서는 이용자 모두에게 개방되어 있는 외모를 더 세밀하고 기민하게 관리해야 간택경쟁에서 우위를 점할 수 있다. 교환가치를 지닌 외모는 자기관리, 자기계발, 과잉된 자아연출 등과 같은 자기통치를 통해 자신의 가치를 극대화한다. 이처럼 자율적인 짝짓기를 자기통치와 결합시킨 데이팅앱은 후기자본주의적 모순을 고스란히 내재하고 있으며, 이 모순 속에서 상대에 대한 감정적 진정성 혹은 진실성은 보류되고 연기된다. 여기에는 장기적인 탐색전, 상대를 선별하는 전략적 감각, 자기서사를 조작하거나 과장하는 기술, 감정을 조작하는 기술, 기대 없는 미래 등이 뒤따른다. 이로써 데이팅앱 세계에서 이용자들은 사랑이 아닌 지속적인 자기관리 작업에 묶인 존재로 머물러 있거나 물화된 자기객체화로부터 실망감과 자존감 상실을 감내해야 하는 존재로 웹을 떠돈다.

탈감정 진정성 체제

에바 일루즈는 온라인데이트의 세계를 탁월하게 분석한 자신의 책 『감정자본주의』에서 인터넷 데이트 사이트는 "나 자신을 객관적으로 기술하고 판타지로 존재하는 나의 이상(사랑의 이상, 이상형, 라이프스타일의 이상)을 불러내 세련되게 다듬는 것"을 요구한다고 주장한다(일루즈, 2010: 153). 데이팅앱 '틴더'의 운영자는 "가상의 공간에서 보증된 사람을 만나기 위해서는 외모나 이력도 중요하다. 하지만 틴더는 내가 생각하는 나의 모습을 자기소개에 투영할 수 있도록 하는 게 너 중요하다고 본다"라고 말한다(≪매일경제≫, 2020.1.8). 그러나 데이팅앱 세계의 짝 찾기 전략에서 자신을 소개하는 문자화된 정보들은 실질적인 효력을 갖지 못한다. "왜냐면 어플이란 것 자체가 정말 외적인 요소들 …… 피상적인 요건으로 판단을 해야 되"는 상황이라서 "사람을 피상적으로밖에 볼 수 없고, 그런 정보들만 보다 보니 조건을 많이 따지게" 되기 때문이다(경민). 게다가 매칭 요청이 많을수록 '거를 수 있는 가능성'이 높아지기 때문에 오히려 피상적인 정보에 의존해서 상대를 파악하게 된다는 것이다. 이용자들은 데이팅앱에 등록된 상대의 정보를 자세히 들여다볼 여유가 없다. 사실은 그럴 필요조차 없다. 앞서 언급했듯이 외적 이미지를 중심으로 우선 걸러내기 때문에 역설적이게도 피상적인 서핑은 짝 찾기의 효율성을 더욱 높여주는 행위가 된다. 그래서 이용자들은 자신의 잠재적 짝에 대한 정보를 "카페에서 할 일 없을 때나 잠깐 쉴 때, 아니면 자기 전에 잠깐" 보거나(승수), "내향적으로 괜찮은 사람인지 일일이 알아보기 너무 피로"하기 때문에 가장 눈에 띄는 정보만 보고 선별한다(경민).

  데이팅앱 이용자가 간택받기 위해 외적 이미지 연출 다음으로 중시하는 전략은 서사적인 자기연출이다. 서사적인 자기연출은 기본적인 개인정보(연령, 거주지, 학력, 성별, 신장, 직업 등)에서부터 자신의 취향, 개성, 감정, 취미, 관심분야, 종교관, 사고방식 등에 이르기까지 세련된 라이프스타일을 전시하는 작업이다. 상대방을 분절적으로 이해해야 하는 데이팅앱에서는 "쓰라고 하는 게 되게 많"은데, "매칭이 성공하기 위해서는 이런 정보를 되게 자세히 써야" 한다(경민). 하지만 그 정보들이 얼마나 사실이고 진실에 부합한지는 알 수 없다. 이용자에 따라 대충 작성하는 사람에서부터 "정말 성실하게 쓰는 사람"(경민)까지 다양하다. 대학원생이었던 경민은 자신의 개인정보를 작성할 때 친구와 말다툼했던 경험을 떠올리면서 자신의 행동에 대해 '기만'이라는 표현을 사용했다. 그는 매칭이 너무 안 되어 친구에게 물었더니 프로필에 '대학원생' 말고 '연구원'으로 표기하라는 충고를 받았다고 한다.

> 친구가 제 프로필을 보더니 직업을 바꾸라고 하더라고요. …… 대학원생으로 쓰지 말고 연구원으로 쓰라고요. 네가 연구원인 건 맞지 않느냐고 하면서요. 저는 굉장히 반발심이 들어서, 내가 대학원생이라서 대학원생이라고 쓰는 거고, 연구원이라고 쓰는 건 상대를 속이는 거라고 말했죠. 그러자 친구가 네가 연구원이 아닌 것도 아니고, 인터넷에서나 사람들이 가지고 있는 대학원생에 대한 인식은 되게 노예 같고 되게 돈 못 버는 것

아니냐면서 …… 연구원이 틀린 말은 아니니깐 연구원으로 적으라고 했는데 저는 그러기 싫다고 했어요. 그러자 친구는 프로필에 그렇게 써서라도 매칭이 되어서 대화라도 시작해야 네가 어떤 사람인지 알 거 아니냐, 그렇게 해서라도 시작을 해야지 않겠느냐고 하더군요. …… 전 그건 아무리 생각해도 기만이라는 생각이 들더라고요.

개인정보에 '대학원생'이 아닌 '연구원'으로 표기하는 것은 엄밀히 말해서 속이는 행위는 아니지만 경민의 양심에 비춰볼 때 진실성 없는 행위였다. 서사적 자기연출에서도 진실성을 총체적으로 표현하기란 쉽지 않다. 오히려 진정성 자체보다 그것을 연출하는 테크닉이 더 중요하다. 그리고 이러한 탈감정화된 진정성은 사람들로 하여금 상호 간 정보탐색에 더 민감해지도록 만들면서 상대방을 인지적으로 재구성해낸다. 게다가 상대방의 이미지 혹은 서사 연출의 의도와 스타일을 간파하는 감각을 터득하게 만든다. 승수는 의기양양하게 다음과 같이 말한다.

이건 포토샵일 것이다, 아마 이런 모습일 것이다, 그런 느낌이 어느 정도 와요. 그리고 그 사람이 남겨놓은 글의 스타일을 보면 아, 애는 이런 성격이겠다, 알 수 있죠. 예를 들면 굉장히 자신감 있는 친구들은 본인이 자신 있으니까 그런 것에 대한 정보를 되게 자세히 적어요. 내가 이것만 적어도 너네는 날 좋아할걸, 약간 이런 생각으로 말이죠. …… 그래서 전 여자를 처음 보면 그런 감이 와요. 이 사람이랑 오늘 잘 수 있겠다, 안 자겠다, 못 자겠다, 이런 게 감으로 오죠.

데이팅앱에서는 '감정적 인지'가 아니라 '인지적 감정'으로 상대방을 파악한다. 상대에 대한 느낌보다는 인지적 정보를 통해 짝 찾기의 초기 단계에 들어선다. 이로써 이용자는 상대에 대한 격정적인 흥분, 설렘, 첫눈에 반함, 무조건적 열정, 무사심 같은 절대적인 감정에 이끌리기보다는 계산성, 이해관계, 전략적 조율, 비교우위 같은 인지적 판단에 의존한다.

데이팅앱은 이와 같은 인지적 과정을 통해 상대를 알아가도록 프로그램화되어 있고, 이는 화폐와의 교환을 전제로 이루어진다는 점에서 상대를 분절화된 방식으로 인식하게 만든다. 이런 과정을 통해 만남이 성사된다고 해도 서로 나눌 수 있는 이야기는 매우 제한적이다. 정현은 데이팅앱을 통해 만난 여성에게는 아주 기초적인 질문만 던진다고 하면서 "저는 그냥 잘 들어주는 것 같아요. 얘기하게 냅두고"라고 웃으며 말한다. 주로 일 얘기를 많이 하지만 상대방 얘기에 "공감해 주는 척하는" 정도로 대응한다. 경민은 자신처럼 영화를 무척 좋아하는 여성과 어플로 연결된 적이 있었는데, 그 여성으로부터 심야영화를 함께 보자는 제안을 받고 늦은 시간으로 약속장소도 가서 영화를 함께 봤다고 한다. 영화 관람 후 여성의 태도가 갑자기 바뀌어 "친구랑 원래 약속이 잡혀 있어서 빨리 가봐야" 할 것 같다면서 이후 약속을 회피했다고 한다. 이날 경민이 만난 상대와 대화를 나눈 시간은 총 30분도 채 안 되었다고 한다. 그는 상대방을 좀 더 알아가고 싶었지만 진지함이 없는 상대의 태도에 실망과 아쉬움을 가지면서도 "요즘 시대 자체가 그런 도의적인 것에 대한 부담이 없긴 해요. 제 생각엔 그런 건 이제 거의 없는 것 같아요. 원래는 소개해 준 사람에 대한 예의도 좀 생각했잖아요. 근데 어플은 그런 게 없어요"라고 말한다. 관계적 제약을 탈피한 데이팅앱은 감정적 부담을 덜어내는 데 효과적이다. 앞서 언급한 인지적 감정은 이와 같은 감정적 부담에 대한 회피전략일 수 있다. 감정을 인지적으로 통제함으로써 감정적 부담에 배태되어 있는 도덕적 책무로부터 벗어나려는 것이다. 아, 초라해진 고프먼이여!

탈소셜과 빗장 네트워크

연결의 비연결: 디지털 우생학

덕현은 무한한 연결 판타지를 제공하는 데이팅앱을 통해 매칭된 사람과 실제로 만날 수 있는 확률은 매우 적다고 말한다. 설령 만난다고 하더라도 웹상에서 보인 외적·내적 이미지와 너무 달라서 실망하거나 속았다는 기분이 들 때가 많다고 한다. "기대는 사실 엄청 크죠. 그만큼 실망감도 크긴 한데, 저는 사진만 보고 가는 거니까. 진짜 저는 이런 사람이 나올 걸 기대하고 가는데 실제로 만나면 실망하게 되죠."(덕현)

진실한 만남을 원했던 경민에게는 데이팅앱을 통한 짝 찾기가 더욱 요원했다. 이처럼 선택의 범주가 넓음에도 불구하고, 자신의 이상형을 만날 가능성이 거의 없거나 간혹 매칭이 되어 만나더라도 이상과는 거리가 먼 사람을 만나는 모순이 발생한다. "데이팅앱은 가능성이 그만큼 크기 때문에 더 찾기 어려운 것 같아요. 오히려 역설적이게도 말이죠"라는 정현의 말처럼, 데이팅앱의 역설은 이용자들에게 데이팅앱 매칭에 대한 일정한 거리두기 효과를 불러온다. 여기서 거리두기란 연결을 유지하되 큰 기대를 갖지 않는 감정적 대응을 뜻한다. 승수는 이러한 감정적 대응을 다음과 같이 말한다.

좀 귀찮아서 그냥 다 '좋아요' 눌러요. 그러다가 걸리는 사람 있으면 어? 걸렸네, 하고서 보거나 아니면 바로 잘라버리죠. 마음에 드는 사람이 있으면 나를 선택한 사람 중에서 내가 고르는 게 낫지, 이러면서 말이죠. 심혈을 기울여봤자 어차피 서로 '좋아요' 해야 되는 거니까요. 그래서 나를 '좋아요' 한 사람을 뒤에서 내가 선택하는 게 맞지 않을까 뭐 이런 생각도 드는 거죠. 매칭되면 일하다가 시간 남을 때 보고서 어, 됐네, 그래요. 그러고 나면 연락해서 실제로 만나는 사람도 있고, 좀 아닌 것 같아서 가끔 연락만 하는 사람도 있고.

승수는 데이팅앱을 통해 이상형과 매칭되는 경우를 "정말 예외적인 상황"이라고 생각한다면서 "진짜, 진짜, 흔치 않은 상황"이고 대체로 "괜찮으면 그냥 보고, 안 괜찮으면 안 만나면 되는" 정도로 생각한다고 말한다. 경민은 "대화에 적극적으로 임하지 않는 분들이 많"다고 하면서 "막상 매칭을 해놓고는 단답만 하거나 대충 응답"하는 수준에서 끝나는 경우가 비일비재하다고 한다. 그는 이럴 때마다 "사람을 좀 많이 지치게 하는 것 같"다고 말한다. 덕현 또한 매칭상대와는 거의 '시시한' 대화만 나누고 헤어졌다고 하면서 "직접 페이스 투 페이스가 아니다 보니까" 그걸 감당해야 하는 리스크가 크다고 말한다. 또 다른 맥락에서 이러한 역설은 데이팅앱의 이윤축적 메커니즘이기도 하다. 경민은 이러한 역설에 대한 경험을 다음과 같이 말한다.

하루에 개수 제한이 있어서 처음에는 되게 신중하게 보내요. 그런데 신중하게 보내도 절대로 답이 안 와요. 답이 안 오니까 그냥 괜찮다 싶으면 보내게 돼요. 이거를 자세히 읽고 어쩌고 해서 보내봤자 소용이 없으니까 괜찮다 싶으면 다 찔러보는 수준에 이르는 거죠. 근데 이게 개수 제한

이 있잖아요? 그러니까 이제 답답한 거죠. 괜찮다고 해서 다 찔러볼 수 없으니까. 그러니까 결제를 하는 거예요. 돈을 지불해서 제한이 해제되면 어느 순간부터 괜찮다 싶으면 계속 보내게 돼요.

결제는 회원의 등급을 조절하는 기제로, 결제의 단계에 따라 이용자의 간택범위가 위계화된다. 결제를 하면 "아이템 같은 걸 줘요. 어플 내에서는 '슈퍼 부스트'라고 하는 아이템인데, 그거를 클릭하면 제 사진이 떠요. 제 프로필이 원래는 여자 분들한테 한 10장 뜰 거 그 아이템을 쓰면 100장이 뜨고, 훨씬 많은 여자 분들한테 저를 노출시킬 수 있는 거죠."(덕현) 또 다른 아이템으로는 '슈퍼 라이크'가 있는데, 이것은 일반 '좋아요'를 누른 사람보다 더 궁금증을 유발시켜 상대로 하여금 '좋아요'를 누르게 유도한다. 상대방에게 궁금증을 유발시키거나 상대에 대한 궁금증을 해소하려는 제반 행위에는 '결제'라는 행위가 수반된다. 다시 말해 결제를 수반하지 않는 매칭은 성공률이 희박하다. 결제를 하지 않을 경우 매칭의 성공률은 특정인에게 쏠린다.

데이팅앱 세계의 짝짓기 경쟁은 승자독식구조를 고스란히 반영하고 있다. 경민은 개인적인 생각이라고 전제하면서 "자본주의 시대에 외형적인 여러 가지 조건, 얼굴, 직업, 재력, 이런 것이 상위 몇 프로 안에 드는 사람들을 알파메일(alphamale)이라고 하죠? 그런 소수의 알파메일에게 대다수의 여성분이 몰리는 경향이 있어요"라고 말한다. 이러한 구조는 데이팅앱의 세계가 내적 분화와 진화를 거치면서 더욱 강화되었다. 현재 데이팅앱은 이용자 접근이 용이한 어플부터 매우 까다로운 어플까지 다양한 형태로 진화하고 있다. 이 과정에서 가장 두드러진 현상이 짝짓기의 위계화 혹은 선별화이다. 가령 '스카이피플'이나 '골드스푼' 같은 어플은 가입조건이 까다롭고 여러 선별과정을 통해 이용자를 걸러낸다. '스카이피플'앱을 이용해 본 경민은 기본적으로 해당 학교나 소속기관의 이메일로 인증해야 가입이 가능한데, 이는 남성 이용자에게만 해당하는 사항이고 여성에겐 이러한 가입조건이 없다고 한다. 이런 경험을 거치면서 경민은 데이팅앱이 "돈 버는 구조가 굉장히 촘촘하게 잘 되어 있고 사람들이 돈을 되게 잘 쓰게 만드는 어플"이라는 것을 알게 되었다고 한다. 그런데 그는 이런 매칭방식에 대해 "처음에는 좀 화가 많이 났어요. 무슨 돈 버는 기계를 모집하는 것도 아니고 어떻게 남자에게만 그런 조건을 적용하느냐, 그런 생각을 했었어요"라고 말한다. 하지만 경민은 이런 매칭방식이 차별적이라도 어쩔 수 없다는 입장이다. "주변 사람들의 반응을 보면 더 낮은 대학으로 가지 않아도 미팅 자리가 굉장히 많기 때문에 군이 그럴 필요가 없다고 얘기를 하더라고요. …… 물론 차별을 안 하는 게 이상적인 방향이고 좋은 방향인 건 맞고 저도 정말 그러고 싶지 않은데, 한국에서는 학벌을 보는 게 정말 만연하고 저도 대학원에 있으면서 정말 많이 느꼈거든요."

'골드스푼'은 홍보 글에서 '인증, 경제력, 바른 만남'을 내세우면서 "대한민국에서 가장 엄선된 능력 있고 자격을 갖춘 미혼 남녀가 모여 있는 커뮤니티"라고 소개하고 있다. 고소득 전문가 혹은 사업가 등을 주요 고객으로 관리한다면서 "자격을 갖춘 남녀를 위한 안전한 소개팅"을 보장한다고 선전한다.[1] 데이팅앱 간의 내부경쟁에서 우위를 점하려는 전략인 '인증', '경제력', '안전'은 특정 이용자들만의 짝짓기를 보장해 주는 물화된 인정 메커니즘이다. 경민은 이러한 어플에 대해

---

1   https://play.google.com/store/apps/details?id=com.goldspoon&hl=ko(검색일: 2021년 12월 20일)

"차별적이고 편견적인 발언을 하는 것은 어쩔 수 없는 것 같아요. 제 생각하기에는 좀 더 고학력이고 공부를 하고 배운 사람일수록 상대적으로 안전하다고 느끼는 것 같아요"라고 말했다. 그러면서도 그는 "대한민국이 무슨 카스트 제도도 아니고 계급, 남자 계급 나눠가지고 이런다는 거에 대해서 좀 화가 났었"고 "이 어플이 굉장히 끔찍하고 혐오스러울 수 있"다고 말했다.

젊은 시시포스의 고뇌

매칭 성공률이 매우 낮고 실망과 자존감 상실을 경험하면서도 이들은 데이팅앱을 통한 짝짓기를 멈추지 못한다. 하지만 데이팅앱을 통한 짝 찾기는 "서로 아무것도 모르고 만날 수 있으니까"(덕현) 관계를 지속시켜 나갈 확률이 낮다. 피면접자들은 대부분 연애에서 중요한 것 중 하나로 함께 보내는 혹은 서로 알아가는 시간의 길이를 강조했다. 그에 비하면 데이팅앱은 단기적이고 즉각적인 판단에 따라 만날 확률이 높기 때문에 깊은 관계로 발전할 수 있다는 기대를 거의 갖지 않았다. 데이팅앱을 활용하면서 피면접자들이 경험하는 역설은 다음과 같다.

첫째, 데이팅앱은 피로감을 유발한다. 다발적 연결상태는 기대감과 동시에 귀찮음을 동반한다. 승수는 데이팅앱을 통해 "한 번에 네다섯 명씩 매칭이 될 때도 있"어서 재미도 있지만 "그래서 막 헷갈려요. 내가 이 여자랑 무슨 얘기를 했는지. 그 얘기를 다른 사람한테 할 수도 있는 거고. 너무 많이 연락을 하다 보니까"라고 말하면서 "지금은 좀 귀찮아져가지고 그렇겐 못하겠"다고 한다. 정현은 "최근에 잠깐 외로워서 깔았다가 이제 이것도 좀 지긋지긋해"졌다고 말한다. 그는 지긋

지긋함에 대해 다음과 같이 말한다.

> '좋아요'를 누르고 나면 소개팅과 비슷해요. 전 다발적으로 한다고 했잖
> 아요. 한마디로 소개팅을 스무 번 하는 셈이죠. 사실 좀 지겹죠. 뭐하세
> 요, 어디 사세요, 별로 궁금하지도 않은데 그런 것들을 물어보고 앉아 있
> 는 게 웃기기도 하고. 단순히 성욕 때문에 이런 노력을 하는 거라면 차라
> 리 그냥 혼자 해결하고 마는 게 낫겠다 그런 생각도 들고.(웃음) 재미도
> 없고.

또한 데이팅앱의 특성상 외적 이미지에 대한 기대감은 실제 만남 과
정에서 실망감으로 다가오는 경우가 많기 때문에 이때 경험하는 감정
적 격차도 피로감을 유발한다. 그러면서도 덕현은 데이팅앱 이용을 멈
추지 못한다.

> 실망감이 물론 크죠. 지도 인친까지 갔는데 싱대가 그렇게 니오면(앱상
> 에서의 이미지와 너무 차이가 나면_필자) 당연히 실망할 수밖에 없죠. 그
> 래서 저도 그런 피곤함 때문에 최근에는 몇 달 어플을 안 했어요. 그러다
> 가 3일 전에 다시 깔았어요. 그러니까 이거는 지속적으로 한다기보다 제
> 가 외로움을 느낄 때 깔아서 하는 그런 정도의 느낌?

둘째, 데이팅앱을 통해 매칭된 상대와 감정적 신뢰를 쌓는 것까지는
기대하지 않는다. 피면접자들은 데이팅앱을 계속 사용하면서도 매칭
후 상대와 직접 만났을 때 경험했던 공허함, 비참함, 죄책감을 내비친
다. 데이팅앱을 통한 짝짓기는 깊은 감정적 관계를 전제하지 않는다고
생각한다. 정현의 경우 만일 데이팅앱을 통해서만 짝짓기를 한다면

"저는 참 비참할 것 같아요. 매칭에 성공하면 성욕은 해소하겠지만 이 감정은 해소하지 못하기 때문에 더 비참하지 않을까요?"라고 반문한다. 이처럼 그는 성적 쾌락과 감정적 유대감 사이의 간극이 메워지지 않는다면 "되게 기분이 안 좋"다고 말하면서 데이팅앱을 통해 만난 사람과 성적 관계를 가진 후 느끼는 감정을 다음과 같이 표현한다.

> 정말 고깃덩이 같아요. 그러면 안아주고 싶지도 않고, 귀찮아서 움직이기도 싫고. 근데 그러면 얘가 상처 받을 걸 뻔히 알긴 하는데 그렇다고 또 그러기는 싫고. 이게 되게 저를 죄책감에 들게 하면서 더 외로워지는 것 같아요.

이렇게 말한 정현은 진정한 사랑을 나누는 사람과는 진심으로 포옹도 하고 대화도 진지하게 나눠야 한다고 생각한다. 한편 승수는 데이팅앱을 통한 짝짓기에 대해 "사람을 오히려 더 공허하게 만드는 것 같이요"라고 말한다. 그의 말에 따르면 데이팅앱은 "처음에는 좀 재미있고 이런 사람도 있구나, 이런 가치관을 갖고 있는 사람인가 보다 하고 생각하지만, 어차피 서로 조금이라도 마음에 안 들면 아무 일도 없었던 것처럼 블록되어 버릴 텐데 싶고, 그러다 보면 내가 지금 뭘 하고 있고 어디에다 시간을 쓰고 있는 걸까 하는 공허함"이 찾아온다. 그럼에도 불구하고 데이팅앱을 지속하는 이유에 대해 승수는 다음과 같이 말한다.

> 그 공허함을 없애기 위해서 데이팅앱을 하는데, 그게 중독이 된다고 해야 할까요. 사람들이 데이팅앱을 할 때는 잠깐 기분이 좋을 수도 있지만, 그게 자기 안의 공허함을 채우기에는 부족하죠. 그러니까 서로의 감정을

고려하거나 공유하는 게 아니라 단기적인 만남 같은 것이기 때문에 오히려 그 만남이 끝나고 나면 지금 내가 뭘 한 거지 싶으면서도 다시 큰 공허함에 빠져요. 그래서 다시 아무라도 만나야겠다 이런 식으로 해서 순환이 계속되는 것 같아요. 마약쟁이들이 마약을 하고 나서 공황상태나 쇼크에 빠져서 다시 마약을 찾게 되는 것처럼 말이에요.

피면접자들은 이러한 부조리를 각자 다양한 방식으로 의미화한다. 경민은 "데이팅앱을 할수록 이건 나를 괴롭히는 일이라는 생각이 들었어요. 여자친구를 만나고 이성 간에 친구를 만나는 게 중요한 게 아니라 제가 더 중요해졌어요. 제가 너무 힘들더라고요. 그래서 완전히 포기했죠. 그냥 나는 별로인 사람이라고 스스로 딱 판단을 내리고선 그만뒀어요"라고 말하면서, 연애를 하더라도 "이런 어플이나 소개를 받아서까지 하고 싶지는 않아요. 제 감정이 움직이는 사람을 만난다면 연애를 하겠지만 그게 아니라면 군이 안 할 것"이라고 했다. 그 이유는 "성욕은 해소하겠지만 감정은 해소하지 못할 거라고" 여겨지기 때문이다.

반면 덕현은 주변 사람들에게 데이팅앱을 적극적으로 추천해 주고 싶다면서, 그 이유에 대해 "잘 되는 케이스도 충분히 많고 또 사람 일은 어떻게 될지 모르기 때문"이며 "일단 기회를 만드는 거니까 마이너스일 건 없"다고 여긴다고 했다. 덕현에게 데이팅앱은 "가능성을 열어 둔다는 점에서 보험 하나 드는 느낌? 가볍게 추천해 주고 싶은 매칭장치"이다. 물론 이런 덕현에게도 데이팅앱은 모순적인 의미를 지닌다. 그는 데이팅앱을 이용해서 만난 여성들과는 "즉흥적으로 원나잇을 해 본 적 있지만 연애할 상대와는 원나잇을 하지 않는다"고 말하면서, 그 이유에 대해 진실한 연애 상대에게 느낄 수 있는 "설렘을 놓치는 게 너무 아쉽기 때문"이라고 밝혔다.

로맨스의 종말?

데이팅앱이 가져다주는 모험가적 판타지와 가벼운 관계성, 그리고 무책임한 쾌락 추구 등은 탈사회적 친밀성 장에 뿌리내린 문화적 에토스이다. 데이팅앱과 같은 네트워크화된 친밀성 장에서는 전형적인 근대적 로맨스가 상당히 퇴행했으며, 무한히 연결될 것이라는 환상을 통해 이윤을 축적하려는 짝짓기 플랫폼이 그 자리를 대체하고 있다. 그리고 이용자들은 이 플랫폼에 자신의 개인정보와 연출된 이미지를 내걸고 짝짓기 경쟁에 뛰어들면서 부단히 연결되기만을 기다린다.

데이팅앱 짝짓기의 성공률과 상관없이 점점 인간들 사이에서는 깊은 관계 맺음이 어려워지고 인터넷 연결망을 통한 디지털화된 연결이 일반화되어 가고 있다. 이러한 탈사회적 상황에서 데이팅앱은 거무하기 힘든 짝짓기의 장 가운데 하나가 되었다. 아이러니하게도 현실세계에서는 짝을 찾기 어렵지만 데이팅 플랫폼에는 자신의 짝이 될 수 있는 인간들이 무수히 모여 있다는 매력을 쉽게 포기할 수 없다. 필자가 인터뷰한 남성들은 대체로 데이팅앱을 통한 짝짓기에 기대를 걸지 않았지만 그렇다고 해서 이런 방식의 짝짓기 자체를 부정하지도 않았다. 중요한 사실은 피면접자들은 연애와 사랑이 어떤 장에서 이루어지든 간에 낭만적 사랑에 대한 유토피아적 희망을 버리지 않고 있다는 것이다. 그들은 사랑에 대해 떠올릴 때 유대감, 계산적이지 않음, 숭고함, 친구 같은 연인, 자연스러운 만남, 대화가 잘 되는 친구, 운명적인 사랑, 인간적인 성숙함 등을 중요한 가치로 언급했다. 경민은 "대화가 잘

되는 친구"를 이상형으로 꼽으면서 "취미가 비슷하면 더할 나위 없이 좋"으며 "취미가 비슷하지 않더라도 대화가 잘 통하는 분"이라고 말했고, 덕현은 "너무 계산적이지 않은 여자가 좋"다고 말했다. 정현은 "연애로 가는 이상적인 길인 자연스러운 만남을 추구"한다면서 "자연스러운 만남이 말 그대로 자연스러워서 가장 좋은 것 같"다고 했다. 덕현은 지금까지 해본 적 없는 친구 같은 연애를 꿈꾼다면서 다음과 같이 말한다.

> 전 여자친구를 사귈 때 항상 여자친구한테 잘 보이고 싶어 하고 항상 배려하고 이런 모습을 보여줬는데, 이제 서로 막 장난치고 놀리기도 하는 그런 연애를 한번 해보고 싶어요. 그게 제가 생각하는 친구 같은 연애예요. 지금까지는 너무 가식적인 연애만 해왔다면, 이제는 서로를 위해주지만 서로 장난도 치고 하는 그런 재미있는 연애를 해보고 싶어요.

경민은 영화관람 동호회 활동을 하면서 알게 뮌 한 뇌싱과 최근 진지하게 연애를 하고 있다고 말하면서, 그 친구로부터 손편지를 받고 느꼈던 감정을 다음과 같이 표현했다.

> 받아서 편지를 읽었는데 정말 너무 좋더라고요. 너무 좋아서 (면접자: 그거랑 소셜데이팅 할 때 만나자고 채팅 온 거랑 비교하면 뭐가 더 좋아요?) 아유, 비교할 수가 없죠. 편지가 불타는 것 같았어요. 편지 읽는데, 정말 감정이 한가득 들어가 있는 그런 편지였죠. 우선은 너무너무 당황했고요. 너무 당황해서 편지를 받고 나서도 뭐냐, 이거 뭐……

경민은 손편지를 진실성으로 받아들인다. 서로 마음을 주고받는 수단이 스마트폰 음성통화, 문자, 혹은 SNS로 보편화되어 있는 지금의 현실에서 경민에게 손편지는 "감정을 잘 누적할 수 있는 수단"이다. 이는 상대방의 진솔함이나 진정성을 확인할 때 느끼는 감동을 의미한다. 피면접자들은 사랑을 이처럼 진실성과 연관시키기도 하고 숭고함, 성숙, 안정감 같은 인격적 성장으로 이해하기도 했다. 정현은 사랑에 대해 "숭고한 것이며 어떤 사람을 성장시키는 데 가장 중요한 요소"라고 생각한다면서 "되게 이기적인 사람도 연애를 하면서 이런 게 잘못됐구나 알아가요. 또 더욱 사회적인 동물이 되어가는 데서 중요한 무언가를 배우게 만들어서 사람을 더 성숙시키는 것 같아요"라고 했다. 그는 "정상적인 인간이 되어가는 과정이지 않을까요?"라고 웃으면서 덧붙였다. 이와 유사한 맥락에서 승수는 연애를 통해 지친 생활을 위로받을 수 있다고 말했다. 승수는 "좋아하는 사람이랑 잠시 쉬거나 잠시 여유를 즐기는" 등 사소한 것을 함께하면서 심리적 안정감을 기대할 수 있다고 말했다. 또한 그는 "연애를 하면 그 친구의 리듬에 맞춰서 좀 안정되는 느낌"을 받기도 하며 연애하는 과정에서 갈등이 발생할 경우 "그 친구한테 감정이입을 해보고 그 상황을 돌이켜보기도 하면서 공감 능력이 생겼었던 것 같"다고 말한다.

역설적이게도 친밀성 장의 파상적 상황이 가속화될수록 낭만적 유토피아에 대한 갈망은 더욱 강렬해진다. 수많은 대중매체를 통해 전달되는 이미지와 기호는 낭만적 유토피아의 결핍을 대체하는 표상들로 가득하다. 전형적인 멜로드라마는 과거의 회귀적인 로맨스를 재현하는 데 여념이 없으며, 남녀연애를 다루는 짝짓기 프로그램에서는 가상 데이트처럼 연출된 로맨스를 끌어내기 위해 다양한 매혹적인 장치를 동원한다. 이런 점에서 낭만적 유토피아는 매스미디어로 대표되는 스펙터클한 공간에서 한층 더 견고한 문화적 레퍼토리로 자리 잡고 있다. 연애 불가능한 현실세계에서의 상황은 이와 같은 강력한 이데올로기적 장치에 의해 '연애낙원'으로 바뀐다. 하지만 연애낙원의 실제는 냉혹하다. 친밀한 시시포스들은 그 냉혹함을 견디면서 로맨스 허기를 채우기 위해 파상적인 친밀성 장에서 유동적인 탈사회적 존재로 공허하게 부유할 뿐이다. 클릭의 구원을 기다리며……

결론

낭만적 유토피아들의 전쟁

우리는 현실을 위해 사는 것이 아니라 유토피아를 위해 산다. 우리는 현실에 적응하기 위해 사는 것이 아니라 꿈을 실현하기 위해 살아간다. 엄밀하게 살펴보면 현실에 적응하는 것도 자신의 꿈을 실현하기 위한 것이다. 베버가 말하는 목적합리적 행위는 어쩌면 가치합리적 행위를 하기 위한 수단이다. 그렇기에 많은 사회철학자와 사회이론가들이 삶의 의미를 망각하거나 상실한, 도구합리성이 지배하는 근대사회에 대해 그렇게도 회의적인 시각을 드러냈던 것이다.

그러나 인류의 역사에서 인간이 도달하고자 했던 유토피아는 하나가 아니었다. 『유토피아 편력』의 저자 마리 루이즈 베르네리(Marie Louise Berneri)는 인류가 그렸던 다양한 유토피아의 모습을 다음과 같이 둘로 나누어 요약했다.

하나의 경향은 물질적인 복리를 통해 인류의 행복을 추구하고 인간의 개성을 집단에 매몰시키며 국가의 위대함을 강조하는 것이다. 그리고 다른 하나의 경향은 어느 정도의 물질적 안락은 요구하지만, 행복은 인간 개성의 자유로운 표현이 가져오는 결과이며, 그것이 자의적인 도덕규범이나 국가의 이익에 희생되어서는 안 된다고 생각하는 것이다.(베르네리, 2019: 7)

베르네리는 계속해서 전자의 유토피아가 지닌 특징을 다음과 같이 설명한다.

권위주의적 유토피아 국가는 변화나 반역을 꿈꾸기에 충분할 정도로 강하고 독립적인 개성은 결코 허용하지 않는다. 유토피아의 각종 제도는 완벽한 것으로 간주되므로, 그 개선이 불가피한 것은 당연하다. 유토피아 국가는 본질적으로 정태적이고 그 시민이 더 나은 유토피아를 위해 싸우는 것을 허용하지 않는 것은 물론이고 더 나은 유토피아를 꿈꾸는 것도 허용하지 않는다.(베르네리, 2019: 14~15)

근대 인류의 역사는 후자의 유토피아가 전자의 유토피아의 태내에서 전자에 대항하며 생성된 것이었으며, 후자가 전자와 벌인 전쟁에서 후자가 승리해 온 것이라고 볼 수도 있을 것이다. 그리고 우리가 논의해 온 낭만적 유토피아는 후자의 경향을 대표하는 것일 것이다. 그러나 후자의 유토피아는 전자의 유토피아와 달리 그 내재적 모순에 의해 본질적으로 동태적이며, 후자의 유토피아에서는 시민들이 더 나은 유토피아를 꿈꾸고 그것을 위해 투쟁한다. 우리가 이 책에서 논의한 낭만적 사랑의 관행이 변화해 온 과정은 바로 후자의 유토피아 내에서 벌어지는 투쟁 과정이다. 결론을 갈음하는 이 마지막 장에서는 이 투쟁의 의미를 또 다른 유토피아들의 전쟁이라는 맥락에서 짚어보고자 한다.

사랑의 왕국이 남긴 것들

낭만적 유토피아는 환상 속에서 결혼 유토피아를 통해 완성된다. 즉, 연인들은 결혼을 통해 자신들만의 사랑의 왕국을 건설한다. 연인들은 자기감정에 고무되어 새로운 세계에, 즉 지상의 세계이지만 동시에 두 사람만의 왕국에 살게 된다. 벡 부부는 이 사랑의 왕국을 다음과 같이 특징짓는다.

> 사랑의 왕국 안에서 사람들은 자유로운 행위자이고 개인적으로 책임감이 있으며 목적의식적이고 독립적인 결정을 내리는 것처럼 보인다. 사랑의 왕국은 사람들을 사로잡으며, 따라서 사람들은 이 왕국 속으로 끌려들어 가지 않을 수 없다. 달아날 길은 없다. …… 연인들이, 오직 연인만이 그들의 사랑에서 무엇이 참이고 올바른가를 결정할 수 있는 것이다. 즉, 이들 자신이 자신들의 재판관이지만 또한 규칙을 재작성할 수도 있는 입법자이기도 한 것이다. (벡·벡-게른사임, 1999: 328~329)

벡 부부에 따르면, 이러한 사랑의 왕국은 두 사람을 위한 민주주의의 근본적인 형태이자 가장 순수한 형태로 개인이 모든 책임을 진다는 것을 의미한다. 그리고 이것이 근대사회의 부부-자식 중심의 이상적인 가족의 모습을 그리게 한 것도 사실이다. 사랑의 중심을 부모와 형제에서 부부와 자식으로 전환시키는 것이 바로 낭만적 사랑이었기 때문이다. 그러나 사회학자들은 그러한 단란하고 행복한 핵가족의 모습이 하나의 이상형일 뿐이라는 것을 너무나도 잘 알고 있다. 현시대에는 이른바 가족 해체적인 모습을 넘어 가족 파괴적인 행위조차도 충격이 아니라 일상으로 목도되고 있기 때문이다.

이에 사회학자들 역시 사회학적 관점에 충실하게 현대 가족 문제의 구조적인 원인들을 다각도로 탐구해 왔다. 그리고 그 결과들은 대체로 현대 가족의 삶에 위협이 되는 요인들을 지적하고 그 해결책을 강구하는 것이거나, 현대의 구조적 변화에 적응하지 못하는 개인들을 탓하고 그들의 행동을 일탈적인 것으로 간주하는 것이었다. 다시 말해 기존의 연구들은 가족 문제의 원인을 외부에서 찾거나, 내부에서 원인을 찾더라도 가족 문제를 가족 내 성원의 문제로 바라보는 경향을 보여왔다. 이러한 논의들도 일견 타당하다. 이를테면 경제적 곤란과 가정폭력이 이혼의 타당한 원인이 되었음은 이혼 재판의 사례를 통해서도 알 수 있기 때문이다. 그러나 이러한 논의는 경제적 어려움에도 불구하고, 그리고 성격 차이에도 불구하고 사랑이라는 감정이 그들을 부부로 만들었다는 사실을 간과한다. 감정은 항상 변하는 것이고 사랑이 식었다는 말로 이 문제를 뭉뚱그릴 수도 있지만, 사랑의 문제를 직접적으로 다룬 이 글에서 그렇게 설명하고 마는 것은 무책임한 일이다. 그렇기에 사랑 그 자체의 메커니즘에서 그 원인을 내재적으로 파악해 볼 필요가 있다.

이 문제를 해명하는 단서를 제공하는 것이 우리가 흔히 듣는 "사랑 때문에 결혼하고 사랑 때문에 헤어진다(이혼한다)"라는 말이다. 이것이 바로 사랑이라는 감정이 지닌 역설적인 성격이다. 백 부부는 이에 대한 논의의 중요한 실마리를 제공한다.

> 사랑은 둘을 위한 독단주의이다. 만사가 잘되면 즐거운 논쟁이 벌어지고 일이 잘 안 되면 쓰라린 믿음의 충돌이 일어난다. 독단적 측면은 서로의 감정이 조화를 이루어 충만해 있을 때에는 숨어 있지만, 두 사람 사이에서 진정함을 놓고 다투는(이 진정함만이 두 사람의 감정의 타당성과 올

바름을 보장해 준다) 오랫동안 누적되어 온 근본적인 갈등이 발생하자마자 즉각 수면 위로 떠오른다. 진실되기란 다르다는 것을 내포하는 것임이 드러나며, 서로 갈등하는 진실들이 부상한다. '아주 정직해지는 것', '자기감정에 충실한 것'이 갑자기 끝장내기, 다시 얼굴을 보지 않는 것을 뜻하게 되는 것이다. 이는 내가 그것을 원하기 때문이다.(벡·벡-게른샤임, 1999: 331)

벡 부부에 따르면, 이 과정은 현대적 사랑에 고유한 것이다. 사랑의 동학은 한 가지 법칙, 즉 "개인적 욕구를 지향하는 주관성과 친밀성은 법을 모른다"는 법칙을 따른다(벡·벡-게른샤임, 1999: 334). 사랑은 법과 도덕을 고려하지 않는다. 사랑은 그 자체의 감정 논리에 따른다. 따라서 사랑은 모든 위험을 초월하게 하면서도 그 안에 위험을 내재한다. 우리가 이 책 도처에서 사랑의 감정동학을 논의하며 지적했듯이, 사랑은 고통을 잊게 하면서도 동시에 불안, 초조, 고통을 수반한다. 왜냐하면 사랑은 과정이지 결과가 아니기 때문이다. 결혼생활은 사랑의 과정이고 이혼(사별)은 사랑의 결과이다. "이혼은 결혼식 하객"이라는 벡 부부의 표현은 이를 잘 보여준다.

그러나 현시대에는 사랑의 왕국이 남긴 여러 모습이 눈에 띈다. 이제 이혼과 재혼은 사회의 부정적인 시선의 대상이 아니며, 비혼과 졸혼은 선언의 대상이 되었다. 그렇다면 이는 로맨스가 사라진 '탈사랑'의 시대의 우울한 모습인가? 우리는 그렇지 않다고 본다. 그 선언자들은 또 다른 유토피아를 꿈꾸는 낭만주의자들의 일원이다. 그렇기에 그들은 숨지 않고 자신들을 드러내며 당당하게 '선언'한다.

또 다른 낭만주의자들의 꿈

여기서 우리가 낭만주의란 무엇인지를 논의하는 것은 불필요하고 또 무의미하다. 낭만주의라는 개념은 사상사적으로 너무나도 복잡다 단할 뿐만 아니라 우리가 일상에서 상대방에게 낭만주의자라고 칭할 때 그러한 사조상의 개념을 들이대면 모두가 의아해할 것이기 때문이 다. 따라서 여기서는 예술사조가 아닌 우리의 주제인 낭만적 사랑의 개념을 탄생시킨 낭만주의와 관련해서만 살펴보고자 한다.

이 논의에 중요한 전거를 제공하는 것이 콜린 캠벨의 논의이다. 그 역시 자신의 저작 『낭만주의 윤리와 근대 소비주의 정신』에서 낭만주 의를 정의하는 데 따르는 문제를 길게 논의한 후 고드프루아–드몽뱅 (Gaudefroy-Demombynes)의 논의를 빌려, "낭만주의는 하나의 감정상 태, 즉 감성과 상상력이 이성을 지배하는 마음의 상태이며, 그것은 새 로운 것을 지향하고, 개인주의, 반항, 도피, 우울, 공상을 지향하는 경 향이 있다"라고 언급한다. 그리고 캠벨은 "이 같은 감정상태의 또 다른 전형적인 특징들로는 현대세계에 대한 불만, 세상사에 대한 끊임없는 걱정, 이상한 것이나 진기한 것에 대한 호감, 공상과 몽상하기의 즐김, 신비주의에 의지하기, 비합리적인 것의 찬양 등을 들 수 있다"라고 덧 붙인다(캠벨, 2010: 336~337).

그리고 캠벨은 낭만주의자들을 규정하는 다음과 같은 특징들을 찾 아낸다. 첫째, 낭만주의자들은 개인주의를 강조하지만, 그들의 개인주 의는 '양적' 개인주의이기보다 '질적' 개인주의로, 그 교의는 모든 인류 가 공유하고 있는 특징보다 한 개인이 가진 독특성 또는 특이성을 강 조한다. 낭만주의자들은 자아를 본질적으로 신성하고 독특한 '창조적' 자질로 바라본다.

둘째, 낭만주의자에게 요구되는 것은 상상력이다. 그들의 상상력이 연출하는 생생한 장면은 현실에서 더없는 아름다움을 지닌 사물과 이상적 현실의 세계 모두를 그리고 있다. 따라서 낭만주의자는 세계를 있는 그대로 받아들이는 것이 불가능하며, 이것은 그로 하여금 세계를 마땅히 존재해야만 하는 완벽한 실재로 변형시키기 위해 노력할 수밖에 없게 한다. 그리하여 완벽주의가 낭만주의를 규정하는 하나의 특징이 된다.

셋째, 환멸, 우울, 그리고 꺼지지 않는 완벽한 쾌락에 대한 강렬한 갈망은 몰입적인 낭만적 쾌락 추구자를 특징짓는 속성이다. 게다가 상상력이 드러내는 완전하고 진정한 세계는 필시 미의 영역이었을 것이기 때문에, 그 같은 능력을 행사하는 것은 쾌락을 동반했으며, 그리하여 상상력의 활용과 쾌락의 경험은 대체로 상응했다. 따라서 낭만주의자는 쾌락에 대한 이상적인 감성을 지닌 사람이며, 그의 감정의 자발성과 강렬함은 이 같은 사실을 드러내주는 것이다.

이 낭만주의자들이 바로 낭만적 유토피아의 시민이다. 그러나 이 낭만적 유토피아는 낭만주의자들의 상상력의 산물이다. 상상은 현실과 분리된 정신의 통상적인 활동인 것만은 아니다. 상상은 삶에서 불확정한 경험을 포착하여 그 경험을 연상, 응축, 미학적 창조를 통해 어떤 구체적인 형태로 형성한다(알렉산더, 2007: 210). 게다가 상상은 현실과 단절된 것이기는커녕 감각적 또는 '실제적' 경험과 밀접히 관련되어 있고 또 자주 그 경험의 대체물이다. 이처럼 상상은 현재의 가능성―일어날 수 있거나 일어날 것으로 예견되는―에 의거해 현재를 틀 짓는다는 데 그 특징이 있다(Illouz, 2012: 199, 206). 상상력은 실제의 대상을 '실제로' 경험하는 것이 아니라 감각, 느낌, 감정에 의거하여 실제로는 존재하지 않는 현재를 만들어낸다(Illouz, 2007: 102). 이러한 맥락에서 볼 때, 낭만적 상상을 통해 형성되는 사랑의 감정은 하나의 기대되는 감정(anticipatory emotion), 즉 사랑의 감정이 실제로 일어나기 이전에 느끼거나 몽상하는 감정이다(Illouz, 2012: 206~207). 일루즈에 따르면, 근대의 사랑을 독특한 감정으로 만드는 것이 바로 이것이다.

일루즈가 볼 때, 이러한 상상은 사적이고 감정적이지만, 그와 동시에 사회적이고 문화적이다. 왜냐하면 근대의 상상은 점점 더 그 사회의 문화적 각본—인쇄매체와 시각매체 속에 제도화된 상상력—에 의해 틀 지어지기 때문이다. 따라서 일루즈는 상상이란 사회학적으로 표현하면 조직화되고 제도화된 하나의 문화적 관행이라고 주장한다(Illouz, 2012: 209). 하지만 이러한 문화적 시나리오에 의거한 낭만적 사랑 역시 하나의 '허구적 감정'임에는 틀림없다. 그리하여 상상은 우리를 현실과 분리시킨다. 그러나 상상력은 또한 현실을 폐기하는 것이 아니라 현실에 의존한다. 사랑한다는 것은 현실의 타자를 과대평가한다는 것, 즉 실제보다 높은 가치를 부여한다는 것이었다. 그리고 다른 사람을 유일무이하게 만드는 것은 바로 이러한 이상화 행위였다(Illouz, 2007: 103).

일루즈에 따르면, 상상의 또 하나의 특징은 그것이 감정적 관행으로 체화된다는 것이다. 즉, 기대되는 허구적 감정이 감정과 실제의 삶을 특정한 방식으로 묶으며, 주체의 삶에서 중요한 일부를 구성한다. 상상이 감정적 삶을 틀 짓고 일상적 삶의 인식에 영향을 미친다. 이제 상상은 현재의 가능성을 넘어 하나의 삶의 기준이 된다. 그리고 허구적 감정과 창백한 현실의 거리는 고통, 즉 만성적인 불만, 실망, 영원한 갈망을 만들어낸다. 이것이 사랑의 왕국에서 감정적 모순을 만들어낸다.

사랑의 왕국에서 겪는 고통은 심리적인 사적인 경험이거나 생물학적으로 호르몬에 의해 결정되는 것만이 아니다. 그 고통은 낭만적 유토피아의 꿈과 상상이 현실과 특정한 방식으로 결합될 때 발생한다 (Illouz, 2012: 216). 사랑이 중세의 파라다이스처럼 향수적 갈망의 대상일 뿐 현실에 존재한다고 믿지 않을 경우, 그것은 실망을 불러일으킬 기준이 되지 않기 때문이다. 그렇다면 사랑의 왕국에서 감정 부조화를 야기하는 문화적 형식은 무엇인가?

일루즈는 이를 세 가지 측면에서 설명한 바 있다. 첫째, 그것은 상상과 허구적 감정으로서의 사랑이 갖는 속성에서 기인한다. 상상은 문화적 각본에 적합한 요소들만 기대하게 하고 부정적으로 평가되는 경험의 측면은 망각시킨다. 그러나 사랑의 왕국은 현실에 구축되기로 운명지어져 있다. 현실은 낭만적 유토피아에도 침범한다. 사랑이라는 왕국의 울타리는 사랑 노동을 통해 계속 보수되고 유지되기도 하지만 현실의 거듭된 공격에 허물어지기도 하며, 상상의 세계는 현실에 무방비로 놓이기도 한다.

둘째, 사랑의 왕국이 지닌 감정 부조화는 이렇게 발생한 사랑의 고통이 그 고통을 줄이기 위해 사랑을 과학의 대상으로 삼게 했다는 사실에서 기인한다. 이제 사랑의 본질과 사랑 감정 표현하기 역시 과학적 모델에 의해 이상화된 서로 다른 모델들로 제시되고, 사람들은 자신의 감정적 삶—현실의 사랑의 모습—을 계속해서 끊임없이 비교한다. 그리고 이는 사람들로 하여금 자신과 자신의 삶을 부정적으로 평가하게 만든다.

셋째, 일루즈는 역설적이게도 커플관계와 친밀성의 주요 목표인 친숙함과 가까움이 사랑의 고통이 발생하는 또 다른 원인이라고 지적한다. 왜냐하면 그것이 상대방을 거리를 두고 바라보지 못하게 하여 이상화를 방해하고 파트너로 하여금 상대방에게 집착하게 함으로써 혼란과 실망을 야기하기 때문이다(Illouz, 2012: 218, 220, 221, 222).

낭만적 유토피아 내에서 발생하는 이러한 고통은 낭만적 시민들로 하여금 그 고통도 사랑의 일부라고 생각하게 하고 자신들의 사랑의 왕국을 지키기 위해 분투하게 하거나 그 왕국을 둘로 나누게 하거나(별거, 졸혼) 스스로 허물게 한다(이혼). 누군가는 이러한 고통 때문에 아예 사랑의 왕국을 짓지 않기도 한다. 그리고 누군가는 그럼에도 불구하고 사랑의 왕국을 짓고 그 왕국을 지키지 않는 사람들을 유토피아를 떠나 디스토피아로 가는 것으로 보기도 한다. 그러나 그렇지 않다. 어느 누구도 자신이 사는 곳이 유토피아라면 떠날 리가 없을 것이고, 스스로 디스토피아로 들어가기로 결심하는 어리석은 사람도 없을 것이다. 그들은 자신만의 유토피아를 찾아 떠나는 것이다. 그들은 지금보다 더 나은 삶을 찾는다는 점에서, 더 나아가서는 자신의 꿈과 현실을 더 일체화시키고자 한다는 점에서 낭만주의자들이다. 그리고 그렇기에 그들은 완벽주의자이다. 따라서 그들은 사회로부터 이기주의자라는 비난을 받기도 하지만 그와 동시에 누군가로부디는 걸딘의 용기에 대해 부러움을 사기도 한다.

나만의 유토피아 만들고 지키기

이렇듯 사랑은 개인화된 시대에 위험을 피하는 피난처이지만, 동시에 또 다른 고통을 만들어낸다. 사회는 한편으로는 사람들로 하여금 사랑의 유토피아를 찾아 나서게 하지만, 다른 한편으로는 그 유토피아를 떠나 새로운 유토피아로 여행을 떠나게 한다. 그러나 최근에는 사람들이 이제 지상의 사랑의 왕국도 그리 강건하지 않다는 것을 익히 알게 되었고, 그렇기 때문에 또 다른 경향이 출현하고 있다. 그 경향들은 몇 가지로 나누어 볼 수 있다. 첫째는 사랑의 감정을 느끼기에 앞서 사랑의 불확실성을 줄이는 일에 집착하는 경우이다. 즉, 위험하지 않은 사랑을 찾는 여행을 떠난다. 그것도 사랑에 대한 지침서를 여행 가방에 가득 담고서 말이다. 둘째는 사랑의 왕국에서 함께할 사람도 없는 상황에서 그 왕국을 지켜줄 것이라고 믿는 울타리를 쌓는 데 필요한 더 강고한 건축 자재들을 마련하는 일에 열중하는 경우이다. 셋째는 사랑의 왕국이 아닌 다른 자신만의 왕국을 건설하려는 경우이다.

이 세 부류에는 하나의 공통점이 있다. 바로 사랑은 '과정'인데도 그들은 '결과'부터 생각한다는 점이다. 이것이 만들어낸 것이 바로 현실주의적 사랑이라는 개념이다. 이런 의미에서 사람들은 현실주의적 사랑은 사랑이 아니라고 말하기도 하고, 현시대를 사랑에 대해 냉소하는 시대, 사랑이 부재하는 시대라고 한탄하기도 한다. 하지만 역설적이게도 이러한 사랑의 상실을 한탄하는 사람들은 사랑의 고통을 만들어낸 열정적인 낭만적 사랑을 위험한 것으로 보고 행동으로서의 사랑, 즉 노동으로서의 사랑의 의미를 개발하고 그 위험을 줄이는 사랑의 기술을 전파하고자 한다(훅스, 2012). 즉, 이 사랑의 기술자들은 합리적이고 계산적인 사랑을 부추긴다. 그들이 바로 현실주의적 사랑의 전도사들이다. 아이러니하게도 이러한 사랑의 기술자들은 사랑이 없는 시대에 사랑을 놓고 장사를 한다. 그리고 성공한다. 하지만 그들이 성공하는 까닭은 현대가 실제로는 사랑이 사라진 시대가 아니라 사랑이 열망되는 시대이기 때문이다.

이러한 역설은 우리 시대의 사랑의 모습을 다시 해석하게 한다. 일루즈는 이러한 현실주의적 사랑을 감정자본주의 사회가 만들어내는 '차가운' 친밀성으로 해석한 바 있다. 그러나 그것은, 우리가 서론에서도 지적했듯이, 사랑의 과정이기보다 성공적인 결혼을 위해 짝을 찾는 과정이다. 그러나 현대인들에게서 사랑이 사라진 것은 아니다. 만약 사랑에 대한 갈망이 존재하지 않는다면, 사랑 타령에 빠진 듯 보이기까지 하는 로맨스 대중문화가 여전히 인기를 끌 수는 없다. 현대사회의 더욱 강화된 위험과 불확실성은 사람들로 하여금 더더욱 낭만적 감성에 빠져들게 하고 낭만적 사랑을 갈구하게 한다.

현실주의적 사랑이 현재 사랑의 장을 지배하는 까닭은, 현대인이 낭만성을 상실했기 때문이 아니라, 일루즈가 정확히 포착해 냈듯이, 감정자본주의가 만들어낸 로맨스의 관행 때문이다. 앞에서도 지적했듯이, 불평등하게 분포된 하나의 재화로서의 로맨스는 일터에서 이미 일정 정도의 객관적 자유를 가지고 있는 사람에게만 개인적 자유를 제공한다. 사랑의 진정한 의미를 실생활에서 실현할 수 있는 능력은 자신들의 삶이 '결핍'에 의해 특징지어지지 않는 사람들에게만 한정된다. 감정자본주의 사회에서 낭만적 유토피아는 계급별로 소비된다.

반면 대중문화가 만들어내는 로맨스의 세계는 이미지 세계와 현실 세계를 거의 구별하지 못하게 한다. 보드리야르(2012)가 탈근대 사회 세계는 우연적이고 뿌리 없이 떠도는 허구와 시뮬레이션의 더미에 불과하다고 주장하지만, 현대인이 현실과 허구를 구분하지 못하는 것은 아니다. 오히려 대중매체가 허구를 현실처럼 묘사함으로써 현대인으로 하여금 그 환상의 세계를 더욱더 갈망하게 한다. 하지만 앞서 살펴보았듯이, 현실 세계는 로맨스의 세계마저 계급화한다.

따라서 현대의 낭만주의자들은 현실과 이상 간의 간극을 더욱 크게 느낄 수밖에 없다. 그리하여 그들은 이전 세대보다 더욱 불안해한다. 따라서 현대의 낭만주의자들은 섣불리 이상세계로 뛰어들 수 없다. 그들은 먼저 이상세계에 뛰어드는 데 필요한 준비물을 챙기는 데 열중

한다. 그들은 낭만적 유토피아의 꿈을 버렸기 때문이 아니라 더 크고 더 확고한 유토피아를 꿈꾸기 때문에 현실에 더 집착하고, 그리하여 그 간극은 더 벌어진다. 이것이 바로 현대 낭만주의자들이 처하는 비극이다.

하지만 현대 낭만주의자들은 한시도 그 꿈을 포기하지 않고 영원한 낭만주의자로 남는 것이 아니라 그 꿈을 추구하는 과정에서 마주친 우연한 로맨스를 필연으로 여기며 결혼의 유토피아로 진입한다. 타인에 의해 현실주의자로 불리는 사람들도 자신들이 사랑을 느끼기에 결혼을 결심한다. 그리고 그들 역시 그 사랑을 진정한 사랑이라고 믿는다. 그들에게도 사랑 없는 결혼은 생각할 수 없는 일이다. 그러나 앞서 설명한 사랑의 왕국이 지닌 자체의 모순과 그 왕국 안으로의 외부 세계의 침입은 자신의 선택을, 다시 말해 스스로의 구속을 스스로 해제하게 한다. 이상과 현실의 간극이 참을 수 없는 수준에 도달했기 때문이다. 그래서 그들은 또 다른 유토피아를 찾아 나선다. 그들이 또 다른 유토피아를 찾아 나서지 않았더라면, 사별에 의한 재혼 말고는 재혼이 존재하지 않았을 것이다.

그럼에도 불구하고 현실의 가족생활이 보여주는 고통스러운 모습은 낭만주의자들에게 이상과 현실의 간극을 더더욱 자각하게 한다. 현실에서의 실패를 두려워하는 완벽주의자들은 또 다른 자신만의 유토피아, 즉 싱글 유토피아를 꿈꾼다. 하지만 이 싱글 유토피아의 시민은 싱글에서 관계 기피 및 '혼자만'의 측면을 읽어내는 사람들로부터 작은 공간에 갇혀 외로움에 몸부림치는 가엾은 존재나 화려한 이기적 존재로 낙인찍히기도 한다. 만약 그렇다면 그것은 싱글 유토피아가 아니라 싱글 디스토피아이다.

어쩌면 싱글 유토피아라는 용어는 형용모순일 수 있다. 왜냐하면 혼자서는 사회를 구성할 수 없기 때문이다. 하지만 싱글은 자신의 유일한 짝과 살고 있는 것이 아닐 뿐, 항상 사회 속에서 무수한 타자들과 함께 살고 있다. 그들 역시 자신의 생물학적 가족과 함께 살거나 교류하고 가족 이외의 수많은 사람과 비성애적 사랑을 나누며 유사 가족을 형성하기도 한다. 그렇다면 그들에게는 무엇이 유토피아적인가? 싱글 유토피아에서 시민들은 자신의 자유를 만끽하기 때문에 행복한 것이 아니라 타인의 삶을 침해하지 않기 때문에 자유롭다. 그들이 자유를 향유하는 것은 타인에게 의존하지 않고 자족적으로 삶을 유지하기 때문이기도 하다. 이들은 자신의 자유뿐만 아니라 타인의 자유를 위해서도 불편을 감수한다. 그렇기에 싱글 유토피아는 자유의 유토피아이다.

그러나 결혼 유토피아의 시민이 단지 결혼함으로써가 아니라 고통을 감수하면서도 자신의 유토피아를 지켜나감으로써 결혼 유토피아의 정당한 성원이 되는 것과 마찬가지로, 싱글 유토피아의 시민권 역시 자동적으로 부여되는 것이 아니다. 싱글 유토피아는 자신의 마음대로 힐 수 있다는 면에서 일종의 방종의 유토피아이기에 자기 규율과 자기 실현을 통해 자신의 유토피아가 정당하다는 것을 입증할 것을 요구받는다. 또한 자신이 고립된 이기주의자가 아니라 사회 속에서 함께함의 가치를 실현하는 사람이며, 냉혹한 인간이 아니라 이상을 추구하는 낭만주의자임을 입증해야 한다. 즉, 자신의 삶에 스스로 의미를 부여해야 할 뿐만 아니라 그 의미를 실현해야 한다.

그렇기에 제5장 말미에서 논의한 바와 같이, 싱글 유토피아를 실현하는 과정은 타인으로부터 인정을 받는 과정이기도 하며, 이는 동시에 결혼 유토피아의 시민들이 성취하고자 하는 꿈이기도 하다. 그리고 그러한 싱글 유토피아의 꿈을 실현하는 사람은 아이러니하게도 결혼 유토피아를 구성하려는 사람의 이상형의 하나이기도 하며, 그렇기에 누군가의 열정적 사랑의 대상이 되기도 한다. 그리하여 싱글 유토피아의 시민이 결혼 유토피아의 시민이 된다. 현실주의적 사랑은 이처럼 결혼 유토피아와 싱글 유토피아 간의 투쟁이 타협을 통해 만들어내는 하나의 사랑의 과정이며, 그러한 투쟁이 사회적으로 표현된 형태이다. 이는 왜 우리 사회에서 현재 이혼, 졸혼이라는 현상과 함께 만혼 또는 황혼 결혼이라는 현상이 동시적으로 증가하고 있는지도 설명해 준다.

이렇게 볼 때, 현대사회에서 낭만적 사랑은 사라진 것이 아니다. 오히려 낭만적 사랑은 더욱 갈구되고 있다. 다만 그 환상의 세계와 현실을 결합시키기가 더욱 어려워지고 있을 뿐이다. 그렇기에 현대인들은 현실의 결혼 유토피아와 싱글 유토피아 그리고 그 둘 사이 어딘가에 존재하는 여러 이름을 붙일 수 있는 유토피아들 가운데에 자신만의 유토피아를 만들어내고 그것을 지키기 위해 분투한다. 그리고 우리의 삶은 자신만의 유토피아에 의미를 부여하는 투쟁과정이자 그 의미를 실현하는 과정이다. 그 투쟁의 과정에서 현실의 사랑의 왕국의 모습이 여러 형태로 나타나고 있을 뿐이다. 이미도 이러한 모습들은 낭만적 사랑의 유토피아를 둘러싼 또 다른 실험들을 계속 만들어낼 것이고, 이 유토피아들의 싸움이 어떻게 결말지어질 것인지는 역사만이 알 것이다. 그러나 분명한 사실은 지금까지의 낭만적 사랑의 역사를 통해 볼 때, 낭만적 사랑의 꿈은 사라지지 않을 것이라는 것, 아니 사라질 수 없을 것이라는 것이다.

참고문헌

단행본 및 논문

가토 슈이치(加藤周一). 2013. 『'연애결혼'은 무엇을 가져왔는가: 성도덕과 우생결혼의 100
　　년간』. 서호철 옮김. 소화.

강소연. 2006. 「1950년대 여성잡지에 표상된 미국문화와 여성담론」. ≪상허학보≫ 18: 107
　　~136.

강수악. 1955. 「중매결혼의 또다른 한모」. ≪새가정≫ 제2권 6호: 15~16.

고미숙. 2001. 『한국의 근대성, 그 기원을 찾아서: 민족·섹슈얼리티·병리학』. 책세상.

공미혜·구명숙. 2001. 「혼외관계에서 나타나는 가부장적 이데올로기」. ≪한국여성학≫
　　17(2): 99~127.

권보드래. 2003. 『연애의 시대: 1920년대 초반의 문화와 유행』. 현실문화.

권오헌. 2019. 「낭만적 사랑의 기념문화와 친밀성의 상업화: 발렌타인데이와 화이트데이를
　　중심으로」, ≪사회사상과 문화≫ 22권 2호: 269~304.

귀논, 찰스(Charles Guignon). 2005. 『진정성에 대하여』. 강혜원 옮김. 동문선.

기든스, 앤소니(Anthony Giddens). 1999. 『현대사회의 성·사랑·에로티시즘: 친밀성의 구
　　조변동』. 배은경·황정미 옮김. 새물결.

김경일. 2004. 『여성의 근대, 근대의 여성』. 푸른역사.

_____. 2012. 『근대의 가족, 근대의 결혼』. 푸른역사.

김덕영. 2014. 『게오르그 짐멜의 모더니티 풍경 11가지』. 길.

김동식. 2001. 「낭만적 사랑의 의미론」. ≪문학과 사회≫ 14(1): 130~166.

김미선. 2012. 「1950~1960년대 여성의 소비문화와 명동(明洞)의 장소성에 관한 연구」. ≪서
　　울학연구≫ 46: 59~101.

김미현. 2001. 「연애부터 연애까지: 해방 이후의 연애소설」. ≪문학과사회≫ 14(1): 167~183.

김소륜. 2022. 「1990년대 여성 소설에 나타난 '불륜' 서사에 관한 고찰: 전경린과 은희경의
　　소설을 중심으로」. ≪현대소설연구≫ 제85호: 37~62.

김숙현·장민지·오지영. 2013. 「〈응답하라 1997〉에 나타난 정서의 구조와 집합기억」. ≪미
　　디어, 젠더 & 문화≫ 26호: 5~40.

김애순. 2015. 『싱글들의 파라다이스』. 답게.

김애순·이진송. 2018. 『하고 싶으면 하는 거지… 비혼』. 알마.

김연숙. 2003. 「'양공주'가 재현하는 여성의 몸과 섹슈얼리티」. ≪페미니즘 연구≫ 제3권: 121~156.

김용학·윤호영. 2013. 「결혼시장에서의 가치교환」. ≪한국인구학≫ 제36권 제3호: 69~95.

김원. 2005. 『여공 1970, 그녀들의 反역사』. 이매진.

김은경. 2011. 「1950년대 모성 담론과 현실」. ≪여성학연구≫. 21(1): 123~159.

김은아. 2012. 「신자유주의 시대 고학력 20대 여성의 '연애 스펙' 관리와 주체성 변화에 관한 연구」. 이화여자대학교 여성학과 석사학위논문.

김정화. 2002. 「1960년대 여성노동: 식모와 버스안내양을 중심으로」. ≪역사연구≫ 제11호: 81~107.

김주은. 2013. 『후기자본주의 사회의 연애담론과 양식』. 성균관대학교 비교문화협동과정 석사논문.

김지영. 2004. 「'연애'라는 번역어: 1910년대와 1920년대 전반의 용법을 중심으로」. ≪Journal of Korea≫ 6권: 47~67.

_____. 2012. 「1950년대 잡지 『명랑』의 "성"과 "연애" 표상: 기사, 화보, 유머란(1956~ 1959)을 중심으로」. ≪개념과 소통≫ 10권: 173~206.

김현미. 2000. 「한국의 근대성과 여성의 노동권」. ≪한국여성학≫ 제16권 1호: 37~64.

김현주. 2007. 「1950년대 여성잡지 ≪여원≫과 '제도로서의 주부'의 탄생」. ≪대중서사연구≫ 13(2): 387~416.

김혜나. 2010. 『제리』. 민음사.

김홍중. 2008. 「골목길 풍경과 노스탤지어」. ≪경제와 사회≫ 제77호: 139~168.

_____. 2016. 『사회학적 파상력』. 문학동네.

김효진. 2010. 「신자유주의적 상황 아래 대학생의 연애와 생애기획: 저소득층 '명문대생' 사례를 중심으로」. 연세대학교 문화학협동과정 석사학위논문.

나성은. 2015. 「유자녀 '전쟁미망인'의 재혼과 모성: 1920년대 출생 여성의 구술 생애사를 중심으로」. ≪한국여성학≫ 제31권 1호: 161~200.

남영호. 2015. 「연애의 불완전성과 한국사회」. ≪도시인문학연구≫ 7(1): 119~152.

노명우. 2013. 『혼자 산다는 것에 대하여』. 사월의 책.

뒤르켐, 에밀[뒤르케임, 에밀](Émile Durkheim). 2001. 『사회학적 방법의 규칙들』. 운병철·박창호 옮김. 새물결.

드파울로, 벨라(Bella Depaulo). 2012. 『싱글리즘』. 박준형 옮김. 슈냐.

라트, 볼프강(Wolfgang Rath). 1999. 『사랑, 그 딜레마의 역사』. 장혜경 옮김. 끌리오.

래시, 크리스토퍼(Christopher Lasch). 2014. 『진보의 착각』. 이희재 옮김. 휴머니스트.

로자, 하르트무트(Hartmut Rosa). 2020. 『소외와 가속』. 김태희 옮김. 앨피.

리스먼, 데이비드(David Riesman). 1999. 『고독한 군중』. 이상률 옮김. 문예출판사.

맥팔레인, 앨런(Alan Macfarlane). 2014. 『잉글랜드에서의 결혼과 사랑』. 이성용·윤희환 옮김. 나남.

메스트로비치, 스테판(Stjepan Metrovic). 2014. 『탈감정사회』. 박형신 옮김. 한울.

문유석. 2015. 『개인주의자 선언』. 문학동네.

문재철. 2003. 「변화된 시간성과 대중의 정서」, ≪대중서사연구≫ 9권 2호: 64~87.

바디우, 알랭(Alain Badiou). 2010. 『사랑예찬』. 조재룡 옮김. 길.

바우만, 지그문트(Zygmunt Bauman). 2009. 『액체근대』. 이일수 옮김. 강.

_____. 2013. 『리퀴드 러브』. 조형준 옮김. 새물결.

박노자. 2018. "결혼이라는 이름의 시장?" ≪한겨레≫ 2018년 1월 30일(http://www.hani. co.kr/arti/opinion/column/830085.html)

박소정. 2017. 『연애정경』. 스리체어스.

박수민. 2015. 「비혼자의 결혼인식과 대안관계 형성」. 연세대학교 대학원 사회학과 석사학위논문.

박숙자. 1991. 「도시 저소득층의 혼인양태」. 이효재 외. 『자본주의 시장경제와 혼인』. 또하나의문화.

박이은실. 2013. 「로맨스 자본주의」, ≪여/성이론≫ 28호: 32~58.

박정미. 2011. 「한국전쟁기 성매매정책에 관한 연구: '위안소'와 '위안부'를 중심으로」. ≪한국여성학≫ 제27권 2호: 35~72.

박주영. 2006. 『백수생활백서』. 민음사.

박혜경. 1994. 「결혼에 대한 반성적 사고」. ≪여성과 사회≫ 제5호: 206~215.

박혜림. 2012.4.30. "남녀 10명 중 7명 '첫사랑 다시 만나고 싶지 않아'". ≪헤럴드경제≫.

백지연. 2004. 「낭만적 사랑은 어떻게 부정되는가: 이만교와 정이현」. ≪창작과 비평≫ 통권 124호: 131~143.

버킷, 이안(Ian Burkitt). 2009. 「복합적 감정: 감정 경험의 관계, 느낌, 이미지」. 잭 바바렛 엮음. 『감정과 사회학』. 박형신 옮김. 이학사.

_____. 2017. 『감정과 사회관계』. 박형신 옮김. 한울.

베르네리, 마리 루이즈(Marie Louise Berneri). 2019. 『유토피아 편력』. 이주명 옮김. 필맥.

벡, 울리히(Ulrich Beck)·엘리자베스 벡-게른샤임(ElisabethBeck-Gernsheim). 1999. 『사랑의 지독한, 그러나 너무나 정상적인 혼란』. 강수영·권기돈·배은경 옮김. 새물결.

보건사회부. 1964. 『보건사회통계연보』. 보건사회부.

보드리야르, 장(Jean Baudrillard). 2012. 『시뮬라시옹』. 하태환 옮김. 민음사.

브랜든, 너새니얼(Nathaniel Branden). 2019. 『낭만적 사랑의 심리학』. 임성은 옮김. 교양인.

살스비, 재크린(Jacqueline Sarsby). 1985. 『낭만적 사랑과 사회』. 박찬길 옮김. 민음사.

서근배. 1967.5.18. "중매". ≪동아일보≫ 6면.

서용순. 2012. 「우리 시대의 사랑, 결혼, 가족」. ≪철학논총≫ 제67집: 165~187.

서지영. 2011. 『역사에 사랑을 묻다』. 이숲.

성미애. 2014. 「40, 50대 비혼 여성의 자유로운 비혼의 삶, 불안한 노후, 그리고 정책으로부터의 소외」. ≪한국가족관계학회지≫ 19(2): 145~168.

손지성. 2017. 「한국 빈곤층 남성들의 연애와 결혼 포기에 대한 연구: 빈곤 경험과 생계부양 책임감을 중심으로」. 고려대학교 사회학과 석사학위논문.

송경동. 2011. 『꿀잠』. 삶이보이는 창.

송연주. 2008. 「현대소설에 나타난 결혼이데올로기의 해체적 양상: 「낭만적 사랑과 사회」와 「나의 우렁총각 이야기」를 중심으로」. ≪한국문학이론과 비평≫ 39: 339~363.

송혜경. 2010. 「잡지 「조선」(1908~1911)에서의 "가정"의 역할과 "한인(韓人)"가정에 대한 인식」. ≪한림일본학≫ 16: 45~65.

슈트렉, 볼프강(Wolfgang Streeck). 2018. 『조종이 울린다』. 유강은 옮김. 여문책.

슐트, 크리스티안(Christian Schuldt). 2008. 『낭만적이고 전략적인 사랑의 코드』. 장혜경 옮김. 푸른숲.

신동욱·김미영. 2009. "결혼도 '스펙'". ≪한겨레21≫ 제772호.

심성옥. 2015. 「소셜데이팅 서비스의 등장에 따른 20~30의 관계맺기 방식변화」. 연세대학교 문화학협동과정 석사학위논문.

심영희. 2005. 「사이버 섹스: 새로운 친밀성의 가능성인가?」. ≪아시아여성연구≫ 제44집 2호: 101~133.

아렌트, 한나(Hannah Arendt). 2006. 『예루살렘의 아이히만』. 김선욱 옮김. 한길사.

아리에스, 필리프[아리에스, 필립](Philippe Ariès). 1996. 「결혼과 사랑」. 필리프 아리에스 외. 『성과 사랑의 역사』. 김광현 옮김. 황금가지.

_____. 2003. 『아동의 탄생』. 문지영 옮김. 새물결.

안사리, 아지즈(Aziz Ansari)·에릭 클라이넨버그(Eric Klinenberg). 2019. 『모던 로맨스』. 노정태 옮김. 부·키.

안태윤. 2011. 「후방의 '생계전사'가 된 여성들: 한국전쟁과 여성의 경제활동」. ≪중앙사론≫ 33권: 257~295.

안혜상. 2017. 「신자유주의시대 청년세대 친밀성의 재구성, "썸"」. 서울대학교 언론정보학과 석사학위논문.

알렉산더, 제프리(Jeffrey Alexander). 2007. 『사회적 삶의 의미』. 박선웅 옮김. 한울.

엄기호. 2010. 『이것은 왜 청춘이 아니란 말인가』. 푸른숲.

에시그, 로리(Laurie Essig). 2021. 『러브주식회사』. 강유주 옮김. 문학사상.

엘리아스, 노르베르트(Norbert Elias). 1999. 『문명화과정』 II. 박미애 옮김. 한길사.

_____. 2003. 『궁정사회』. 박여성 옮김. 한길사.

오수연. 2018. "어쩌다 보니 비혼이다". ≪새가정≫ 7·8월호.

오치아이 에미코(落合惠美子). 2012. 『근대가족, 길모퉁이를 돌아서다』. 전미경 옮김. 동국대학교출판부.

우석훈. 2014. 『솔로계급의 경제학』. 한울.

우시쿠보 메구미(牛窪惠). 2016. 『연애, 안 하는 게 아니라 못하는 겁니다』. 서라미 옮김. 중앙북스.

우에노 지즈코(上野千鶴子)·미나시타 기류(水無田気流). 2017. 『비혼입니다만, 그게 어쨌다구요?!』. 조승미 옮김. 동녘.

윤정란. 2007. 「한국 전쟁과 장사에 나선 여성들의 삶: 서울에 정착한 타지역 출신들을 중심으로」. ≪여성과 역사≫ 7권: 87~122.

윤종주. 1967. 「인구의 도시집중 문제」. ≪가족계획≫ 38: 12~14.

윤지영. 2017. 「비혼선언의 미래적 용법: 페미니스트 변이체들의 반란」. ≪현대유럽철학연구≫ 46: 349~391.

_____. 2019. 「봉기하는 몸의 역학, 비혼충: 남성통치자장에 포섭되지 않는 이질적 몸」. ≪문화와 사회≫. 27(2): 53~103.

윤택림. 2001. 『한국의 모성』. 미래인력연구센터.

이경미. 1994. 「성의 자율성과 순결이데올로기」. 이화여자대학교 여성학과 석사학위논문.

이광수. 1917. 「혼인에 대한 관견」. ≪학지광≫ 12: 4.

이만교. 2000. 『결혼은 미친 짓이다』. 민음사.

이배용. 1996. 「미군정기, 여성생활의 변모와 여성의식, 1945~1948」. ≪역사학보≫ 제150호: 159~214.

이상재·이영희. 2013.8.22. "젊은 층, 일본 잃어버린 20년처럼……". ≪중앙일보≫.

이선미. 2009. 「1950년대 여성문화와 미국영화」. ≪한국문학연구≫ 37집: 469~507.

_____. 2010. 「1960년 전후 (성)문화풍속과 '사랑'의 사회성: 손창섭 『부부』(1962)를 중심으로」. ≪상허학보≫ 29: 411~449.

이영자. 2008. 「결혼시장과 젠더」. ≪한국여성학≫ 제24권 2호: 39~71.

이윤숙. 2003. 「'연애 권하는 사회'와 자본주의 소비문화」. ≪여성과 환경≫ 36호: 182~195.

이임하. 2003. 「한국전쟁과 여성노동의 확대」. ≪한국사학보≫ 제14권: 251~278.

_____. 2004. 『계집은 어떻게 여성이 되었나』. 서해문집.

_____. 2006. 「'전쟁미망인'의 전쟁 경험과 생계활동」. ≪경제와 사회≫ 가을호(통권 제71호): 11~39.

이재유. 2013. 「자본주의와 가부장제 사이의 관계에 대하여」. ≪통일인문학≫. 55: 289~316.

이정희. 2003. 「근대 여성지 속의 자기서사 연구: 성·사랑·결혼에 관한 여성의 서사를 중심으로」. ≪현대소설연구≫ 제19호: 149~175.

_____. 2005. 「해방공간의 여성지에 나타난 성·사랑(로맨스)·결혼의 담론」. ≪역사민속학≫ (21): 141~170.

이진송. 2016. 『연애하지 않을 자유』. 21세기북스.

이행숙. 1982. 「우리나라 여성의 결혼의식과 혼비지출에 대한 연구: 서울시내 미혼여성을 중심으로」. 숙명여자대학교 대학원 가정관리과 석사학위논문.

이현재. 2014. 「로맨스 정치경제학」. 한순미 외. 『우리 시대의 사랑』. 전남대학교출판부.

일루즈, 에바(Eva Illouz). 2010. 『감정자본주의』. 김정아 옮김. 돌베개.

_____. 2013. 『사랑은 왜 아픈가』. 김희상 옮김. 돌베개.

_____. 2014. 『낭만적 유토피아 소비하기: 사랑과 자본주의의 문화적 모순』. 박형신·권오헌 옮김. 이학사.

_____. 2020. 『사랑은 왜 끝나나』. 김희상 옮김. 돌베개.

임인재. 2018. 「1970년대 대중문화 속 '학생' 이미지 구현: 학생잡지 및 하이틴영화를 중심으로」. ≪현대영화연구≫ 32권: 89~113.

임철규. 2009. 『귀환』. 한길사.

전순옥. 2004. 『끝나지 않은 시다의 노래』. 한겨레신문사.

정수남. 2010. 「공포, 개인화 그리고 축소된 주체: 2000년대 이후 한국사회의 일상성」. ≪한국학≫(구 ≪정신문화연구≫) 제33권 4호: 329~357.

_____. 2017. 「여성의 일상적 삶과 젠더정체성의 변화」. 장미혜 외. 『한국 여성·가족·사회변화 70년』. 한국학중앙연구원출판부.

정여울. 2014. 「사랑의 빈곤, 연애의 풍요를 넘어」. 한순미 외. 『우리 시대의 사랑』. 전남대학교출판부. 123~142쪽.

정은나라. 2013.11.18. "'응답하라 1994' 신드롬……시청자 쥐락펴락 인기 이유는?" ≪세계일보≫.

정이현. 2003. 『낭만적 사랑과 사회』. 문학과 지성사.

정진농(엮고 지음). 2009. 『사랑과 성과 문학』. 동인.

제임슨, 프레더릭(Frederic Jameson). 1996[1989]. 「포스트모더니즘: 후기자본주의 문화논리」. 정정호·강내희 엮음. 『포스트모더니즘론』. 강내희 옮김. 문화과학사.

조성호. 2014. 「최근 미혼인구의 특성과 동향: 이성교제를 중심으로」. ≪보건복지포럼≫ 7월호: 14~23.

조은. 2005. 「세계화 시대 한국 가부장제: 모성, 부계혈통주의, 글로벌 자본의 경합」. 『지구화 시대의 한국 여성주의』. 한국여성학회. 제21차 춘계학술대회자료집.

조혜정. 1981. 「전통적 경험세계와 여성」. ≪아시아여성연구≫ 20: 81~111.

좀바르트, 베르너(Werner Sombart). 1997. 『사치와 자본주의』. 이상률 옮김. 문예출판사.

주은우. 2010. 「자유와 소비의 시대, 그리고 냉소주의의 시작: 대한민국, 1990년대 일상생활의 조건」. ≪사회와 역사≫ 제88집: 307~344.

진혜린. 2013.12.13. "청춘아, 응답하라 신원호 PD". ≪여성동아≫.

짐멜, 게오르크(Georg Simmel). 2014. 『개인법칙』. 김덕영 옮김. 길.

차승기. 2006. 「동양적 세계와 '조선'의 시간」. 윤해동·천정환·허수·황병주·이용기·윤대석 엮음. 『근대를 다시 읽는다』. 역사비평사.

천선영. 2008. 「'공개고백성사'의 시대: 친밀성과 내밀성의 대중적 생산과 소비에 대한 사회이론적 이해」. ≪미디어, 젠더 & 문화≫ 10: 37~70.

최병근. 2011. 「〈써니〉를 통해 본 복고 이미지와 환각적 기호로서의 향수에 관한 연구」. ≪영화연구≫ 50호: 543~562.

최진석. 2021. 「낭만적 사랑의 신화와 역사: 사회적 감정의 근대성과 그 비판적 계보학」. ≪비교문화연구≫ 제62집: 365~392.

캠벨, 콜린(Colin Campbell). 2010. 『낭만주의 윤리와 근대 소비주의 정신』. 박형신·정헌주 옮김. 나남.

클라이넨버그, 에릭(Eric Klinenberg). 2013. 『고잉 솔로, 싱글턴이 온다』. 안진이 옮김. 더퀘스트.

태지호. 2013. 「문화적 기억으로서 '향수 영화'가 제시하는 재현 방식에 관한 연구: 영화 〈써니〉(2011), 〈건축학개론〉(2012)의 '기억하기' 방식을 중심으로」. ≪한국언론학보≫ 57권 6호: 417~440.

터너, 빅터(Victor Turner). 2018. 『인간사회와 상징행위: 사회적 드라마, 구조, 커뮤니타스』. 강대훈 옮김. 황소걸음.

통계청. 2023. 「'사회조사'로 살펴본 청년의 의식변화」. 사회통계국 사회통계기획과.

투르게네프, 이반(Иван Тургенев). 2003. 『첫사랑』. 이항재 옮김. 민음사.

판트리흐트, 옌스(Jens van Tricht). 2023. 『남성해방』. 김현지 옮김. 노닐다.

푹스, 에두아르트(Eduard Fuchs). 1999. 『풍속의 역사 1: 색(色)의 시대』. 이기웅·박종만 옮김. 까치.

프레이저, 낸시(Nancy Fraser). 2017. 『전진하는 페미니즘』. 임옥희 옮김. 돌베개.

하버마스, 위르겐(Jürgen Habermas). 1996. 「사회복지국가의 위기와 이상향적 활력의 고갈」. 『정치문화현실과 의사소통적 사회비판이론』. 홍기수 옮김. 문예마당.

하위징아, 요한(Johan Huizinga). 2012. 『중세의 가을』. 이종인 옮김. 연암서가.

한국노동연구원. 2023. 『노동과 출산 의향의 동태적 분석』. 한국노동연구원.

함인희. 2006. 「광복 60년, 가족제도와 여성 삶의 변화: 수동적 적응과 능동적 저항의 역동성」. ≪여성과 역사≫ 4: 77~117.

황병열. 1966. 「서울의 異色企業 카르테: 結婚相談所」. ≪世代≫ 제4권 통권 37호(8월): 198~201.

황혜진. 2007. 「1950년대 한국영화의 여성 재현과 그 의미」. ≪대중서사연구≫ 18권: 7~33.

훅스, 벨(bell hooks). 2012. 『올 어바웃 러브』 이영기 옮김. 책읽는 수요일.

_____. 2017. 『모두를 위한 페미니즘』. 이경아 옮김. 문학동네.

Aron, A. and J. M. Tomlinson. 2019. "Love as Expansion of the Self." *The New Psychology of Love*. Robert J. Sternberg and Karin Sternberg(eds.). Cambridge Univ. Press.

Bauman, Z. 2007. *Consuming Life*. Polity, Cambridge.

Dutton, D. G. and A. P. Aron. 1974. "Some Evidence for Heightened Sexual Attraction under Conditions of High Anxiety." *Journal of Personality and Social Psychology*

30: 510~517.

Franklin, A. S. 2012. "A Lonely Society? Loneliness and Liquid Modernity in Australia." *Australian Journal of Social Issue*, Vol. 47, no.1: 11~28.

Hochschild, A. R. 2003. *The Commercialization of Intimate Life: Notes from Home and Work*. University of California Press.

Hookway, N., B. B. Neves, A. Franklin and R. Patulny. 2020. "Loneliness and love in late modernity: Sites of tension and resistance". *Emotions in Late Modernity*. Routledge.

Illouz, E. 2007. Cold Intimacies: *The Making of Emotional Capitalism*. London: Polity Press.

_____. 2012. *Why Love Hurts: A Sociological Explanation*. London: Polity Press.

Jameson, F. 1981. *The Political Unconscious*. Ithaca: Cornell University Press.

Jamieson, L. 1999. "Intimacy Transformed? A Critical Look at the 'Pure Relationship'". *Sociology* Vol.33, No.3: 477~494.

Johnson, M. 2007. *The Meaning of the Body: Aesthetics of Human Understanding*. Chicago: University of Chicago Press.

Knorr-Cetina, Karin. 1997. "Sociality with Object: Social Relations in Postsocial Knowledge Societies." *Theory, Culture and Society* 14: 1~30.

_____. 2005. "Postsocial." *Encyclopedia of Social Theory*. George Ritzer(ed.). Sage.

Lantz, H. 1982. "Romantic Love in the Pre-modern Period: A Sociological Commentary." *Journal of Social History* 15(3): 349~370.

Lash, Scott and John Urry. 1996. *Economies of Signs and Space*. Sage Publications Ltd.

Laura Alba-Juez and J. Lachlan Mackenzie. 2019. "Emotion processes in discourse." *Emotion in Discourse*. Edited by J. Lachlan Mackenzie and Laura Alba-Juez. Pragmatics & Beyond New Series. 3~26.

Lévi-Strauss, C. 1949. *The Elementary Structures of Kinship*. Needham, Boston: Beacon Press.

Luhmann, N. 1979. *Trust and Power*, Chichester: John Wiley & Sons.

_____. 1986. *Love as Passion: The Codification of Intimacy*. Translated by J. Gaines and D. L. Jones. Cambridge: Harvard University Press.

Lystra, K. 1989. *Searching the Heart*. Oxford University Press.

Paterson, L. 1999. "Fin'amor and the Development of the Courtly Canso." S. Gaunt and S. Kay(eds.). *The Troubadours: An Introduction*. Cambridge: Cambridge Univ. Press.

Shorter, E. 1975. *The Making of the Modern Family*. New York: Basic Books.

Stone, L. 1977. *The Family, Sex and Marriage in England, 1500-1800*. Harper and Row.

Taylor, John Tinnon. 1943. *Early Opposition to the English Novel: The Popular Reaction from 1760~1830.* New York: King's Crown.

Weber, M. 1958. "The Social Psychology of the World Religions." In From Max Weber: *Essays in Sociology.* H. H. Gerth and C. W. Mills(eds.). Oxford: Oxford University Press. 267~302.

Zeldin, T. 1973. *France, 1848-1945, Vol. 1, Ambition, Love, and Politics.* Oxford: Clarendon.

신문자료

≪경향신문≫. 1949.3.6. "현대여성의 연애관".

_____. 1949.10.25. "하두 좋다니까…".

_____. 1950.2.26. "남녀교제의 정당한 인식".

_____. 1953.10.27. 2면. "여성에게 동란이 가져온 것(2)".(김순애)

_____. 1953.11.2. "여성에게 동란이 가져온 것(4)".(조경희)

_____. 1955.2.8. "제복 벗는 여학생들의 희망".

_____. 1955.7.24. 4면. "남녀대학생의 생활의견".

_____. 1958.3.10. 4면. "남녀대학졸업생좌담회".

_____. 1962.2.27. 3면. "새 여학사들의 푸른 꿈?".

_____. 1962.9.10. 3면. "결혼하기 힘든 세상".

_____. 1963.2.7. 3면. "결혼에의 길".(노옥명)

_____. 1965.11.27. 4면 "이혼과 여권".

_____. 1968.6.13. 3면. "중매혼인 77%나".

_____. 1973.1.13. 7면 "결혼 5년까지 파경위기".

_____. 1973.12.14. 2면. "이상적 결혼… 중매·연애 절충형".

_____. 1974.2.15. 5면. "크게 바뀐 청소년결혼관".

_____. 1975.4.28. 6면. "데이트 즐기는 대학생".

_____. 1975.7.9. 5면. "용돈 보람찬 대학생활의 윤활유".

_____. 1981.4.15. 7면. "늘어나는 초년이혼".

_____. 1981.9.24. 1면. "여적".

_____. 1988.1.18. 7면. "2000년대엔 중매 사라진다".

_____. 1990.12.10. 19면. "아내 절반 사랑을 못 느낀다".

_____. 1991.3.11. 17면. "결혼도 장삿속 「호화혼수」 파경".

_____. 1993.1.27. 22면. "젊은 부부 「협의이혼」 급증".

_____. 1993.6.18. "「남성영역」 넘는 신여성파워".

_____. 1993.8.28. 17면. "사랑과 결혼은 별개다".

_____. 1993.9.4. "젊은 여성들 '결혼은 선택과목'".

_____. 1993.10.30. "'양육 힘들다' 한자녀 고집".

_____. 1993.11.22. "'이혼도 선택' 서슴없이 결행".

_____. 1995.6.29. "「PC통신 커플」 200여 쌍 탄생".

_____. 1995.9.22. 23면. "인품·사랑·경제 중요/ 외모·나이 상관없다".

_____. 1996.8.29. 39면. "결혼을 영화처럼 만든다".

_____. 1996.10.8. 34면. "사랑이라는 이름으로 포장된 환상".

_____. 1996.12.12. 3면. "80년 데이트비용 만원이면 충분".

_____. 1997.2.13. 31면. "미지의 세계서 '둘만의 추억쌓기'".

_____. 1997.3.17. 31면. "신세대들 '사랑의 14일' 열병".

_____. 1997.8.27. 27면. "낯선 곳서 꾸는 '둘만의 단꿈'".

_____. 1999.4.5. 18면. "미혼·기혼 10명 중 9명 연애결혼 선호".

_____. 1999.5.26. 9면. "'결혼은 선택' 숙명은 아니다".

_____. 1999.6.14. 27면. "4명 중 3명 '결혼은 필수 아닌 선택'".

_____. 1999.12.16. 31면. "혼전동거".

_____. 2001.3.6. "톡톡튀는 N세대 기념일문화 '만들면 만들어지는' 날마다 '틴틴파티'".

≪동아일보≫. 1947.5.11. "연애의 윤리".(김일준)

_____. 1949.1.22. "연애와 인간폐업".(고영환)

_____. 1957.4.9. 4면. "바른 結婚에 대한 一考".(송종례)

_____. 1963.3.8. 6면. "사회로서의 고빗길".

_____. 1970.8.12. 5면. "해방사반세기 오늘의 젊은이들(3) 연애·결혼관".

_____. 1973.1.18. 5면. "컴퓨터중매".

_____. 1973.11.26. 7면. "가정불화 원인 「부정」 으뜸".

_____. 1976.4.22. 7면. "이혼이 늘고 있다".

_____. 1977.11.1. 4면. "중매결혼이 늘어난다".

_____. 1977.12.16. 5면. "연애는 「기분」 결혼은 「계산」".

_____. 1978.6.29. 4면. "결혼상담소".(이명자)

_____. 1978.10.5. 4면. "장남·외딸 기피 더 심해졌다".

_____. 1980.12.15. 4면. "생활하며 생각한다".

_____. 1981.1.1. 9면. "고속사회 마음의 여유를 갖자".

_____. 1981.4.15. 11면. "중매결혼이 이혼율 높다".

_____. 1981.6.1. 9면. "고속사회 마음의 여유를 갖자〈22〉 결혼풍속도".

_____. 1981.8.13. 10면. "맞선".

_____. 1982.4.28. 11면. "연애결혼이 고부갈등 적다".

_____. 1983.5.14. 11면. "결혼관이 바뀌고 있다".

_____. 1984.4.17. 7면. "결혼기념일 「자축」".

_____. 1984.10.6. 10면. "결혼의 길 「맞선」 백태".

_____. 1984.10.22. 6면. "결혼강좌 젊은 관심 뜨겁다".

_____. 1984.12.4. 7면. "「배우자선택·성의식」 243명 대상 조사".

_____. 1985.1.23. 11면. "한국인 결혼과 성".

_____. 1985.9.28. 11면. "YMCA 결혼강좌 수강생조사".

_____. 1985.10.25. 7면. "대학생 「과커플」 「서클커플」 늘어".

_____. 1986.9.28. 11면. "미혼남녀 「첫눈에 반하는 사랑」 동경".

_____. 1987.4.30. 9면. "「판박이」 신혼여행".

_____. 1988.3.3. 7면. "중매결혼 전체 가정의 67%".

_____. 1988.4.22. 7면. "결혼조건 따지기".

_____. 1988.6.6. 7면. "혼인신고 않고 탐색 1년".

_____. 1989.5.13. 5면. "결혼식 개성화시대".

_____. 1991.4.10. 11면. "대학생 81% "결혼과 연애는 별개"".

_____. 1991.10.21. 21면. "이혼급증… 천명당 1.13쌍".

_____. 1993.3.25. "결혼 전 순결 필요없다".

_____. 1993.6.20. 9면. "新世代 (12) 결혼관 "사랑과 배우자는 별개"…「조건」 따진다".

_____. 1993.9.19. 9면. "신세대(24) 성과 사랑은 일종의 「자기표현」".

_____. 1993.11.21. "신세대「불행한 결혼」보다「파경」선택".

_____. 1994.9.26. "「솔로산업」 갈수록 번창".

_____. 1994.10.31. 11면. "「컴퓨터 커플」 늘어간다".

_____. 1995.5.18. 17면. "「혼자만의 방」 얻어 분가, 미혼여성 「따로살기」 새바람".

_____. 1998.2.2. 11면. "첫사랑 결코 잊지 않으리".

_____. 1998.3.16. 9면. "앞날 신뢰만 있다면… 신세대들 '묻지마! 과거'".

_____. 1998.4.27. 32면. "'드라마 속 명소'서 주인공처럼 데이트를".

_____. 1998.8.18. 25면. "최근 만난 직장인 커플의 30일 연애비용".

_____. 1999.11.15. "여대생 성경험 눈에 띄게 늘어".

_____. 1999.11.19. 48면. "'결혼은 노, 동거는 예스' 비혼커플 부쩍".

_____. 2001.7.2. "연인끼리… 친구끼리… '커플시장' 화끈"

_____. 2012.4.25. "첫사랑 그녀도 나를 찾을까?"(https://www.donga.com/news/It/article/all/20120424/45771957/1)

≪매일경제≫. 1966.8.20. 3면. "결혼중매 할 전자계산기 美서 전국적으로 성행".

_____. 1975.8.6. 7면. "풍물 30년 변천 속의 자화상을 본다〈5〉 혼례".

_____. 1976.6.6. 6면. "10년 전과 비교해본 여대생의 의식구조".

_____. 1976.11.8. 6면. "여대생의 결혼관".

_____. 1983.7.27. 9면. "여대생 아직 건전하다".

_____. 1984.10.25. 11면. "컴퓨터로 중매한다".

_____. 1985.8.16. 9면. "컴퓨터 분석으로 결혼까지".

_____. 1990.5.5. 10면. "결혼중매".

_____. 1990.7.15. 7면. "딸들아, 연애결혼해라".

_____. 1996.1.19. 17면. "「벙어리 사랑」 전해 드립니다".

_____. 1996.6.28. 33면. "결혼도 비즈니스".

_____. 1996.10.1. 25면. "결혼은 연애의 무덤인가?".(이영란 기고)

_____. 1997.3.21. 42면. "중매 통한 만남은 싫어요".

_____. 2020.1.8. "틴더로 이성친구만? 취업도 하고 상담도 받죠"(ttps://www.mk.co.kr/news/it/view/2020/01/24042/)

_____. 2020.1.25. "연애마저 포기하는 취준생들… 남성보다 여성이 더 어렵다 왜?"(https://www.mk.co.kr/news/society/view/2020/01/81386/)

≪머니투데이≫. 2017.10.24. "앱으로 만난 그녀, 세 번 만나 "사귀자" … 2030 '실속연애"(https://news.v.daum.net/v/20171024062506354?rcmd=rn&f=m)

≪문화일보≫. 1995.2.11. "발런타인데이 「X세대 새 풍속도」".

≪부인신보≫. 1947.5.22. "여성의 위치".

_____. 1948.10.30. "당신의 결혼 상대자는?".

≪서울경제≫. 2018.1.19. "취준생 61%, "취업준비 길어지면 연애세포 사라져"".

≪서울신문≫. 2005.11.30. "장미 한송이… 여친은 감동 안한다".

≪조선일보≫. 1973.1.11. 5면. "여성의 새 가치관".

_____. 1974.10.2. 5면. "연애".

_____. 1991.9.3. 17면. "만남도 이별도 '벼락치기'".

_____. 1993.1.29. 14면. "연애와 결혼은 별개, 52%".

_____. 1993.10.10. 18면. "20대 68% 눈치 안보고 퇴근".

_____. 1994.5.15. 25면. "대학생 77% 배우자 직접선택".

_____. 1996.2.3. 9면. "신세대 사랑, PC통신서 싹튼다".

_____. 1996.12.4. 23면. "죽는 것 빼고는 다 해줍니다".

_____. 1996.12.11. 23면. "결혼'파괴'".

_____. 1997.5.26. 44면. "컴퓨터로 쏘는 '큐피드의 화살'".

_____. 1998.11.2. 21면. "드러내는 성… 당당해진 여성".

_____. 2000.4.25. "사랑… 이혼… 인생… TV·책에 넘치는 '사생활'".

_____. 2000.8.14. "'연상녀 연하남' 커플".

_____. 2001.10.12. 66면. "결혼할 시간이 없다?".(허인정)

_____. 2001.11.28. 25면. "캠퍼스 커플에게 들어봅시다".

_____. 2001.12.5. 57면. "맞벌이 부부에 '횟수부족' 많아".

_____. 2002.1.11. 50면. "미혼 남녀가 원하는 배우자".(한현우)

_____. 2002.1.21. 40면. ""키스까지는…" 남 눈치 안보고 대담한 애정표현". (김명환)

_____. 2002.1.28. 31면. "'계약연애' 유행". (신동흔)

_____. 2002.11.29. "50번 딱지맞은 남자말투…".

_____. 2003.1.17. 19면. "미혼 VS 기혼 커리어우먼 '결혼의 경제학'".

_____. 2007.8.27. "1980년대 신혼부부의 애정표현은"(http://weekly1.chosun.com/site/data/html_dir/2007/08/23/2007082301203_2.html)

≪주간동아≫. 2016. "젊어서 '노오력'해야 결혼도 잘한다?". 1028호(https://weekly.donga.com/3/all/11/526930/1)

≪중앙일보≫. 1995.3.16. "젊은남녀 데이트풍속도: 本紙 전국6大도시 여론조사".

_____. 2002.11.22. "특별한 사랑 만들 서울 데이트 명소들 "이렇게 좋은 곳을 어떻게 알았어?"".

≪한겨레≫. 1992.5.20. 16면. "결혼도 규격화시대/혼수·신혼여행 가격대별 패키지판매".

_____. 1993.7.12. 7면. "결혼은 늦게 독신도 좋다".(달라진 여성 달라지는 사회: 6)

_____. 1994.2.1. "이혼풍속/칼로 물베기보다 두부 자르듯".

_____. 1996.5.7. 3면. "'애인 따로 결혼상대 따로'".

_____. 1998.5.30. 12면. "현대판 중신아비와 사이버만남".

_____. 2001.6.20. "미혼여성들이 말하는 성".

_____. 2017.2.26. ""오늘의 매칭이 도착했습니다" … 나는 또 'OK'를 쏜다"(http://www.hani.co.kr/arti/society/society_general/784168.html#csidx1c93826a24fd677812b9aacd6541d62)

영화자료(연도 순)

⟨자유부인⟩ (1956, 한형모)

⟨지옥화⟩ (1958, 신상옥)

⟨영자의 전성시대⟩ (1975, 김호선)

⟨바보들의 행진⟩ (1975, 하길종)

⟨겨울여자⟩ (1977, 김호선)

⟨바람불어 좋은 날⟩ (1980, 이장호)

⟨무릎과 무릎 사이⟩ (1984, 이장호)

⟨기쁜 우리 젊은 날⟩ (1987, 배창호)

⟨우묵배미의 사랑⟩ (1990, 장선우)

⟨결혼이야기⟩ (1992, 김의석)

⟨처녀들의 저녁식사⟩ (1998, 임상수)

⟨정사⟩ (1998, 이재용)

〈결혼은 미친 짓이다〉(2002, 유하)
〈맛있는 섹스 그리고 사랑〉(2003, 봉만대)
〈싱글즈〉(2003, 권칠인)
〈시라노연애조작단〉(2010, 김현석)
〈건축학개론〉(2012, 이용주)

찾아보기

책 제목

박형신

고려대학교 대학원에서 사회학 석사 및 박사학위를 취득했다. 그간 고려대학교에서 초빙교수로, 연세대학교에서 연구교수로 일했다. 지금은 고려대학교에서 강의하고 있다. 사회이론, 감정사회학, 음식과 먹기의 사회학에 관심을 가지고 연구를 진행하고 있다. 주요 저서로『정치위기의 사회학』,『감정은 사회를 어떻게 움직이는가』(공저),『에바 일루즈』등이 있고, 옮긴 책으로는『낭만적 유토피아 소비하기』(공역),『자본주의의 문화적 모순』,『탈감정사회』,『감정사회학으로의 초대』등이 있다.

정수남

한국학중앙연구원 한국학대학원에서 사회학 석사 및 박사학위를 취득했다. 그간 서울대학교에서 박사후연구원, 한국학중앙연구원 학술연구교수를 거쳐 현재 전남대학교 사회학과에서 재직하고 있다. 주요 관심 분야는 감정사회학, 문화사회학, 사회이론이다. 주요 저서로『감정은 사회를 어떻게 움직이는가』(공저),『탈사회의 사회학』(공저) 등이 있고, 옮긴 책으로는『사회이론의 역사』(공역),『감정의 거시사회학』(공역),『셀러브리티』(공역) 등이 있다.

한울아카데미 2516

로맨스 이니그마
로맨스의 형성과 사랑 관행의 변화

지은이 박형신·정수남
펴낸이 김종수
펴낸곳 한울엠플러스(주)
편집 신순남

초판 1쇄 인쇄 2024년 4월 1일
초판 1쇄 발행 2024년 4월 15일

주소 10881 경기도 파주시 광인사길 153 한울시소빌딩 3층
전화 031-955-0655
팩스 031-955-0656
홈페이지 www.hanulmplus.kr
등록번호 제406-2015-000143호

Printed in Korea.
ISBN 978-89-460-7516-0 93300

※ 책값은 겉표지에 표시되어 있습니다.